浙江大學文科高水平學術著作出版基金
中央高校基本科研業務費專項資金　資助

浙江學者絲路敦煌學術書系

敦煌經學文獻論稿

許建平 著

ZHEJIANG UNIVERSITY PRESS
浙江大學出版社

總　　序

　　浙江,我國"自古繁華"的"東南形勝"之區,名聞遐邇的中國絲綢故鄉;敦煌,從漢武帝時張騫鑿空西域之後,便成爲絲綢之路的"咽喉之地",世界四大文明交融的"大都會"。自唐代始,浙江又因絲綢經海上運輸日本,成爲海上絲路的起點之一。浙江與敦煌、浙江與絲綢之路因絲綢結緣,更由於近代一大批浙江學人對敦煌文化與絲綢之路的研究、傳播、弘揚而令學界矚目。

　　近代浙江,文化繁榮昌盛,學術底蘊深厚,在時代進步的大潮流中,涌現出衆多追求舊學新知、西學中用的"弄潮兒"。20 世紀初因敦煌莫高窟藏經洞文獻流散而興起的"敦煌學",成爲"世界學術之新潮流";中國學者首先"預流"者,即是浙江的羅振玉與王國維。兩位國學大師"導夫先路",幾代浙江學人(包括浙江籍及在浙工作生活者)奮隨其後,薪火相傳,從趙萬里、姜亮夫、夏鼐、張其昀、常書鴻等前輩大家,到王仲犖、潘絜茲、蔣禮鴻、王伯敏、常沙娜、樊錦詩、郭在貽、項楚、黃時鑒、施萍婷、齊陳駿、黃永武、朱雷等著名專家,再到徐文堪、柴劍虹、盧向前、吳麗娛、張涌泉、王勇、黃征、劉進寶、趙豐、王惠民、許建平以及馮培紅、余欣、竇懷永等一批更年輕的研究者,既有共同的學術追求,也有各自的學術傳承與治學品格,在不同的分支學科園地辛勤耕耘,爲國際"顯學"敦煌學的發展與絲路文化的發揚光大作出了巨大貢獻。浙江的絲綢之路、敦煌學研究者,成爲國際敦煌學與絲路文化研究領域舉世矚目的富有生命力的學術群體。這在近代中國的學術史上,也是一個值得關注的現象。

始創於 1897 年的浙江大學,不僅是浙江百年人文之淵藪,也是近代中國社會科學與自然科學英才輩出的名校。其百年一貫的求是精神,培育了一代又一代脚踏實地而又敢於創新的學者專家。即以上述研治敦煌學與絲路文化的浙江學人而言,不僅相當一部分人的學習、工作與浙江大學關係緊密,而且每每成爲浙江大學和全國乃至國外其他高校、研究機構連結之紐帶、橋梁。如姜亮夫教授創辦的浙江大學古籍研究所(原杭州大學古籍研究所),1984 年受教育部委託,即在全國率先舉辦敦煌學講習班,培養了一批敦煌學研究骨幹;本校三代學者對敦煌寫本語言文字的研究及敦煌文獻的分類整理,在全世界居於領先地位。浙江大學與敦煌研究院精誠合作,在運用當代信息技術爲敦煌石窟藝術的鑒賞、保護、修復、研究及再創造上,不斷攻堅克難,取得了舉世矚目的成就,拓展了敦煌學的研究領域。在中國敦煌吐魯番學會原語言文學分會基礎上成立的浙江省敦煌學研究會,也已經成爲與甘肅敦煌學學會、新疆吐魯番學會鼎足而立的重要學術平臺。由浙大學者參與主編,同浙江圖書館、浙江教育出版社合作編撰的《浙藏敦煌文獻》於 21 世紀伊始出版,則在國内散藏敦煌寫本的整理出版中起到了領跑與促進的作用。浙江學者倡導的中日韓"書籍之路"研究,大大豐富了海上絲路的文化内涵,也拓展了絲路文化研究的視野。位於西子湖畔的中國絲綢博物館,則因其獨特的絲綢文物考析及工藝史、交流史等方面的研究優勢,并以它與國內外眾多高校及收藏、研究機構進行實質性合作取得的豐碩成果而享譽學界。

現在,我國正處於實施"一帶一路"偉大戰略的起步階段,加大研究、傳播絲綢之路、敦煌文化的力度是其中的應有之義。這對於今天的浙江學人和浙江大學而言,是在原有深厚的學術積累基礎上如何進一步傳承、發揚學術優勢的問題,也是以更開闊的胸懷與長遠的眼光承擔的系統工程,而決非"應景"、"趕時髦"之舉。近期,浙江大學創建"一帶一路"合作與發展協同創新中心,舉辦"絲路文明傳承與發展國際學術研討會",都是在新的歷史條件下邁出的堅實步伐。現在,浙江大學組織出版這一套學術書系,正是爲了珍惜與把握歷史機遇,更好地回顧浙江學人的絲綢之路、敦煌學研究歷程,奉獻資料,追本溯源,檢閱成果,總結經驗,推進交流,加強互鑒,認清歷史使命,展現燦爛前景。

浙江學者絲路敦煌學術書系編委會
2015 年 9 月 3 日

出版説明

　　本書系所選輯的論著寫作時間跨度較長，涉及學科範圍較廣，引述歷史典籍版本較複雜，作者行文風格各異，部分著作人亦已去世，依照尊重歷史、尊敬作者、遵循學術規範、倡導文化多元化的原則，經與浙江大學出版社協商，書系編委會對本書系的文字編輯加工處理特做以下説明：

　　一、因内容需要，書系中若干卷采用繁體字排印；簡體字各卷中某些引文爲避免產生歧義或詮釋之必需，保留個别繁體字、異體字。

　　二、編輯在審讀加工中，只對原著中明確的訛誤錯漏做改動補正，對具有時代風貌、作者遣詞造句習慣等特徵的文句，一律不改，包括原有一些歷史地名、族名等稱呼，只要不存在原則性錯誤，一般不予改動。

　　三、對著作中引述的歷史典籍或他人著作原文，只要所注版本出處明確，核對無誤，原則上不比照其他版本做文字改動。原著沒有注明版本出處的，根據學術規範要求請作者或選編者儘量予以補注。

　　四、對著作中涉及的敦煌、吐魯番所出古寫本，一般均改用通行的規範簡體字或繁體字，如因論述需要，也適當保留了一些原寫本中的通假字、俗寫字、異體字、借字等。

　　五、對著作中涉及的書名、地名、敦煌吐魯番寫本編號、石窟名稱與序次、研究機構名稱及人名,原則上要求全卷統一,因撰著年代不同或需要體現時代特色或學術變遷的,可括注說明;無法做到全卷統一的則要求做到全篇一致。

書系編委會

目　　録

我與敦煌學研究

　　我出生在浙江省慈溪縣(今慈溪市)的一個小村莊,童年恰值"文革"時期。與現在的孩子相比,我的童年可以説非常"快樂",上學没有任何壓力,讀書的目的就是識字,與前途無關。初中小學的九年,基本就是在玩耍。1979 年,高二畢業,面臨高考,只是因爲自己的理科實在太差,而記憶力尚可,就報了文科班。臨時抱了兩個月的佛腳,在懵懂無知的情況下,參加了第一次高考,名落孫山是意料中的事。但没想到,我考了全班第一名,雖然離大學録取綫還差了幾十分,但却達到了入讀區中學長河中學高複班的成績。在高複班裏經過兩年的苦讀,於 1981 年考上了杭州大學歷史系。爲什麼會報考歷史系呢? 因爲我的高考成績,歷史分數最高,所以老師就讓我填報了歷史系。

　　我性格比較内向,不擅與人打交道,大學四年,一直是一個默默無聞的人,交往的同學不多,認識我的老師也很少。我比較喜歡看雜書,雜七雜八的書都會借來看,没有中心,似乎也没有什麼癖好。不過,現在想來,我的治學特點在那時已有所反映,我比較喜歡考據性的課,比如那時候開的古文字、考古學通論、歷史文選等課,都是我喜歡的。但是凡理論性稍强的課,我的成績就不好,無論如何就是記不住,也理解不了。也就是因爲這個原因,我最喜歡給我們講"歷史文選"的魏得良老師。魏老師寡言少語,上課認真,一字一句地講解,這是我最喜歡聽的課。到撰寫本科畢業論文時,我就報了史學史方向,希望能由魏老師指導。但天不從人願，系裏指定的指導老師並非魏老師。大概是欽定的老師不認識我，而我又不是什麼可造之才，欲求其門而不得，只能靠自己了。我定的題目是《論陸游的史學思想》，我人生的第一篇“論文”，是自己定題目，自己找資料，自己一字一句地寫。爲了寫這篇文章，在學校圖書館、系資料室泡了近半年，把陸游的《南唐書》、《劍南詩稿》、《渭南文集》、《老學庵筆記》等作品翻了好幾遍，摘了數百張卡片，寫出了一篇八千多字的論文。論文完成後，我的本科四年生涯也就結束了。

大三時，打算考研，我首先就去找魏老師，想考他“中國史學史”方向的研究生。很可惜，史學史專業兩年一招，我報考的這一年輪空，這樣就失去了繼續做魏老師的學生的機會。正當我考慮考研的去向時，與我同宿舍的 80 級學長周崇堅建議我報考本校古籍研究所，他給我講了報考古籍所的兩大好處，一是古籍研究所一屆招 10 人，名額多；二是學制兩年，可以早畢業，早就業。於是我就選擇了報考古籍研究所。其實古籍所是屬於中文專業的，對一個歷史系的學生來説，考古籍所比較吃力。由此我也花了大量的時間去旁聽中文系的課程，找中文系的書來讀，運氣好我考上了，成爲了古籍研究所 1985 級研究生。

當時古籍研究所招的是“研究生班”，學制兩年，碩士論文則到畢業以後在工作單位再寫，論文完成後回到原本求學的學校去答辯。在讀時並不像三年制研究生那樣有明確的導師指導，而是由研究所集體指導。由於沒有指導老師，加上自己未進學術之門，不知道該做什麼，也沒有想到應該拜入一位老師門下求學。所以這兩年的研究生生涯，與同宿舍的幾位室友結成了牌友、麻友、影友（大家都是研究生班的）。平時，翻翻雜書，《史記》、《漢書》、《詩經》、《禮記》、段注《説文》等，什麼書都拿來看，雜七雜八地看，看到看不下去時，就換一本來看，殺了不少的書頭。

　　兩年的時間過得很快,轉眼就要畢業了,但我還不知道碩士論文要寫什麼。我就向上一屆的學長楊自強請教(當時在寧波大學工作),他建議我寫"敦煌學"的論文,説這個做起來比較方便,只要找一個別人沒有研究過的寫卷,校勘一下即可。呵呵!此即所謂初生牛犢不怕虎也。我問他敦煌學研究要找誰指導?他説找張金泉老師,他是做敦煌學研究的,於是我便去找張老師。張老師把我帶到資料室裏,從書架中拎出一捆複印材料,據他説這是從北京圖書館(今國家圖書館)複印來的一批資料,讓我在裏面找自己感興趣的寫卷。我翻一翻,裏面沒有一個東西是我碰到過的。我是個從來沒有跟學術研究有過任何接觸的學生,根本不知道現在學術界在做什麼事情,什麼東西是需要做的,我什麼都不知道。後來翻到一個《劉子》,我看到這個是子部的,之前我經史子集的書雜七雜八地也看了不少,而且看看這個也還有好幾張紙,我就説我先拿回去試試。接着就去資料室查王重民的《敦煌遺書總目索引》,看總共有幾個寫卷,然後又查關於《劉子》有什麼書。在資料室找到林其錟、陳鳳金寫的《劉子集校》(《劉子集校》也收了敦煌卷子),我就借回去跟敦煌《劉子》殘卷核對。核對了以後發現,《劉子集校》的校勘記中沒有什麼考證,我就跟張老師説我就做這個。這就是我做敦煌學的開始。

　　1987年7月,我從古籍研究所畢業,到杭州師範學院(今杭州師範大學)中文系工作,第一學期沒有安排我上課。我跟系主任張學誠教授説,我現在正準備做碩士論文,可能要到處跑、到處查資料,請別安排我太多的工作。其實系裏對新進教師大都安排當班主任,但系主任非常好,就沒安排我其他的工作,這半年就專心寫論文。

　　《劉子》一書傳世有很多版本,林其錟、陳鳳金伉儷所撰《劉子集校》廣搜諸本,博採異同,匯録了自宋至清的三十三種傳世刻本與前人批校本,也收入了四種敦煌寫卷,在《劉子》版本異文的匯錄上,可謂空前。但該書的重點是匯錄異文,並非校勘,大多數校語是過錄前人研究成果。我在看了《劉子集校》後,覺得作者誤考、失考者不少,仍有進一步研究的旨趣。於是打算以敦煌寫卷爲底本,匯校各種傳世刻本,以補其缺漏,正其失誤。我首先想到的是根據《劉子集校》所使用版本的信息去核查這些版本。查閱圖書館的綫裝古籍,當然是遵循一個先近後遠的原則。於是我先查閱了杭州大學圖書館、浙江省圖書館的藏書,因爲我畢業於杭州大學古籍所,當時又在杭州師範學院中文系任教,在這兩個圖書館查書,還是比較順利的。接下來要去參訪的當然是離杭州最近的全國第二大圖書館——上海圖書館。説到這裏,我要特別感謝當時的中文系系主任張學誠教授,當我向他請假,表示要去上海查書的時候,他不僅准假,還特批經費,支持我的這次訪書之行。

　　兩天的上海訪書之行,獲准閱覽了以下這些書:明萬曆六年吉藩崇德書院刊《二十家子書》本《劉子》,明刊《合刻五家言》鍾惺評《德言》,明歸有光輯《諸子匯函》中之《石匏子》、《雲門子》,清光緒二十三年(1897)李寶洤纂《諸子文粹》本《劉子》。但幾種善本却没有能夠見到。因爲有了上海之行的遭遇,我就不再去其他圖書館查閱版本,放棄了原先打算核查所有版本的想法。最後我的碩士論文是將十六種傳世刻本與敦煌寫本相對勘,這與《劉子集校》的三十三種相比,是嚴重不足的。但我的論文,重點不在於各種版本的異文羅列,而在於通過對異文的考辨,還《劉子》之原貌,合劉子之本意。現在想來,當時去重新對勘《劉子集校》收錄的各種版本純粹是多餘的工作,如果直接根據《劉子集校》提供的異文對《劉子》一書的異文進行校證,而不是僅僅校勘敦煌寫本《劉子》,做出來的論文將會更豐滿、更優秀。這樣,一方面《劉子集校》所做的工作得到充分的肯定與吸納,同時也節省了很多時間與精力。當然這樣的結果,我與敦煌學的緣分也就極有可能擦肩而過,不會有這一本《敦煌經學文獻論稿》了。

當時,教育部有個規定,未參加過工作的剛畢業的研究生必須到地方上鍛鍊一年。本來按規定剛到杭州師範學院工作時就要去的,但我跟學校要求先讓我寫論文,第二年再去。所以我推遲半年,在 1988 年春季到了浙江淳安縣的唐村中學支教一年。唐村中學在很偏僻的深山裏,交通非常不便,如果去縣城排嶺鎮(今千島湖鎮)是沒辦法當天往返的。這一年裏我就帶了一些書去讀,主要是《十三經注疏》、《諸子集成》兩部書,有空時我就一本一本地看。因爲《劉子》這書有個特點,它裏面有大量的典故,這些典故須從先秦兩漢的著作中去找。我就把群經及諸子一本一本地讀。凡看到書裏面有文句或語詞與《劉子》相關,我就把它添注在《劉子》那句話的旁邊。就這樣,我利用半年的時間,把帶去的書都翻閱了一遍,並完成初稿,暑假回杭後整理修改,完成了碩士論文。1988 年 9 月,我回古籍研究所答辯,獲得了碩士學位。當然,答辯結束,我又回到唐村中學教書去了,直到 1989 年 1 月支教結束回杭。接下來就是按步就班地教書、看書,也常去古籍所辦公室轉轉,順便看看老師聊聊天。有一天,周啟成老師說他要申報一個課題,問我要不要參加?那時他打算要做的是嚴可均《全上古三代秦漢三國六朝文》的補編,他說我是做敦煌學的,認識俗字,比較適合做碑刻部分。於是我就開始收集資料,把一些與考古相關的書跟雜志都找來讀,並抄録與金石相關的資料。大概準備了一年多,周老師跟我說這個課題因爲某些原因不再申報。我參加的第一個課題就這樣還沒正式開始就結束了。

後來有一次與張金泉老師聊天,談起現在沒事做。他說他們正在做一個省社聯的課題,叫"敦煌音義研究",如果我願意的話，也可以參加進來。我想反正我没事幹，不管是什麼事我都做，有事做總比没事做好。於是我又做敦煌學的題目了。當時首先分配給我的任務是普查敦煌寫卷，把所有有注音的寫卷編一個目録，我把古籍所資料室所藏的敦煌縮微膠卷全部過了一遍，編出了一個目録初稿。又與張金泉老師一道，到浙江圖書館把《敦煌寶藏》過了一遍，補充缺漏。之後由我承擔其中經、史、子三部分音義的整理工作。課題組的其他兩位老師後來陸續退出，只剩下張老師與我兩人，最後的成果就是 1996 年 12 月由杭州大學出版社出版的《敦煌音義匯考》。

　　大概是 1997 年吧，張涌泉、黄征提出了編寫"敦煌文獻合集"的設想，也找我參加。因爲我在撰寫碩士論文時，已瀏覽過不少經、子兩部的文獻，加上做《敦煌音義匯考》時，重點也是在經部與子部。所以當時的分工是讓我做經、子兩部。首先上馬的是經部，我承擔其中群經部分及四部書音義的整理工作。這可算是我正式從事經學文獻研究的開始。爲做這項工作，我首先花了半年多時間將十三經的經文與注文整理出一個 word 文本，便於檢索與使用；前前後後大約費時一年半，將敦煌文獻中的經部寫卷全部録入電腦。同時，大量翻閱清人著作，把《清經解》與《清經解續編》幾乎過了一遍，還讀了不少清人的學術筆記。至於前人的關於敦煌經部文獻的研究成果，更是不遺餘力地收集。最後的成果就是 2008 年由中華書局出版的 600 萬字的《敦煌經部文獻合集》(11 册)，我撰寫的是其中 5 册(1—4、9)，大概有 250 萬字。

　　在做"敦煌音義"及"經部文獻合集"這兩個項目的過程中，我也陸陸續續寫了一些論文發表，其中部分結集成《敦煌文獻叢考》，收入《浙江大學古籍研究所中國古典文獻學研究叢書》，於 2005 年 12 月在中華書局出版。

　　2005 年 5 月，得到鄭炳林老師的鼎力相助，我獲得蘭州大學同等學力人員申請博士學位的資格，拜入鄭老師門下，攻讀博士學位。2006 年 6 月，以《敦煌經籍叙録》作爲博士論文提交答辯，獲得了博士學位。《敦煌經籍叙録》以對每件敦煌經籍寫卷撰寫叙録的形式，將有關定名、斷代、綴合、辨偽、研究進展等相關内容集中考察，對經籍寫卷作了一次徹底的清理。除"緒論"外，分《周易》、《尚書》、《詩經》、《禮記》、《左傳》、《穀梁傳》、《論語》、《孝經》、《爾雅》等九卷，而將土地廟遺書、只有片言隻語的雜寫、非敦煌寫本誤以爲敦煌寫本者、非經部寫本誤以爲經部寫本者、僞卷等一併附於"存目"。每卷首有總述，下分若干小類，每類下標列各寫卷，並逐卷寫出叙録。該論文於 9 月在中華書局以同名出版。該書出版後，得到敦煌學界與經學界的一些贊揚。《敦煌學輯刊》（2007 年第 1 期）、《敦煌研究》（2007 年第 3 期）、《敦煌吐魯番研究》第 11 卷（中華書局，2009 年 5 月）等刊物發表了書評，認爲該書是"敦煌文獻整理研究中難得的集成性著作"，"迄今爲止收録敦煌經籍寫卷最多、最全、最豐富的一部學術著作"，"本書的問世，必將進一步促進經學（尤其是敦煌經學）研究的繁榮"。張涌泉教授在《敦煌文獻整理百年行與思》（《光明日報》2009 年 2 月 19 日第 10 版）一文中，稱贊該書"收録全備，論述詳贍，爲敦煌文獻專題目録的撰作樹立了榜樣"。

　　在《敦煌經部文獻合集》完稿後，對敦煌子部文獻的整理提上了議事日程，由我負責整理敦煌子部文獻。《敦煌子部文獻匯輯集校》作爲教育部人文社會科學重點研究基地浙江大學漢語史研究中心 2007 年度重大項目，獲得了教育部以及浙江大學"211 工程"三期、浙江省社科聯的經費資助。本項目計劃對藏經洞出土的 2000 多號子部文獻進行定名、綴合、録文，撰寫考釋詳盡的校勘記，並爲每一個校録文本撰寫一篇題解，簡要説明底本和參校本、原件完缺情況、定名依據、著作或抄寫年代的判斷、内容簡介、文獻存佚情況和前人的著錄研究情況,以對一百年來敦煌子部文獻整理研究的成果作一次徹底的清理。經過課題組成員 8 年的艱辛努力,項目已基本完成,進入了統稿排版階段。

《敦煌經部文獻合集》收錄的是敦煌文獻,所以在撰寫過程中,凡是能明確爲吐魯番文獻者,皆摒除在外。但吐魯番文獻中的儒家經籍寫卷也有 80 多件,包括《尚書》、《詩經》、《禮記》、《春秋左氏傳》、《論語》、《孝經》、《爾雅》共七經,對考察中古時期吐魯番地區與中原的文化交流狀況以及中原文化對它的影響,具有重要價值。所以在 2010 年向高校古籍整理研究工作委員會申報了《吐魯番出土儒家經籍輯考》項目,獲得立項;浙江大學漢語史研究中心又將本項目列入"漢語史中心'十二五'科研項目"予以資助。2016 年入選《"十三五"國家重點圖書、音像、電子出版物出版規劃》,即將交浙江大學出版社出版。

在 1997 年杭州敦煌飯店召開"敦煌學國際學術研討會"前,除了本校的老師以外,我跟學術界沒有任何聯絡。在這次會議上,有幸認識了敦煌學界的很多中堅人物,在他們的幫助下,逐漸走出校門,與外界有了接觸,並結識了更多的學者,不僅得到他們在資料上的無私幫助,也使我在學問上獲得了很多教益。我能有現在的一點小小成績,跟他們的幫助是分不開的。

敦煌經籍寫卷的學術價值

經學是中國傳統文化的根柢之學,要研究中國傳統文化,探尋古代學術思想的淵源,就不能不研究經學。經學的研究,到清代的乾嘉時期,達到了頂峰,傳統文獻中的材料幾爲蒐羅殆盡。可以説,如果没有新材料的發現,在經學研究特別是經學考據學的研究上,幾乎没有超越清儒的可能性。所幸地不愛寶,1900年,在中國甘肅敦煌莫高窟第 17 窟藏經洞出土了 5 萬多卷南北朝至宋初的珍貴文獻,其中經籍寫卷有 300 多件,這是出土文獻中儒家經典的一次最大宗的發現。

一

敦煌遺書中的儒家經籍共九經:《周易》、《尚書》、《詩經》、《禮記》、《春秋左氏傳》、《春秋穀梁傳》、《論語》、《孝經》、《爾雅》①,多爲六朝及唐五代抄本,在經學史上佔有極其重要的地位,對於中國傳統經學的研究具有重要的學術價值。

---

① 敦煌儒家經籍爲何僅存此九經,而無《周禮》、《儀禮》、《公羊傳》、《孟子》四經,迄今未有一明確之結論。陳鐵凡《三近堂讀經劄記》對此曾有所推測(《敦煌學》第 1 輯,香港新亞研究所敦煌學會 1974 年版,第 108—109頁),然難以服衆。

(一) 輯佚價值

儒家經籍是中國傳統文化的核心,歷代爲之注釋之書極爲龐雜,朱彝尊《經義考》著録 8400 多種,但其中有大量的有目無文的亡佚之書。清代輯佚之學大盛,黄奭《漢魏遺書鈔》、馬國翰《玉函山房輯佚書》、黄奭《漢學堂叢書》、王仁俊《玉函山房輯佚書續編》等廣蒐博採,輯集了大量的古佚書,其中經部佚書即有 400 多種。藏經洞寫卷則爲清末以前學者所不見,是輯録經部佚籍之又一資料寶庫。

敦煌經籍的輯佚價值可從三個方面來談。

1. 可補歷代書志目録之闕載

敦煌經部寫卷中有從未見於歷代書志目録記載的佚籍。如P.3306V 號寫卷,首題"月令節義一卷"6 字,但歷代書目未見記載。考其内容,乃是對李林甫注釋的《御刊定禮記月令》所作的注。又如 P.4905+P.2535 寫卷尾題"春秋穀梁經傳解釋僖公上第五",乃《春秋穀梁經傳解釋》之殘存者,然此名不見於歷代書目之著録,是亦久佚之典籍也。

2. 新增許多無名佚籍

敦煌經部寫卷中尚有很多未標書名與作者的寫卷,由於未標書名,因而我們不能肯定它們是否見載於歷代書志目録,但它們是我們從未見到過的佚籍,這是毫無疑問的。如 S.2729B +Дx.01366《毛詩音》、P.3383《毛詩音》、S.2053VA《禮記音》、BD10610(L0739)+BD09521(殷 42)《論語鄭注音義》皆爲六朝佚籍;S.6177+P.3378《孝經注》及 P.3382《孝經注》寫卷雖然不能考知作者名氏,但據其内容乃講説《孝經》之講經文,則極有可能是唐朝時期的作品。

3. 可補以往輯佚書之闕漏

由於自然或人爲的原因,中國古代有大量的圖書未能保存下來,有的片言不存,有的則零星散見於群籍之引用。爲了存亡繼絶或學術研究的需要,就有必要對亡佚之書進行輯佚,以儘可能地恢復原貌。自宋至清,經過學者們近一千年的努力,取得了不少的成果。但由於材料零散且不成系統,離恢復原貌還有很大的距離,還需要更廣泛地蒐集材料,尤其需要關注出土文獻中的新材料。敦煌經籍寫卷中即有不少可以補前代輯佚書之闕漏者。

如鄭玄《孝經注》,亡佚於五代,清人多有輯佚[①],然皆斷片零簡,不成系統。敦煌寫卷 P. 3428+P. 2674 號是鄭注《孝經》的最長卷,雖非完璧,但所存已佔鄭注的四分之三,據此可以使我們看到比較完整的鄭玄《孝經注》。經過林秀一《敦煌遺書孝經鄭注復原に関する研究》[②]及陳鐵凡《孝經鄭注校證》的輯證,鄭玄《孝經注》的絶大部分已得到復原。

又如李林甫奉敕所撰《御刊定禮記月令》,雖然《月令》經文保存在《唐石經》中,但李林甫之注今已亡佚,清有茆泮林《唐月令注》、《唐月令注補遺》及黃奭《唐明皇月令注解》之輯本,但遠未詳備,而 S. 621 號正是《御刊定禮記月令》殘卷,其所存之李注即可補其缺而正其誤。

又敦煌音義寫卷中往往引用前代典籍之文,所引雖爲單文隻句,然亦可補以往輯佚書之闕。如 P. 3383《毛詩音》第 7 行"媲"條引孫炎《爾雅注》"凡相偶爲媲"句,馬國翰《玉函山房輯佚書》及王仁俊《玉函山房輯佚書續編》所輯孫炎《爾雅注》均無此條。

---

① 臧庸《孝經鄭氏解》、黃奭《孝經解》、嚴可均《孝經鄭注》、陳鱣《孝經鄭注》等。

② ［日］林秀一:《孝經學論集》,明治書院 1976 年版,第 65—108 頁。

又如 P. 2729《毛詩音》第 125 行"鬩鬩"條云:"下艱,徐音賢。"
《經典釋文》云:"鬩鬩,音閑,本亦作閑,往來無別貌。"①未引徐邈
音,馬國翰《玉函山房輯佚書》所輯徐邈《毛詩音》亦無此條。

(二)校勘價值

敦煌經籍寫本多爲六朝及唐代抄本,其時代遠較人所共珍的
宋元善本爲早,去古未遠,故存古較多,其中多有可證後世刻本訛
誤衍脱者。

1. 可糾傳世刻本之誤改

如《周易·既濟·六二》爻辭"婦喪其茀,勿逐,七日得"王弼
注:"然居初、三之間,而近不相得,上不承三,下不比初。"②"而近
不相得",P. 3872 作"近而不相得"。林平和云:"伯三八七二號
卷'而近'誤倒作'近而'。"③案:林説誤。二陰爻,處於初、三兩
陽爻之間,雖近而不能相助,故云"近而不相得"。因而王弼於下
申釋之云:"夫以光盛之陰,處於二陽之間,近而不相得,能无見
侵乎?"作"而近"於義不順。

又如《穀梁傳·莊公二十年》:"冬,齊人伐我。"④此爲《春秋

<hr>

① (唐)陸德明:《經典釋文》卷五《毛詩音義上·齊雞鳴第八·十畒之
間》"鬩鬩"條,中華書局 1983 年版,第 67 頁。
② (魏)王弼、(晉)韓康伯注,(唐)孔穎達疏:《周易正義》卷六《既濟
卦》,《十三經注疏》本,藝文印書館 2001 年版,第 136 頁。
③ 林平和:《敦煌伯二六一九、三八七二號唐寫本〈周易王弼注〉殘卷書
後》,載《人文學報》第 11 期,1993 年 6 月。
④ (晉)范甯集解、(唐)楊士勛疏:《春秋穀梁傳注疏》卷六《莊公二十
年》,《十三經注疏》本,藝文印書館 2001 年版,第 57 頁。

經》文,《左傳》與《公羊傳》"我"字均作"戎"①。趙坦《春秋異文箋》曰:"戎、我字相類,《穀梁》作'伐我',或因十九年'冬,齊人、宋人、陳人伐我西鄙'而譌。"②鍾文烝《春秋穀梁經傳補注》曰:"'我'當作'戎'。《穀梁》與《左氏》、《公羊》本同字,蓋轉寫誤也。哀以前皆書四鄙,不應此獨直文。《傳》於上年發書'鄙'義,不應於此無《傳》,知必是誤字矣。"③P. 2536《春秋穀梁傳集解》第 14 行作"齊人伐戎",正與《左傳》、《公羊傳》同。可知傳本作"我"者,形近而誤也。

2. 可證傳世刻本之誤衍

如《尚書·高宗肜日》:"惟天監下民,典厥義,降年有永有不永。"④P. 2643、P. 2516 無"民"字。吳福熙謂 P. 2643"'下'下脫'民'字,伯二五一六號亦脫"⑤。臧克和云:"敦煌本伯 2516 經文作'惟天監下',從該本下面所出傳文作'言天視下民',《書古文訓》、《唐石經》皆有'民'字情況來看,該本殆脫寫一'民'字。但敦煌本伯 2643 亦作'惟天監下',是利本⑥、内野本等諸寫本亦

① (周)左丘明傳、(晉)杜預集解、(唐)孔穎達疏:《春秋左傳正義》卷九《莊公二十年》,《十三經注疏》本,藝文印書館 2001 年版,第 161 頁;(東漢)何休解詁、(唐)徐彥疏:《春秋公羊傳注疏》卷八《莊公二十年》,《十三經注疏》本,藝文印書館 2001 年版,第 98 頁。

② (清)趙坦:《春秋異文箋》,《清經解》第 7 册,上海書店 1988 年版,第 470 頁。

③ (清)鍾文烝撰,駢宇騫、郝淑慧點校:《春秋穀梁經傳補注》卷七《莊公閔公第三之三》,中華書局 1996 年版,第 193 頁。

④ 僞(漢)孔安國傳、(唐)孔穎達疏:《尚書正義》卷十《高宗肜日》,《十三經注疏》本,藝文印書館 2001 年版,第 143 頁。

⑤ 吳福熙:《敦煌殘卷古文尚書校注》,甘肅人民出版社 1992 年版,第 128 頁。

⑥ "是利本"乃"足利本"之誤。

同,均無'民'字。按金文尚未見'下民'一詞的詞例。"①模棱其
語,未能決斷。陳鐵凡云:"疑本無'民'字,後世據傳增補。'天
監下'殆即《詩·大明》'天監在下,有命既集'、《蒸民》'天監有
周,照臨下土'之誼也。"②則懷疑"民"爲衍文。案陳氏所疑是也。
《史記·殷本紀》云:"祖己乃訓王曰:'唯天監下典厥義,降年有
永有不永。'"③是司馬遷所見《尚書》無"民"字,與兩敦煌本同。
又日本古寫本岩崎本、內野本、元亨本、足利本亦均無"民"字④。
《唐石經》"民"字,應是據僞孔《傳》"言天視下民"句而添。因
《史記》無"民"字,王先謙遂謂有"民"者古文《尚書》,無"民"者
今文《尚書》⑤,誤也,古文《尚書》與今文《尚書》同,均無"民"字。

又如《詩·小雅·采芑》"薄言采芑,于彼新田,于此菑畝"毛
傳:"田一歲曰菑,二歲曰新田,三歲曰畬。"⑥《爾雅·釋地》云:
"田一歲曰菑,二歲曰新田,三歲曰畬。"⑦與此同。然《詩·周
頌·臣工》"亦又何求?如何新畬"毛傳云:"田二歲曰新,三歲曰

---

① 臧克和:《〈今文尚書〉校詁札記二則》,見四川大學漢語史研究所編
《漢語史研究集刊》第3輯,巴蜀書社2000年版,第134頁。

② 陳鐵凡:《敦煌本商書校證》,臺北長期發展科學委員會1965年版,第
68頁。

③ (漢)司馬遷撰,(南朝宋)裴駰集解,(唐)司馬貞索隱,(唐)張守節
正義:《史記》卷三《殷本紀第三》,中華書局點校本1959年版,第103頁。

④ 顧頡剛、顧廷龍輯:《尚書文字合編》,上海古籍出版社1996年版,第
1188、1191、1194、1196頁。

⑤ (清)王先謙:《尚書孔傳參正》卷十二《高宗肜日》,《四部要籍注疏
叢刊》本,中華書局1998年版,第2661頁。

⑥ (漢)毛亨傳,鄭玄箋,(唐)孔穎達疏:《毛詩正義》卷十之二《小雅·
采芑》,《十三經注疏》本,藝文印書館2001年版,第360頁。

⑦ (晉)郭璞注,(宋)邢昺疏:《爾雅注疏》卷七《釋地第九》,《十三經注
疏》本,藝文印書館2001年版,第113頁。

畲。"①"新"下無"田"字。陳奐云:"《六書故》'畲'下引《爾雅》作'二歲曰新',無'田'字,與此傳同。今《爾雅》'新'下衍'田'字。"②案陳説是也。此修辭學上爲承上省之格式,"田"字已見於上,後均可省略。P.2506《毛詩傳箋》第53行"新"下無"田"字,是《采芑》毛傳與《臣工》毛傳同,"新"下亦無"田"字,今本有者,後人據誤本《爾雅》增也③。

3. 可補傳世刻本之脱文

如《詩經·豳風·破斧》"既破我斧,又缺我斨"毛傳:"隋銎曰斧。"④阮元《毛詩校勘記》云:

> 案考文古本下有"方銎曰斨"四字,非也。此與《七月》傳"斨,方銎也"互文見義。《七月》正義云:"《破斧傳》云:'隋銎曰斧,方銎曰斨。'然則斨即斧也。"各本皆同,其實誤也。當作"然則方銎曰斨,斨即斧也"。因"方銎曰斨"與所引《破斧傳》云"隋銎曰斧"有似對文,乃誤屬"然則"二字於"斨即斧也"之首耳。此經"又缺我斨",《釋文》"斨"下云:"《説文》云:'方銎,斧也。'"浦鐘校彼《正義》,以爲觀《音義》則《傳》本無此四字,非脱也。其説當矣。特未悟彼《正義》亦本不引此傳"方銎曰斨"也,考文古本正采彼《正義》而致誤。⑤

---

① 《毛詩正義》卷十九之二《周頌·臣工》,第723頁。
② (清)陳奐:《詩毛氏傳疏》卷二十七《臣工之什詁訓傳·臣工》,北京市中國書店1984年版,第2A頁。
③ 《爾雅》"田"字當涉郭注引《詩》"于彼新田"而衍,P.2661+P.3735《爾雅注》已衍"田"字。
④ 《毛詩正義》卷八之三《豳風·破斧》,第300頁。
⑤ (清)阮元:《毛詩校勘記》,《清經解》第5冊,上海書店1988年版,第386頁。

陳奐《詩毛氏傳疏》則云:

> 《七月》正義據此《傳》,"隋銎曰斧"下當有"方銎曰斨"四字,"斨,方銎"已見《七月》,此重釋之者,欲借斧斨以設喻,《傳》固有此例耳。①

S. 1442、S. 2049 兩敦煌《毛詩傳箋》本"隋銎曰斧"下有"方銎曰斨"四字,因而潘重規云:

> 《校勘記》之説非也。《正義》引《破斧傳》作"隋銎曰斧,方銎曰斨",各本皆然,不得妄改以就臆説。考文古本正據舊本之文,此卷及斯二〇四九卷此傳皆有"方銎曰斨"之文,尤爲明證。考文古本固非采《七月》正義添綴此傳,此二卷子尤非采《七月》正義而致誤也。②

傳刻本毛《傳》"隋銎曰斧"下脱落"方銎曰斨"四字,經過陳、潘二氏考證,應該可以定讞了。

又如《左傳·僖公三十三年》:"秦伯素服郊次,鄉師而哭,曰:'孤違蹇叔以辱二三子,孤之罪也。不替孟明,孤之過也。大夫何罪?且吾不以一眚掩大德。'"③

王念孫考此事云:

> "不替孟明"下有"曰"字,而今本脱之。"不替孟明"四字及"曰"字皆左氏記事之詞,自"孤之過也"以下方是穆公語。上文穆公鄉師而哭,既罪己而不罪人矣,於是不廢孟明而復用之,且謂之曰"孤之過也,大夫何罪"云云。"大夫"二

---

① 《詩毛氏傳疏》卷十五《豳七月詁訓傳·破斧》,第 23B 頁。
② 潘重規:《巴黎倫敦所藏敦煌詩經卷子題記》,見《敦煌詩經卷子研究論文集》,香港新亞研究所 1970 年版,第 152—153 頁。
③ 《春秋左傳正義》卷十七《僖公三十三年》,第 290 頁。

字專指孟明而言,與上文統言"二三子"者不同。若如今本
作"不替孟明,孤之過也",則"不替孟明"亦是穆公語。穆公
既以不替孟明爲己過,則孟明不可復用矣。下文何以言"大
夫何罪",又言"不以一眚掩大德"乎?然則"不替孟明曰"五
字,乃記者之詞;而"大夫何罪"云云,則穆公自言其所以不
替孟明之故也。自《唐石經》始脱"曰"字,而各本遂沿其誤。
《秦誓》正義引此無"曰"字,亦後人依誤本《左傳》删之。
《文選·西征賦》注云:"《左氏傳》曰:'秦伯不廢孟明,曰:孤
之罪也。'"《白帖》五十九出"一眚"二字而釋之云:"孟明敗
秦師,秦伯不替,曰:'吾不以一眚掩大德。'"二書所引文雖
小異而皆有"曰"字,足正今本之誤。①

而俞樾則不贊成王念孫之説:

王氏解"不替孟明"句是也;謂今本脱"曰"字非也。自
《唐石經》以來,各本皆無"曰"字,未可以意增加。蓋古人自
有叙、論竝行之例,前後皆穆公語,中間著此"不替孟明"四
字,竝未聞以他人之言,"孤違蹇叔"與"孤之罪也",語出一
口,讀之自明。原不必加"曰"字也。②

案:P. 2509《春秋左氏經傳集解》有"曰"字,正與王念孫之説合。
竹添光鴻《左氏會箋》所據古寫金澤文庫本亦有"曰"字,竹添氏
箋語即承王念孫之説③。楊伯峻《春秋左傳注》據敦煌本與金澤

---

① (清)王引之:《經義述聞》卷十七《春秋左傳上》"不替孟明孤之過
也"條,江蘇古籍出版社 2000 年版,第 416 頁。

② (清)俞樾:《古書疑義舉例》卷三《叙論竝行例》,《古書疑義舉例五
種》,中華書局 1956 年版,第 62 頁。

③ [日]竹添光鴻:《左氏會箋》僖公下第七《三十三年》,富山房 1978 年
版,第 65 頁。

文庫本補"曰"字①。兩寫本均有"曰"字,足證王念孫之説不可破。

(三) 文字學價值

漢語文字學包括古文字學和近代文字學兩個部分。敦煌出土隸古定《尚書》寫卷,對於古文字考釋和古文字學的研究具有重大的價值。關於這一點,徐在國《隸定古文疏證》一書已經做了很好的實踐,並取得了不小的成績,因而這裏不再贅述。在此只談談敦煌經籍寫卷所保存的字形資料對近代漢字研究的價值。

1. 糾正字書錯誤的説解

由於多種原因,歷代字書中收錄了很多音義不全的疑難字,《漢語大字典》和《中華字海》從各種古代字書中彙集了大量的未被釋讀的疑難字,張涌泉《漢語俗字叢考》、楊寶忠《疑難字考釋與研究》已考釋出了其中數千字,成果極其豐碩。但仍有爲數不少的疑難字未被識別,而敦煌經籍寫卷中則有不少材料可使我們據以釋讀某些疑難字。

如《龍龕手鏡·山部》:"米,音木。"②《四聲篇海·山部》:"米,古文,音木。"③《漢語大字典》即迻録二書之言,亦無釋義④。

---

① 楊伯峻:《春秋左傳注》(修訂本),中華書局 1990 年版,第 500—501頁。

② (遼)釋行均:《龍龕手鏡》平聲卷一《山部第五》,中華書局 1985 年版,第 78 頁。

③ (金)韓孝彦、韓道昭:《成化丁亥重刊改併五音類聚四聲篇海》卷一二《審母第二十九山部第三》,《續修四庫全書》第 229 册,上海古籍出版社1995 年版,第 437 頁。

④ 漢語大字典編輯委員會:《漢語大字典》(縮印本),湖北辭書出版社、四川辭書出版社 1992 年版,第 320 頁。

《中華字海》云：“朩，音木，義未詳。見《龍龕》。”①是“朩”字最早見收於《龍龕手鏡》，而且有音無義。

案：《尚書·大禹謨》“不廢困窮”②，S. 3111V4 第 2 行“困”作“朩”；《大禹謨》“四海困窮”③，S. 801 第 6 行“困”作“朩”；《蔡仲之命》“終以困窮”④，S. 2074 第 17 行“困”作“朩”。皆與《龍龕手鏡》、《四聲篇海》之“朩”同形。然《盤庚中》“汝不憂朕心之攸困”⑤，P. 3670 第 37 行“困”作“朩”，而 P. 2643 第 52 行則作“朱”，其形不同。考《説文·口部》“困”篆下云：“𣏗，古文困。”⑥“𣏗”隸定即爲“朱”。甲骨文“困”字作“止”下“木”⑦，與《説文》古文合。俗書山旁、止旁多互誤，如“峰”寫作“崢”⑧，“歲”寫作“崴”⑨，則“困”字古文應作“朱”，作“朩”者，當是形誤。《龍龕》以“木”音之，蓋讀半邊字也。《四聲篇海》承襲《龍龕》，其言“古文”，當是以意猜度，並非真有所據，否則必不以“木”音之也。

又如《龍龕手鏡·凵部》：“凶，音里。”⑩有音無義。《字彙

---

① 冷玉龍、韋一心主編：《中華字海》，中華書局、中國友誼出版公司 1994 年版，第 438 頁。

②《尚書正義》卷四《大禹謨》，第 52 頁。

③《尚書正義》卷四《大禹謨》，第 56 頁。

④《尚書正義》卷十七《蔡仲之命》，第 254 頁。

⑤《尚書正義》卷九《盤庚中》，第 131 頁。

⑥（漢）許慎：《説文解字》六篇下《口部》，中華書局 1963 年版，第 129 頁。

⑦ 李圃主編：《古文字詁林》第 6 冊，上海教育出版社 2003 年版，第 158 頁。

⑧ 秦公輯：《碑別字新編》，文物出版社 1985 年版，第 117 頁。

⑨ 張涌泉：《敦煌俗字研究》下編，上海教育出版社 1996 年版，第 268 頁。

⑩《龍龕手鏡》上聲卷二《凵部第五十三》，第 340 頁。

補·凵部》:"龍以切,音里,義闕。"①《字彙補》即據《龍龕手鏡》著録。《漢語大字典》則據《龍龕手鏡》與《字彙補》立目②。

案:《尚書·禹貢》"齒革羽毛惟木"③,P. 3469《古文尚書傳》第11行"齒"作"凶"。蔡主賓云:"由此可知'凶'乃'齒'之古文,音里者非也。"④陳鐵凡《敦煌本夏書斠證》、徐在國《隸定古文疏證》均認爲"凶"是《説文》"齒"之古文"凶"的隸變⑤。諸家所言皆善。至於《龍龕》爲何以"里"音之,楊寶忠對此有不錯的解釋:"'齒'字《廣韻》昌里切,《龍龕》'凶'字音里者,蓋反切上字脱落,後人轉録,因改作'音里'。吴任臣不知'音里'乃'昌里反'脱誤,但據誤音而補作'龍以切',以誤傳誤也。"⑥

2. 可據以分清字書混淆的同形字

宋元以後的許多字書,其材料來源不一,其中某些可能是直接抄自以前的各種字書或韻書,沒有經過仔細的考辨,因而把兩個形相同而音義均不同的字(即同形字)的相關解説抄撮在一處,從而造成混亂。敦煌經籍寫卷中的材料可以幫助我們辨別這些同形字。

如《龍龕手鏡·衤部》:"裋,音豆,祭裋;又音祥,緣也。"⑦其

① (清)吴任臣:《字彙補》子集《凵部》,《字彙 字彙補》,上海辭書出版社1991年版,第14頁。

② 《漢語大字典》(縮印本),第130頁。

③ 《尚書正義》卷六《禹貢》,第82頁。

④ 蔡主賓:《敦煌寫本儒家經籍異文考》序,嘉新水泥公司文化基金會1969年版,第4頁。

⑤ 陳鐵凡:《敦煌本夏書斠證》,《南洋大學中文學報》第3期,1965年2月;徐在國:《隸定古文疏證》,安徽大學出版社2002年版,第48頁。

⑥ 楊寶忠:《疑難字考釋與研究》,中華書局2005年版,第65頁。

⑦ 《龍龕手鏡》平聲卷一《衤部第十一》,第112頁。

"音豆"當出自《切韻》系韻書①,而《集韻‧候韻》"祭裋"則作"祭福"②,周祖謨即據以改《廣韻》"祭裋"爲"祭福"③,乃以"裋"爲"福"之誤字也。而"音祥,緣也"則不知所出。《漢語大字典》"裋"字條二義項即全錄《廣韻》和《龍龕手鏡》④。

案:S. 2053VA《禮記音》第 180 行有"裋"條,以直音"祥"釋之。寫卷"裋"前爲"館"條⑤,後爲"飱"條,"館"、"裋"、"飱"乃《禮記》鄭注引《詩‧鄭風‧緇衣》"適子之館兮,還,予授子之粲兮"句之文⑥。"飱"字不見於鄭注所引《緇衣》,然《詩‧鄭風‧緇衣》毛傳云:"粲,餐也。"⑦《釋文》"餐"作"飱"⑧。《禮記音》以"飱"代"粲"者,乃是以傳改經也。據寫卷"裋"字條所處位置,唯"適子之館兮,還"句之"還"可以當之,《釋文》:"還,音旋。"⑨《禮記音》第 101 行有"還"字條,以直音"裋"注之。此《祭儀》"周還

<hr>

① (宋)陳彭年等:《宋本廣韻》卷四《去聲‧五十候》小韻"田候切"下有"裋"字,義爲"祭裋"(北京市中國書店 1982 年版,第 418 頁)。

② (宋)丁度:《集韻》卷八《去聲下‧五十候》,上海古籍出版社 1985 年版,第 619 頁。

③ 周祖謨:《廣韻校本》下冊《廣韻校勘記》卷四《候韻》,中華書局 1960 年版,第 475 頁。

④ 《漢語大字典》(縮印本),第 1003 頁。

⑤ S. 2053VA"館"原誤作"餚",今據《禮記正義》改正(《十三經注疏》本,藝文印書館 2001 年版,第 927 頁)。

⑥ (漢)鄭玄注,(唐)孔穎達疏:《禮記正義》卷五十五《緇衣第三十三》,《十三經注疏》本,藝文印書館 2001 年版,第 927 頁。

⑦ 《毛詩正義》卷四之二《鄭風‧緇衣》,第 161 頁。

⑧ 《經典釋文》卷五《毛詩音義上‧鄭緇衣第七‧緇衣》"飱"條,第 64 頁。

⑨ 《經典釋文》卷十四《禮記音義之四‧緇衣第三十三》"還予"條,第 211 頁。

出戶"句文①,《釋文》:"還,音旋,本亦作旋。"②俗書方部與衤部
多混,如旅或作袘③,旅或作裇④。那麼"袒"爲"旋"之俗訛字當
無疑問。《禮記音》"袒"音"祥",正與《龍龕手鏡》同,則《龍龕》
之"袒"當爲"旋"之俗寫也。至於其"緣"之釋義,亦與"旋"字
合。慧琳《一切經音義》卷四十三《文殊師利法寶藏陀羅尼經》
"旋環"條注云:"上象緣反。……何休注公羊'遻也'。"⑤《荀
子·議兵》"限之以鄧林,緣之以方城"楊倞注:"緣,繞也。"⑥是
"音豆,祭袒"當單獨列爲一條,"袒"乃"福"之誤字;而"又音祥,
緣也"當別列一條,"袒"乃"旋"之俗字。

又如《龍龕手鏡·肉部》:"肷,俗,伏、聿二音,正作肷,辟
也。"⑦《日部》有"映"字,云:"逸、聿二音,辟也。"⑧

案:《玉篇·肉部》:"肷,許律切,牛肉也。"⑨與伏、聿二音均
不同。考《説文·欠部》云:"肷,詮詞也。"⑩《廣雅·釋詁》云:

① 《禮記正義》卷四十七《祭義第二十四》,第 807 頁。

② 《經典釋文》卷十三《禮記音義之三·祭義第二十四》"周還"條,第
203 頁。

③ 張涌泉:《敦煌俗字研究》下編,第 361 頁。

④ 楊寶忠:《疑難字考釋與研究》,第 527 頁。

⑤ (唐)慧琳:《一切經音義》卷四十三《文殊師利法寶藏陀羅尼經》,
《正續一切經音義》,上海古籍出版社 1986 年版,第 1685 頁。案:《公羊傳·
莊公十年》"以地遻之也"何休注:"遻,繞也。"(《春秋公羊傳注疏》卷七《莊
公十年》,第 88 頁)旋、遻古通,"遻"爲"繞"之後起別體。

⑥ (戰國)荀況著,(唐)楊倞注:《荀子》卷十《議兵篇第十五》,上海古
籍出版社 1989 年版,第 88 頁。

⑦ 《龍龕手鏡》入聲卷四《肉部第四》,第 416 頁。

⑧ 《龍龕手鏡》入聲卷四《日部第六》,第 430 頁。

⑨ (南朝梁)顧野王撰,(宋)孫強重修:《宋本玉篇》卷七《肉部》,北京
市中國書店 1983 年版,第 147 頁。

⑩ 《説文解字》八篇下《欠部》,第 180 頁。

“肌,詞也。”①則《龍龕手鏡》所謂“胅”,當是“朕”之誤也。《漢書·叙傳·幽通賦》“胅中龢爲庶幾兮,顏與冉又不得”顏注:“胅,古聿字也。”②《文選》卷十四班固《幽通賦》“胅”即作“聿”③。《龍龕》“聿”音之“胅”應是“朕”之誤字,因俗書從月從目從日之偏旁常混,故“朕”誤作“胅”,又誤作“肌”。以“聿”音“朕”,乃以借字音本字也。那麼“肌”之“伏”音又來自何處呢?敦煌經籍寫卷爲我们提供了解決這一問題的材料。《尚書·盤庚上》“不昬作勞,不服田畝”④,S. 11399《古文尚書傳》第 3 行“服”作“肌”;《尚書·説命中》“説乃言惟服”⑤,P. 2516《古文尚書傳》第 99 行“服”作“肌”。《説文·舟部》:“服,用也。𦩗,古文服,从人。”⑥“𦩗”隸定作“舮”,故《廣韻·屋韻》云:“服……舮,古文。”⑦“服”隸變作“服”,故古文“舮”亦有作“肌”者,《集韻·屋韻》:“服,古作舮。”⑧是也。寫卷之“肌”,當非“服”之古文,而是“服”之俗字“服”的訛變。《廣韻·屋韻》小韻“房六切”下收有伏、服二字⑨,是《龍龕》讀“伏”音之“肌”乃“服”之俗字也。《龍龕》“肌”條當分爲兩條,一讀“伏”音,爲“服”之俗字;一讀

---

① (清)王念孫:《廣雅疏證》卷四下《釋詁》,江蘇古籍出版社 1984 年版,第 124 頁。

② (漢)班固撰,(唐)顏師古注:《漢書》卷一百上《叙傳第七十上》,中華書局點校本 1962 年版,第 4217 頁。

③ (南朝梁)蕭統編,(唐)李善注:《文選》卷十四《幽通賦》,中華書局 1977 年版,第 210 頁。

④《尚書正義》卷九《盤庚上》,第 128 頁。

⑤《尚書正義》卷十《説命中》,第 141 頁。

⑥《説文解字》八篇下《舟部》,第 176 頁。

⑦《宋本廣韻》卷五《入聲·一屋》,第 433 頁。

⑧《集韻》卷九《入聲上·一屋》,第 640 頁。

⑨《宋本廣韻》卷五《入聲·一屋》,第 433 頁。

"聿"音,爲"欥"之訛字。

3. 爲字書提供正確的用例

對於一部字書來説,爲所釋單字舉出合適而正確的例證是非常必要的,可以使讀者更容易地理解詞義。敦煌經籍寫卷中的材料可以補充字書這方面的闕漏。

如《玉篇·貝部》:"賹,音協,財也。"①《篇海》、《字彙》皆據之收入②。《漢語大字典》、《中華字海》亦據《玉篇》列"賹"爲字頭③。《正字通·貝部》云:"賹,俗字。舊注音協,財也,誤。"④然未言爲何字之俗寫。楊寶忠《疑難字考釋與研究》對此字作了詳細的考辨,認爲是"脅"之俗字,《玉篇》釋爲"財"乃是陳彭年等據字形而臆測⑤,其結論確鑿可信,但也没有提供文獻用例。《尚書·胤征》:"脅從罔治。"⑥P.5557《古文尚書傳》第16行"脅"寫作"賹",即可作"賹"爲"脅"之俗字的直接證據。

又如《龍龕手鏡·石部》:"硺,竹角反,擊也。"⑦《漢語大字典》即據《龍龕》立字頭⑧,没有提供其他更多的信息。案《詩·小雅·常棣》"雖有兄弟,不如友生"鄭箋:"安寧之時,以禮義相琢

①《宋本玉篇》卷二十五《貝部》,第475頁。

②《成化丁亥重刊改併五音類聚四聲篇海》卷六《幫母第十三貝部第八》,第351頁;(明)梅膺祚:《字彙》酉集《貝部》,《字彙 字彙補》,上海辭書出版社1991年版,第466頁。

③《漢語大字典》(縮印本),第1516頁;《中華字海》,第1392頁。

④ (明)張自烈、(清)廖文英編,董琨整理:《正字通》酉集中《貝部》,中國工人出版社1996年版,第1102頁。

⑤ 楊寶忠:《疑難字考釋與研究》,第592—593頁。

⑥《尚書正義》卷七《胤征》,第104頁。

⑦《龍龕手鏡》入聲卷四《石部第九》,第445頁。

⑧《漢語大字典》(縮印本),第1018頁。

磨,則友生急。"①S. 2049《毛詩傳箋》第 141 行"琢"作"碌"。玉亦石類,石旁與玉旁可以換用,如"瑉"或寫作"碈"②,即其例。則"碌"當是"琢"之換旁俗字("琢磨"習語,"琢"字或涉"磨"字類化換旁)。寫卷此例可以作爲《漢語大字典》"碌"條的例證。

4. 填補俗字形成過程中缺失的環節

歷代字書收載了大量的俗字,但往往没有相關的説明和考證,因而讀者無法從其著録瞭解該字的正字是什麽,它是怎樣演變過來的。有的雖有正字、俗字還是古字的説明,但其結論却是錯誤的,從而以訛傳訛,貽誤來者。敦煌經籍寫卷中的材料可以填補某些俗字演變過程中缺少的環節,搞清楚它們從正體到俗體的演變過程。

如《四聲篇海》:"舣,音服,衣也。"③《字彙補》仍之④。《漢語大字典·舟部》云:"舣,衣。《改併四聲篇海·舟部》引《川篇》:'舣,衣也。'"⑤是此字最早見收於金韓道昭之《四聲篇海》。雖然此字之形音義三項俱全,却不知其來源。

案:P. 3315《尚書釋文》第 82 行有"舣",注云:"古文服字。"考《説文·舟部》:"服,用也。舰,古文服,从人。"⑥"舣"者,"舰"之變體,吴士鑑《唐寫本經典釋文校語》云:《説文》'服',古文

---

① 《毛詩正義》卷九之二《小雅·常棣》,第 322 頁。

② 《宋本玉篇》卷一《玉部》,第 19 頁。

③ 《成化丁亥重刊改併五音類聚四聲篇海》卷十一《照母第二十六舟部第一》,第 423 頁。

④ 吴任臣:《字彙補》未集《舟部》,第 178 頁。

⑤ 《漢語大字典》(縮印本),第 1273 頁。

⑥ 《説文解字》八篇下《舟部》,第 176 頁。

從舟從人會意作 ，隸變作 。"①""應是從""到""訛變過程中的中間環節。

又如《集韻·陽韻》:"匚,古作 。"②《漢語大字典》據《集韻》立字頭③。

案:《説文·匚部》:"匚,受物之器。讀若方。,籀文匚。"④段注:"依字,匚有榘形,固可叚作方也。"⑤方圓之"方"本字當作"匚",方向之"方"則爲引申義。"匚"字甲骨文作 、、、、、⑥,金文作 、⑦,無作""者。查 P.3315《尚書釋文》第 17 行有""字,注云:"古方字。"龔道耕云:"此即'匚'字行書之也。"⑧從字形看,""實爲""字之楷定也。可以説,""即爲"匚"字之俗訛。徐在國以爲""爲""形之省變⑨,誤。又《尚書·大禹謨》"四方風動"⑩,薛季宣《書古文訓》"方"作""⑪,""亦""字之楷定。李遇孫《尚書隸古定釋文》云:"古文《尚

---

① 吳士鑑:《唐寫本經典釋文校語》下,見《涵芬樓秘笈》第 4 集,1917 年,第 24A 頁。

② 《集韻》卷三《平聲三·十陽》,第 212 頁。

③ 《漢語大字典》(縮印本),第 21 頁。

④ 《説文解字》十二篇下《匚部》,第 268 頁。

⑤ (清)段玉裁:《説文解字注》十二篇下《匚部》,上海古籍出版社 1981 年版,第 635 頁。

⑥ 李圃主編:《古文字詁林》第 9 册,上海教育出版社 2004 年版,第 1019—1020 頁。

⑦ 容庚:《金文編》,科學出版社 1959 年版,第 660 頁。

⑧ 龔道耕:《唐寫殘本〈尚書釋文〉考證》,載《華西學報》第 4 期,1936 年 6 月,第 8 頁。

⑨ 徐在國:《隸定古文疏證》,第 261 頁。

⑩ 《尚書正義》卷四《大禹謨》,第 55 頁。

⑪ (宋)薛季宣:《書古文訓》卷二《大禹謨》,康熙十九年《通志堂經解》本,第 4A 頁。

書》'方'皆作'匚',此又'匚'字之古文也。"①臆測之辭耳。

(四) 音韻學價值

敦煌經籍類寫卷中的音韻材料對於音韻學研究的價值主要有以下三個方面。

1. 經籍音義寫卷是魏晉南北朝音研究的重要資料

魏晉南北朝是音韻蜂出的時期,當時流行爲群籍注音,謝啟昆《小學考》著録了這樣的音義書達 70 種之多②,但除了陸德明的《經典釋文》外,没有一種保存下來。這些音義書的内容零星散見於群籍之引用,雖然經過歷代輯佚家的艱苦工作,已經有了大量的輯佚本,但材料較少而且不成系統。因而六朝音的研究起步晚而成果少。可喜的是藏經洞寫本中,保存了大量的南北朝隋唐時期的音義寫卷,其中有不少是經籍類音義寫卷。

敦煌經籍寫卷中的音義殘卷中, S. 2729B+Дx. 01366《毛詩音》、P. 3383《毛詩音》、S. 2053VA《禮記音》、BD10610(L0739)+BD09521(殷 42)《論語鄭注音義》四種是已佚失的南北朝時期的音義著作,雖然都是殘卷,但總計有近 3000 條的注音。特別是 S. 2729B+Дx. 01366《毛詩音》與 S. 2053VA《禮記音》,注音條目均超過了 1000 條,可以運用與《廣韻》相比證的方法考定其音韻系統,這對於魏晉南北朝時期音系的研究,甚至對於中古方言的研究③,都具有重要的價值。

---

① (清)李遇孫:《尚書隸古定釋文》卷三《大禹謨》,《續修四庫全書》第 48 册,上海古籍出版社 1995 年版,第 52 頁。

② 據張世禄《中國音韻學史》(上海書店 1984 年版,上册第 168 頁)的統計。

③ [日]大島正二:《敦煌出土〈禮記音〉殘卷について》(《東方學》第 52 輯,1976 年 7 月)考定 S. 2053VA《禮記音》反映的語音系統是河南方音。

2. 經籍寫卷中的別字異文是研究唐五代西北方音的重要資料

羅常培《唐五代西北方音》是第一部利用敦煌寫卷材料系統研究唐五代西北方音的著作,但所利用的敦煌材料有限,只有 4 種對音寫卷與 1 種注音本《開蒙要訓》。後來,邵榮芬《敦煌通俗文學中的別字異文和唐五代西北方音》一文利用變文、曲子詞中的別字異文來研究唐五代西北方音①,劉燕文的《從敦煌寫本〈字寶〉的注音看晚唐五代西北方音》據五代時期流行於敦煌一帶的字書——《字寶》的注音進行研究②,洪藝芳《唐五代西北方音研究——以敦煌通俗韻文爲主》運用變文、曲子詞、俗賦、通俗詩四大類寫卷中的押韻、別字異文材料對唐五代西北方音作了更全面的探討③,均取得了不小的成就。但所有關於唐五代西北方音的研究論著中,還没有一家使用敦煌經籍寫卷中的別字異文材料。

敦煌經籍寫卷,特別是《論語》、《孝經》寫卷中大量的別字異文,是研究唐五代西北方音的重要資料。《論語》、《孝經》作爲學子應試的必試科目,是童蒙初學的必讀之書,因而在敦煌經籍寫卷中,《論語》、《孝經》佔了很大的分量,而且大多是陷蕃後及歸義軍時期的童蒙學子所抄,如散 0665《論語集解》殘卷爲“大中五年五月一日學生陰惠達”所書,P. 2681+P. 2618《論語集解》殘卷爲“乾符三年三月廿四日沙州燉煌縣歸義軍學士張喜進書記”,

---

① 邵榮芬:《敦煌通俗文學中的別字異文和唐五代西北方音》,載《中國語文》1963 年第 3 期。

② 劉燕文:《從敦煌寫本〈字寶〉的注音看晚唐五代西北方音》,中國文物研究所編《出土文獻研究續集》,文物出版社 1989 年版,第 236—252 頁。

③ 洪藝芳:《唐五代西北方音研究——以敦煌通俗韻文爲主》,中國文化大學碩士論文,1995 年。

P. 3783《論語》白文殘卷爲"文德元年正月十三日燉煌郡學士張圓通書",S. 1386《孝經》白文寫卷爲"天福柒年壬寅歲十二月十二日永安寺學仕郎高清子"所書,等等。這些學子所抄寫卷的別字異文,透露出典型的唐五代西北方音特色。如《論語·學而》"未若貧而樂,富而好禮者也"《集解》引鄭玄曰:"樂謂志於道,不以貧爲憂苦。"①日本天理大學圖書館所藏敦煌寫本《論語集解》第3行"志"寫作"主"。案《廣韻》"主"音之庾切,照紐上聲麌韻;"志"音職吏切,照紐去聲志韻,遇攝讀同止攝,這是唐五代西北方音的特點。又如《孝經·喪親章》:"喪不過三年,示民有終也。"②P. 3416《孝經》第94行"終"寫作"忠"。《廣韻》"終"音職戎切,照紐東韻;"忠"音陟弓切,知紐東韻。知系與照三系混用不分,也是唐五代西北方音的特點。經籍寫卷中的別字異文材料所反映出來的這些唐五代西北方音特點可以與羅常培、邵榮芬、洪藝芳的研究結果相印證。

經籍寫卷中的別字異文材料尚可以補充諸家材料之不足。

如《敦煌變文集·父母恩重經講經文》:"不會懷躭煞苦辛,豈知乳甫多疲倦。"③向達校"甫"爲"哺"。甫,非紐字;哺,並紐字。但邵榮芬認爲這兩字形聲偏旁相同,不一定屬於通假意義上的別字異文,是不可靠的例子,因而將它歸入參考例中④。洪藝

---

① (魏)何晏集解,(宋)邢昺疏:《論語注疏》卷一《學而第一》,《十三經注疏》本,藝文印書館 2001 年版,第 8 頁。

② (唐)李隆基注,(宋)邢昺疏:《孝經注疏》卷九《喪親章第十八》,《十三經注疏》本,藝文印書館 2001 年版,第 55 頁。

③ 王重民、王慶菽等編:《敦煌變文集》,人民文學出版社 1957 年版,第 674 頁。

④ 邵榮芬:《敦煌通俗文學中的別字異文和唐五代西北方音》,載《中國語文》1963 年第 3 期。

芳承用邵氏之説，也没能提供另外的用例①。案《孝經・紀孝行章》："爲下而亂則刑，在醜而争則兵。"②S. 707《孝經》第 8 行"兵"寫作"並"。《廣韻》"兵"音甫明切，非紐庚韻；"並"音通迥切，並紐迥韻。這條例子正是並、非代用例，足可補邵、洪二文之缺。

又如：《論語・爲政》"退而省其私，亦足以發，回也不愚"《集解》引孔安國曰："察其退還與二三子説釋道義，發明大體，知其不愚。"③P. 2604《論語集解》第 22 行"釋"寫作"識"。《廣韻》"釋"音施隻切，審紐昔韻；"識"音職吏切，照紐之韻。以"識"代"釋"，乃是以照代審。照三系 5 個聲紐之間的同用情況，洪藝芳列舉了神、審同用 1 例，神、禪同用 3 例④。本例可補其缺。

3. 《經典釋文》殘卷可以糾正傳本《釋文》的訛誤

陸德明《經典釋文》採集了漢、魏、六朝 230 餘家音義、訓詁等著作的内容，這些著作中的音義著作已無一存世，因此，《經典釋文》保存的"唐以前諸經典中文字的音讀，爲我們今天研究這一時期的聲音變遷提供了重要的資料"⑤。但自《釋文》成書，歷經唐、宋、元、明諸朝展轉傳抄翻刻及增删改削，今本《釋文》已非當時舊貌。敦煌經籍類寫卷中有唐寫本《經典釋文》3 種：S. 5735 + P. 2617《周易釋文》、P. 3315《尚書釋文》、BD09523《禮記釋文》，不僅可補今本《釋文》脱漏的條目，而且多有可正今本《釋文》之

---

① 洪藝芳：《唐五代西北方音研究——以敦煌通俗韻文爲主》，第 17 頁。

② 《孝經注疏》卷六《紀孝經章第十》，第 42 頁。

③ 《論語注疏》卷二《爲政第二》，第 17 頁。

④ 洪藝芳：《唐五代西北方音研究——以敦煌通俗韻文爲主》，第 30 頁。

⑤ 黄焯：《經典釋文彙校・前言》，中華書局 1980 年版，第 1 頁。

訛誤者,這對於研究《經典釋文》音系具有極大的價值。

東晉梅頤所上僞《古文尚書》,没有《舜典》篇,後人將王肅《尚書注》的《堯典》篇下半部割裂下來作爲《舜典》補上,因而通行的僞《古文尚書》的《舜典》篇之注是王肅注,陸德明《尚書釋文》即是根據這個本子作的。到南朝齊明帝時,吳興姚方興僞造孔傳《舜典》,至隋時由劉炫奏上,取代王肅《舜典注》,收入《古文尚書》。至宋朝陳鄂删定《尚書釋文》,所依據之本恰恰是姚方興僞造本,因而將姚本所無之條目悉行删改,其中有注音之條目被删者即達 48 條之多。今據 P. 3315《尚書釋文》寫卷,可知《釋文·舜典篇》之原貌,可補今本《釋文》之缺。P. 2617《周易釋文》則有 49 條爲今本所無①,BD09523《禮記釋文》亦有可補今本之缺者 1 條②。

至於可正今本《釋文》訛誤之處者極夥,今從三個《釋文》寫卷中各抽取一例來説明。

《周易·鼎卦》釋文:"劲,古政反。"③P. 2617《周易釋文》第 154 行"古政反"作"吉政反"。羅常培云:"'古''吉'同屬見紐,

---

① 第 7 行"上承"、10 行"剛應"、17 行"乘夫"、33 行"於著"與"不重"、48 行"不省"、54 行"不造"、57 行"畜己"、61 行"猾"、64 行"履夫"、69 行"喪"、82 行"受人"、89 行"畜"、93 行"不長"、109 行"碩"、110 行"得中"、122 行"孚號"、149 行"治曆"、165 行"之勝"、171 行"通夫"、173 行"覆"、177 行"不見"、182 行"而當"、186 行"令著"、192 行"大號"、194 行"制數"與"則嗟"、197 行"勝"與"物挍"、201 行"上"、202 行"鳥離"、203 行"之要"、207 行"拔難"、216 行"其分"、217 行"往復"、220 行"之差"、222 行"之數"與"散"、225 行"極數"、237 行"覆"、242 行"以斷"、253 行"揉木"、269 行"典要"、284 行"燥"、304 行"來觀"、305 行"而著"、311 行"非數"、318 行"不説"、320 行"以勝"。

② 第 23 行"以上"。

③《經典釋文》卷二《周易音義·周易下經夬傳第五·鼎卦》"用劲"條,第 28 頁。

但'古'爲一二四等上字,'吉'爲三等上字,以一二四等不與三等同切言,則寫本爲正,今本或因形近訛省。"①

《尚書·舜典》釋文:"猾,户八反。"②P. 3315《尚書釋文》第87行"户八反"作"于八反"。吳承仕云:"《潛夫論·志姓氏篇》引作'蠻夷滑夏',與寫本同。今本作'猾',當是衛包所改。于八反,'于'當爲'乎'。《篇》、《韻》滑、猾字止有胡骨、户八等切,無與'于八反'相應者,是其證。"③黃焯云:"《禮記·儒行》釋文:'壞己,乎怪反。'唐寫本亦作'于怪反',蓋'于'字六朝以前讀入匣紐,與'乎'同聲,故以切滑、壞等字。唐宋以後'于'讀入喻紐,與匣紐隔類,後人覺其音之不合,遂改類隔爲音和,故《篇》、《韻》滑、猾字止有胡骨、户八等切也。吳氏謂'于'當作'乎',殊未合。"④

《禮記·檀弓上》釋文:"衣,于既。"⑤BD09523《禮記釋文》第14行"于既"作"於既"。吳承仕云:"毛居正並謂'于'應作'於'。承仕案:德明反語蓋與《切韻》大同,不應于、於同用。通校全書,若徐邈等所下反音,影喻諸紐間有出入,至於德明,則不概見,且互譌者,僅有于、於二文,而伊、央、乙、烏、爲、羽、云、有諸文蓋無互用之處,可證作'于'者爲傳寫之譌。"⑥羅常培云:"'衣、於'屬

---

① 羅常培:《唐寫本經典釋文殘卷四種跋》,《清華學報》第13卷第2期,1941年10月。

② 《經典釋文》卷三《尚書音義上·舜典第二》"猾"條,第38頁。

③ 吳承仕:《唐寫本尚書舜典釋文箋》,《華國月刊》第2卷第4册,1925年2月,第7頁。

④ 黃焯:《經典釋文彙校》,第30頁。

⑤ 《經典釋文》卷十一《禮記音義之一·檀弓第三》"衣以"條,第170頁。

⑥ 吳承仕:《經籍舊音辨證》,中華書局1986年版,第129頁。

影紐,‘于’屬喻紐云類,作‘於’爲是。"①

以上諸例皆是對於考訂《釋文》音系具有極大關係者。

(五) 版本學價值

版本之稱,有狹義與廣義之別,廣義的版本"並不限於雕版印刷的書籍,而實際上包括没有雕版以前的寫本和以後的鈔本、稿本在内"②。那麽敦煌寫卷的書寫格式當然也屬於版本學範疇。

敦煌經籍寫卷的版本學價值最值得注意的就是孔穎達《五經正義》原本的格式問題。

唐孔穎達撰《五經正義》,於高宗永徽四年頒行天下③。當時的《正義》,本皆單行,並不與經、注合書。錢大昕云:

> 唐人撰九經《疏》,本與《注》別行,故其分卷亦不與經注同。自宋以後刊本,欲省兩讀,合《注》與《疏》爲一書,而《疏》之卷第遂不可考矣。④

但由於唐本《正義》不存於世,後人論《正義》之體裁,往往根據宋刻單疏本推論。或謂經、注均載全文;或謂釋經不標起止,釋注方標起止;或謂注文省略不録,但有時録全文;或謂標明經、注起止,等等⑤,不一而足。

---

① 羅常培:《唐寫本經典釋文殘卷四種跋》,第 29 頁。

② 王欣夫:《文獻學講義》,上海古籍出版社 1986 年版,第 135 頁。

③ (後晉)劉昫等撰:《舊唐書》卷四《高宗本紀上》,中華書局點校本 1975 年版,第 71 頁。

④ (清)錢大昕:《十駕齋養新録》卷三"注疏舊本"條,上海書店 1983 年版,第 60 頁。

⑤ 説詳蘇瑩輝《略論五經正義的原本格式及其標記經、傳、注文起訖情形》,見蘇瑩輝《敦煌論集續編》,臺灣學生書局 1983 年版,第 79—81 頁。

S.498《毛詩正義》寫卷,經、傳、箋皆標起止,而不出全文;經、傳、箋之起止用朱書,《正義》用墨書。王重民云:"傳箋起止朱書,正義墨書,凡'民'字皆作'人',孔氏原書應如是也。"①潘重規云:"此卷傳箋起止朱書,正義墨書,當爲唐代正義原書之本來面目,殆無疑義。"②

P.3634V+P.3635V《春秋左傳正義》寫卷,亦經、注標起止而不出全文,經、注之起止用朱書,《正義》用墨書,與S.498《毛詩正義》之體例完全相同。

據此兩唐寫本《正義》寫卷所反映之書寫體裁,可以證明孔穎達《五經正義》的書寫格式是經、注皆標起止而不出全文,經、注用朱書,《正義》用墨書以別之。

又,《經典釋文·序錄》云:"今以墨書經本,朱字辯注,用相分別,使較然可求。"③但世之傳本,皆用墨書,無用朱書者。P.3315《尚書釋文》,凡《傳》文之詞目,上皆加朱點以別之,而經文詞目則否④。是《經典釋文》原本的體裁,據寫卷猶可想見其風貌。

(原載許建平《敦煌經籍叙録》,中華書局2006年版)

---

① 王重民:《敦煌古籍叙録》,中華書局1979年版,第45頁。
② 潘重規:《巴黎倫敦所藏敦煌詩經卷子題記》,見潘重規《敦煌詩經卷子研究論文集》,第169頁。
③《經典釋文》卷一《序錄·序》,第1頁。
④ [日]狩野直喜:《唐鈔古本尚書釋文考》,原載《藝文》第6卷第2號,1915年2月;此據狩野直喜《支那學文藪》,吉川弘文堂1973年版,第94頁。

整理敦煌文獻時需要注意的幾個問題

一個世紀前發現于藏經洞的敦煌文獻,其內容涉及中國 11 世紀以前的歷史、經濟、宗教、語言、文學、藝術、科技等各個方面,但這批文獻中的絕大部分是寫本文獻,與我們常見的刻本文獻相比,有着它們自己的特殊性。敦煌學界普遍認爲,在利用這批具有重大學術價值的材料時,首先需要克服三個方面的障礙:不易辨識的大量俗別字,不易理解的衆多民間俗語詞,難以把握的書寫格式與符號。關於這三個方面,已經有了大量的研究成果,目前來説,大部分問題已經得到解決。已經發表的敦煌文獻整理本(包括過録原文及校勘),對這三個方面的把握,總體來説是不錯的。所不同的,只是學風的踏實與否、學力的高低不同而已。

十幾年來,筆者一直在進行敦煌文獻的整理,在這過程中,瀏覽了大量前人的論著,覺得除了前面三個方面的障礙,還有三個方面的問題需要引起我們的重視。

一、俗字的去留標準有待商討

敦煌寫卷有大量的俗字,經過學界多年的研究,絕大多數俗字已能正確辨識。如果我們不是專門研究近代文字,而是爲了整理出一個可讀的文本的話,是不需要保留這麼多俗字的。在絕大多數敦煌寫卷的影印本已出版的今天,洪纖畢具、點畫靡遺的摹録本是沒有實際意義的。但將所有的俗別字甚至寫卷保存的古字、本字全部改爲通行繁體的話,則會泯滅寫卷保存的很多文字信息,使引用此資料的學人因此得出不正確的結論。

如"對答"之"答",敦煌寫卷大多寫作"荅",有的整理者將它改成"答",按《五經文字·艸部》云:"荅,本小豆之一名。對荅之'荅'本作'畣'。經典及人閒行此'荅'已久,故不可改變。"①"答"乃是"荅"字因竹、艸混用造成之俗字,如果改"荅"爲"答",反而將原來的正字改成了後起的俗字。像"荅"這一類正字應該予以保留。

又如《詩經·王風·君子于役》"君子于役,不知其期"②,P.2529"役"字寫作"伇",《説文·殳部》:"役,戍邊也。從殳從彳。古文役,從人。"③甲骨文"役"字皆從"彳"旁,而《毛詩》爲古文本,則敦煌寫卷所作之"伇"極有可能保存了《毛詩》原貌。"伇"並非俗字,而是古字,如果改"伇"爲"役",則《毛詩》之本字無考矣。這一類字當然也不應該不經辨別,率爾改易。

還有一類字,我認爲也應該保留:寫卷所用的是古字或與現在通行的簡化字同形的古字。前者如"尒"、"弃",後者如"号"、"礼",敦煌寫卷所用的是古字,後世刻本都有通行繁體字,分別寫作"爾"、"棄"、"號"、"禮"。在録文時,應該原樣照録,不應該改成通行繁體字。因爲"尒"、"弃"、"号"、"礼"的産生要早於"爾"、"棄"、"號"、"禮",用後世通行字改易古字,會抹去寫卷包含的文字信息,影響到經典的復原與文字學史的研究。

以上所言,其實並非俗字,只是有些整理本將它們當作俗字並改易之,故在此特別提出來。我們在敦煌寫卷中看到一個"不

---

① (唐)張參:《五經文字》卷中《艸部》,鮑廷爵《後知不足齋叢書》本,清光緒九年(1883),第6B頁。

② 《毛詩正義》卷四之一《王風·君子于役》,第149頁。

③ 《説文解字》三篇下《殳部》,第66頁。

大正常"的字,首先應該考察它是俗字還是古字或正字,而不是率爾操觚,以通行繁簡字置換之。

像以下這幾類俗寫字是否需要保留,我覺得應該進行討論。

(1) 與現在通行的簡化字同形的俗字。如"断"、"乱",是錄成"斷"、"亂",還是原樣照錄(當然在使用簡化字的論著中不存在這個問題)?

(2) 由於偏旁混寫造成的與另一字同形的字。如敦煌寫卷中⺮、⺾常混用,因而"符"寫作"苻";扌、木混用,因而"折"寫作"析"。雖然不少字我們一看就能明白,比如"擅樹"之"擅"肯定是"檀"之俗體,我們可以直接將它改成"檀"。但是"揚"、"楊"二字,就很難區別清楚了。江蘇的"揚州"、"揚雄"的"揚"姓,本來作"揚"還是"楊",至今尚無定論,這就是因爲扌、木不分給後人留下的麻煩。而改字需有一個統一的標準,不能"揚"、"楊"保留而"符"、"苻"改易。

(3) 僅僅點畫之差的增筆字、減筆字,如"圡"、"氾",當然應該直接改爲"土"、"氾",這一點大家的意見基本上是一致的。但若正字與俗字的筆劃、字形相差較大,或那俗字其實是訛變字,如P.3433《論語集解》寫卷"愆"字寫作"偆",S. 2053VA《禮記音》寫卷"載"字寫作"𢃄"。這一類字,若全部改爲通行字,就有可能出現誤判;原樣照錄,那麼出版成本大大增加。這種情況在敦煌寫卷中不在少數,該如何處理?

總之,將俗寫字全部改爲通行繁體字或簡化字,將會失去寫卷中保存的大量有用信息;而大量保存,則會影響錄校本的使用價值。改與不改之間的分寸如何把握? 敦煌學界是否可以就此展開一些討論,定出一個大家能接受的可操作的意見來?

二、異文的考證不夠正確

我們整理敦煌文獻，除了社會經濟文書外，其他很多寫卷或多或少存在一些異本（包括敦煌寫卷中其他的異本及傳世刻本），如此勢必存在大量的異文。在敦煌學研究的初期，簡單的異文匯錄還是有價值的，畢竟能看到敦煌原卷或其影本的人是絕少數，公佈出異文，可以爲没有條件的學者提供研究的材料。但現在絕大多數寫卷都已有了清晰的影本，再作"某，某本作某"這樣簡單的異文錄校已經失去了意義（當然如果現在有人發現一個新的寫卷，而這寫卷又因爲種種原因無法照相公佈，那麽作一個異文錄校還是有意義的）。我們在整理過程中，對這些異文應該加以分析、證明，儘量作出一個準確的判斷，而不能簡單地作異文匯錄。

在異文錄校時，存在問題最多的是關於古今字、通假字、異體字的判定。很多論著在碰到這一類的異文時，往往不作考察，就簡單地賦予"通假"二字，不僅没有解決任何問題，反而產生了新的訛誤。正確地判定它們的關係，對於考證寫卷價值有重要的作用。但這要求整理者必須具有文字、音韻、訓詁方面的一定功底，否則就會得出錯誤的結論。如《詩經・豳風・九罭》篇之"罭"字，胡承珙《毛詩後箋》云："《説文》無'罭'字，古字當只作'域'。"①是清人已懷疑《毛詩》"罭"非本字。S. 1442、S. 2049 此字皆作"域"，可證胡氏之善。有人以爲罭、域同音通假②，誤也。

---

① （清）胡承珙撰，郭全芝校點：《毛詩後箋》卷十五《豳風・九罭》，黄山書社 1999 年版，第 727 頁。

② 蔡主賓：《敦煌寫本儒家經籍異文考》，第 220 頁。

“域”、“罭”實爲古今字，因“九域”之“域”義爲魚網，故後人改偏旁“土”爲“罒(網)”。《毛詩》時代，“罭”字尚未產生，何來通假？又如《文選》卷二十曹子建《上責躬應詔詩表》“自分黄耇，永無執珪之望”①，Φ.424同，但五臣本《文選》“珪”作“圭”，或云：“‘圭’與‘珪’通。”②案《説文·土部》：“圭，瑞玉也。上圜下方，……以封諸侯。从重土。楚爵有執圭。珪，古文圭从玉。”③是圭、珪爲異體字，並非通假字。以上只是隨意舉兩個例子，其實這種情況在敦煌文獻的整理本中很普遍。

三、對清人的研究成果不够重視

敦煌學研究者在對敦煌文獻進行整理研究時，首先要進行學術史的追溯，將前人相關研究成果儘可能搜羅無遺。這是整理研究的最基本前提。

但敦煌文獻的經、史、子、集四部書寫本中，有不少存有傳世刻本，如《尚書》、《詩經》等經書，《史記》、《漢書》等史書，《老子》、《莊子》等子書以及《文選》、《文心雕龍》等集部書，這些文獻除了一百年來近人對相關的敦煌寫卷作有研究外，清人已作過大量的研究。雖然清人沒有看到過敦煌寫卷，但他們看到的其他版本或舊籍引用的異文有與敦煌寫本相同的，那麼他們的研究成果當然應該吸收到我們的整理本中。下面略舉幾條經部典籍方面的例子。

---

① (南朝梁)蕭統編，(唐)李善注：《文選》卷二十《上責躬應詔詩表》，中華書局1977年版，第278頁。

② 羅國威：《敦煌本〈昭明文選〉研究》，黑龍江教育出版社1999年版，第166頁。

③《説文解字》十三篇下《土部》，第289頁。

《尚書‧高宗肜日》"降年有永有不永,非天夭民,民中絕命"①,江聲《尚書集注音疏》云:"《史記》載此文,則云'非天夭民,中絕其命','民'止一字,不重出。僞孔本于'中絕命'上別出'民'字,殊無謂。故云'民'不當有重文,重者,衍字也。"②P.2516、P.2643《尚書》寫卷"民"字不重,印證了江聲的説法。

《詩‧小雅‧六月》"有嚴有翼,共武之服"毛傳:"嚴,威嚴也。"③陳奐《詩毛氏傳疏》云:

《傳》各本"威"下衍"嚴"字,訓"嚴"爲"威",不訓"嚴"爲"威嚴"也。《常武》"有嚴天子"傳"嚴而威也",亦訓"嚴"爲"威"。《傳》"威"《箋》"威嚴",猶《傳》"敬"《箋》"恭敬",今各本依《箋》增入"嚴"字,《釋文》"嚴,威也",《正義》"其嚴者威敵屬衆",是陸、孔所見《毛傳》不重"嚴"字。《華嚴音義》下引傳"嚴,威也",不誤。"④

P.2506《毛詩》寫卷正無"嚴"字,可證陳説之善。

《左傳‧僖公五年》"於是江、黄、道、柏方睦於齊,皆弦姻也"杜預注:"道國在汝南安陽縣南。"⑤洪亮吉《春秋左傳詁》云:"《地理志》汝南郡陽安,應劭曰:'故道國。'……杜本'陽安',今作'安陽',蓋傳寫誤。汝南郡別有安陽縣,應劭曰:'故江國也。'"⑥P.2562《左傳》寫卷正作"陽安",可證洪説不誤。

---

① 《尚書正義》卷十《高宗肜日》,第143頁。

② (清)江聲:《尚書集注音疏》,《清經解》第2册,上海書店1988年版,第874頁。

③ 《毛詩正義》卷十二之二《小雅‧六月》,第358頁。

④ 《詩毛氏傳疏》卷十七《南有嘉魚之什詁訓傳‧六月》,第16A頁。

⑤ 《春秋左傳正義》卷十二《僖公五年》,第207頁。

⑥ (清)洪亮吉撰,李解民點校:《春秋左傳詁》卷七《僖公一》,中華書局1987年版,第278頁。

　　清代乾嘉學人在四部書特別是群經的研究上達到了登峰造極的地步,他們憑藉深厚的訓詁、音韻、文字方面的功底,全面搜羅各種材料,作出了令人信服的論斷。學問之道,後人應該站在前人的肩膀上,借鑒其成功的經驗,吸收其合理的成分,方能將學術研究推向更高、更深的層次。顏之推云:"觀天下書未徧,不得妄下雌黄。"①觀遍天下書可能有困難,但儘量多地翻閱相關專題的清人研究成果,特別是一些重要的、通行的研究著作,恐怕不是一件很難的事。

　　(原載劉進寶主編《百年敦煌學:歷史　現狀　趨勢》,甘肅人民出版社 2009 年版)

---

　　① (北齊)顏之推撰,王利器集解:《顏氏家訓集解》(增補本)卷三《勉學第八》,中華書局 1993 年版,第 235 頁。

新見國家圖書館藏敦煌經部寫本殘頁錄校研究

　　國家圖書館收藏之敦煌遺書的主體部分早在 20 世紀 70 年代就已製成縮微膠卷發行,但新字號與臨編號部分一直沒有正式公佈,使我們難窺國圖藏卷之全豹。經過編纂組專家們八年的艱辛努力,到 2012 年 5 月,146 册的皇皇巨著《國家圖書館藏敦煌遺書》全部出版,終於使我們能看到世界上敦煌遺書最大宗收藏之完璧。

　　國圖收藏的敦煌文獻中,亦有不少儒家經籍寫本,我在《敦煌經籍叙録》中介紹過十件,其中《尚書》三件: BD15695、BD14681、BD12280(L2409);《詩經》一件: BD14636;《禮記》一件:BD09523;《左傳》一件:BD02709 背(北 8155 背);《穀梁傳》一件:BD15345;《論語》兩件:BD10610(L0739)、BD09521(北殷 42)。後在《敦煌經部文獻合集》中增入《論語》一件:BD09954(L0083)。今將《國家圖書館藏敦煌遺書》翻閱一過,又發現六件有關儒家經籍的殘片,其中《尚書》一件(BD16057),《詩經》一件(BD12252),《禮記》一件(BD16019),《穀梁傳》兩件(BD14475 背 1、BD14475 背 2),《孝經》一件(BD16092A)。今依原卷行款移録全文並作校勘。《國家圖書館藏敦煌遺書》均以黑白圖版印刷,有些寫本字跡不易辨認,得方廣錩教授幫助,獲睹 BD16057、BD16019、BD12252 三件寫本的彩色照片,使校録得以順利进行,謹此致謝!

錄文每行前列序號並施加新式標點。上標方括號（[ ]）内爲校記之序號。雙行小注改爲單行，經文小四號，注文小五號。殘片殘損或模糊之字用"☒"號表示，殘缺之字用"□"號表示，並據對校本擬補。殘缺嚴重而不能確定字數者，上缺者用 ☐☐☐☐ 號，中缺者用 ☐☐☐ 號，下缺者用 ☐☐☐ 號。重文符號一般均改成相應之字（但如涉及前後兩行，則仍舊保留），旁注字直接錄入相應位置。

BD16057

《國家圖書館藏敦煌遺書》（後簡稱"國圖藏"）定名《尚書正義·武成》（第 145 册第 115 頁下欄），今將其"條記目録"之有關記載移録於下：

    1.1   BD16057 號

    1.3   尚書正義·武成

    1.6   L4030

    2.1   4 行，行 11 字殘。

    2.3   殘片。首殘尾殘。上邊殘缺，通卷下殘。正面有烏絲欄，有雙行夾注。已修整。

    8   7—8 世紀。唐寫本。

    9.1   楷書。

    12   本遺書爲從 BD02506 號背面揭下的古代裱補紙。

此殘片存 4 殘行，上端不殘，下部殘，第 1 行僅存一個半字。起《尚書·武成》"既戊午，師逾孟津"之"津"字，至"一戎衣，天下大定"之"一"（殘片作"弌"），經文單行大字，注文雙行小字，根據行款推測，大字每行約 20 字。這是僞孔安國《古文尚書傳》，

有經文與傳文,没有孔穎達之疏文,並非《尚書正義》。按拙著
《敦煌經籍叙録》的命名格式,此殘片可定名爲"古文尚書傳(武
成)"。

S.799 號存《武成》全篇,可與此殘片互校。

以《中華再造善本》影印之北京大學所藏宋刻本《尚書》爲對
校本(簡稱"宋本"),校録於後。

録文:

1. 津。☒(癸)[1] ☐☐☐☐

2. 陳也[2]。甲子昧爽,☒☒(受衛)[3] ☐☐☐☐

3. **它又敵**于我師[4],**冑**徒倒戈[5],攻[6] ☐☐☐☐

4. 服周仁政,無有戰心[7],前人自攻於☒(後)以走[8],流血漂春
杵[9]。甚言☒☒[10]。☒[11] ☐☐☐☐

校記:

[1] 癸 殘片存左上角一半。"癸"下殘片殘缺,宋本作"亥陳于
    商郊俟天休命自河至朝歌出四百里五日而至赴敵宜速待天休命謂
    夜雨止畢"。

[2] 也 宋本及 S.799 無,然日本古寫本内野本、足利本、影天
    正本、上圖本均有①。

[3] 受衛 殘片"受"存左半,後一字僅存左上角"彡",宋本作
    "率",其形不似。此字 S.799、《書古文訓》作"衛"②,内野
    本、上圖本作"衛",案 P.3315《尚書釋文》82 行:"衛,古率

---

① 本文引用之日本古寫本皆見顧頡剛、顧廷龍輯《尚書文字合編》,上
海古籍出版社 1996 年版。

② 薛季宣:《書古文訓》卷七《武成》,第 13B 頁。

字。"彡"乃"衞"字殘筆。"衞"當是"衞"之訛變。"衞"下
殘片殘缺,宋本作"其旅若林會于牧野旅衆也如林言盛多會逆
距戰"。

[4] 它又敵　宋本作"罔有敵";S. 799 "又"作"ナ","敵"作
"𢾅"。案:《玉篇·宀部》:"它,古文罔。"①《集韻·有韻》:
"有,古作ナ。"②"又"、"ナ"同字,隸變之異,皆爲"有"之古
字。"敵"、"𢾅"皆"敵"之變體,商、商混用,攵、殳通用也。

[5] 歬　宋本作"前"。《玉篇·止部》:"歬,今作前。"③

[6] "攻"下殘片殘缺,宋本作"于後以北血流漂杵紂衆"。

[7] 無　S. 799 同,宋本作"无"。《説文·亡部》:"无,奇字
無也。"④

[8] 前人自攻於☐以走　宋本作"前徒倒戈自攻于後以北走"。
案:S. 799 作"前人自攻於後以走",與殘片同,殘片模糊難
辨之字應是"後",故據以補。上圖本作"前人自攻於後以北
走",比殘片及 S. 799 多一"北"字。内野本作"前人倒戈,自
攻於其後以北走",又多"倒戈"二字。足利本、影天正本作
"前徒倒戈,自攻于後以北走",則易"前人"爲"前徒"。《文
選》卷六左思《魏都賦》"習習冠蓋,莘莘蒸徒",張銑注:"蒸
徒,人也。"⑤蒸,衆也,蒸徒者,衆人也。《史記·酈生陸賈列
傳》:"吾高陽酒徒也,非儒人也。"⑥酒徒者,嗜酒之人也。

---

①《宋本玉篇》卷十一《宀部》,第 210 頁。

②《集韻》卷六《上聲下·四十四有》,第 430 頁。

③《宋本玉篇》卷十《止部》,第 200 頁。

④《説文解字》十二篇下《亡部》,第 267 頁。

⑤ (南朝梁)蕭統選編,(唐)李善等注:《六臣註文選》卷六《魏都賦》,
浙江古籍出版社 1999 年版,第 109 頁。

⑥《史記》卷九十七《酈生陸賈列傳第三十七》,第 2704 頁。

此所以釋"前徒"爲前人也。《玉篇·北部》："军敗走曰
北。"①《左傳·桓公九年》："鬬廉衡陳其師於巴師之中,以
戰,而北。"②北者,敗逃也。《孟子·梁惠王上》："王好戰,
請以戰喻：填然鼓之,兵刃既接,棄甲曳兵而走。"③走者,亦
敗逃也。殘片作"以走"者,使之敗逃也。"走"即釋經文
"北"也。諸作"以北走"之本,則釋"北"爲方位詞,誤也。

[9] 流血　内野本、足利本同,影天正本作"沭血",S.799、宋本
作"血流",上圖本作"流血流"。案:P.3315《尚書釋文》第
68行:"沭,古流字。"

[10] 甚言□□　"言"下二字殘存右邊殘畫,而且第二字所存者
似"也"之右端彎鈎。宋本作"甚之言",S.799作"甚之言
也",皆與殘片有別。内野本、足利本、影天正本、上圖本亦
作"甚之言",與宋本同。

[11] 此字所存右上角殘筆似"弋",宋本此處爲"一戎衣"句,
S.799作"壹戎衣"。内野本、《書古文訓》"一"作"弌"④,
與殘片之殘筆近,殘片此字當即"弌"字,《説文》："弌,古
文一。"⑤《章太炎説文解字授课筆記》："一,古文作弌,此
與弍、弎等皆後起之古文,最初當止作一、二、三等。"⑥

　　①《宋本玉篇》卷十五《北部》,第300頁。
　　②《春秋左傳正義》卷七《桓公九年》,第120頁。
　　③（漢）趙岐注,（宋）孫奭疏:《孟子注疏》卷一上《梁惠王章句上》,《十
三經注疏》本,藝文印書館2001年版,第12頁。
　　④薛季宣:《書古文訓》卷七《武成》,第13B頁。
　　⑤《説文解字》一篇上《一部》,第7頁。
　　⑥章太炎講授,朱希祖、錢玄同、周樹人記録:《章太炎説文解字授课筆
記》第一篇上《一部》,中華書局2008年版,第1頁。

BD12252

《國圖藏》定名《毛詩傳箋(淇奧至碩人)》(110 册 350 頁下欄),今亦將其"條記目録"之有關記載移録於下:

1.1　BD12252 號

1.3　毛詩傳箋(淇奧至碩人)

1.4　L2381

2.1　11 行,行 21 字。

2.3　卷軸裝。首尾均殘。小殘片。已修整。

8　　9—10 世紀。歸義軍時期寫本。

9.1　楷書。

此殘片存 12 行,前 4 行殘去上半行,末行僅存最下端兩字右邊殘畫,"條記目録"謂其爲 11 行,未計此兩殘字也。起《衞風·淇奧》之小序"有文章"之"章",迄《碩人》首章"譚公維私"之"譚",白文無傳箋。按拙著《敦煌經籍叙録》的命名格式,此殘片可定名爲"毛詩(衞風淇奧—碩人)"。

以《中華再造善本》影印國家圖書館所藏宋刻本《毛詩詁訓傳》(簡稱"宋本")爲對校本,校録於後。

録文:

1.　□□□☑(章)[1],又能聽其規[2]諫,以礼[3]自防,故能

2.　□□□☑(彼)淇奧[4],绿竹青青[5]。有匪君子,如切如

3.　□□□兮喧兮[6]。有匪君子,終不可諼兮。

4.　□□□☑(匪)[7]君子,充耳琇瑩,會[8]弁如星。瑟兮

5.　僩兮,赫兮喧[9]兮。有匪君子[10],如金如錫[11],如珪[12]

如璧。寬兮誘兮[13]

6. 綽兮,猗重較兮。善戲謔兮,不爲虐兮。　　《淇奥》三章[14]。

7. 考盤[15],刺[16]莊公也。不能繼先公之業,使賢者退而窮處也[17]。

8. 考盤在澗,碩人且[18]寬。獨寤寐[19]言,永矢弗諼。考盤在阿,碩

9. 人之邁[20]。獨寐寤歌,永矢不[21]過。考槃在陸,碩人之軸。獨寐

10. 寤宿,永矢弗告[22]。　　《碩人》,閔莊姜也。莊公或於壁妾[23],使

11. 驕上僭。莊姜賢而不荅,終以無子,國人閔而憂之。碩人頎頎[24],

12. ▭▭▭▨▨(姨,譚)[25]

校記:

[1] 章　殘片殘存左下半。

[2] 規　P. 2529 同,宋本作"規"。《正字通·矢部》:"規,規本字。"①趙平安《説文小篆研究》有考②。

[3] 礼　宋本作"禮"。"礼"爲古文"禮"字,敦煌寫本多用此字。

[4] 彼淇奥　殘片"彼"存右下角。"彼"前殘片殘缺,宋本作"人相于周美而作是詩也瞻"。

[5] 青青　宋本作"猗猗"。案:"緑竹青青"是第二章文,第一章

① 《正字通》午集中《矢部》,第 746 頁。

② 趙平安:《説文小篆研究》,廣西教育出版社 1999 年版,第 176 頁。

爲"緑竹猗猗",此抄寫者誤也。

[6] 兮喧兮　"兮喧"前殘片殘缺,宋本作"磋如琢如磨瑟兮僩兮赫"。"喧"字宋本及P.2529作"咺",《經典釋文》出"咺兮"條,是亦作"咺"①。而S.2729出"喧"條,與殘片同。《禮記·大學》引《詩》作"赫兮喧兮"②,亦與殘片同。

[7] 匪　殘片存左下角。"匪"前殘片殘缺,宋本作"瞻彼淇奥緑竹青青有"。

[8] 會　殘片原無,當是抄脱,兹據宋本補。

[9] 喧　宋本作"咺"。

[10] "有匪君子"下宋本有"終不可諼兮瞻彼淇奥緑竹如簀有匪君子"十七字,當是抄手將第二章的"有匪君子"四字看成第三章的,遂致抄脱。

[11] 鈎　宋本作"錫"。案:"鈎"爲誤字,此簀、錫、璧均錫部字,作"鈎"則出韻。

[12] 珪　P.2529同,宋本作"圭"。圭、珪古今字,珪者,圭加形旁玉也,説見楊樹達《積微居小學述林》③。

[13] 誘兮　宋本無此二字,P.2529亦無,此乃衍文。

[14] 三章　宋本下有"章九句"三字。

[15] 盤　S.2729同,宋本作"槃"。案:"盤"、"槃"皆"般"之後起分別文。《晉書·陸雲傳》:"考盤下位,歲聿屢遷。"④

　　①《經典釋文》卷五《毛詩音義上·衛淇奥第五·淇奥》"咺兮"條,第61頁。

　　②《禮記正義》卷六十《大學第四十二》,第983頁。

　　③ 楊樹達:《積微居小學述林》卷五《文字中的加旁字》,中華書局1983年版,第204頁。

　　④（唐）房玄齡等:《晉書》卷五十四《陸雲傳》,中華書局點校本1974年版,第1484頁。

《漢書·叙傳》"竇后違意,考盤于代"顏注引《詩》:"考盤在澗。"①皆作"盤",與殘片同。下"盤"字同。

[16] 刺 宋本作"刺"。《五經文字·刀部》:"刺,作刾譌。"②"刾"乃"刺"之後起别體,敦煌寫卷多作此形。

[17] 也 宋本無,P.2529亦無。

[18] 且 宋本作"之",P.2529亦作"之"。案:二章曰"碩人之薖",三章曰"碩人之軸",首章亦應作"之","且"當是誤字。

[19] 寤𡧗 "𡧗"必爲"寐"之訛體,第二章作"𡧗",第三章作"𡨄",皆訛體。P.2529、宋本作"寐寤",下二章亦皆作"寐寤",是"寤𡧗"乃"𡧗寐"之誤倒。阜陽漢簡《詩經》此句作"未吾言,柄矢弗縵",胡平生、韓自强謂"未吾"可讀作"寐寤"③,是簡本亦作"寐寤",不作"寤寐"。

[20] 薖 宋本作"薖",P.2529亦作"薖"。案:"薖"爲誤字。

[21] 不 P.2529及宋本均作"弗"。不、弗同義,古多混用。《平輿令薛君碑》:"遺風令歌,永矢不愃。"洪适謂此即引《詩》"永矢弗諼"④。"永矢弗諼"是首章中文,《薛君碑》所引"弗"即作"不"。

[22] 永矢弗告 P.2529、宋本下有"考槃三章章四句"。

[23] 或於壁妾 宋本"或"作"惑","壁"作"嬖"。案:或、惑古

---

① 《漢書》卷一百下《叙傳下》,第4269頁。

② 張參:《五經文字》卷中《刀部》,第47A頁。

③ 胡平生、韓自强:《阜陽漢簡詩經研究》,上海古籍出版社1988年版,第62頁。

④ (宋)洪适:《隸續》卷一《平輿令薛君碑》,中華書局1985年版,第296頁。

今字①，"壁"爲"甓"之音誤字。

[24] 顅顅　宋本及 P. 2529、S. 2729 均作"其顅"。案:《玉篇·頁部》"顅"字下云:"《詩》云:'碩人顅顅。'傳:'具長兒。'又顅顅然佳也。"②臧琳《經義雜記》卷二"碩人顅顅"條云:"下章'碩人敖敖',箋云:'敖敖猶顅顅也。'據鄭箋,知《詩》'顅'字本重文,六朝時猶未誤。故顧野王據之。"③胡吉宣《〈玉篇〉引書考異》云:"下章云:'碩人敖敖。'敖敖與顅顅文正相對。鄭箋:'敖敖猶顅顅。'足證《詩》本爲'顅顅'。今本其字即由顅半殘而譌,顅顅、敖敖竝重言形況詞。"④漢銅鏡《碩人》鏡銘作"石人姬姬"⑤,于茀云:"鄭箋、《玉篇》與鏡銘作疊字相合,從毛詩第三章首句'碩人敖敖'用疊字來看,首章也應是疊字,鏡銘用疊字亦證成此點。……鏡銘'姬姬'當是'顅顅'的假借。"⑥

[25] 姨譚　殘片"姨"存右邊殘畫,"譚"存右下角殘畫。"姨"前殘片殘缺,宋本作"衣錦褧衣齊侯之子衛侯之妻東宮之妹邢侯之贍彼淇奥緑竹青青有"。

---

① 洪成玉:《古今字》,語文出版社 1995 年版,第 37 頁。

② 《宋本玉篇》卷四《頁部》,第 75 頁。

③ (清)臧琳:《經義雜記》,《清經解》第 1 冊,上海書店 1988 年版,第 790 頁。

④ 胡吉宣:《〈玉篇〉引書考異》,吴文祺主編:《語言文字研究專輯(上)》,上海古籍出版社 1982 年版。

⑤ 羅福頤:《漢魯詩鏡考釋》,《文物》1980 年第 6 期。

⑥ 于茀:《金石簡帛詩經研究》,北京大學出版社 2004 年版,第 52 頁。

BD16019

《國圖藏》定名《禮記正義·射義第四六》(第 145 册第 86 頁上欄),今亦將其"條記目録"之有關記載移録於下:

1.1　BD16019 號

1.3　禮記正義·射義第四六

1.6　L4017

2.1　16 行,行約 28 字。

2.3　殘片。首殘尾殘。卷面有殘洞,尾有殘缺,卷面多漿糊。有雙行夾注。已修整。

8　7—8 世紀。唐寫本。

9.1　楷書。

9.2　有硃筆斷句。

12　本遺書爲從 BD00695 號背面揭下的古代裱補紙。

此殘片不僅首尾皆殘去,而且每行下端亦均殘損一兩字。凡存 16 行,首行上端殘泐,中間又有一段殘泐;末行中間有兩段殘泐。經文單行大字,注文雙行小字。起《禮記·射義》"夫君臣習禮樂而以流亡者,未之有也"鄭注"流共工于幽州"之"流",至"故天子之大射,謂之射侯。射侯者,射爲諸侯也。射中則得爲諸侯,射不中則不得爲諸侯"鄭注"將射,還視侯中之時"之"將"。此乃鄭玄注本《禮記·射義》,不是孔穎達的《禮記正義》,應擬名爲《禮記注·射義》或鄭玄注《禮記·射義》。按拙著《敦煌經籍叙録》的命名格式,此殘片可定名爲"禮記注(射義)"。

以《中華再造善本》影印之撫州公使庫刻本《禮記》(簡稱"撫本")爲對校本,校録於後。

錄文：

1. ▢▢▢▢▢（流共）[1] 工于幽州。"▢▢▢▢（故《詩》曰："曾）[2]▢▢▢▢▢▢▢（君子，凡以庶）[3]

2. 士，小大莫處，御于君所。以燕以射，則燕則譽。"言君臣相与盡志于射[4]，以▢▢（習禮）[5]

3. 樂，則安則譽也。是以天子制之，而諸侯務焉。此天子之所以養諸侯▢▢（而兵）[6]

4. 不用，諸侯自爲正之具也。此曾孫之詩，諸侯之射節[7]。四正，正爵四行也。四行者，獻▢▢（賓、獻）公、獻卿、獻大夫，乃后[8]樂作而射也。莫處，無安居其官▢▢（次者）

5. 也。御猶侍也。以燕以射，先行燕礼[9]乃射也。則燕則譽，言国安有名譽也[10]。"譽"或爲"与"[11]。孔子射於▢（矍）[12]相之圃，蓋觀者如堵▢（廧）[13]。▢▢（矍相），

6. 地名也。樹菜蔬曰圃。射至於司馬，使子路執弓矢出延射，曰："賁軍之將、亡國之大▢▢（夫與）[14]

7. 爲人後者不入，其餘皆入。"蓋去者半，入者半。先行飲酒礼[15]，將射，乃以司政▢▢（爲司）馬[16]。子路執弓矢出延射者[17]，則▢▢（爲司）

8. 射也。延，進也。出進觀者欲射者也。"賁"讀爲"僨"，僨猶覆敗[18]。亡国[19]，亡君之国者也。與猶▢▢▢（奇也。後）人者[20]，一人而已。既有爲者，而往奇之，是貪財也。子路陳此三者，而觀者畏其義，則或去[21]。"延"或▢▢（爲"誓"）[22]。

9. 又使公罔之裘、序點揚觶而語。公罔之裘揚觶而語曰："幼壯孝弟，耆耋好礼[23]，不▢▢（從流）

10. 俗，脩身以俟死，者不？在此位也。"蓋去者半，處者半。序點又揚觶而語曰："好▢（學不）[24]

11. 倦,好礼[25]不變,耄[26]期稱道不乱[27],者不？在此位也。"蓋覲[28]有存者。之,發聲也。躲[29]畢,又□□(使此)二人舉觶者,古□□(者於)[30]

12. 旅也語,語,謂說義理[31]。卅[32]曰壯。耆、耋,皆老也。汦[33]俗,失俗也。處猶留也。八十、九十耄[34],百年曰期眙[35]。稱猶言□□(也。行)也。者不,有[36]此行不,可以在此實位也。"序點"或爲"徐點","壯"或爲"將"也[37],"旄旗"[38]或爲"毛勤"[39],今《礼》[40]"揚"⊠□□(皆作"騰")[41]。

13. 射之爲言者繹也,或曰舍也。繹者,各繹己之志也。故心平體正,持—弓—矢□□(一審)

14. —固—,則射中矣。故曰："爲人父者以爲父鵠,爲人子者以爲子鵠,爲人君者□□(以爲)

15. 君鵠,爲人臣者以爲臣鵠。"故射者,各射己之鵠。故天子之大射,謂之射—侯□□(一者),

16. 射爲諸侯也。射中□□□(則得爲)[42]諸侯,⊠□□□□(射不中則不)[43]得爲諸侯也[44]。大射,將祭擇士⊠□□(之射)[45]也。以爲某鵠者,將

校記：

[1] 流共　殘片"流"存左邊殘畫,"共"殘存左半。

[2] 故詩曰曾　殘片"故詩"二字均存左半;"曰"字存左邊一竪;"曾"字存左上角殘畫。

[3] 君子凡以　殘片"君子"兩字均存左邊大半;"凡"存左邊小半;"以"存左上角殘畫。"君"前殘片殘缺,宋本作"孫侯氏四正具舉大夫"。

[4] 相与盡志于射　撫本"与"作"與","于"作"於"。案："与"、"與"二字古混用無別,敦煌寫本多用"与"字。至於

“于”、“於”二字,古則混用不別。下不復出校。

[5] 習　殘片存上部小半。

[6] 而　殘片存上端殘畫。

[7] “節”下撫本有“也”字。

[8] 后　撫本作“後”。説詳臧琳《經義雜記》“后爲後之假借”條①。

[9] 礼　撫本作“禮”。“礼”爲古文“禮”字,敦煌寫本多用此字。下同,不復出校。

[10] 言国安有名譽也　撫本“国”作“國”,“有”前有“則”,無“也”字。《龍龕手鏡》以“国”爲“國”之俗字②,案“国”從口從王,寓域中有王即爲國之意。下不復出校。

[11] 与　撫本作“與”。

[12] 玃　殘片左半殘損。

[13] 廧　殘片上端殘存部分有似“广”形,然撫本作“牆”,其形不類。錢大昕《經典文字考異》下:“《春秋》:‘晉却克、衛孫良夫伐廧咎如。’《漢書·鄒陽傳》:‘牽帷廧之制。’即‘牆’字。漢隸从爿之字或變爲广。”③故補“廧”字。

[14] 夫　殘片存上端殘畫。

[15] 礼　撫本作“禮”。

[16] 司政爲司马　殘片“爲”存上端小半。撫本“政”作“正”。胡匡衷《儀禮釋官》云:“《國語》晉獻公‘飲大夫酒,令司正實爵。’韋注:‘司正,正賓主之禮者。’其職無常官,飲酒則

---

① (清)臧琳:《經義雜記》,《清經解》第 1 册,上海書店 1988 年版,第 836 頁。

② 《龍龕手鏡》平聲卷一《口部第卅七》,第 175 頁。

③ (清)錢大昕撰,陳文和點校:《經典文字考異》下,《嘉定錢大昕全集》第 1 册,江蘇古籍出版社 1997 年版,第 80 頁。

設之。《鄉飲酒義》:'一人揚觶,乃立司正焉。知其能和樂而不流也。'注:'立司正以正禮,則禮不失可知。'《鄉飲酒》及《鄉射》以主人之相爲司正。《燕禮》射人爲擯,則射人爲司正。《大射》大射正擯,則大射正爲司正。以其主於正禮,故皆使相禮者相爲之。"①殘片作"政"者,同音借字也。

[17] 者　撫本無。

[18] "敗"後撫本有"也"字。P.3383《詩經大雅音》第 31 行:"賁軍,上補門反。《礼記注》云:'覆敗也。'"亦有"也"字。

[19] 国　撫本作"國",下句同。

[20] 竒　殘片存上端"立",撫本作"竒",即"奇"之別體。

[21] "去"下撫本有"也"字。

[22] 爲　殘片存上端殘畫。

[23] 耆耊好礼　撫本"耊"作"耊"。案:《說文·老部》:"耊,年八十曰耊。从老省,至聲。"段注:"小篆既从老省矣,今人或不省,非也。"②是"耊"爲正字,"耊"爲後起字。礼,撫本作"禮"。

[24] 學　殘片存上半。

[25] 礼　撫本作"禮"。

[26] 耄　撫本作"旄"。案:《說文·老部》:"薹,年九十曰薹,从老从蒿省。"③《玉篇·老部》:"薹,莫報切,邁也。九十曰薹。耄,同上,亦作耄。"④是"耄"即"薹"之後起別體。《釋

---

① (清)胡匡衷:《儀禮釋官》,《清經解》第 5 册,上海書店 1988 年版,第 99 頁。

② 《説文解字注》八篇上《老部》,第 398 頁。

③ 《説文解字》八篇上《老部》,第 173 頁。

④ 《宋本玉篇》卷十一《老部》,第 216 頁。

文》出"㫍"字,注云:"本又作㲝。"①"㲝"者"牦"之異體。
陸氏所見有作"㲝"之本,亦有作"㫍"之本。《説文》:"㫍,
幢也。"②朱駿聲云:"旌旒竿飾也。本用犛牛尾注于旗之竿
首,故曰㫍。"③作"㫍"者,乃假借字也。

[27] 乱　撫本作"亂"。《干禄字書·去聲》:"乱、亂,上俗
下正。"④

[28] 覲　撫本作"厪"。《釋文》:"厪,音勤,又音覲,少也。"⑤
《説文》:"覲,諸侯秋朝曰覲。"⑥"覲"爲同音借字。

[29] 躲　撫本作"射"。據《説文》,"射"爲篆文,"躲"爲古文⑦。

[30] 者　殘片存上端殘畫。

[31] "理"下撫本有"也"字。

[32] 卅　撫本作"三十"。"卅"爲"三十"之合文。

[33] 沠　撫本作"流"。《玉篇·水部》:"沠,古文流。"⑧

[34] 牦　撫本作"㫍"。

[35] 眙　撫本作"頤"。此字未見字書記載,蓋爲"頤"之別
體字。

---

　　①《經典釋文》卷十四《禮記音義之四·射義第四十六》"㫍"條,第 219
頁。

　　②《説文解字》七篇上《㫃部》,第 141 頁。

　　③（清）朱駿聲:《説文通訓定聲·小部弟七》,中華書局 1984 年版,第
324 頁。

　　④（唐）顔元孫:《干禄字書》去聲,《叢書集成初編》本,中華書局 1985
年版,第 25 頁。

　　⑤《經典釋文》卷十四《禮記音義之四·射義第四十六》"厪"條,第 219
頁。

　　⑥《説文解字》八篇下《見部》,第 178 頁。

　　⑦《説文解字》五篇下《矢部》,第 110 頁。

　　⑧《宋本玉篇》卷十九《水部》,第 356 頁。

［36］ 撫本"有"前有"言"字。

［37］ 也　撫本無。

［38］ 旄旗　撫本作"旄期"。案:殘片所録經文作"耄期",則注
　　　文亦當同,此作"旄旗"者,抄者亂之也。《釋文》在經文
　　　"旄期"下注云:"本又作旗,音其。"①是確有作"旗"之本,
　　　然此處不當作"旗",因與經文不一律也。

［39］ 毛勤　撫本作"旄勤"。《詩・大雅・行葦》"序賓以賢"毛
　　　傳引作"耄勤稱道不亂者"②,作"耄",未見有作"毛"之本,
　　　蓋音誤也。

［40］ 礼　撫本作"禮"。

［41］ 皆　殘片殘損下端小部分。

［42］ 爲　殘片存右下角殘畫。

［43］ 射　殘片存上端殘畫。

［44］ 也　撫本無。

［45］ 之　殘片存上端殘畫。

BD14475 背 1

　　《國圖藏》定名《春秋穀梁傳集解》(第128册第48頁上欄),
今將其"條記目録"之有關記載移録於下:

　　　1.1　BD14475號背1
　　　1.3　春秋穀梁傳集解
　　　1.4　新0675

---

　　①《經典釋文》卷十四《禮記音義之四・射義第四十六》"期"條,第219
頁。
　　②《毛詩正義》卷十七之二《大雅・行葦》,第601頁。

2.4 本遺書由 3 個文獻組成,本文獻爲第 2 個,4 行,寫在背面裱補紙上。餘參見 BD14475 號之第 2 項。

5 與《十三經注疏》相比,没有疏文。其餘行文略有差異,可供校勘。

8 7—8 世紀。唐寫本。

9.1 楷書。

BD14475 號爲《四分律比丘戒本》,此殘片爲其背面之裱補紙。殘片 4 殘行,存上半部分,末行存右半邊。經文單行大字,注文雙行小字。起《春秋穀梁傳·桓公二年》“孔子故宋也”注“孔父之玄孫”之“玄”,至“此成矣,取不成事之辭而加之焉”之“取”字,此爲晉范甯所著《春秋穀梁傳集解》,按拙著《敦煌經籍叙録》的命名格式,可定名爲“春秋穀梁傳集解(桓公二年)”。

以《四部叢刊初編》景印常熟瞿氏鐵琴銅劍樓藏宋建安余氏刊本《春秋穀梁傳》(簡稱“叢刊本”)爲對校本,校録於後。

録文：

1. ☐（玄）孫也[1]。滕子來朝。☐（隱）☐☐[2]稱子,時王[3]☐☐☐

2. 齊侯、陳侯、鄭伯于稷[4]☐☐☐,

3. 以者,内爲志焉尔[5]。公爲[6]☐☐☐

4. ☐（也）。☐☐（欲會）者,外[7]。欲☐☐。☐☐☐☐（此成矣,取）[8]☐☐☐

校記：

[1] 玄孫也　殘片“玄”存左下角殘畫;叢刊本無“也”字。

[2] 隱　殘片存左邊殘畫;“隱”下殘片殘缺,叢刊本作“十一年稱侯今”。

[3] 時王　"時"前叢刊本有"蓋"字;"王"下殘片殘缺,叢刊本作"所黜三月公會"。

[4] "稷"下殘片殘缺,叢刊本作"以成宋亂稷宋地也"。

[5] 尓　叢刊本作"爾"。季旭昇云:"'尒'字是戰國時代興起的簡體字,它是截取繁寫的'爾'字的上部而造成的一個簡體字,用法和繁寫的'爾'字相同。"①"尓"爲"尒"之變體。

[6] "爲"下殘片殘缺,叢刊本作"志乎成是亂"。

[7] "外"下叢刊本有"也"字。

[8] 此成矣取　此四字殘片均存右邊殘畫。

BD14475 背 2

《國圖藏》定名《春秋穀梁傳集解》(第 128 册第 48 頁下欄),先將其"條記目録"之有關記載移録於下:

1.1　BD14475 號背 2

1.3　春秋穀梁傳集解

1.4　新 0675

2.4　本遺書由 3 個文獻組成,本文獻爲第 3 個,1 行,寫在背面裱補紙上。餘參見 BD14475 號之第 2 項。

8　7—8 世紀。唐寫本。

9.1　楷書。

BD14475 號爲《四分律比丘戒本》,此殘片亦爲其背面之裱補紙。殘片存 2 行,殘存下半小部分,第 1 行殘存左半邊,"條記目録"謂其爲一行,未計此行四殘字也。起《春秋穀梁傳·桓公

---

① 季旭昇:《説文新證》上册,藝文印書館 2002 年版,第 69 頁。

六年》"其曰陳佗"之"佗",至"其匹夫行奈何"之"奈"字,據行款可知,第2行爲13字。此爲晉范甯所著《春秋穀梁傳集解》,按拙著《敦煌經籍叙録》的命名格式,此殘片可定名爲"春秋穀梁傳集解(桓公六年)"。

BD15345爲《春秋穀梁傳集解(桓公十七、十八年)》,經文大字每行13或14字,是唐高宗龍朔三年抄寫的长安宫廷寫本①。將此殘片與BD15345相比較,雖然殘片内容極少,只存4個整字,但却有兩點相同:

(1)行款相同

(2)"行"字的寫法相同。

BD15345尾題"春秋穀梁傳桓公第二",抄寫者皇甫智岌;P.2536尾題"春秋穀梁傳莊公第三閔公第四合爲一卷",抄寫者高義;P.2486尾題"春秋穀梁傳哀公第十二",抄寫者婁思憚。此三殘卷同抄於龍朔三年三月,而且分別爲第二、第四、第十二卷,一人抄寫一卷,此BD14475背2殘片,蓋即皇甫智岌抄寫的第二卷之部分,後來被人剪下,作爲BD14475《四分律比丘戒本》卷背的裱補紙。

以《四部叢刊初編》景印常熟瞿氏鐵琴銅劍樓藏宋建安余氏刊本《春秋穀梁傳》(簡稱"叢刊本")爲對校本,校録於後。

録文:

1. ☐☐☐☐☐(佗,何也? 匹)[1]
2. ☐☐☐匹夫行奈[2]

---

① 許建平:《敦煌經籍叙録》,中華書局2006年版,第281頁。

校記：

[1] 佗何也匹　此四字殘片均存左邊殘畫。

[2] "匹"前殘片殘缺，叢刊本作"夫行故匹夫稱之也其"。

BD16092A

此號收録於《國圖藏》第 145 册第 142 頁上欄，擬名爲"殘片"。據"條記目録"載，BD16092A 原編號 L4055，小殘片，僅存 2 殘行，是從 BD00608 號《大般若波羅蜜多經卷二七七》背面揭下的古代裱補紙。另有 BD16092B，僅存 3 個殘字，"條記目録"謂與 BD16092A 爲同卷，但不能直接綴接。因無法考定此三殘字究爲何字，故本文僅考釋 BD16092A。

從圖版上看，BD16092A 存 2 行，上端有殘損。正文單行大字，注文雙行小字。其正文存兩句："言有兄必有長"、"宗厝致敬不妄"。查《孝經·感應章》有云："故雖天子，必有尊也，言有父也；必有先也，言有兄也。宗廟致敬，不忘親也。"①"厝"爲"廟"之誤字②，"廟"爲"廟"之古字。"妄"、"忘"二字因音同而常混淆，如《論語·爲政》"父母唯其疾之憂"何晏《集解》引馬融曰："言孝子不妄爲非。"③P. 2601"妄"作"忘"。是"宗厝致敬不妄"即《孝經》"宗廟致敬，不忘親也"句中文。衹是"言有兄必有長"句與今傳本《孝經》不同，然敦研 366 首行有"兄必有長宗廟致敬

---

① 《孝經注疏》卷八《感應章第十六》，第 51 頁。
② "宗廟致敬"之"廟"，P. 2715 即誤作"厝"。
③ 《論語注疏》卷二《爲政第二》，第 17 頁。

不忘親"諸字①,正與 BD16092A 同,是此爲《孝經》之異本也。其注文不見於鄭玄注、唐玄宗注等諸注本,當是某氏佚注,按拙著《敦煌經籍叙録》的命名格式,此殘片可定名爲"孝經注(感應)"。

敦研366,蘇瑩輝考定其所據底本乃鄭玄《孝經注》②,然此殘片並非鄭注本,而其經文却與敦研366相同,故蘇説有待商榷也。

録文：

1. ＿＿＿☑(天)子無父[1],事三老,必使＿＿＿下之人皆爲敬父也。言有兄必有長,言天子無兄,事五更,欲使天下之人皆敬其兄

2. ＿＿＿者,謂日月光明,星宿失度,占吉兇,以九州＿＿＿☑☑[2]開津溢途,還遠☑[3],此之謂。宗厝[4]致敬,不妄[5]

校記：

[1] "天"字模糊,且左上角有殘損。案《群書治要》："故雖天子,必有尊也,言有父也。"鄭注："雖貴爲天子,必有所尊,事之若父,三老是也。"③《舊唐書·吕才傳》："是以天子無父,事三老也。"④兹據以擬補。

[2] ☑☑　前一字存右邊殘畫,後一字殘去左上角,均不能辨其爲何字。

[3] ☑　此字過於潦草,難以辨認。

---

① 敦研366號原件不在敦煌研究院,《甘肅藏敦煌文獻》未收,國家圖書館有照片,此據榮新江教授所贈照片電子檔。

② 蘇瑩輝:《北魏寫本孝經殘葉補校記》,《大陸雜誌》第20卷第5期,1960年3月;此據氏著《敦煌論集》,臺灣學生書局1983年版,第289頁。

③ (唐)魏徵:《群書治要》卷九《孝經》,古典研究會叢書《漢籍之部》第9卷,汲古書院1989年版,第537頁。

④《舊唐書》卷七十九《吕才傳》,第2723頁。

［4］ "厝"爲"庿"之形誤字。

［5］ "妄"爲"忘"之音誤字。

（原載饒宗頤主編《敦煌吐魯番研究》第 13 卷,上海古籍出版社 2013 年版）

敦煌本《周易》寫卷的學術價值

　　《周易》本是占筮書,其用途是探究天地奧妙,預測吉凶禍福。古人迷信,遇事就請示神靈。殷人用甲骨占卜,周人用蓍草占筮①。占卜記録下來的就是我們現在看到的商朝時的甲骨文所記載的内容,占筮記録下來的就是筮辭。《周易》是根據筮辭編選而成的一部供占筮者使用的參考書。

　　《周易》一書由《易經》和《易傳》兩部分組成。《易經》的基本内容就是六十四卦及其卦辭、爻辭。《彖》、《象》、《繫辭》各分上下,加上《文言》、《説卦》、《序卦》、《雜卦》,一共十篇,是用來解釋《易經》的,所以叫做"傳",稱爲《易傳》。

　　秦始皇焚書,《周易》因爲被列爲卜筮之書,從而逃過了大火焚燒的厄運而得以保存下來。據《史記·仲尼弟子列傳》和《漢書·儒林傳》記載,自孔子傳《易》給商瞿,六傳而至於田何。田何二傳至田王孫,田王孫傳於施讎、孟喜、梁丘賀,稱爲"施、孟、梁丘之學";孟喜傳於焦延壽,焦傳於京房,於是又有"京氏之學"。施、孟、梁丘之學與京氏之學均爲今文經學,立爲博士。流傳於民間的以費直、高相爲代表的學派屬於古文經學系統,未立博士,乃民間易學,稱爲"費氏易"。

　　孟喜、京房等的今文經學解《易》特别注重象數,以陰陽奇偶之數和八卦所象徵的物象解説《周易》,並同當時的天文曆法相

---

　　① (宋)朱熹《周易本義·筮儀》對占筮方式有詳細的介紹。

結合,以卦氣説解釋《周易》原理①。由於今文《易》章句煩瑣,故至東漢末趨於式微,而費氏之學大盛。而傳費氏《易》者,也受了京氏之學的影響。鄭玄傳費氏《易》,雖屬古文經學,但他又精通今文經學,故綜合今古文而作《周易注》,時雜象數、爻辰之説。

魏晉南北朝時期易學的特色是摒棄漢《易》的煩瑣學風和象數之説,而將《周易》與老莊玄學相結合,形成了玄學義理學派,其代表人物有王弼和韓康伯。

王弼亦主費氏,然別於鄭玄,而是摒棄災異、象數之説,援老莊入儒,以義理説經,遂"排擊漢儒,自標新學"②。他的《周易注》注解了《易經》和《彖》、《象》、《文言》等傳,而未注《繫辭》。韓康伯注了《繫辭傳》、《説卦傳》、《序卦傳》和《雜卦傳》,以補王注之缺。王弼、韓康伯的《周易注》逐漸取代漢以來諸家《易》説,後人將它與《老子》、《莊子》合稱"三玄"。《隋書·經籍志》説,南朝的梁、陳時,鄭玄、王弼的《周易注》,都列於國學。到隋朝時,王弼注本盛行,而鄭玄注乏人傳授,幾乎亡滅③。到唐朝,孔穎達將王、韓之注合在一起,作《周易正義》,孔氏在序言中説:"唯魏世王輔嗣之注,獨冠古今。所以江左諸儒,並傳其學。河北學者,罕能及之……今既奉勅刪定,考察其事,必以仲尼爲宗;義理可詮,先以輔嗣爲本。"④從此以後,王弼之注,定於一尊。現在通行的《十三經注疏》所收即此本。

---

① 鄭萬耕:《〈周易〉説略》,《經史説略·十三經説略》,北京燕山出版社2002年版,第6頁。

② (清)永瑢等撰:《四庫全書總目》卷一《經部·易類一》"周易正義十卷"條,中華書局1965年版,第3頁。

③ (唐)魏徵、令狐德棻撰:《隋書》卷三十二《經籍志一》,中華書局點校本1973年版,第913頁。

④ 《周易正義》孔穎達《序》,第2頁。

藏經洞出土有關《周易》的寫本共有 24 號①,分別爲王弼《周易注》、孔穎達《周易正義》、陸德明《周易釋文》。《周易正義》、《周易釋文》所依據的文本就是王弼《周易注》,所以説敦煌寫本獨尊王注②。而這些寫本基本爲唐五代抄本,反映了唐五代時期《周易》在敦煌的流傳情況。

一、《周易》寫本的文本特點

今所能見到的完整的王弼本《周易》經文,是刻於唐文宗開成年間(836—840)的《唐石經》,而敦煌《周易》寫本基本上是唐寫本,其中有些則爲唐前期的抄本,這對於王弼本《周易》傳本型式的研究,無疑是值得重視的材料。

(一) 王弼《周易注》的分卷

《隋書·經籍志》"周易類"有"《周易》十卷"一種,其中包括王弼所注《六十四卦》六卷,韓康伯注《繫辭》以下三卷,加上王弼的《易略例》一卷③。《舊唐書·經籍志》"易類"有"《周易》十卷,王弼、韓康伯注"④,《新唐書·藝文志》"易類"有"王弼注《周易》

---

① 許建平:《敦煌經籍叙録》對其中 23 號有介紹(第 36—66 頁);黃亮文:《敦煌經籍寫卷補遺——以〈俄藏敦煌文獻〉第 11 至 17 册爲範圍》補充 Дх. 12638 號(《敦煌吐魯番研究》第 11 卷,上海古籍出版社 2009 年版,第 339 頁)。

② 黃忠天:《敦煌周易王弼注殘卷的學術背景與價值》,《高雄工商專學報》第 25 期,1995 年 12 月。

③《隋書》卷三十二《經籍志一》,第 909 頁。

④《舊唐書》卷四十六《經籍志上》,第 1967 頁。

七卷"。《唐石經》所收《易經》部分的内容六卷①,正與《隋書·經籍志》、《舊唐書·經籍志》所言同。《新唐書·藝文志》言"七卷"②,指《六十四卦》六卷、《易略例》一卷,實與《隋志》、《舊唐志》所言同。

P. 2530 存《噬嗑卦》至《離卦》,尾題"周易卷第三";P. 2532 存《解卦》、《損卦》、《益卦》,尾題"周易第四";S. 6162 存《咸卦》、《恒卦》,首題"周易卷第四";P. 3640 存《益卦》、《夬卦》,《益卦》殘存一行,第二行爲"周易下經卷第四"七字,實爲第四卷之尾題,而《益卦》正是第四卷最後一卦,第三行爲"周易卷第五"三字,乃第五卷之首題,此寫本卷四、卷五兩卷連書。以上諸寫本的分卷與《唐石經》同,與《十三經注疏》本亦同。

S.9219 存七殘行,第一行爲《蒙卦》末行"順也"二字,第二行即爲《需卦》首行。《十三經注疏》本《蒙卦》在乾傳卷一,《需卦》在需傳卷二。寫本《蒙卦》與《需卦》間並沒有卷題,可見《蒙卦》、《需卦》在同一卷之中,《唐石經》中《蒙卦》、《需卦》亦均在乾傳卷一。可知 S.9219 的分卷與《唐石經》同,而與現在通行的《十三經注疏》本不同。

P. 2530、P. 2532、S. 6162、P. 3640 諸寫本或首殘尾全,或首全尾殘,不知其全貌若何。但從 P. 3640 的情況看,當時抄寫《易經》並不是以卷爲單位的。S. 6162 卷首有書名標籤,上題"周易卷"三字,而沒有注明第幾卷,或許這件寫本所抄的並不止一卷。

———

① 《唐石經》所錄雖僅經文,但卷題之下有"王弼注"三字,可知所據即王弼《周易注》,只是刪除了注文而已。

② (宋)歐陽修、宋祁撰:《新唐書》卷五十七《藝文志一》,中華書局點校本 1975 年版,第 1424 頁。

（二）王弼《周易注》寫本的書寫型式

《周易注》寫本由於有王弼注文，與《尚書》、《詩經》、《左傳》、《論語》等其他經注本的書寫格式相同，都是經傳單行大字，注文雙行小字。但《周易注》每卦的書寫型式却有兩種：

（1）每卦提行書寫，卦首抬高一格，寫"某下某上"四小字，次畫卦體，再次言卦名，如 P. 2530、S. 5992。P. 2530 自《賁卦》至《頤卦》凡卦體皆用朱書，《大過》卦以後諸卦在朱書卦體上又用墨筆重寫，朱書者筆劃極細，墨筆筆劃極粗。從 IDP 網站上的彩色掃描件看，朱書顏色很淡，幾乎不可辨認，這可能就是後人要在寫卷上用墨筆重寫的原因。

（2）每卦提行書寫，先畫卦體，與各行相齊，次寫"某下某上"四小字，再次言卦名，如 P. 2616、P. 3683、P. 2532、P. 2619。

第二種書寫型式與《唐石經》及傳世刻本相同，亦與 P. 2617《周易經典釋文》同。

這兩種書寫型式哪種是原貌，由於資料缺乏，無法證實。但敦煌本《左傳》寫卷，經傳二字多提行高一格書寫，如 P. 2509、P. 2562、S. 85 等寫卷，與《周易注》的第一種書寫形式相同，可爲我們探討群經早期的書寫型式提供思路。

二、《周易經典釋文》爲陸德明《經典釋文·周易音義》的單行本

S. 5735+P. 2617《周易經典釋文》，起《泰卦》至卷末，是一件 326 行的長卷。《周易經典釋文》是陸德明《經典釋文》的《周易》部分音義。

《周易經典釋文》寫卷是今所能見到的最早的《經典釋文·

周易音義》材料,它不僅抄寫時間早(唐玄宗開元二十六年
[738]),而且所存内容多(占《周易釋文》全部内容的六分之
五),對於《經典釋文》文本的研究具有重要的價值。

陸德明《經典釋文·序録》云:"輒撰集五典、《孝經》、《論
語》及《老》、《莊》、《爾雅》等音,合爲三袟,三十卷,號曰《經典釋
文》。"①是書爲《周易》、《尚書》、《詩經》、《周禮》、《儀禮》、《禮
記》、《左傳》、《公羊傳》、《穀梁傳》、《孝經》、《論語》、《老子》、
《莊子》、《爾雅》十四部書的經文及注解裏的難字作了注音及釋
義,並以"音義"名之,如《周易音義》、《尚書音義》等,北京國家圖
書館藏宋刻宋元遞修本(上海古籍出版社 1985 年影印本)及清
徐乾學通志堂本(中華書局 1983 年影印本)皆如此。

但宋朝王應麟在《玉海》中把《尚書釋文》與《古文尚書音義》
並稱,《爾雅音義》與《爾雅釋文》並稱②,可見陸德明所稱的"音
義",又可稱爲"釋文"。

陳振孫《直齋書録解題》中有"《周易釋文》一卷"、"《尚書釋
文》一卷"、"《毛詩釋文》二卷"、"《古禮釋文》一卷"、"《周禮釋
文》二卷"、"《禮記釋文》四卷"、"《三傳釋文》八卷"、"《論語釋
文》一卷"、"《爾雅釋文》一卷"等條目③,可知《經典釋文》中的各
經"音義"多有單行本行世,而單行本多用"釋文"二字命名,這些
單行本始見於宋人著作,而在唐人書中則未見,《舊唐書·經籍
志》及《新唐書·藝文志》也只著録《經典釋文》,而没有單行本的

① 《經典釋文》卷一《序録·序》,第 1 頁。
② (宋)王應麟:《玉海》卷四十三《藝文》"開寶校釋文"條,江蘇古籍出
版社、上海書店 1987 年版,第 812—813 頁。
③ (宋)陳振孫撰,徐小蠻、顧美華點校:《直齋書録解題》卷一《易類》,
卷二《書類》、《詩類》、《禮類》,卷三《春秋類》、《語孟類》、《小學類》,上海古
籍出版社 1987 年版,第 4、28、35、41、44、47、54、72、86 頁。

記載。這件抄於唐玄宗開元二十六年（738）的 S. 5735＋P. 2617 寫本，尾題"周易經典釋文一卷"，是今所見以"釋文"二字命名單行本的最早實物，可見以"釋文"二字命名《經典釋文》諸經音義單行本的做法並非宋人首創，早在唐朝即已如此。虞萬里《〈經典釋文〉單刊單行考略》一文對《經典釋文》諸音義的單刊始末有較詳細的考證①，可以參看。

三、《周易注》寫本的校勘價值

敦煌本《周易》寫卷是今所見最早的王弼《周易注》文本，對於糾正傳本的訛誤，探尋王弼注本的原貌，具有重要的參考價值。我們略舉二例爲證，即可明瞭。

《大過·九二》爻辭"枯楊生稊"②，毛居正《六經正誤》認爲"稊"應作"梯"③，"梯"是稚的意思，即新生的枝條。毛居正之所以會得出這個結論，是因爲他認爲《說文》沒有"稊"字，但有"梯"字，既然東漢時編的《說文》沒有"稊"字，說明"稊"這個字當時還沒有産生，所以他認爲"稊"一定是"梯"的誤字。而"梯"其實就是"荑"的通假字，因爲陸德明《周易釋文》說鄭玄《周易注》作"荑"④。P. 2530 號寫本正作"梯"，可以證明毛居正的推測是正確的。

---

① 虞萬里：《〈經典釋文〉單刊單行考略》，《語言研究》1994 年增刊；此據《榆枋齋學術論集》，江蘇古籍出版社 2001 年版，第 732 頁。

② 《周易正義》卷三《大過卦》，第 70 頁。

③ （明）毛居正：《六經正誤》卷一《周易正誤》，康熙十九年《通志堂經解》本，第 4 頁。

④ 《經典釋文》卷二《周易音義·周易上經噬嗑傳第三·大過卦》"稊"條，第 24 頁。

《剝卦·六四》爻辭"剝牀以膚,凶"王弼注"初二剝牀,民所以安,未剝其身也"①,王弼所説的"初二",就是初六爻與六二爻,初六爻的爻辭爲"剝牀以足,蔑貞凶",六二爻的爻辭爲"剝牀以辨,蔑貞凶",足、辨皆牀的一部分。六四爻辭爲"剝牀以膚,凶",膚亦牀的一部分。足爲牀足,辨爲牀頭,膚爲牀面,人臥牀,貼在牀面上,剝到牀面,接近人身,所以説凶②。初六、六二所剝者不是牀,而是牀足、牀頭,P. 2530 號寫本作"初二剝",没有"牀"字,是正確的。

四、《周易》寫本與敦煌本地文化

敦煌藏經洞發現大批中古時期文獻,説明當時這裏的教育相當發達。自漢以來,敦煌即已納入中原王朝版圖,受到中原文化的影響極爲深遠。當地的教育,既沿襲中原傳統的教育内容,但也具有濃鬱的地方色彩。

(一)《周易注》與敦煌的術數文化

藏經洞所出 21 件《周易注》寫本屬於王弼所注六十四卦即《易經》文本,没有韓康伯作注的獨立成篇的《繫辭》、《説卦》、《序卦》、《雜卦》諸傳。敦煌《周易》寫卷中以王弼《周易注》獨領風騷,個中原因是什麽呢?黄忠天認爲是由於三玄思想最能比附佛教經義,因而援老入儒的王弼《周易注》遂獨步西域③。這可以用來解釋《周易》獨存王弼注的現象,但不能用來解釋爲何《尚

---

① 《周易正義》卷三《剝卦》,第 64 頁。
② 尚秉和:《周易尚氏學》,中華書局 1980 年版,第 120—121 頁。
③ 黄忠天:《敦煌周易王弼注殘卷的學術背景與價值》,《高雄工商專學報》第 25 期,1995 年 12 月。

書》獨存僞古文、《詩經》獨存《毛傳鄭箋》、《左傳》獨存杜預《集解》。可見，黄氏的解釋仍有可議之處。

《周易》位列諸經之首，王弼《周易注》是唐朝科舉考試中的考試文本，當時敦煌人學習《周易》，不排除這是學校教育的一項重要内容。P. 2721《雜抄》云："何名九經？《尚書》、《毛詩》①、《周易》、《禮記》、《周禮》、《儀禮》、《公羊》、《穀梁》、《左傳》。"這就是唐時科舉考試所規定的九經②。但敦煌人學習《周易》，恐怕更多的是占卜的因素。S.133《秋胡小説》中言秋胡爲了功名，外出求學，所帶圖書"並是《孝經》、《論語》、《尚書》、《左傳》、《公羊》、《穀梁》、《毛詩》、《禮記》、《莊子》、《文選》"，其中没有提到《周易》。可見當時人並不把《周易》作爲重要的科舉考試科目來看。而且王弼《周易注》寫卷中不見獨立成篇的有極强哲理色彩的《繫辭》、《説卦》、《序卦》、《雜卦》諸傳，這應與敦煌當地廣泛流行占卜有關係。敦煌寫卷中有大量的占卜文書，黄正建《敦煌占卜文書與唐五代占卜研究》收録有 226 件③，其中運用《周易》六十四卦占卜的文書如《易三備》等即有 13 件，其它與《周易》卦象有關的如《靈棋卜法》、《李老君周易十二錢卜法》、《周公卜法》等亦爲數不少。S. 9502《孔子馬頭卜法》的序中説："凡陰陽卜筮，易道爲宗。"可知當時人將《周易》看做占卜的基礎。《周易》本爲占筮之書，很多占卜書運用《周易》象數學的理論以預測吉凶，占斷禍福。有人認爲，敦煌寫本中運用《周易》六十四卦占卜的卜法類的數術書，是敦煌民間卜卦先生"賣弄了一下他們所知的《易經》之卦名，用來蒙騙那些無知識的敦煌百姓，故作玄奥，

---

① "詩"原作"書"，因敦煌方音止、遇二攝常混，故誤"詩"作"書"。

② 《新唐書》卷四十四《選舉志上》，第 1160 頁。

③ 黄正建：《敦煌占卜文書與唐五代占卜研究》，學苑出版社 2001 年版，第 219 頁。

實際上與具有深奧哲理的《易經》卦詞没有聯繫"①,這是完全没有理解《周易》與後代出現的占卜文獻源流演變的關係。黄正建認爲,《周易》雖然是儒家經典,但唐人更願意把它與旁門左道聯繫起來,因此大思想家中的研究者很少②。由此我們聯想到,阜陽漢簡《周易》的卦、爻辭之後,接寫不少卜辭,説明漢時是把《周易》作爲卜筮之書使用的實用本子③。敦煌當地人學習王弼《周易注》,本質上極有可能是爲了更好地學習與理解易占、卜法之類的占卜方法。

(二)《周易經典釋文》寫本所反映的唐代科舉及其實用性原則

P.2617《周易經典釋文》寫本卷末有題記五行:

1. 開元廿六年九月九日於蒲州趙全岳本寫此年八月七日

2. 勅簡過放冬集　勅頭盧濟甲頭張抃又奉十二日

3. 勅放春選差御史王佶就軍試　勅頭陳令祖

4. 己卯開元廿七年正月十七日在新泉勘音并易一遍

5. 五月廿五日於晉州衛果本寫指例略

謂於"開元廿六年九月九日於蒲州趙全岳本寫",又於"開元廿七年正月十七日在新泉勘音并《易》一遍",並且在"五月廿五日於

---

① 高國藩:《敦煌古俗與民俗流變——中國民俗探微》,河海大學出版社 1989 年版,第 27 頁。

② 參見張弓主編《敦煌典籍與唐五代歷史文化》,中國社會科學出版社 2006 年版,第 977 頁。

③ 韓自强:《阜陽漢簡〈周易〉研究》,上海古籍出版社 2004 年版,第 96 頁。

晉州衛杲本寫《指例略》"。

據此可知,此寫卷分兩次抄寫,《易經》部分的音義據趙全岳本抄寫,王弼《周易略例》的音義部分據衛杲本抄寫,而且《易經》部分的音義又重新據《周易》經文對勘過。蒲州及晉州在開元時皆屬河東道(今山西省境内),則此抄寫人可能是河東道人(即今所謂山西省人),而其抄寫此《周易經典釋文》的目的,姜伯勤認爲是一個應試者爲準備科舉考試而抄的。抄寫人是正在準備科舉考試的考生,所以將該年貢舉有關敕令附錄在後面。開元廿六年八月七日敕令批准盧濟等人"冬集"。所謂"放"即敕準;所謂甲頭,是被批準人中,在呈奏文時同甲呈奏的一甲之首名。進士、明經諸科應試者人數衆多,根據敕令,有的考生是必須"冬集"的,"冬集"即是"孟冬之月,集于京師",但還有一部分不須冬集的,稱爲"授散"①。

這個寫本是在唐朝的河東道,即現在山西省境内抄寫的,與敦煌遠隔千里之遥,它是怎麼流入敦煌的? 關於這個問題,現在還没有一個明確的答案。池田温先生曾説過:

> 流傳到敦煌的唐前期的中原寫本有百件以上,其中不僅有内典,還有道經、儒教經典、律令等多種寫本。多數的官寫經、官寫本中明記了書寫人的名氏,現在所知的就有門下省、弘文館、秘書省等處的書寫人在咸亨至儀鳳年間所寫的《法華經》、《金剛經》等。……這樣的中原資料是怎麼到了敦煌的,這還是一個謎,但一般來説這也反映了當時交通和人員往來的頻繁。②

---

① 姜伯勤:《敦煌社會文書導論》,新文豐出版公司 1992 年版,第 120—121 頁。

② 池田温:《敦煌文書的世界》,中華書局 2007 年版,第 38—39 頁。

但對於這份實用性很强的科舉應試材料,通過它與傳本的比較,分析它所删削或增加的内容,對於我們瞭解當時科舉考試某些科目及其要求可能會有很好的參考作用。

這個《周易經典釋文》寫卷抄寫於盛唐時的玄宗朝,是迄今所知《周易釋文》的最早寫本,爲考查《釋文》原貌提供了綫索和資料。但它的删削也相當嚴重,從其删削的情況看①,這份寫卷的實用性很大,完全是爲了閱讀《周易》而作,不僅删除了大量與理解《周易》經傳無關的内容,而且還添加了一些原本《釋文》所没有的條目②。當然,這樣的做法是完全可以理解的,陸德明撰著《經典釋文》時,目的是編輯諸經的輔助教科書,是從學子角度而非從經學家的角度來編的③。使用此書的人,爲了自己的方便進行適當的增删改削,也是合理的。

(原載《敦煌研究》2014 年第 3 期)

---

① 説詳許建平《敦煌經籍叙録》,第 64—65 頁。

② 參許建平《唐寫本〈周易經典釋文〉校議》,見《出土文獻研究》第 7 輯,上海古籍出版社 2005 年版。

③ 曾榮汾:《〈經典釋文〉編輯觀念析述》,《潘重規教授百年誕辰紀念學術研討會論文集》,臺灣師範大學國文系 2006 年版,第 99 頁。

關於傅斯年圖書館所藏《周易正義》寫卷

臺北"中央研究院"傅斯年圖書館收藏有敦煌寫卷49件,其中編號06者爲《周易正義》殘卷,《傅斯年圖書館藏目録》著録如下①:

周易正義　　殘卷/(唐)孔穎達撰

版本項　　　唐人寫手卷,敦煌卷子

稽核項　　　1卷;26公分(手卷裝)

附注　　　　原紙淨長四十公分,高二十八公分

　　　　　　排架號:7—5—3

最早對此寫卷進行研究的是黄彰健先生,他於1971年5月在《大陸雜誌》第42卷第9期發表《唐寫本周易正義殘卷跋》一文,根據寫卷面貌,對孔穎達《周易正義》原本的體裁與格式作了考證,並在文後附録寫卷原件影本。不過,由於印刷與版面的原因,影本的質量不佳,不能據以釋讀原文。

2001年11月,筆者應臺灣中正大學鄭阿財教授邀請,赴臺參加"二十一世紀敦煌學學術研討會"。會議安排11月7日上午,參觀傅斯年圖書館所藏敦煌寫卷,因而有幸目睹了《周易正義》寫卷的原貌,由於參觀時間的限制,不及抄録。當天下午,得

---

① 此著録摘自鄭阿財《臺北"中研院"傅斯年圖書館藏敦煌卷子題記》,《慶祝吴其昱先生八秩華誕敦煌學特刊》,文津出版社2000年版,第361頁。

"中央研究院"文哲研究所林玫儀教授的幫助,在傅斯年圖書館抄録了寫卷全文①。

寫卷殘存《周易正義》中《賁卦》的部分内容,起《彖辭》正義"以亨之与賁相連而釋"之"連"字,至《六五》正義"亦無待士之文"之"之",共 32 行,行 40 字左右。鄭阿財先生定名爲《周易正義·賁卦》②,可從。

《傅斯年圖書館藏目録》定此寫卷爲敦煌卷子。黃彰健在文中介紹,此殘卷是抗戰勝利後,"中央研究院"歷史語言研究所在北平(今北京市)買到的,當是根據史語所的有關記載。而進一步的詳情,則不得而知。

1917 年 9 月 17 日羅振玉有一封致王國維的信,筆者以爲它對我們瞭解李盛鐸藏卷的内容有着重要的價值,今將相關内容移録於下:

> 弟前日往看李木齋藏書,敦煌卷軸中書籍,有《周易》單疏(賁卦),有《左傳》,有《尚書》(帝典),有《本草序列》,有《開蒙要訓》,有《史記》(張禹孔光傳),有《莊子》(讓王篇),有《道德經》,有七字唱本(一目連救母事,一記李陵降虜事),有度牒(二紙,均北宋初),有遺囑。卷中印記,有歸義軍節度使新鑄印。其寫經,有甘露二年(當是高昌改元)、麟嘉四年(後涼呂光)及延昌、大統、景明、開皇、貞觀、顯慶、儀鳳、上元、至德、天寶、證聖、乾寧等。其可補史書之缺者,有

---

① 附記:原文發表時附有録文,但此寫卷照片已見諸"傅斯年圖書館敦煌文獻"網站,而且方廣錩主編的《"中央研究院"歷史語言研究所傅斯年圖書館藏敦煌遺書》亦已於 2013 年由"中央研究院"歷史語言研究所正式出版,故不再附録文。

② 鄭阿財:《臺北"中央研究院"傅斯年圖書館藏敦煌卷子題記》,第 361 頁。

敦煌太守且渠唐光之建始二年寫《大般涅槃經》,其《華嚴
經》有《志立安樂經》及《宣元本經》(其名見《三藏蒙度贊》①
中),以上諸書乃木齋所藏。渠言潛樓藏本有《劉子》。以上
諸書頗可寶貴,恨不得與公共一覽之也。②

文中所列第一件寫卷"《周易》單疏(賁卦)",即此傅斯年圖書館
藏卷無疑,據此可知寫卷確爲藏經洞之物而爲李盛鐸所竊者③。

黃彰健《唐寫本周易正義殘卷跋》以宋刻單疏本《周易正義》
與殘卷對勘,發現殘卷記經文、注文起訖所用字多較單疏本爲繁,
因而推測孔穎達《周易正義》原本對經文及注文並不省略,而是
抄錄全文。蘇瑩輝《略論五經正義的原本格式及其標記經、傳、
注文起訖情形》則認爲英藏《毛詩正義》及法藏《春秋左傳正義》
均以朱書標傳、注起止,因而此注語偶出全文和記經注起訖所用
的字數較繁的《周易正義》殘卷未必爲原本《正義》,而且"其紙張
的厚度,既不及敦煌所出一般唐、五代的卷子,色澤又不類初、盛
唐寫本;但就書體言,似不能晚於五代"④。準之兩氏所論,筆者
以爲蘇説較勝。今所見 S.498《毛詩正義》及 P.3634V+P.3635V
《春秋左傳正義》皆經、注朱書,正義墨書;而此《周易正義》殘卷
經、注、正義皆墨書,似已非原本舊式。殘卷"治"字不諱;"棄"均

---

① 當是《三威蒙度贊》,蓋排印之誤。

② 長春市政協文史和學習委員會編,王慶祥、蕭立文校注,羅繼祖審訂:
《羅振玉王國維往來書信》,東方出版社 2000 年版,第 470 頁。

③ 鄭阿財《臺北"中研院"傅斯年圖書館藏敦煌卷子題記》云:"(中研院
史語所)民國十八年,由廣州遷北平;九一八事變後由北平遷設上海。此一
期間,正逢前清文士收藏敦煌寫卷紛紛散出,當是蒐購之時機。正如中央圖
書館所藏敦煌卷子一樣,大部份係抗戰期間及抗戰勝利後在上海、北京等地
蒐購所得。"(《慶祝吳其昱先生八秩華誕敦煌學特刊》,第 401 頁)此卷可能
是李盛鐸去世(1935 年)後,其子女散出者。

④ 蘇瑩輝:《敦煌論集續編》,臺灣學生書局 1983 年版,第 82 頁。

寫作"弃",然"**婚**"或寫作"婚","**媾**"寫作"**媱**",皆爲避唐太宗"世"、"民"二字之諱而成之別體①。此等避諱情形,在敦煌寫卷中,應屬較晚時期的抄本。

此卷雖字畫端正,行款清晰,然訛誤衍脱之處極多,乃久經傳抄之本,已非孔氏《正義》之朔。黄彰健謂其"別風淮雨,觸目皆是",並無誇飾,此不贅述。

但這是敦煌寫卷中唯一一件《周易正義》殘卷,也是迄今所能見到的最早的孔穎達《周易正義》的抄本,雖僅存一千餘字,然其勝處不鮮,極具校勘價值。

一、可證成宋刻單疏本之善

現存最早的《周易正義》刊本爲宋刻《周易正義》單疏本②,而最通行的則是阮元收入《十三經注疏》中的宋刻《周易正義》注疏本③。單疏本有別於注疏本者,或可據寫卷證成其善。

1. 分剛上而文柔,故小利有攸往者,釋小利有攸往義。

注疏本前一"往"作"住",無"者"字。

阮元《周易校勘記》云:"'住'當作'往',閩、監、毛本不誤。錢本、宋本下有'者'字。"④李申、盧光明校云:"依文意,有'者'

---

① 可參竇懷永、許建平《敦煌寫本的避諱特點及其對傳統寫本抄寫時代判定的參考價值》(《敦煌研究》2004 年第 4 期)的相關論述。

② 此書今收入《續修四庫全書》(第 1 册),上海古籍出版社 1995 年版,第 167—279 頁;傅增湘跋語考定爲南宋紹興刊本(《續修四庫全書》第 1 册,第 281 頁)。

③ 此據中華書局 1980 年影印本。

④ 據中華書局 1980 年影印阮刻本《十三經注疏》,第 44 頁。以下簡稱"《校勘記》"。

字爲宜,據補。"①並且據《校勘記》改"住"爲"往"。寫卷正與單疏本同。

2. 十月純陰用事,陽在其中,薺、麥生也。

注疏本"薺"作"齊"。

《校勘記》云:"閩、監、毛本同,錢本、宋本'齊'作'薺',是也。"案:《淮南子·天文》云:"五月爲小刑,薺、麥、亭歷枯。"即作"薺"。寫卷亦作"薺"。

3. 坤性柔順,不爲物首,故以己上六下居乾之二位也。

注疏本"物首"作"順首"。

《校勘記》云:"閩、監、毛本同,錢本、宋本'順'作'物'。"點校本云:"依文意,作'物'字爲宜,據改。"②案:寫卷作"物首",可證單疏本之善。

4. 以理庶政,故云山下有火賁也。

注疏本無"下"字。

《校勘記》云:"毛本作'山下有火賁'也,案所加是也。"寫卷正有"下"字。

5. 賁其須者,須是上附於面。

注疏本"附"作"須"。

《校勘記》云:"毛本下'須'字作'附',案'附'字是也。"寫卷亦作"附",正與單疏本同。

6. 或以文飾,故賁如也;或守質素,故皤如也。

注疏本"飾"作"絜"。

案:王弼注云:"故或飾或素,内懷疑懼也。"《正義》實據此句

① 李學勤主編:《十三經注疏》(點校本)之《周易正義》,北京大學出版社 1999 年版,第 104 頁。以下簡稱"點校本"。

② 李學勤主編:《十三經注疏》(點校本)之《周易正義》,第 105 頁。

而釋爻辭也。賁,飾也;皤,素白也,故"或飾"而"賁如","或素"而"皤如"也。注疏本誤。寫卷亦作"飾",與單疏本同。

二、可據以糾單疏本與注疏本之誤

典籍屢經傳抄,易滋訛誤,若無古本爲證,則不易發現其誤。此卷雖非善本,然却是今存最早之古本,故可據以糾後世刊本之誤者。

1. 坤之上六,何以來居二位不居於初三;乾之九二,何以分居上位不居於五者。

寫卷無"初"字。

案:李鼎祚《周易集解》引荀爽曰:"此本《泰卦》。"①《賁卦》自《泰卦》來,《泰卦》下乾上坤,其上六來居二位,二位而居上六,則成《賁卦》。坤之上六,坤卦之極,其對應之爻乾三也;乾之九二,其對應之爻則爲坤五也。今坤之上六下居乾二而不居乾三,因"坤性柔順,不爲物首"也;乾之九二不居於坤五而居於上六,因"乾性剛亢"也。"初"字當是衍文。若該句作"何以來居二位不居於初三",則下句爲何不作"何以分居上位不居於四五"也?寫卷無"初"字,是也。

2. 勿得直用果敢,折斷訟獄。

寫卷"訟獄"作"獄訟"。

案:兩刊本之《周易正義》"獄訟"一詞共出6次:

《訟卦·彖辭》"'訟有孚,窒惕中吉',剛來而得中也"《正義》:"言中九二之剛,來向下體而處下卦之中,爲訟之主,而聽斷

---

① (清)李道平撰,潘雨廷點校:《周易集解纂疏》卷四《賁卦》,中華書局1994年版,第245頁。

獄訟。"

《訟卦·九五》爻辭"訟元吉"《正義》:"處得尊位,中而且正,以斷獄訟,故得元吉也。"

《訟卦·九五》爻辭"訟元吉"王注"處得尊位,爲訟之主"《正義》:"居九五之位,當爭訟之時,是主斷獄訟者也。然此卦之內,斷獄訟之人,凡有二主。"

《豐卦·象辭》"君子以折獄致刑"《正義》曰:"君子法象天威而用刑罰,亦當文明以動,折獄斷決也。斷決獄訟,須得虛實之情;致用刑罰,必得輕重之中。"

《旅卦·象辭》"君子以明慎用刑而不留獄"《正義》:"故君子象此以靜止明察審慎用刑而不稽留獄訟。"

作"訟獄"者唯此一處,且此處寫卷亦作"獄訟",可知孔穎達習用"獄訟"一詞,刊本作"訟獄"者,誤倒也。

3. 若似貴飾其須也。

寫卷"若似"作"似若"。

案:兩刊本之《周易正義》"似若"一詞共出 5 次①:

《乾卦·九四》爻辭"或躍在淵"《正義》:"陽氣漸進,似若龍體欲飛。"

《坤卦·初六》爻辭"履霜堅冰至"《正義》:"陰氣之微,似若初寒之始。"

《噬嗑卦·象辭》"柔得中而上行,雖不當位,利用獄也"王注"凡言'上行',皆所之在貴也"《正義》:"既在五位而又稱上行,則似若王者,雖見在尊位,猶意在欲進。"

---

① 其中注疏本《大過卦·象辭》"棟橈,本末弱也"《正義》:"以大過本末俱弱,故屋棟橈弱也,似若衰難之時始終弱。"單疏本"似若"作"以言",故此條不計入內。

《剝卦·六五》爻辭"貫魚以宫人寵"《正義》:"駢頭相次,似若貫穿之魚。"

《大過卦·九二》爻辭"枯楊生稊,老夫得其女妻,無不利"王注"以稚分老,則枯者榮"《正義》:"謂女妻減少而與老夫,老夫得之,似若槁者而更得生稊。"

作"若似"者唯此一處,而且此處寫卷亦作"似若",可知孔穎達習用"似若"一詞。雖然"似若"、"若似"在修辭方式上皆屬同義連文,其義相同,但我們仍可據此論定刊本作"若似"者乃誤倒。

以上三條,單疏本與注疏本均相同,唯敦煌本與之有别,阮元《周易校勘記》、孫詒讓《十三經注疏校記》①、汪文臺《十三經注疏校勘記識語》②亦均未提及有與注疏本不同之版本。若無此卷,不知何時能知刊本之誤?

鈐有李盛鐸藏書印的敦煌寫卷多有偽品,此卷"卷背有印,粘著於裱背之紙,難以辨識"③,不知是否爲李盛鐸所鈐藏書印?但李盛鐸自己没有偽造敦煌寫卷,榮新江教授已有精到的論述④。1917年時羅振玉就已在李家看到了這件寫卷,我們可以説它也不可能是20世紀三四十年代偽卷蜂出時期的偽造品。況且,以上所考寫卷所具有的校勘價值,也是一個非偽造品的有力證據。我們可以肯定地説,此卷絕非偽品,它就是來自藏經洞的一千多年前的真品。

(原載甘肅省博物館編《甘肅省博物館學術論文集》,三秦出版社2006年版)

---

① (清)孫詒讓撰,雪克輯點:《十三經注疏校記》,齊魯書社1983年版。
② 收入《續修四庫全書》183册,上海古籍出版社1995年版。
③ 鄭阿財:《臺北"中研院"傅斯年圖書館藏敦煌卷子題記》,第361頁。
④ 榮新江:《李盛鐸藏卷的真與偽》,《敦煌學輯刊》1997年第2期。

唐寫本《周易經典釋文》校議

　　陸德明《經典釋文》“所採漢、魏、六朝音切，凡二百三十餘家，又兼載諸儒之訓詁，證各本之異同，後來得以考見古義者，注疏以外，惟賴此書之存，真所謂殘膏剩馥，沾溉無窮者也”①，然自《釋文》成書，歷經唐、宋、元、明諸朝展轉傳鈔翻刻，其去元朗舊貌，亦已遠甚。清儒如盧文弨、段玉裁、阮元、臧鏞等均肆力校勘，雖用力甚勤，而所獲難副，沒有隋唐古本可資依據，是創獲不多的主要原因。

　　20 世紀初，在敦煌藏經洞中發現了唐寫本《周易經典釋文》殘卷（伯希和編號 2617），立即引起了學術界的關注。1917 年，羅振玉即將此卷在《鳴沙石室古籍叢殘·羣書叢殘》中影印出版，並撰跋文，謂“取校今本，異同詳略甚多，不可勝舉”②。之後，馬

---

　　①《四庫全書總目》卷三十三《經部·五經總義類》“經典釋文三十卷”條，第 270 頁。
　　② 羅振玉：《羅振玉校刊羣書叙錄》卷下《敦煌本易釋文殘卷跋》，江蘇廣陵古籍刻印社 1998 年版，第 202 頁。

叙倫、尚秉和、羅常培、于大成、黄焯等皆曾對此卷作過考校①,其中尤以于大成之作最爲詳贍,然難免有誤校、漏校之處。筆者曾在《敦煌音義匯考》中對寫卷作過校勘②,在今天看來,亦已不能使自己滿意。故又取國家圖書館藏宋刻宋元遞修本《經典釋文》③,與唐寫本詳加對勘,偶有一得之見,兹擷取若干例刊佈之,敬祈方家誨正。

1. 繫辭　盈隷反(第4行)

"盈隷反",宋本作"音係"。

羅常培云:"案《廣韻·霽韻》'繫''係'同古詣切,'隷'郎計切;惟'盈'屬喻紐以類,與'古'異紐,或爲'蓋'字之訛。"于大成云:"'繫'字《集韻》吉詣切,此'盈'字似當爲'吉'。然盈從及皿,及,《説文》引《詩》叚爲姑,《玉篇》引《論語》叚爲沽,及、吉皆見母字,尚可通。"

案:此"繫辭"乃《大有卦·上九》爻辭"自天祐之,吉无不利"

---

① 馬叙倫:《讀書續記》卷二,北京市中國書店1985年據民國二十二年上海商務印書館排印本影印,第29—30頁。尚秉和爲《續修四庫全書總目提要》撰《周易釋文一卷》提要,見《續修四庫全書總目提要·經部·易類》,中華書局1993年版(該書雖出版於1993年,但據《整理説明》,提要的撰寫是在1931至1942年間),第25頁。羅常培:《唐寫本經典釋文殘卷四種跋》,《清華學報》第13卷第2期,1941年10月;後羅氏又於1951年在《國學季刊》第7卷第2期發表《唐寫本經典釋文殘卷五種跋》,内容與前文基本相同,只是增加了S.5735《周易釋文》殘片的内容。于大成:《周易釋文校唐記》(上、下),《孔孟學報》第29、32期,1975年4月、1976年9月。黄焯:《經典釋文彙校》,中華書局1980年版。

② 張金泉、許建平:《敦煌音義匯考》,杭州大學出版社1996年版,第27—60頁。

③ 本文所據者爲上海古籍出版社1985年影印本,下簡稱"宋本"。

句王弼注"爻有三德,盡夫助道,故《繫辭》具焉"句中文。《廣韻·霽韻》"繫"音胡計切,匣紐;"盈隸反"乃喻紐霽韻,《釋文》喻匣不通用。況且《釋文》"繫辭"之"繫"凡出 6 次[1],均作"音係"或"戶計反",唯此處寫卷作"盈隸反",則"盈隸反"當非德明原作。

2. □(惡)盈[2] 烏路反注同(第 6 行)

　　所惡 烏故反(第 9 行)

宋本"注同"前有"卦末"二字,無"所惡"條。

于大成云:"考王此處無注,唯上六象傳注云'未有居眾人之所惡',有'惡'字,唐寫本彼處別出一條,今本無。"

案:"惡盈"乃《謙卦·彖辭》"人道惡盈而好謙"句中文,既然王弼無注,準之《釋文》通例,則不當言"注同"。《謙卦》"惡"字唯二見,另一處在《上六·象辭》"鳴謙,志未得也"王注"未有居眾人之所惡而爲動者所害"句中,位於《謙卦》之末。《釋文》於此等情況,往往注爲"卦末注同",如《小過卦·九三》爻辭"弗過防之,從或戕之,凶"王注"至令小者或過,而復應而從焉"《釋文》"復,扶又反,卦末同",《上六》爻辭"弗遇過之,飛鳥離之,凶,是謂災眚"王注正有"災自己致,復何言哉"句;《既濟卦·初九》爻辭"曳其輪,濡其尾,无咎"王注"雖未造易,心无顧戀,志棄難者也"《釋文》"難,乃旦反,卦末并下卦同",《上六》爻辭"濡其首,

---

① 其餘 5 次分別爲:(1)《周易·繫辭上》篇題"周易繫辭上第七"釋文:"周易繫,徐胡詣切,本系也。又音係,續也。"(2)《周易·繫辭上》"繫辭焉而明吉凶"釋文:"繫辭,音系。"(P. 2617 第 216 行作"音係")(3)《周易·繫辭下》"繫辭焉而命之"釋文:"繫辭,音係,卷內皆同。"(4)《周易·略例·辯位》"又繫辭但論三五二四,同功異位"釋文:"戶計反,下同。"(5)杜預《左傳後序》"而無《彖》、《象》、《文言》、《繫辭》"釋文:"繫辭,戶計反。"

② 寫卷"惡"字原殘,此據宋本補。

屬"王注正有"過惟不已，則遇於難，故濡其首也"句。可知此乃《釋文》通例，而寫卷《小過卦》條無"卦末同"三字，《既濟卦》條"卦末并下卦同"僅有"下同"二字，其删削之痕明顯。此處寫卷作"注同"，當亦爲手民删去"卦末"二字而成。寫卷第9行"所惡"條音"烏故反"，乃爲《上六·象辭》王注"未有居衆人之所惡而爲動者所害"句作音。烏路、烏故音無別，既然其音無別，且上又有"注同"二字（"卦末"二字已爲手民所删），則不當再出此"所惡"條，其爲後人添加無疑。

3. □（匪）解① 佳買反（第8行）

"佳買反"，宋本作"佳賣反"。

案：此《謙卦·九三》爻辭"勞謙，君子有終吉"王注"上承下接，勞謙匪解，是以吉也"句中文，"解"字當讀爲"懈"。《廣韻·蟹韻》小韻"佳買切"下有"解"字，注云："講也，説也，脱也，散也。"②《卦韻》小韻"古隘切"下有"解"字，注云："除也。"又有"懈"字，注云："懶也，怠也。"③解、懈古今字④。"解"之"懈怠"義《廣韻》已不收，而置於"懈"字下，故"古隘切"即"懈"之音也。"古隘切"與"佳賣反"同，而與"佳買反"韻有去、上之別。

《釋文》"解怠"之"解"讀作去聲，或作"佳賣反"，如《易·繫辭下》"通其變，使民不倦"王注"通物之變，故樂其器用，不解倦

---

① 寫卷"匪"字原殘，此據宋本補。

② 《宋本廣韻》卷三《上聲·十二蟹》，第251頁。

③ 《宋本廣韻》卷四《去聲·十五卦》，第363頁。

④ 黄坤堯《音義闡微》云："見紐去聲有怠惰義，早期文獻屢見；後世則孳乳爲'懈'字。'懈'字案反切當音 jiè，惟後世則音 xiè，與唐代不同。《釋文》出'解'不出'懈'，注音達55次。惟今本亦出'懈'字8次，有工賣反、佳賣反、古賣反、工債反諸讀，音義全同；其中《尚書音義》6次，《孝經音義》、《論語音義》各1次，全屬後人竄改。"（上海古籍出版社1997年版，第197頁）

也"《釋文》:"解,佳賣反。"①《詩·檜風·素冠》"庶見素冠兮,棘人欒欒兮"鄭箋"時人皆解緩,無三年之恩於其父母"《釋文》:"解,佳賣反。"《詩·大雅·假樂》"不解于位"《釋文》:"解,佳賣反。"《周禮·天官·小宰》"三曰廉敬"鄭注"敬,不解于位也"《釋文》:"解,佳賣反。"或作"古賣反",如《禮記·祭統》"其勤公家,夙夜不解"《釋文》:"解,古賣反。"《公羊傳·桓公八年》"疏則怠,怠則忘"何休注"怠,解"《釋文》:"解,古賣反。"或以今字"懈"爲注,如《詩·大雅·常武》"王舒保作,匪紹匪遊"鄭箋"謂軍行三十里,亦非解緩也,亦非敖遊也"《釋文》:"解,音懈。"至如《易·噬嗑》上九象辭"何校滅耳,聰不明也"王注"聰不明,故不慮惡積,至于不可解也"、《解卦》九二爻辭"田獲三狐,得黃矢,貞吉"王注"處於險中,知險之情,以斯解物,能獲隱伏也"、《詩·小雅·楚茨》"或剥或亨"鄭箋"箋有解剥其皮者"等,《釋文》皆音"解"爲"佳買反",均合於《廣韻》"佳買切"下"解"字之説解。是寫卷作"佳買反"者誤也。

買、賣二字古易混。如《周禮·地官·賈師》"凡國之賣儥"鄭注"故書賣爲買"②,即謂"賣"爲"買"。敦煌寫卷中二字亦常混,如 S.1475V《未年上部落百姓安環清賣地契》"今將前件地出買(賣)與同部落人武國子"③,謂"賣"爲"買";而 S.5820+S.5826《未年尼明相賣牛契》"如後有人稱是寒道(盜)識認者,一仰本主賣(買)上好牛充替"④,則謂"買"爲"賣"。宋本亦有誤作"買"者,《周禮·地官·大司徒》"八曰以誓教恤,則民不怠"鄭注"憂

---

① 寫卷第 255 行亦作"佳賣反"。

② 《周禮注疏》卷十五《地官司徒第二·賈師》,第 227 頁。

③ 沙知:《敦煌契約文書輯校》,江蘇古籍出版社 1998 年版,第 1 頁。

④ 沙知:《敦煌契約文書輯校》,第 55 頁。

之則民不解怠"①,此"解"字當讀作"懈",宋本《釋文》誤作"佳買反"。

寫卷第156行"解慢"條之音"佳買反"亦爲"佳賣反"之誤,羅常培云："案毛居正本注疏本'解'作'懈',《廣韻》去聲卦韻'懈''解'同古隘切,'懈'無上聲,故應以'賣'爲切。"

4. 畜己　紀(第57行)

宋本無此條。

案：此乃《大畜》初九爻辭"有厲利已"王注"四乃畜己,未可犯也。故進則有厲,已則利也"句中文,孔穎達《正義》釋此句云："初九雖有應於四,四乃抑畜於己。己今若往,則有危厲。唯利休已,不須前進,則不犯禍凶也。"②德明讀此"畜己"之"己"爲"自己"之"己",餘皆讀作"夷止反",義爲停止,故獨出"畜己"一條。宋本無者,當是脱漏所致。

5. 已則　夷止反(第58行)

宋本無此條。

于大成云："考唐寫本《周易王注》初九象傳云：'處健之始,未果其進者也,故能已也'③；今本作'處健之始,未果其健者,故能利已',則與今釋文本不合。又唐寫本有一條云：'已則,夷止反',即此條所引之'已則'也,唯當在'畜己,紀'一條下,誤錯在下'興'條之下。然可據以知今本《釋文》之多改竄併合,非元朗之舊矣。"

案：宋本《釋文》於"利已"條下注云："下及注'已則'、'能已'同。""下"者即《象辭》"有厲利已"也；注"已則"者,即"故進

----

① 《周禮注疏》卷十《地官司徒第二·大司徒》,第151頁。
② 《周易正義》卷三《大畜卦》,第68頁。
③ "進"字當作"健",P. 2530原寫作"進",後改爲"健",于氏誤録。

則有厲,已則利也";注"能已"者,即"處健之始,未果其健者也,故能已也"①。阮刻本《周易正義》"能已"作"能利已",阮元《周易校勘記》云:"岳本、閩、監、毛本同。案《釋文》'利已'下云:'注能已同。'此文作'能利已',與《釋文》不合。"②則阮氏未見有作"能已"之異本。盧文弨認爲今本"利"字爲衍文③。據此可知,宋本《釋文》"利已"條下之"下及注'已則'、'能已'同"八字應未經人改竄,寫卷無此八字者,手民所删也。既然《釋文》在"利已"條下已爲"已則"作音,下不當再出"已則"一條。寫卷此條當是手民所添,《釋文》原本所無也。于氏以爲此非"元朗之舊",是以不誤爲誤也。

6. 牿(第 60 行)

"牿",宋本作"牿"。

案:此《大畜卦》六四爻辭"童牛之牿"句中文。《説文·告部》:"告,牛觸人,角箸横木,所以告人也。《易》曰:'僮牛之告。'"④李鼎祚《周易集解》正作"告"⑤,《唐石經》初刻亦作"告"⑥,故李富孫《易經異文釋》、柳榮宗《説文引經攷異》、徐鼒

─────────────

① 此據 P. 2530,阮刻本作"處健之始,未果其健者,故能利已"。

② (清)阮元:《周易校勘記》,《清經解》第 5 册,上海書店 1988 年版,第288 頁。

③ 盧文弨:《經典釋文考證》云:"能已,注疏本作'故能利已',衍'利'字。"(《續修四庫全書》第 180 册,上海古籍出版社 1995 年版,第 195 頁)

④《説文解字》二篇上《告部》,第 30 頁。

⑤ 李道平:《周易集解纂疏》卷四《大畜》,第 279 頁。

⑥ 嚴可均:《唐石經校文》卷一《易》:"告,磨改作牿。……今各本作牿,當從初刻。"(《景刊唐開成石經》第 4 册,中華書局 1997 年版,第 2999 頁)

《讀書雜釋》皆認爲作"牿"者誤文，當從《説文》作"告"①。《周禮‧天官‧內饗》"馬黑脊而般臂"鄭玄注"般臂，臂毛有文"賈公彥《疏》云："鄭苔冷剛'童牛之梏'，牛在手曰梏，牛無手，以前足當之。"②《周禮‧秋官‧大司寇》"桎梏而坐諸嘉石"鄭玄注"木在足曰桎，在手曰梏"賈《疏》引鄭玄《易志》曰："《大畜》六四'童牛之梏，元吉'。"③是鄭玄注本《周易》作"梏"也④。戰國楚簡《周易》作"樺"⑤，馬王堆出土帛書《周易》作"鞫"⑥，廖名春釋云："'鞫'是'告'的同義詞。"又云："'樺'字從木，從口，從幸，當爲'梏'字異體，'幸'甲骨文象手梏之形，木表示手梏爲木制，從口與'梏'從口同。"⑦是楚簡亦作"梏"也。惠棟云："《釋名》曰：'牛羊之無角者曰童。'《大玄》云：'童牛角馬。'明童牛者無角之稱。童牛無角，是梏施於前足。許、鄭二説近之，今作牿者非也。"⑧胡

---

① 李富孫：《易經異文釋》，王先謙編《清經解續編》第 2 冊，上海書店 1988 年版，第 1316 頁；柳榮宗：《説文引經攷異》，《續修四庫全書》第 223 冊，上海古籍出版社 1995 年版，第 166 頁；徐鼏：《讀書雜釋》，中華書局 1997 年版，第 1 頁。

② 《周禮注疏》卷四《天官冢宰第一‧內饗》，第 62 頁。

③ 《周禮注疏》卷三十四《秋官司寇第五‧大司寇》，第 517 頁。

④ （宋）王應麟輯《周易鄭注》即作"梏"（《續修四庫全書》第 1 冊，上海古籍出版社 1995 年版，第 87 頁）。

⑤ 廖名春：《上海博物館藏楚簡〈周易〉管窺》，《周易研究》2000 年第 3 期。

⑥ 馬王堆漢墓帛書整理小組：《馬王堆帛書〈六十四卦〉釋文》，《文物》1984 年第 3 期。

⑦ 廖名春：《上海博物館藏楚簡〈周易〉管窺》，《周易研究》2000 年第 3 期。

⑧ （清）惠棟：《九經古義‧周易上》，阮元輯《清經解》第 2 冊，上海書店 1988 年版，第 744 頁。

玉縉云:"鄭作梏,謂以木係其足,當以鄭義爲長。"①寫卷作"捁",
應是"梏"之俗寫,因敦煌寫卷扌、木常混用故也,是寫卷與鄭注
本相同,亦作"梏"也。陸德明《釋文》用王弼注本,則王注本原亦
作"梏"也。

7. 有喜　許意反(第60行)

宋本無此條。

案:此條蓋音《大畜卦》六四象辭"六四元吉,有喜也"句之
"喜"也。《賁卦》上九象辭有"六五之吉,有喜也"句,《釋文》出
"有喜"二字,注云:"如字,徐許意反。《无妄》、《大畜》卦放此。"
寫卷與此同。依《釋文》通例,此處不必再出"有喜"二字。且陸
氏"喜"讀如字,"許意反"者徐邈音也。此條應是手民所增。下
行"有喜"條亦手民所增。邵榮芬《〈經典釋文〉音系》據寫卷補此
兩"有喜"條②,誤。

宋本《釋文》在《大畜卦》六四出"童牛"、"牿"、"抑鋭"、
"强"、"爭"六條,分別爲《爻辭》"童牛之牿"及王注"抑鋭之始,
以息强爭"作音,而寫卷在"抑鋭"條前及"爭"條後分別插入兩條
"有喜",與今傳本王弼《周易注》之次序不同③。今本王注"抑
鋭"前無"有喜"二字,而在"以息强爭,豈唯獨利"後有注文"乃將
有喜也"及《象辭》"六四元吉,有喜也"句。由寫卷之次序,可知
其所據之本《象辭》緊接《爻辭》之後,而王弼注文置於《象辭》之
後,非如今本在《象辭》之前。寫卷之前一"有喜"乃音《象辭》
"有喜也"之"有喜",後一"有喜"乃音王注"乃將有喜也"之"有

① 胡玉縉:《許廎學林》卷一"易童牛之牿解"條,中華書局1958年版,
第5頁。

② 邵榮芬:《〈經典釋文〉音系》,學海出版社1995年版,第305頁。

③ 初唐寫本P.2530王弼《周易注》與今傳本次序相同。

喜"。

8. 溺　乃歷反(第69行)

　　喪　如字(第69行)

宋本出"淹溺"條,而無"喪"條。

案:《大過》九三爻辭"棟橈,凶"王注有"係心在一,宜其淹弱
而凶衰也"句,阮元《周易校勘記》云:"閩、監、毛本同,岳本、宋
本、古本、足利本'弱'作'溺'。"①《四部叢刊》影印宋刊本亦作
"溺"。宋本之"淹溺"當是釋此句也。郭京《周易舉正》卷上云:
"'衰'字誤作'喪'字。《大過》義在極衰危,非在喪亡、死喪之
義,誤亦明矣。"②則郭京所見有作"宜其淹溺而凶喪也"之本,
P.2530《周易注》作"宜其淹溺而凶喪矣",正與郭京所見本同。
寫卷出"喪"字條,則德明所據本亦作"宜其淹溺而凶喪也"。今
本無此條者,蓋後人據作"衰"之本刪之也。

9. 井甃　側舊反馬云爲瓦裏下達上也子夏云修治也才云以
塼壘井也壯謬反(第147行)

宋本無"壯謬反"三字,而有"字林云井壁也"六字。

案:《莊子·秋水》"入休乎缺甃之崖"《釋文》:"甃,側救反。
李云:'如闌,以塼爲之,著井底闌也。'《字林》壯謬反,云:'井壁
也。'"是《字林》有"壯謬反"之音也。寫卷删去"字林云井壁也"
六字,遂使注音無所歸属。宋本無"壯謬反"之音者,蓋傳寫脱
漏也。

10. 蔕　略例云大暗謂之蔕(第173行)

宋本"謂之"作"之謂"。

---

① 《周易校勘記》,《清經解》第5册,第289頁。

② (唐)郭京:《周易舉正》,《叢書集成初編》第390册,中華書局1985
年版,第7頁。

　　盧文弨《經典釋文考證》云：“大暗謂之蔀，‘謂之’舊本倒，今從《略例》正。”①黃焯云：“寫本‘之謂’作‘謂之’。阮云：‘《略例》作謂之。’案作‘之謂’是也。戴震《孟子字義疏證》云：‘古人言辭，之謂、謂之有異。凡曰之謂，以上所稱解下。凡曰謂之者，以下所稱之名辨上之實也。’”②

　　案：“謂之”、“之謂”，皆爲解釋事物之名或異名的訓詁術語。如《詩·衛風·淇奧》“有匪君子，充耳琇瑩”毛傳：“充耳謂之瑱。”③《大雅·桑柔》“大風有隧，有空大谷”鄭箋：“西風謂之大風。”④《左傳·僖公三十三年》“君之惠，不以纍臣釁鼓”杜預注：“殺人以血塗鼓謂之釁鼓。”⑤《孟子·告子上》：“生之謂性。”⑥《史記·商君列傳》：“反聽之謂聰，內視之謂明，自勝之謂彊。”⑦

　　由以上諸例可知“之謂”、“謂之”二者的用法相同，只是句式結構有別，“‘甲謂之乙’是帶雙賓語的主謂句，其中的‘之’是代詞。‘甲之謂乙’中的‘之’似是用以取消句子獨立性的結構助詞。‘甲之謂乙’應是不能獨立的主謂句。因此，‘甲之謂乙’應用的範圍受到很大限制，訓詁專著中一般不使用，傳注中也極少見。”⑧因而周大璞《訓詁學要略》云：“謂之，又作之謂。”⑨吳孟復《訓詁通論》、齊佩瑢《訓詁學概論》、郭在貽《訓詁學》在解釋訓詁

① 《經典釋文考證》，《續修四庫全書》第180冊，第197頁。
② 黃焯：《經典釋文彙校》，第19頁。
③ 《毛詩正義》卷三之二《衛風·淇奧》，第127頁。
④ 《毛詩正義》卷十八之二《大雅·桑柔》，第657頁。
⑤ 《春秋左傳正義》卷十七《僖公三十三年》，第290頁。
⑥ 《孟子注疏》卷十一上《告子章句上》，第193頁。
⑦ 《史記》卷六十八《商君列傳第八》，第2233頁。
⑧ 楊端志：《訓詁學》上冊，山東文藝出版社1986年版，第277頁。
⑨ 周大璞：《訓詁學要略》，湖北人民出版社1984年第2版，第128頁。

術語時,索性僅僅列舉"謂之",而不言"之謂"①。德明所引者爲王弼《周易略例》,《略例》原文云:"小閡謂之沛,大閡謂之蔀。"即作"謂之"。《彙校》據戴震之誤説,欲定宋本之非誤,宜其説之不安也。

11. 於難　諾安反(第 182 行)

宋本無此條。

案:此當是爲《旅卦》上九爻辭"鳥焚其巢,旅人先笑後號咷,喪牛于易,凶"王注"以旅處上,衆所同嫉,故'喪牛于易',不在於難"之"難"作音也。周祖謨《四聲別義釋例》云:"經典相承,難易之難,與問難,難却,患難之難,音有不同。難易之難爲形容詞,讀平聲;問難難却之難爲动詞,讀去聲。患難之難爲名詞,亦讀去聲。"②

《釋文》讀難易之難爲"如字",即作平聲讀也。如:

《易·大有》卦辭"厥孚交如,威如,吉"王注:"既公且信,何難何備?"③《釋文》:"難,依《象》宜如字。一音乃旦反。"案:《象》云:"威如之吉,易而无備也。"王弼釋"易而無備"爲"何難何備",故德明謂"難"爲難易之"難",當讀如字。

《易·大壯》六五爻辭"喪羊于易,无悔"王注:"能喪壯于易,不于險難,故得无悔。"④《釋文》:"難,如字,亦乃旦反。"

《周頌·訪落》:"維予小子,未堪家多難。"《釋文》:"難,如字,協韻乃旦反。"鄭箋云:"我小子耳,未任統理國家衆難成之

---

① 吴孟復:《訓詁通論》,安徽教育出版社 1983 年版,第 123 頁;郭在貽:《訓詁學》,湖南人民出版社 1986 年版,第 72 頁;齊佩瑢:《訓詁學概論》,中華書局 1984 年版,第 165 頁。

② 周祖謨:《漢語音韻論文集》,商務印書館 1957 年版,第 53 頁。

③《周易正義》卷二《大有卦》,第 46 頁。

④《周易正義》卷四《大壯卦》,第 86 頁。

事,必有任賢待年長大之志。難成之事,謂諸政有業未平者。"①
是德明乃依鄭義讀爲難易之"難"也②。

《左傳·昭公二十五年》:"公以告臧孫,臧孫以難。"③《釋
文》:"難,如字,注同。"案:杜注云:"言難逐。"此"難"爲難易之
難也。

《論語·憲問》"果哉,末之難矣",《釋文》:"難,如字,或乃
且反。"何晏《集解》:"末,無也。無難者,以其不能解己之道。"邢
昺《疏》:"無難者,以其不能解己之道,不以爲難,故云無難也。"④
此難亦難易之難也。

《莊子·説劍》:"然吾王所見劍士,皆蓬頭突鬢垂冠;曼胡之
纓,短後之衣,瞋目而語難,王乃説之。"⑤《釋文》:"難,如字。艱
難也;勇士憤氣積於心胷,言不流利也。又乃旦反,既怒而語,爲
人所畏難。司馬云:説相擊也。"

"在正常情況下,《釋文》是不注如字的,只爲破讀注音"⑥,以
上諸條,德明大多是爲了收録他以爲辨音不正的異讀而作的,惟
《左傳·昭公二十五年》條獨出"如字"一音,而無異讀,這是《釋
文》爲"難"作音的 351 條中的唯一一條單音"如字"者⑦,蓋因傳
文易於誤解爲"患難"之"難"而作也。

---

① 《毛詩正義》卷十九之三《周頌·訪落》,第 740 頁。
② 馬瑞辰認爲"難"當讀如患難之"難","以讀乃旦反爲正"。(清)馬
瑞辰撰,陳金生點校:《毛詩傳箋通釋》卷三十《周頌·訪落》,中華書局 1989
年版,第 1095 頁。
③ 《春秋左傳正義》卷五十一《昭公二十五年》,第 892 頁。
④ 《論語注疏》卷十四《憲問第十四》,第 130 頁。
⑤ (戰國)莊周著,(清)郭慶藩撰,王孝魚點校:《莊子集釋》卷十上《説
劍第三十》,中華書局 1954 年版,第 1017 頁。
⑥ 黃坤堯:《音義闡微》,上海古籍出版社 1997 年版,第 26 頁。
⑦ 破讀爲"儺"(乃多反)等借字者凡 11 次不計入内。

此"不在於難"針對"喪牛于易"句而言,毫無疑問"難"字解釋爲難易之"難",没有必要爲之作音,而且《釋文》只作"如字",並不别創切語,"諸安反"當是後人所添,非《釋文》原有。黄坤堯在《經典釋文的動詞異讀》一文中,將本條作爲"難"字的形容詞例單獨别出,認爲今本《釋文》缺失此條[①];邵榮芬《〈經典釋文〉音系》亦據寫卷補此條[②],其説蓋誤。

12. 以盡　津忍反下皆同(第243行)

宋本無此條。

案:寫卷前有"書不盡"條,注云:"如字,又津忍反,下同。"與宋本同。其"下同"二字,乃是指下"聖人立象以盡意,設卦以盡情僞,繫辭焉以盡其言,變而通之以盡利,鼓之舞之以盡神"諸句中之"盡"也。依《釋文》通例,下諸"盡"字,不必再爲注音,此條當是後人所添,非《釋文》原有。

13. 德行　下孟反注同(第245行)

宋本無"注同"二字。

案:此"德行"二字乃是《繫辭上》"默而成之,不言而信,存乎德行"句中文,"注同"二字指韓康伯注"德行,賢人之德行也"句中之兩"德行",此二字當有。

14. 乎累　劣僞反下同(第247行)

宋本無"下同"二字。

案:"乎累"爲《繫辭下》"吉凶者,貞勝者也"韓康伯注"夫有動則未免乎累"句中文,韓注下又有"而不累於吉凶者"句,則有"下同"二字者爲善。

15. 中男　丁仲反下中女同(第286行)

宋本無"中女"二字。

① 黄坤堯:《音義闡微》,第96頁。
②《〈經典釋文〉音系》,第411頁。

案：此“中男”爲《説卦》“坎，再索而得男，故謂之中男”句中文。其前一條爲“長男”，注云：“丁丈反，下‘長女’、‘長子’皆同。”①其後一條爲“少男”，注云：“詩照反，下‘少女’皆同。”《説卦》中有“巽，一索而得女，故謂之長女”、“震爲雷，爲龍，爲玄黄，爲旉，爲大塗，爲長子”、“巽爲木，爲風，爲長女”三句，即“下‘長女’、‘長子’皆同”所指也；“兑，三索而得女，故謂之少女”、“兑爲澤，爲少女”，即“下‘少女’皆同”所指也。《説卦》中亦有“離爲火，爲日，爲電，爲中女”句，而“中男”二字不再出，故當如寫卷作“下‘中女’同”，宋本無“中女”二字者，脱也。

16. 反生　麻豆之屬生戴莩甲而出（第 290 行）

“麻豆之屬生戴莩甲而出”，宋本“生”前有“反”字。

案：鄭玄曰：“生而反出也。”②宋衷曰：“陰在上，陽在下，故爲反生。謂枲豆之屬，戴甲而生。”③麻類與豆類植物剛出生時，其葉片倒置而背面向外、正面向内，形似戴甲，故謂之反生。《釋文》之注乃釋“反生”之義，“生”前“反”字不當有。

17. 蟹　户買反（第 293 行）

宋本“户買反”作“户賣反”。

于大成云：“唐寫本‘賣’誤‘買’。”

案：于説誤。盧文弨云：“户買反，本作户賣反。毛居正云：‘當音户買反，蟹字無去聲。’案《解卦》音蟹，解字亦無去聲。考《禮記·檀弓》‘蟹有匡’，《月令》‘稻蟹’，皆户買反，則‘賣’字實傳寫之誤。雅雨本從神廟本作‘買’，今從之。”④羅常培云：“案

---

① “長子”，寫卷原作“長男”，于大成《周易釋文校唐記（下）》云：“唐寫本‘長子’誤‘長男’。”兹據宋本改正。

② 王應麟輯：《周易鄭注》，《續修四庫全書》第 1 册，第 118 頁。

③ 李鼎祚：《周易集解》引，見李道平《周易集解纂疏》，第 709 頁。

④ 盧文弨：《經典釋文考證》，《續修四庫全書》第 180 册，第 198 頁。

《廣韻》上聲蟹韻'蟹'胡買切,不應以去聲'賣'字爲切。"于氏蓋未檢諸家之説也。《釋文》"蟹"凡出五次,《周禮·天官·庖人》"共祭祀之好羞"鄭注"青州之蟹胥"、《禮記·檀弓下》"鹽則績而蟹有匡"、《莊子·秋水》"還虷蟹與科斗"諸"蟹"字《釋文》皆音"户買反",《禮記·月令》"介蟲敗穀"鄭注"敗穀者,稻蟹之屬"《釋文》"蟹"音"胡買反",唯此處宋本作"户賣反",其誤可知。

18. 雜糅　女九反(第304行)

"女九反",宋本作"如又反"。

羅常培《唐寫本經典釋文殘卷四種跋》:"案陸氏音系娘日兩紐尚未分化,'如''女'實同一聲;'又'或'久'之訛,據《周易音義》貳玖:二一'紂(直又反)',寫本'又'正作'久',可以爲證,'久'與'九'固同音字也。"

案:羅説誤。《釋文》"糅"凡出三次,《儀禮·鄉射禮》"無物,則以白羽與朱羽糅"《釋文》"糅"音"女又反",《莊子·齊物論》"參萬歲而一成純"郭象注"故雖參糅億載"《釋文》"糅"音"如救反",皆去聲,無作上聲讀者。《廣韻》"糅"音女救切,亦去聲,與《釋文》音同。是寫卷作"九"者爲誤字。

(原載中國文物研究所編《出土文獻研究》第7輯,上海古籍出版社2005年版)

敦煌出土《尚書》寫卷研究的過去與未來

　　《尚書》是十三經中最重要的一部經典,也是爭議最多的一部經典。先秦之《尚書》原貌,今不可知。雖諸家時有引用①,然皆"斷爛朝報"也,不能窺其系統。今所能言者,漢以後之《尚書》傳本也。

　　漢以後歷代所出《尚書》之本,無慮七八種,然其尤要者,則爲三種:一爲漢初伏生所傳之 28 篇《尚書》,因用漢時通行文字隸書書寫,故稱之爲《今文尚書》;二爲漢景帝時魯恭王得之於孔宅之孔壁古文《尚書》②,孔安國將之隸古定,是爲《古文尚書》;三即東晉時梅頤所獻之僞《古文尚書》。

　　經過西晉永嘉之亂,《今文尚書》的歐陽、大小夏侯三家本子及孔壁《古文尚書》全部失傳。今通行之《尚書》即梅氏所獻僞《古文尚書》(伏生之《今文尚書》已包括在其中,只是將 28 篇拆分成爲 33 篇),因而,研究《尚書》,梅頤本是惟一可以依據的本子。清人研究伏生《今文尚書》,如孫星衍《尚書今古文注疏》、皮錫瑞《今文尚書考證》,所依據的本子即是梅頤本。

　　梅氏所獻僞《古文尚書》,是用一種隸古定字體寫成的。到唐玄宗天寶三載(744),詔集賢院士衛包改隸古定字體爲楷書字

----

　　① 先秦著作引《尚書》之輯錄,參陳夢家《尚書通論》,河北教育出版社 2000 年版,第 8—38 頁。

　　② 也有一種意見認爲孔壁古文並不存在。此取通行説法。

體,遂使隸古定《尚書》之原貌不可見。是以今所見最早、最完整的《尚書》經文是據衛包改字本上石的《開成石經》,即我們通常所稱的唐石經。清人研究伏生《今文尚書》,只能以唐石經爲基本材料,於文獻引用《尚書》之文字有優於石經之處,則往往斥爲衛包所改,然並無切實之資料證明之。

雖然由於衛包改字而致隸古定《尚書》之原貌不可見,然陸德明在南朝陳時所寫的《經典釋文·尚書音義》,所採用的底本即是隸古定《尚書》,故人們還能由此書一窺隸古定的部分。到宋太祖開寶五年(972),因用隸古字書寫之《尚書釋文》與用今字書寫之僞孔本《尚書》字體不合,乃詔命陳鄂重刊《尚書釋文》,從而這部分隸古字也刪改殆盡。

據王應麟《玉海》卷三十七載,後周郭忠恕曾寫定《古文尚書》[①]。晁公武在其所著《郡齋讀書志》中又云呂大防從宋敏求、王欽臣家得到了這一部《古文尚書》[②],晁因而取之在成都刻石[③]。郭本及晁刻現均已失傳。但在清人所編《通志堂經解》中有薛季宣《書古文訓》,乃是 59 篇(序 1 篇,正文 58 篇)的隸古定《尚書》。但人們大多對它的來歷表示懷疑。

梅頤本隸古定《尚書》之真實面貌到底如何,陸德明時即已有不同説法。《經典釋文·序錄》云:"《尚書》之字,本爲隸古,既是隸寫古文,則不全爲古字。今宋、齊舊本及徐、李等音,所有古字,蓋亦無幾。穿鑿之徒,務欲立異,依傍字部,改變經文,疑惑後

① (宋)王應麟:《玉海》卷三十七《藝文》"開寶尚書釋文"條,第 712 頁。

② (宋)晁公武撰,孫猛校證:《郡齋讀書志校證》卷一《书類》"古文尚書十三卷"條,上海古籍出版社 1990 年版,第 51 頁。

③ (宋)王應麟:《玉海》卷三十七《藝文》"開寶尚書釋文"條,第 712 頁。

生,不可承用。"①元朗認爲梅頤原本並非全爲隸古字,全爲隸古字的本子乃是後人僞造。段玉裁承用其説②。至於薛季宣《書古文訓》,段玉裁更是斥之爲"僞中之僞"③。但李遇孫則認爲薛本即梅頤隸古定《尚書》原本④,因而爲之撰《尚書隸古定釋文》八卷。大家各言其意,無以定其是非。

1900 年,在中國西北敦煌莫高窟第 17 窟中發現了大量六朝至北宋的寫本後,很多本來疑而未能決的問題,可藉此新材料作進一步的研究,《尚書》研究於是出現了轉機。

1909 年 7 月,已完成藏經洞寫卷盜掠的伯希和受法國國立圖書館委託,來到北京購書。由於敦煌盜寶的消息泄露,伯希和只得將隨身所帶寫卷提供給中國學者觀摩⑤。羅振玉於當年 9 月即在《東方雜誌》第 6 卷第 10 期上發表了《敦煌石室書目及發見之原始》一文,記載了他所見到的敦煌寫本 12 種及部分未見書的書單,其中有《尚書・顧命》殘卷一種:"尚書顧命殘頁,僅尺許。然異文不少。"就此拉開了敦煌《尚書》寫卷研究的帷幕。

從 1909 年至今的一個世紀中,各國學者,特別是中國學者,孜孜矻矻,辛勤耕耘,致力於敦煌《尚書》寫本的研究。經粗略統計,發表論著達六十多種,而且還不包括在研究中利用到《尚書》寫卷的論著。

---

① 《經典釋文》卷一《序録・條例》,第 2 頁。
② (清)段玉裁:《古文尚書撰異・序》,《四部要籍注疏叢刊》本,中華書局 1998 年版,第 1763 頁。
③ 段玉裁:《古文尚書撰異・序》,第 1763 頁。
④ 李遇孫:《尚書隸古定釋文》卷一《序》,第 37 頁。
⑤ 孟憲實:《伯希和、羅振玉與敦煌學之初始》,《敦煌吐魯番研究》第 7 卷,中華書局 2004 年版。

關於敦煌學的學術發展,國內學者往往根據政局的變化與研究條件的改善兩重特點,將它分爲三個時期。而具體到對《尚書》這樣一部專書的研究,這樣的劃分却並不妥當。我覺得純粹從《尚書》寫卷本身的特殊性來考慮,將它分爲兩部分來論述可能更適宜一些。一,敦煌所見《尚書》寫卷,除 P. 3315《尚書釋文》外,全部是僞孔傳本,因而可以將對僞孔本寫卷的研究作爲一個專題來論述。二,敦煌寫卷中尚存之陸德明《尚書釋文》殘卷,並不是純粹意義上的《尚書》經文之傳注本,而是一種對《尚書》經傳的摘字注音本,有它本身的特殊性。而且對敦煌本《尚書釋文》的研究是敦煌《尚書》寫卷研究中最受重視、也是最有成績的,因而亦將它單獨立爲一個專題。

一、僞孔本《尚書》寫卷的研究

伯希和在北京展示了他帶來的《顧命》殘卷後,蔣斧即在伯希和寓所抄録,並作校勘記,又附按語。按語中,蔣氏主要談了三點看法:一、此寫卷是衛包改字前之隸古本。二、此寫卷可能是開元中吐蕃向唐朝廷所求書之遺存。三、對阮元認爲郭忠恕本爲僞書的説法表示懷疑,認爲郭忠恕本並非全僞。蔣氏第二個觀點後來遭到王重民的駁斥①。蔣斧、羅振玉於 11 月出版《敦煌石室遺書》(宣統己酉[1909]誦芬室排印本),收録了蔣斧之録文及校勘記,而且羅氏又據薛季宣《書古文訓》及山井鼎《七經孟子考文》,爲蔣文作了補考。羅氏贊成段玉裁以薛氏《書古文訓》爲僞中之

---

① 王重民《敦煌古籍叙録》:"蔣氏此跋蓋寫於一九〇九年。如謂吐蕃求書於唐帝,遂疑此爲該本遺編,因昧於敦煌歷史,遂有此不典之言。"(第19頁)

偽本的説法，認爲薛書乃是採集諸家字書所引而益以《説文解字》中之古文而成。9月，王仁俊將《顧命》殘卷影寫一本，編入其《敦煌石室真蹟録·甲集》，王氏在按語中略作校記。其校雖間有不當之處，如以孴、咊爲嗣、和之碑别體①。然文中詳考"率循大卞"之"卞"當以寫本作"法"爲是，則甚有理據②。

當我國學者正在爲敦煌寫卷的發現而興奮不已之時，東鄰日本也掀起了一股敦煌熱。1909年11月1日，田中慶太郎（筆名救堂生）在《燕塵》雜誌第2卷第11號發表了《敦煌石室中的典籍》一文，對伯希和在北京展示寫卷一事作了介紹，特別在文中提到了《顧命》殘卷，"尚書顧命殘頁は文字雄勁、的確として、唐人の書でぁる"（尚書顧命殘頁字體剛勁有力，看來的確是唐代人的作品）③。11月28日，京都大學史學研究會召開會議，同時陳列了羅振玉寄送給内藤虎次郎與狩野君山的寫本照片，並在大會上由富岡謙藏解説《尚書·顧命》④，這可説是日本研究敦煌《尚書》寫本的開端。1910年1月，日本《史學雜誌》第21編1號《彙報》欄下發表了口會參照的《敦煌發掘の古書畫》一文，對這次會議陳列的諸寫卷之照片作了介紹。其中，"尚書顧命の殘葉"一條中，認爲這是天寶三載衛包改字前的寫本，並認爲與日本古寫

① 《説文·册部》："孴，古文嗣，从子。"（《説文解字》二篇下《册部》，第48頁）《玉篇·口部》："和，……咊，古文。"（《宋本玉篇》卷五《口部》，第97—98頁）

② 陳鐵凡在《敦煌本易書詩考略》中即引用了他的説法（《孔孟學報》第17期，1969年4月）。

③ 轉引自［日］神田喜一郎《敦煌學五十年》，《神田喜一郎全集》第9卷，日本國株式會社同朋舍昭和五十九年（1984）版，第255—256頁；譯文據高野雪、初曉波、高野哲次譯本，北京大學出版社2004年版，第7頁。

④ ［日］神田喜一郎：《敦煌學五十年》，《神田喜一郎全集》第9卷，日本國株式會社同朋舍昭和五十九年（1984）版，第263頁。

本同源。

伯希和回到巴黎後，又陸續將照片寄來①，羅振玉據此於1913年出版《鳴沙石室佚書》，其中收録《尚書》寫卷三件——P.2533《古文尚書夏書》、P.2516《古文尚書盤庚説命等卷第五》及 P.4509《顧命》殘卷。羅又爲此撰跋文一篇，認爲三卷皆爲魏晉以來相承之隸古定原本；又考其分卷與唐石經相合，遂肯定"天寶以後改字並不改卷"；並進一步重申《隸古定〈尚書顧命〉殘卷補考》中的説法，認爲薛季宣《書古文訓》非隸古定原本，並且認定其僞始於郭忠恕。雖然羅説不乏可商之處，但他在《尚書》寫卷研究上的開拓之功不可没。

而早在羅振玉發行《鳴沙石室佚書》以前，劉師培就根據照片寫成了《敦煌新出唐寫本提要》一文，連載在1911年的《國粹學報》上，共計19篇提要，其中關於《尚書》寫卷的提要兩篇，即《隸古尚書孔氏傳夏書殘卷》(P.2533)與《隸古尚書孔氏傳卷第五商書殘卷》(P.2516)，劉氏以寫卷與唐石經及通行本對勘，指出了許多寫卷可糾正傳本錯譌之處。又對寫卷的隸古字作了考察，認爲大多與《説文》及《三體石經》之古文相合，從而認定，"雖孔書僞託，未可據依，然傳者欲託之壁經，則采輯古文之字必非盡與古違"②。此説多爲後人所接受。在這時期，王國維亦撰寫了《古本〈尚書孔氏傳〉彙校》一文，對七種《尚書》古寫本作了校勘，

---

① 伯希和將照片寄給端方，由端方分交羅振玉和劉師培考釋。説見榮新江《敦煌學十八講》，北京大學出版社2001年版，第166頁。

② 劉師培：《敦煌新出唐寫本提要·隸古尚書孔氏傳夏書殘卷》，《劉申叔遺書》，江蘇古籍出版社1997年版，第2022頁。

其中包括兩種敦煌寫卷,即羅振玉公佈之 P. 2533 與 P. 4509①。

在 20 世紀 20 年代前的敦煌學開創時期,由於所見寫卷較少(只有四件殘卷——P. 2516、P. 2533、P. 3315、P. 4509),故研究的形式和範圍僅限於介紹、題跋、按語等,只能説是作了一些開拓性的研究,缺乏必要的廣度和深度。

1925 年,劉復從法國國家圖書館據敦煌原卷抄回一批材料,並出版了《敦煌掇瑣》,只是半農先生注重的是文學、社會學及語言學材料,其中没有經籍寫卷。1934 年,向達、王重民等受北平圖書館派遣,赴英法兩國搜集資料。王重民在法國期間,撰寫了一些寫卷提要,寄回國內,陸續發表在 1935 到 1937 年的《大公報圖書副刊》、《北平圖書館館刊》等雜誌上,後由北平圖書館彙集成兩輯《巴黎敦煌殘卷叙錄》(1936,1941),其中共爲 17 號《尚書》寫卷作了提要,包括《古文尚書》14 號(2549、2643、2748、2980、3169、3469、3605、3615、3670、3752、3767、3871、4033、5522)、《今字尚書》3 號(3015、3628、2630),內容主要是定名、綴合、抄寫時代的判定及簡單的校勘。1935 年,姜亮夫自費前往法國留學,受王重民影響,也轉而研習敦煌寫卷,他收集《尚書》寫卷的成果,反映在《敦煌本尚書校録》一文中,該文雖發表於 1987年上海古籍出版社出版的《敦煌學論文集》中,而其寫成,則在歸國不久的 30 年代②。該文爲 P. 2516、P. 2533、P. 2549、P. 2630、P. 2643、P. 2748、P. 2980、P. 3015、P. 3169、P. 3311、P. 3315、P.

① 該文在《王國維先生全集(初編、續編)》(大通書局 1976 年版)及《王國維遺書》(上海古籍書店 1983 年版)中均未收録,此據趙萬里《古本尚書孔氏傳彙校不分卷》提要(《續修四庫全書總目提要·經部》,中華書局 1993 年版,第 271 頁)。
② 據《敦煌學論文集序》,乃於 1938 至 1940 年間在四川三台東北大學任教期間所撰。

3469、P. 3628、P. 3670、P. 3871 共 15 種殘卷作了提要。其中 P.
3311 號定名爲《刊定尚書正義銜名卷》,關於此件的性質,迄今未
有定論①,但不論它是"尚書銜名"、"春秋銜名",還是"議禮之銜
名單",乃是一上奏朝廷之銜名單,而非《尚書》經傳,故不宜列入
《尚書》寫卷之列。如此則所收實爲 14 號寫卷。該文的主要内
容是詳細介紹各寫卷面貌,並記載每卷之長寬尺寸。在校錄部
分,以阮刻本詳校了前 13 種寫卷(P. 3315 爲《尚書釋文》,未出
校),不過僅僅是出校異文。該文與王重民的《巴黎敦煌殘卷叙
錄》相比,無王氏所收之 P. 3605、P. 3615、P. 3752、P. 3767、P.
4033、P. 5522 六卷,而多出 P. 2516、P. 2533、P. 3315 三卷。竊疑
該三卷王重民氏不應未見,他在後來的《敦煌古籍叙錄》中即收
入了此三件寫卷,只是其中選錄了羅振玉、劉師培、胡士鑑、孫毓
修等的序跋,可見王氏乃是認爲前人已有成説而不作叙錄的。

　　向達於 1939 年 12 月在《北平圖書館圖書季刊》新 1 卷第 4
期上發表《倫敦所藏敦煌卷子經眼目錄》,其中收錄了倫敦所藏
敦煌寫卷 7 種——S. 799、S. 801、S. 2074、S. 5626、S. 5745、S.
6017、S. 6259,只是僅有定名及行數的記載,没有就此撰寫提要。

　　當時,向達、王重民等爲北平圖書館拍攝了很多寫卷照片,袁
同禮據此編成《國立北平圖書館現藏海外敦煌遺籍照片總目》
(《北平圖書館圖書季刊》新 2 卷第 4 期,1940 年 12 月),這些照
片遂成爲當時中國學者敦煌學研究的主要材料,不過由於没有出
版,它的使用範圍受到了較大的限制。

---

① 蘇瑩輝《從敦煌本銜名頁論〈五經正義〉之刊定》(《孔孟學報》第 16
期,1968 年 9 月)、《〈上五經正義表〉之板本及其相關問題》(《"中央圖書
館"館刊特刊》,臺北"中央圖書館",1968 年 11 月)及《論巴黎藏石室寫本銜
名殘葉之價值》(《敦煌論集續編》,臺灣學生書局 1983 年版)三文作過較詳
細的考證,然最後仍未作出明確的傾向性結論。

　　而同時,日本學者則做了大量公佈原卷資料的工作,其中與《尚書》寫卷有關的有二事。一是《敦煌秘籍留真》與《敦煌秘籍留真新編》。神田喜一郎於 1935 至 1936 年在巴黎拍攝了大量的照片,並選擇其中精善者,影印成《敦煌秘籍留真》一書發行(臨川書店 1937 年版),其中有《尚書》寫卷七種——P. 2630、P. 2643、P. 2748、P. 3015、P. 3469、P. 3670、P. 2980(P. 3169 號有目無文)。但由於所收多爲零片單葉,不能滿足研究之需,因而又編成《敦煌秘籍留真新編》,稿子存放在臺灣帝國大學圖書館。1945 年,臺灣回歸,臺灣大學接收了這批稿子,並於 1947 年 9 月影印出版。該書將《敦煌秘籍留真》所收之零片單葉全部補足,研究者得以充分地利用其中資料。二是日本東洋文庫据縮微膠卷影印之倫敦藏卷《敦煌文獻録》[1]。後來,中國學者陳鐵凡對《尚書》的研究,頗得益於《敦煌秘籍留真新編》、《敦煌文獻録》二書。

　　日本東方文化學院京都研究所經學文學研究室從 1939 年起陸續發行所著《尚書正義定本》(1939 年 7 月、1940 年 8 月、1941 年 10 月、1943 年 3 月),據多種傳世刻本、日本古寫本及敦煌吐魯番寫卷校訂孔穎達《尚書正義》,由吉川幸次郎撰寫的序中共列舉了 20 號敦煌寫卷。不過該書的校記比較簡單,偏重異文羅列,因而並不能很好地反映出敦煌寫本的重要價值。

　　1958 年,北京商務印書館出版了王重民《敦煌古籍叙録》,這是對以往有關敦煌古籍的研究成果所作的總結。其中,對法國所藏 21 種《尚書》寫卷作了叙録(P. 2516、P. 2533、P. 2549、P. 2630、

---

　　[1] 本書未見著録,陳鐵凡在《敦煌本尚書述略》一文中有提及。2002 年 8 月北京國際敦煌學學術史研討會期間,求教於高田時雄教授,高田教授亦云未見過該書,並估計是東洋文庫自用之縮微膠卷翻印件,而非出版物。

P. 2643、P. 2748、P. 2980、P. 3015、P. 3169、P. 3315、P. 3469、P. 3605、P. 3615、P. 3628、P. 3670、P. 3752、P. 3767、P. 3871、P. 4033、P. 4509、P. 5522）。較之《巴黎敦煌殘卷叙録》，增多 P. 2516、P. 2533、P. 4509、P. 3315 四種，而這四種叙録，皆轉録蔣斧、羅振玉、劉師培、胡士鑑、孫毓修等的序跋，王重民僅在 P. 4509《顧命》條下對蔣斧以寫卷爲吐蕃從中原求得之遺物一説進行了駁斥；在 P. 3315《尚書釋文》下對此寫卷的研究狀況作了綜述，並論定寫卷爲晚唐抄本。此外，並無更進一步的研究心得。當然，這跟王氏自己的學術研究專長與未能見到倫敦所藏《尚書》寫卷有關。不過，能將散見各處的研究成果彙爲一編，爲後人利用這些成果提供方便，其功可謂至大。後人凡是研究《尚書》寫卷，本書是必須參考的重要著作。

臺灣學者陳鐵凡在 1961 年發表《敦煌本尚書述略》一文（《大陸雜誌》第 22 卷第 8 期），陳氏據《鳴沙石室佚書》、《鳴沙石室古籍叢殘》、《敦煌秘籍留真》、《敦煌秘籍留真新編》、《敦煌古籍叙録》、《敦煌文獻録》六書，共收録《尚書》寫卷 28 號[①]。其中英藏 7 號，法藏 21 號。這是第一篇爲英藏《尚書》寫卷作提要的文章，其所收卷號超過了姜亮夫《敦煌本尚書校録》與王重民《敦煌古籍叙録》。陳氏在文中介紹了寫卷的内容、行款，並考其抄寫時代，提供影本信息。可與王重民《敦煌古籍叙録》參看，亦可補王書之未備。但 P. 2549、P. 3169、P. 3469、P. 3605、P. 3615、P. 3628、P. 3752、P. 3871、P. 4033、P. 4509、P. 5522 凡 11 卷乃是據《敦煌古籍叙録》著録，陳氏並没有看到影本，故這些殘卷的提

---

① 陳氏在文中自言著録 30 號寫卷，其實編號只有 29 號。而且將 P. 3315《尚書釋文》誤爲 P. 3511，而於 P. 3315 下據伯希和目録著録。其實 P. 3315 即是《尚書釋文》，而 P. 3511 號乃爲粟特文，已併入藏文卷子。故而陳氏實際著録寫卷爲 28 號。

要内容没有越出《敦煌古籍叙録》的範圍。

接着，陳鐵凡先後發表四篇論文：《敦煌本虞書校證》（《南洋大學中文學報》第 2 期，1963 年 12 月）、《敦煌本夏書斠證》（《南洋大學中文學報》第 3 期，1965 年 2 月）、《敦煌本商書校證》（臺灣長期發展科學委員會叢書第 6 種，1965 年 6 月）、《敦煌本虞夏商書斠證補遺》（《大陸雜誌》第 38 卷第 2 期，1969 年 1 月），諸文參照漢石經、魏石經、巾箱本、互注本、阮刻本及多種日本古寫本，對《尚書》寫卷作了較全面的校勘。陳氏的校勘已不僅僅是二三十年代那種單純出具異文的校記了，不僅校文字之異同，而且利用多種文獻，定奪正譌。雖然陳氏在《尚書》校勘上取得了較大成績，但仍有兩點遺憾：一是由於法國藏卷没有公佈，他雖得友人之助，獲睹數種寫本，然與他在《敦煌本尚書述略》中所著録的寫本相比，尚有 P. 3605、P. 3752、P. 3871、P. 4033、P. 5522 諸卷未能寓目。二是前人對傳本《尚書》的研究成果特別是清人的成果利用較少。

1969 年 4 月，陳鐵凡又在《孔孟學報》第 17 期上發表了《敦煌本易書詩考略》一文，該文是對 75 種《周易》、《尚書》、《詩經》寫卷所作的提要，《尚書》寫卷共有 34 號，其中，敦煌寫卷 32 號①，較之《敦煌本尚書述略》所收又多 4 種。有 10 種（P. 2549、P. 3605、P. 3615、P. 3871、P. 4033、P. 4900、P. 5522、P. 5543、P. 5557 及李盛鐸藏本）未見影本，乃是據王重民《敦煌古籍叙録》、《伯希和劫經録》及《敦煌遺書散録・李氏鑒藏燉煌寫本目録》著録。

---

① 一種據大谷光瑞《西域考古圖譜》著録，乃是和闐本；一種標爲 P. 4874，言所存者爲《大禹謨》，其實此乃是德國柏林普魯士博物館所藏吐魯番本，真正的法藏 4874 號是《禹貢》殘文。

王重民在《巴黎敦煌殘卷敘錄》中已將 12 件殘卷綴合成五卷：P. 3605＋P. 3615；P. 5522＋P. 4033＋P. 3628；P. 3469＋？＋P. 3169；P. 3670＋P. 2516；P. 3871＋P. 2980＋P. 2549。陳鐵凡於 1969 年 12 月，在《新社學報》第 3 期上發表《敦煌本尚書十四殘卷綴合記》，在王重民研究的基礎上，將 14 件寫卷綴合爲 5 卷,其綴合後結果如下：P. 3605＋P. 3615＋P. 3469＋？＋P. 3169；P. 3670＋P. 2516；P. 5522＋？＋P. 4033＋P. 3628＋P. 5543；P. 3871＋P. 2980；P. 3752＋P. 5557。只是王重民原將 P. 3871、P. 2980 及 P. 2549 三卷作了綴合，而陳氏由於看漏了王重民的一句話，以爲王氏綴合了 P. 3871 與 P. 2980 兩卷。兹引王重民原文如下："甲卷著錄號碼在二五四九,爲全書篇目；乙卷在三八七一,爲《費誓》殘文,始'亡敢寇攘踰垣牆',至篇末。驗其筆跡與紙色,並與二九八〇號卷子《秦誓》相同；卷背所裱,亦爲同一古類書,則原爲同書無疑。"①陳氏將"甲卷著錄號碼在二五四九,爲全書篇目"這句話給漏掉了,遂使三卷綴合變成了二卷。故最後的結果應該是 15 件殘卷綴合成 5 卷。

陳鐵凡在 60 年代連續發表敦煌本《尚書》研究的論著達七篇之多②,而同時在中國大陸及日本,没有見到關於僞孔本《尚書》寫卷的研究論文。陳鐵凡的這些研究成果,奠定了他在敦煌本《尚書》研究史上的地位。他是迄今爲止對《尚書》寫卷研究最有系統性,也是成果最多、貢獻最大的學者。

從 70 年代末開始,隨着縮微膠卷與《敦煌寶藏》的發行出版,研究者可以相當方便地利用敦煌寫卷資料,敦煌學的研究進

① 王重民:《敦煌古籍叙錄》,第 21 頁。
② 在《敦煌本易書詩考略》一文中提到《敦煌本周書校證》,然未標出發表時間及刊物,可能没有發表。

入了一個蓬勃發展的黃金時期。但是相對於敦煌學其他門類研究成果疊出的情況,對《尚書》的研究却没有"預流",反而沉寂下來,整個 80 年代都没有可以值得介紹的論著出版。

只是 1980 年,劉起釪在《史學史資料》第 3 期上發表了《尚書的隸古定本、古寫本》一文,根據北圖保存的照片、中國科學院圖書館的縮微膠卷及《敦煌秘籍留真新編》等資料著録了 27 號敦煌寫卷,其中英藏 7 號,法藏 20 號。但數量少於陳鐵凡之所收集,而且這時縮微膠卷已經發行,因而劉氏的著録實際上已經不能對《尚書》研究有所助益了。

進入 90 年代,隨着大陸國學熱的復興,對《尚書》的研究好像也有了一點熱度。首先出版的是吴福熙《敦煌殘卷古文尚書校注》(甘肅人民出版社 1992 年版),該書收録了 27 個《尚書》寫卷,並作了録文、校注。該書雖然是中國大陸對敦煌本《尚書》作全面整理的第一本書,也是迄今爲止惟一的一本書,但它却存在著相當嚴重的問題①。首先是卷號收録有很多的缺漏。該書收録了 27 件寫卷,由於它没有前言,我們對於該書編纂的緣起、所據資料等一無所知,但從它對寫卷的定名及録文的情況來看,估計是以《敦煌寶藏》爲線索,並利用縮微膠卷進行録文的。但《敦煌遺書總目索引》及《敦煌寶藏》已著録、定名的七號英藏寫卷(S. 2074、S. 5626、S. 6259、S. 5745、S. 6017、S. 799、S. 801),該書只收録 S. 6259 一種,並謂"此卷是斯坦因所劫經卷中僅有的一份《尚書》殘卷"(第 176 頁),實在令人難以索解。其次是它的録文,關於這一點,不用我多説,因爲已有兩篇文章對它作了一些糾

---

① 2000 年 7 月,在敦煌研究院召開的敦煌學國際學術討論會的開幕式上,敦煌學界耆宿饒宗頤先生批評該書没有吸收前人特别是海外的學術成果。

正(徐在國《〈敦煌殘卷古文尚書校注〉校記》,《古籍整理研究學刊》1996 年第 6 期;徐在國《敦煌殘卷〈古文尚書校注〉字型摹寫錯誤例》,《敦煌研究》1998 年第 3 期),可見其録文之粗疏。第三是它的校注。名爲"校注",實則有校無注。而且它的校只是將殘卷與阮刻本作了初步的對勘,基本上是記録異文,偶有考證之處,均爲拆解阮元《校勘記》的内容而成,並没有自己的什麼見解。而且自 1909 年以來所有關於《尚書》寫卷的研究成果無一利用。尤其令人疑惑的是,在該書中看不到利用過《敦煌古籍叙録》的哪怕是一言半語。王重民《敦煌古籍叙録》是研究敦煌四部書的必讀之書,而且該書所在多有,要想不看到這部書反而是件不容易的事。當然,該書也並非毫無可取之處,如綴合了 P. 3628 與 P. 4874 兩卷,這是陳鐵凡所没有綴合的(因爲陳鐵凡當時看不到 P. 4874)。又如 P. 2523Piece3,《敦煌遺書總目索引》未有定名,《敦煌寶藏》定名爲《古文尚書殘塊》,該書將它確定爲"泰誓上之殘塊"(第 148 頁),可惜又將編號誤作 P. 2533。其實這也太容易,《寶藏》既已確定爲《古文尚書殘塊》,可見已經知道該殘片之性質,只是没有具體標明其篇名而已。在電腦檢索未流行的 90 年代初,利用顧頡剛的《尚書通檢》(書目文獻出版社,1982 年)可以很方便地確定該殘片内容在《尚書》中屬於哪一篇。總之,該書不足之處甚多而發明極少,這是想要參閲此書的人所應該首先瞭解的。

1996 年,上海古籍出版社出版了顧頡剛、顧廷龍輯録的《尚書文字合編》四巨册,該書將漢魏唐石經、唐寫本、日本古寫本、《書古文訓》等歷代《尚書》古本材料彙爲一編,是目前網羅《尚書》文字資料最全的一部書。其中收録唐寫本 37 號,包括法藏 27 號、英藏 8 號、新疆出土本 2 號,實收敦煌寫卷 35 號之影本,因而也是迄今爲止收録敦煌《尚書》寫卷材料最全的一部書。雖然由於條件所限,其中有些影本不夠清晰,但由於它利用了原來羅振玉發表的影印本,如 P. 3315《尚書釋文》(《吉石盦叢書》)、P. 2533《古文尚書夏書》(《鳴沙石室佚書》) 兩種寫卷,其所存内容要比現在的縮微膠卷及《敦煌寶藏》完整,特別是 P. 3315《尚書釋文》,縮微膠卷及《敦煌寶藏》存 87 行,而《吉石盦叢書》本則在卷首尚有 16 個半行,實存 103 行。《伯希和劫經錄》亦云"存十六斷行,八十七整行",王重民爲北圖攝製的照片亦爲 103 行。由於《吉石盦叢書》、《鳴沙石室佚書》及北圖照片不易見到,所以若要利用 P. 3315 及 P. 2533 兩件寫卷,使用《尚書文字合編》就比較方便而正確。

從 90 年代開始,一些刊佈敦煌文獻的大型圖錄本陸續問世。對於《尚書》研究者來説,最值得高興的則是《英藏敦煌文獻(漢文佛經以外部份)》14 冊及《俄藏敦煌文獻》17 冊的出版。《英藏敦煌文獻(漢文佛經以外部份)》收錄了英藏寫卷中所有的非佛教文獻,其中 S. 7600 號以後的非佛教文獻爲《敦煌寶藏》所無,《俄藏敦煌文獻》收錄了俄羅斯科學院東方学研究所聖彼得堡分所收藏之全部 19460 號寫卷,使我們有可能讀到更多的《尚書》寫卷。2000 年 6 月,在首都師範大學召開的紀念敦煌藏經洞發現一百周年國際學術研討會上,我發表了論文《敦煌本〈尚書〉叙錄》,該文匯集《尚書》殘卷 48 號,其中敦煌寫本 42 號,包括法藏 27 號、英藏 12 號、俄藏 2 號、中國藏 1 號。該文是第一次叙錄俄藏與中國所藏《尚書》寫本。2002 年 5 月,在浙江大學召開的漢語史、敦煌學國際學術研討會上,我發表的論文《〈俄藏敦煌文獻〉儒家經典類寫本的定名與綴合》,又新得俄藏《尚書》寫卷 3 號,並且將其中兩號與法藏綴合——дх. 10698+дх. 10838+P. 3871 +P. 2980+P. 2549。如此,敦煌《尚書》寫本已增加到 45 號。

法、英、俄三大藏家的寫卷已基本公佈,這三家所藏的《尚書》寫卷大概已經收羅殆盡了。中國國家圖書館藏卷由於尚未全部公佈，其中還有多少《尚書》寫卷，今不可知。2000 年 7 月，我在國家圖書館善本特藏部閱覽館藏寫卷時，發現一編號爲 BD15695 的未定名殘片，一望即知是《尚書・禹貢》之内容，當時即告知了李際寧先生。收録石谷風舊藏之《晉魏隋唐殘墨》一書(安徽美術出版社 1992 年版)的第 78 頁上亦有一未曾定名之《尚書・禹貢》殘片①。非常巧的是，國圖殘片與石谷風藏殘片居然可以綴合，能不令人高興？

　　《北京圖書館館刊》1997 年第 4 期陳紅彦《北京圖書館藏敦煌新 881 號〈尚書〉殘卷校勘後記》一文，對殘卷抄寫時代作了探索，認爲殘卷抄寫於唐高宗時期，因而肯定這是一種衛包改字前的今字本。王煦華《〈許貞于味青齋所藏敦煌唐寫本今字尚書堯典、舜典殘卷〉序》(《文獻》2002 年第 2 期)亦認爲殘卷爲高宗時期抄本②。許建平《BD14681〈尚書〉殘卷考辨》則認爲殘卷抄於高宗朝以後，並且具體論述了寫卷包含之價值③。

　　令人驚奇的是，在法藏藏文寫卷中，居然有一件《尚書》寫卷，它的編號是 P. T. 986，存《周書》之《泰誓中》、《泰誓下》、《牧

---

　　① 該文寫成後，參加 2002 年 8 月在北京召開之國際敦煌學學術史研討會時，獲睹方廣錩先生《〈晉魏隋唐殘墨〉綴目》一文(《敦煌吐魯番研究》第 6 卷，北京大學出版社 2002 年版)，知方先生已經比定爲《尚書・夏書・禹貢》，不過，此應爲僞孔本，而非白文本。

　　② 附記：許貞于，2002 年 8 月 27 日中國國家圖書館善本部舉辦的"敦煌學學術史展覽"對"味青齋主人收藏品目録"所作的説明中寫作"許貞乾"，筆者即據此定爲"許貞乾"。2012 年 9 月 13 日南京師範大學蘇芃教授來信謂《清實録》與《申報》中均作"許貞幹"。看來都是簡體字惹的禍。"幹"簡化成"干"，於是"干"誤作"于"，"干"又變成繁體"乾"。

　　③ 2001 年 11 月臺灣中正大學"二十一世紀敦煌學學術研討會"提交該論文，後收入項楚、鄭阿財主編《新世紀敦煌學論集》，巴蜀書社 2003 年版。

誓》、《武成》四篇内容。最早知道這個卷子性質的是瑞查遜,但真正開始對其進行研究的是法籍日本藏學家今枝由郎。他於1979 年在倫敦牛津大學召開的國際藏學討論會上發表《關於"chis"一詞的翻譯問題》的論文(後由阿里斯·馬克與昂山蘇姬收入《藏學研究文集》中,牛津,1979 年),王堯先生將它譯爲漢文,發表在《民族譯叢》1982 年第 1 期。該文認爲出現在此藏文寫卷中的"chis"一詞應譯爲"治",意即"施政,管理"。黃布凡於1981 年發表《〈尚書〉四篇古藏文譯文的初步研究》(《語言研究》創刊號,第 203—232 頁),認爲該寫卷對研究藏語史、藏曆以及中古漢語音韻均有參考價值,並對全卷作了藏文轉寫及還譯。王堯、陳踐又連續發表兩篇論文(《P. T. 986〈尚書〉譯文》,載《敦煌吐蕃文獻選》,四川民族出版社 1983 年版;《敦煌藏文寫卷P. T. 986 號——尚書譯文補正》,《中央民族學院藏族研究所論文集》第 1 册),對該寫卷作了藏文還譯。今枝由郎在 1985 年又寫成《中國ィソド古典——〈書經〉、〈戰國策〉、〈テーマーャナ〉》一文[①],對該號藏文的《尚書》寫卷又作了詳細的考察。該文主要考察藏文譯文的特點,認爲它不是一字一句的原文直譯,而是利用了孔安國《傳》、孔穎達《正義》及其他一些材料對《尚書》原文作了解釋性的翻譯,因而很能適合那些對漢人的傳統文化知之不深的藏人。不過這在黃布凡的文章中已經有了初步的看法,只是沒有像今枝那樣作詳盡的考辨而已。對於藏人何以會翻譯漢人的經典著作《尚書》的原因,王堯先生以爲"可以推測當時吐蕃以'周'自命,儼然有'以周伐殷'的姿態,爲他們進駐河湟,繼而據

------

① 山口瑞鳳主編:《講座敦煌》第 6 卷《敦煌胡語文獻》,大東出版社1985 年版。

秦隴，入長安的行動尋找歷史根據，頗有點‘影射史學’的味道”①，張先堂認爲“是吐蕃文人直接根據唐代敦煌地區廣泛流傳的漢族古代和當代文學作品而編譯的作品，反映了吐蕃文人積極學習、吸收漢族文化的歷史情況”②。對藏文寫卷的研究、藏族文化的探討，我完全是外行，在此沒有能力發表任何評論。從文獻學的角度來考慮，我覺得，在吐蕃人將漢文《尚書》譯爲藏文的過程中，應該有他們自己對《尚書》經傳的理解，我們將之與漢人的理解相比較，從中或能找出一些值得借鑒的東西。以上諸文的漢文還譯及注解中已經注意及此，並作了一些探討。另外，爲免掠人之美，必須聲明的是，這一段對藏文《尚書》的介紹，有些地方利用了王堯先生的大作《敦煌藏文寫本手卷研究近況綜述》中的材料。

二、《尚書釋文》殘卷的研究

伯希和將敦煌寫卷劫至法國國立圖書館後，編寫了一個簡目，他將 P. 3315 號寫卷定爲“《古文尚書注疏》殘文”③。1912年，日本學者狩野直喜至巴黎，獲見此卷，認爲應是唐抄古本《尚書釋文》，因而抄錄若干行而歸。東歸日本後，將所抄數行出示羅振玉，羅氏亦認爲是宋開寶中陳鄂刪改前之《釋文》，當即逐書

---

① 王堯：《敦煌藏文寫本手卷研究近況綜述》，原載《藏族研究文集》第 2 集（中央民族學院藏學研究所 1984 年版），此據《中國敦煌學百年文庫·民族卷二》，甘肅文化出版社 1999 年版，第 125 頁。

② 張先堂：《敦煌文學與周邊民族文學、域外文學關係述論》，《敦煌研究》1994 年第 1 期。

③ ［法］伯希和編，陸翔譯：《巴黎圖書館敦煌寫本書目》，《國立北平圖書館館刊》第 8 卷第 1 號。

伯希和,請求寄送影本。時值歐洲爆發第一次世界大戰,伯希和應征從軍,因而羅氏久不得音信。1916 年,伯希和隨使來華,經過上海,張元濟從伯希和處得此卷照片,立即收入《涵芬樓秘笈》第四集中,於 1917 年出版。羅振玉在日本,亦據狩野直喜的照片印入《吉石盦叢書》中。《尚書釋文》殘卷遂爲世人所共見。

狩野直喜在獲得殘卷影本後,即撰寫了《唐鈔古本尚書釋文考》一文(《藝文》第 6 卷第 2 號,1915 年 2 月。譯文見江俠庵《先秦經籍考》上册,上海文藝出版社 1990 年影印),認定此爲《尚書釋文》之殘卷,並認爲《舜典》篇所用爲王肅注,今本爲宋人所改。這是關於該寫卷的第一篇研究論文。伯希和在見到狩野的論文後,亦撰寫了《書經與尚書釋文的比較研究》(*Le Chou King En Caractéres Anciens Et Le Chang Chou Che Wen*)一文,發表在 1916 年法國金石文藝學院出版的《亞細亞東方學紀念文集》(*Le Chou King Et Le Chang Chou Che Wen*, In Mémoires Concernantl' Asieorientale, vol. 2, PP. 123—177. paris, 1916)一書中,在這篇長達 55 頁的論文中,伯希和氏花費了大量的筆墨介紹《尚書》及《尚書釋文》的研究歷史,而對於寫卷本身並没有提出什麼有價值的見解。

在中國,張元濟出版的《涵芬樓秘笈》第四集,已經附有吳士鑑據此寫卷所作的《唐寫本經典釋文校語》二卷,前有吳氏《唐寫本經典釋文校語序》,後有孫毓修跋文。吳氏以通行本《釋文》與此卷對勘,作了詳細的考校。而且在序中將此寫卷與今通行本之不同歸納爲六條,多有理據,然謂《舜典》部分有爲孔穎達《疏》所作之音義,則大誤也。校書如掃落葉,旋掃旋生。何況隸古《釋文》初出,非能一役畢其功者,故又有馬叙倫《唐寫本〈經典釋文〉校語補正》(天馬山房自印本 1918 年版)、陳邦懷《與吳綱齋先生商榷敦煌本〈尚書釋文〉校語書》(寫於 1920 年,收入《一得集》,

齊魯書社 1989 年版),此二文皆爲補正吳士鑑之闕漏者。

由於吳士鑑未解陸德明《舜典》釋文所用者爲王肅注本,故對於寫卷《舜典》部分的校勘,與今通行之姚方興本《舜典》所同之條目以爲即《釋文》用孔傳本,而於通行本所無之條目則以爲乃是孔傳本版本之不同,甚至以爲是後人竄入之孔穎達《疏》。其實關於陸德明《舜典釋文》以王肅注爲底本一事,狩野直喜在《唐鈔古本尚書釋文考》一文中言之已明,由於二國睽隔,交流不易,故而吳氏未獲見狩野之文。吳承仕因此撰寫了《唐寫本〈尚書舜典釋文〉箋》(《華國月刊》第 2 期第 3、4 册,1925 年 1、2 月),逐條辨駁吳氏之誤;又撰《尚書傳孔王異同考》(《華國月刊》第 2 期第 7、10 册,1925 年 5、11 月;第 3 期第 1 册,1926 年 4 月),詳細考辨了王肅注與僞孔傳之異同,以使二者涇渭分明,免致後人混淆。

龔道耕因病吳士鑑《校語》多錯漏,遂撰《唐寫殘本〈尚書釋文〉考證》之長文(《華西學報》第 4 期,1936 年 6 月;第 5 期,1937 年 12 月;第 6、7 期合刊,1941 年 6 月),對《釋文》寫卷重作校勘,糾正了大量《校語》之誤。這是所有關於寫卷《釋文》校勘中最精審的一篇論文,至今尚無超越該文的論著出現。

關於寫卷之時代源流,吳士鑑、馬叙倫、吳承仕以及龔道耕均認爲此卷即陸德明《經典釋文》原書。然胡玉縉於 1933 年 6 月在《燕京學報》第 13 期發表《寫本經典釋文殘卷書後》之文,提出了不同看法,他認爲此殘卷出於五代郭忠恕改定之《釋文》本,爲北宋抄本,而且此書很快又失傳。洪業立即在《燕京學報》第 14 期(1933 年 12 月)上發表《尚書釋文敦煌殘卷與郭忠恕之關係》進行駁斥,認爲寫卷仍應是陸氏原書。又據寫卷不諱忠、堅、廣、淵、世、民、胤等隋、唐、宋諸帝之諱,而認爲是陳末抄本。對於寫卷之爲陸氏原書,以後再無異説。而對於其抄寫之時代,王重民認爲

"欲定寫本年代,絕不能脫離紙幅與書法,蓋鑑定寫本者,此其最重要因素也",因而定爲晚唐寫本①。蘇瑩輝②、陳鐵凡③均贊同王説。姜亮夫認爲:"陸氏原書,在衛包既改古文後,異同至多,即在衛包以前傳抄,恐亦不能無增損。依紙墨字體斷之,當是天寶三年以前寫本無疑。"④衛包改字乃是改僞孔本經文,與陸德明《尚書釋文》毫無關係。在此據衛包改字來論定寫卷抄寫時間,恐怕難以得出正確的結論。

1941 年 2 月,潘重規在《志林》第 2 期上發表《敦煌唐寫本尚書寫本釋文跋》,將寫卷與通行本《釋文》比照,從四個方面説明宋代陳鄂是如何改動《釋文》的:1. 今本刪削與改易。2. 移易陸氏作音原次。3. 增添《切韻》之音。4. 據姚方興本改《釋文》所用王肅本之經注。其中第二、第三條爲其首創之説。第三條尤可爲《釋文》作於陳末而非貞觀時之鐵證⑤。而羅常培《唐寫本〈經典釋文〉殘本四種跋》(《清華學報》第 13 卷第 2 期,1941 年 10 月),則對寫本的音切問題作了探討。他綜合唐寫本《周易》、《尚書》、《禮記》四種音義殘卷,與清徐乾學通志堂本互勘後,認爲"唐宋兩代改竄《釋文》,繫於文字訓釋者爲多,涉及音韻系統者殊尠"。

到 60 年代,胡芷藩、方孝岳關於殘卷本《釋文》與今陳鄂改定本之音切是非進行了論爭。方孝岳連續發表三篇文章(《跋唐

① 王重民:《敦煌古籍敘錄》,第 26 頁。

② 蘇瑩輝:《敦煌卷子在中國學術史上的貢獻》,《圖書館學報》第 4 期,1962 年。此據氏著《敦煌學概要》,五南圖書出版有限公司 1988 年版,第 35 頁;又見氏著《敦煌論集》,臺灣學生書局 1983 年版,第 311 頁。

③ 陳鐵凡:《敦煌本易書詩考略》,《孔孟學報》第 17 期,1969 年 4 月。

④ 姜亮夫:《莫高窟年表》,上海古籍出版社 1985 年版,第 208 頁。

⑤ 關於《經典釋文》作於何時,有兩種説法。一説作於唐太宗貞觀十七年(643),南宋李燾、清桂馥主此説;一説作於南朝陳後主至德元年(583),清錢大昕、民國吳承仕主此説。

寫本〈經典釋文〉殘卷》,《中山大學學報》1963 年第 1、2 期合刊;《關於唐寫本經典釋文殘卷的音切問題答》,《學術研究》1964 年 1 期;《關於敦煌殘卷〈尚書釋文〉若干問題之討論》,《語言文字研究專輯》上册,上海古籍出版社 1982 年版,第 1—7 頁),認爲陳鄂修改《釋文》順應了語言文字發展的事實,並且還認爲陳鄂改正了許多《釋文》原書中的錯誤之處。胡芷藩就此發表不同意見(《關於唐寫本經典釋文殘卷的音切問題答》,《學術研究》1964 年 1 期;《試談唐寫本〈經典釋文的音切〉》,《語言文字研究專輯》上册,上海古籍出版社 1982 年版,第 7—13 頁),認爲敦煌本大多正確,陳鄂所改使《釋文》失去了原貌。吴文祺在《語言文字研究專輯》一書的"編者案"中發表了自己的意見,支持胡芷藩之説。總括方、胡二人的論争,分歧主要在於立論的出發點不同。方氏是從普及的角度來看問題,認爲陳鄂的删改符合宋時的實際語音;而胡氏則是從存真及學術的角度看問題,認爲陳鄂的改動使陸氏《釋文》失去了它的原貌。我以爲,在宋朝時,可能存在普及的問題,否則宋太祖没有必要令陳鄂大作删削。但到了今天,《尚書釋文》這樣性質的東西没有任何可能成爲普及讀物了,它只能是學術研究所需利用的材料。學術研究中所依靠的材料應該是反映本真的東西,何況《經典釋文》是現在研究六朝群經音切的惟一傳世音注本,如若使用了後人改動的本子,我們將何以瞭解六朝語音的實際?我們所要瞭解的是北周時陸德明《經典釋文》的内容,並且從中瞭解當時《隸古定尚書》的情狀,瞭解當時學者對《尚書》注釋注音的内容。我們所要瞭解的不是宋朝"陸德明"的《經典釋文》的内容。下面且舉一條方氏認爲殘卷不正確而陳鄂所改合理的例子。第 86 行"滑,于八反",陳鄂改作"户八反",方云:"滑、于類隔,作'户'爲是。"黄焯云:"《禮記·儒行》釋文'壞己,乎怪反',唐寫本亦作'于怪反',蓋于字六朝以前讀入匣紐,與乎同聲,故以切滑、壞等字。唐宋以後于讀入喻紐,與匣紐隔類,後人覺其音之不合,遂改類隔爲音和,故《篇韻》滑、猾字止有胡骨、户八等切也。"①《釋文》作"于八反",反映的是當時之實際語音②,陳鄂之音乃宋朝之音,非六朝之音也。若皆如陳鄂之舉一律改動,勢必造成音韻學研究上的混亂。

陳夢家《敦煌寫本〈尚書經典釋文〉跋記》(撰於 1963 年 9 月,載《尚書通論》,河北教育出版社 2000 年版,第 365—382 頁)一文,則利用《釋文》寫卷來證明清人以爲《舜典》篇首之"濬哲文明温恭允塞玄德升聞乃命以位"十六字爲隋劉炫僞造説之誤,因爲陸德明作《釋文》,早於劉炫。這可謂至確之論,亦顯示此寫卷價值之重大。

1993 年,余行達在《古漢語研究》第 4 期發表《〈尚書釋文〉殘卷和今本的比較》一文,將今本《經典釋文·尚書音義》(即經過陳鄂刪改的《尚書釋文》)與寫卷比較,從論刪削、論改變、論增加三個方面詳細考辨了兩者的優劣,認爲"陳鄂本雖可以校正'殘卷'的譌、漏、衍,由於大量刪削和改變所引起的損失是不小的,而且他刪、改也没有一個標準,是自相矛盾的"。余氏在文中還評析了方孝岳的錯誤觀點。

尚有其他學者發表過關於此寫卷的幾篇論文,如武内義雄《隸古定尚書に就いて》(《支那學》第 8 卷第 3 號,1936 年 6 月)、徐仁甫《唐寫本隸古定尚書釋文殘卷跋》(《志學月刊》1942 年第 1 期),但所論没有新的發明,故不再詳述。

---

① 黄焯:《經典釋文彙校》,第 30 頁。
② 雖然《釋文》裏于、匣二紐已基本分化,但仍有不少混用的現象,説見羅常培《經典釋文和原本玉篇反切中的匣于兩紐》,中央研究院《歷史語言研究所集刊》第 8 本第 1 分,1939 年;邵榮芬《〈經典釋文〉音系》,學海出版社 1995 年版,第 116—117 頁。

三、餘　論

　　回顧百年来對《尚書》寫卷的研究歷程，呈現出的總的狀況是：中、日、法各國學者均有開拓之功。但從 20 世紀 30 年代以後起，中國學者逐漸成爲研究的主力軍，50 年代以前以王重民、龔道耕、潘重規的貢獻爲大；50 年代至 70 年代，陳鐵凡獨領風騷。90 年代及進入新世紀以來，外國學者似乎已經對此失去了興趣，臺灣地區的研究也逐漸冷落，而中國大陸學者的研究正呈上升趨勢。

　　經過幾代學者的努力，敦煌《尚書》寫卷的收集、整理、考辨等各方面都取得了較大的成績，有些已經形成了共識。如改字並非始於衛包，故不能將今本《尚書》錯訛之處一律歸咎於衛包；薛季宣《書古文訓》非梅頤原本，然其所採資料並非全僞；《尚書釋文》爲陸德明原本，《舜典釋文》所用者爲王肅注，等等，學術界基本上已無異議。

　　但是，對《尚書》寫卷的研究仍有許多問題沒有解決，需要學者們作更辛苦的探求。我個人以爲，以下幾個方面可以作爲今後一定时期内《尚書》寫卷研究的重點。

　　1. 《尚書》寫卷的輯校。除了現已收集到的 47 號外，在中國和日本還有尚未公佈的寫卷，其中或許尚有《尚書》。今不知下落的李盛鐸藏品中即有《尚書》寫卷①。而且陳鐵凡雖曾對數

---

　　① 榮新江《李盛鐸藏卷的真與僞》所附《李木齋氏鑒藏敦煌寫本目錄》（《敦煌學輯刊》1997 年第 2 期，第 7 頁）、落合俊典《羽田亨稿〈敦煌秘笈目錄〉簡介》所附影本（郝春文主編《敦煌文獻論集》，遼寧人民出版社 2001 年版，第 100 頁）均有對李氏藏卷的介紹。《尚書正義定本》據羽田亨影本利用了此德化李氏藏卷，該卷起《君奭》"后暨武王" 至《蔡仲之命》"周公以爲卿士"。補記：此寫本收入 2009 年出版之《敦煌秘籍》影片冊 1，編號羽 018。

十號寫卷作過校勘,但一者發表於零散的論文中,二者所收卷號不全,三者考辨尚須精審。故而應該有一部收集卷號較全、考辨詳博的著作,供經學研究者使用。

2. 古字本與今字本的界定問題。學者們對於《尚書》寫卷中何者爲隸古本,何者爲今字本,好像沒有一個明確的標準,而是隨意而説。如王重民在《巴黎敦煌殘卷叙録》第一輯卷一中將 P.3628 定爲《今字尚書》,而在第二輯卷一中又將 P.3628 與 P.4033 綴合,定爲《古文尚書》。P.2748,王重民《巴黎敦煌殘卷叙録》、神田喜一郎《敦煌秘籍留真》及《敦煌秘籍留真新編》均定爲《古文尚書》,而陳鐵凡在《敦煌本尚書述略》及《敦煌本易書詩考略》中則認爲是今字尚書,並謂"王有三、神田等仍廁之於古文,蓋狃於舊説"①,因而神田喜一郎在《與陳鐵凡先生論古文尚書》中重申:"此本雖以楷字書之,不可謂之今字尚書。"②他們判定今字還是隸古的根據即是看卷面,隸古字多者定名爲隸古本,隸古字少者定名爲今字本,因而就出現了以上這種結果。我想,是否應該設立一個劃定隸古本與今字本界限的標準? 隸古字少到什麽程度,就可以説它是今字本?

3. 隸古字來源的考察。梅頤所上《隸古定尚書》,它的隸古定字來於何處? 對此已經有學者作了探索,也做了一些工作。劉師培《敦煌新出唐寫本提要》對寫卷的隸古字作了考察,他認爲大多與《説文》及《三體石經》之古文相合③。內野熊一郎《敦煌

---

① 陳鐵凡:《敦煌本尚書述略》,《大陸雜誌》第 22 卷第 8 期,1961 年 4 月。

② [日]神田喜一郎:《與陳鐵凡先生論古文尚書》,《大陸雜誌》第 23 卷第 2 期,1961 年 7 月。

③ 劉師培:《敦煌新出唐寫本提要·隸古尚書孔氏傳夏書殘卷》,《劉申叔遺書》,江蘇古籍出版社 1997 年版,第 2022 頁。

本尚書釋文殘卷の研究——特にその文字學的究明にょり"隸古定"の定義を再檢討》(《中國文化研究會會報》第2卷第2號,1951年10月)認爲隸古定字來自於多種不同的字體,如古文、籀文、篆文、隸體等。小林信明《古文尚書の研究》(大修館書店1959年版),據敦煌寫本、日本古寫本等《隸古定尚書》的材料,逐字考校,並列出每一個隸古字形演變的過程,這是自"《尚書》研究以來對隸古定字體作比較研究的第一部著作"①。但該書所用的唐寫本材料明顯不足,只有18號寫卷(P.2516、P.2533、P.2630、P.2643、P.2748、P.2980、P.3015、P.3169、P.3315、P.3469、P.3615、P.3628、P.3752、P.3767、P.4509及S.799、S.801、S.2074)。蔡主賓《敦煌寫本儒家經籍異文考》(臺灣政治大學中國文學研究所碩士論文,嘉新水泥公司文化基金會1969年版)也對某些隸古字有所考釋。陳鐵凡《尚書敦煌卷序目題記》(《包遵彭先生紀念論文集》,臺北歷史博物館1971年版)則對P.2549《古文尚書虞夏周書目錄》中的每一個隸古字作了詳細考察,力圖找出其源頭。林平和《敦煌〈隸古定尚書〉寫卷中原自〈説文解字〉古文之隸字研究》(《第四屆中國文字學全國學術研討會論文集》,大安出版社1993年版)根據24件《尚書》寫卷,對28個隸古字作了考辨,將它們分爲"原自《説文解字》古文之隸字"與"增易《説文解字》古文之隸字"兩類。臧克和《尚書文字校詁》(上海教育出版社1999年版)在對今文尚書28篇的校詁過程中,利用了《尚書文字合編》中所收之敦煌寫本及日本古寫本,也對隸古字作了一些探源式的考辨。徐在國《隸定古文疏證》(安徽大學出版社2002年版),對摘自十三種古籍(包括《敦煌寶藏》中所收敦煌《尚書》殘卷)中的隸古定字,作了較全面的梳理,大量地利

① 劉起釪:《日本的尚書學與其文獻》,商務印書館1997年版,第44頁。

用出土古文字考察隸古定字的來源及其演變。這是迄今爲止對隸古字收集最全的一部書。但該書的考證還較粗疏,利用的材料也較少,它甚至没有利用薛季宣《書古文訓》及李遇孫《尚書隸古定釋文》,也很少利用海内外關於《尚書》寫卷中隸古字研究的論著。而且它也不是專爲研究《尚書》隸古字來源而作。所以,廣泛收集有關《尚書》隸古字的資料,運用文字學、音韻學等有關知識,並且密切結合《尚書》研究的成果,從歷史的角度全面進行考辨,或許能梳理出隸古字的來龍去脈。

4. 梅頤所上《隸古定尚書》的原貌。梅頤本是全爲隸古字本,還是部分隸古字本,歷來看法不一,而且以陸德明、段玉裁、顧頡剛、劉起釪等以部分隸古字本爲原本的説法占上風。近來,孫啟治發表論文,認爲陸德明所見的隸古定字較多的本子"倒有可能是接近原貌的本子"①。我想若欲瞭解其真相,不是僅僅收集一些隸古字略作考辨就能辦到的,需要對全部《尚書》材料(包括石經、唐寫本、日本古寫本、歷代文獻引用以及考古發現的古文字)作全方位的、深層次的分析、研究。

(原載季羨林、饒宗頤主編《敦煌吐魯番研究》第 7 卷,中華書局 2004 年版,收入許建平《敦煌文獻叢考》時略有修訂。此據《敦煌文獻叢考》中華書局 2005 年版)

---

① 孫啟治:《略論〈尚書〉文字問題》,《歷史文獻》第 5 輯,上海科學技術文獻出版社 2001 年版,第 252 頁。

由敦煌本與岩崎本互校
看日本舊鈔《尚書》寫本之價值

　　藏經洞所出敦煌文獻之價值世所共知,毋需贅言,其中傳統經籍寫卷的價值,前人多有闡發,我在《敦煌經籍叙録》的"緒論"中亦從輯佚、校勘、文字、音韻、版本五個方面作了介紹①。但敦煌寫卷的一個特點就是"殘",幾乎全是殘卷,並包含了大量的碎片。絶大多數典籍都有殘缺,無法復原當時流行之文本全貌,其價值不免要打許多折扣。東瀛日本存有爲數不少的漢文古抄文獻,其中也不乏平安時期(約當唐宋)寫本,時代正與敦煌寫本相近,而其源頭應是六朝至唐時從中國流傳到日本的寫本。

　　在中國本土,除了敦煌、吐魯番寫本外,衛包改字前之隸古定《尚書》,只能在《書古文訓》中略窺一斑,但此書之真僞莫辨,不可以之爲隸古定《尚書》真本②。而在日本却保存有大量的隸古定《尚書》寫本,劉起釪《日本的尚書學與其文獻》闢專章作了詳細的介紹③,顧頡剛、顧廷龍的《尚書文字合編》影印了岩崎本、九條本、神田本、島田本、内野本、元亨本、觀智院本、古梓堂本、天理

---

① 許建平:《敦煌經籍叙録》,第 1—21 頁。
　② 筆者曾有《薛季宣〈書古文訓〉所據〈古文尚書〉的來歷與真僞》一文,提交 2011 年 6 月在嘉義大學召開的第三屆宋代學術國際研討會。
　③ 劉起釪:《日本的尚書學與其文獻》,商務印書館 1997 年版,第 71—117 頁。

本、足利本、影天正本、八行本等十二種①，這是目前我們能比較方便地看到的日本《尚書》古寫本資料。

敦煌寫本殘損特甚，所存者不及《尚書》全本的一半，日本所存舊抄本多存全文，即使如平安時期的早期寫本，其所存内容亦遠遠超過敦煌本。本文擬將日本舊抄岩崎本《尚書》殘卷與敦煌《尚書》寫本相關部分進行比較，以考探日本舊鈔本之價值，藉以明日本舊鈔本與敦煌寫本互證的重要意義。

岩崎氏所藏隸古定《尚書》，有三件寫本，分別爲第三、第五、第十二卷：(1)第三卷，存《禹貢》殘篇，起"夾右碣石，入于河"之"河"，至"三邦底貢厥名"僞孔傳"其名天下稱善"，共46行，經文單行大字，傳文雙行小字。(2)第五卷，存《盤庚》上中下、《説命》上中下、《高宗肜日》、《西伯戡黎》、《微子》九篇，起《盤庚上》"我王來，既爰宅于兹"之"兹"，至《微子》"我不顧行遜"僞孔傳"所執各異，皆歸於仁"之"各"，共237行，經文單行大字，傳文雙行小字。(3)第十二卷，存《畢命》、《君牙》、《冏命》、《吕刑》四篇，起《畢命》"以成周之衆"，至《吕刑》末，共196行，經文單行大字，傳文雙行小字。内藤虎云："第五、第十二兩卷實與神田香巖君藏《尚書》殘卷同出一手，第三卷自屬别手，但其並爲初唐人手筆。"②按第三卷《禹貢》殘篇與九條本《禹貢》殘篇爲一卷之裂，只不過中間殘缺一行，不能直接綴合。

與岩崎本内容相應的敦煌寫本有 P. 3615+P. 3469《禹貢》、P. 5522《禹貢》、P. 2643《盤庚上—微子》、S. 11399+P. 3670+P. 2516《盤庚上—微子》，各卷的詳細介紹請參拙著《敦煌經籍叙録》。

---

① 顧頡剛、顧廷龍輯：《尚書文字合編》，上海古籍出版社1996年版。
② 轉引自《尚書文字合編》第四册《附録》，第451頁。

　　本文將從五個方面闡述日本舊抄本岩崎本的文獻價值，至於岩崎本的不足之處，如訛誤衍脱者，或敦煌本存隸古定字而岩崎本已改爲今字者，不在本文中展開討論。

　　本文所引用《尚書》經傳據《中華再造善本》影印之北京大學所藏宋刻本，簡稱"宋本"。

一、岩崎本可佐證敦煌本之文字爲隸古定《尚書》原貌

　　現在我們所看到的《尚書》，是東晉元帝時豫章内史梅頤獻上的據説是孔安國作傳的《古文尚書》，是用一種隸古定字寫成的。到唐玄宗天寶三載（744），詔集賢院士衛包把隸古定字改爲今字，其經文於唐文宗開成年間刻成"開成石經"，行於天下，遂使隸古定《尚書》之原貌不可見。雖然宋人薛季宣《書古文訓》所録《尚書》經文爲隸古定《尚書》，但人們大多懷疑它的真實性。直到藏經洞的敦煌寫本出土，人們纔看到了隸古定《尚書》的真相。但敦煌隸古定《尚書》所存寫卷不多，複本更少，欲藉之以考定隸古定《尚書》文字之原貌，頗有捉襟見肘之處。今得日本古抄本作爲參校本以助敦煌本之考辨，遂有左右逢源之暢意。如：

　　1.《禹貢》："濟、河惟兗州。"

　　P.3615"兗"作"沇"，《説文外編》云："《説文》有'沇'字，無'兗'字。《口部》'㕣'下曰：'讀若沇州之沇。'《史記·夏本紀》'濟河維沇州'，皆作'沇'。'兗'字下體从允，上體不知所从，不成字。"①敦煌本正可證成雷浚之説。《尚書校釋譯論》云："《夏本紀》作'沇州'，此爲今文。《漢書·天文志》：'角、亢、氐，沇

――――――――――

　　① （清）雷浚：《説文外編》卷三《經字·書》，《中華漢語工具書書庫》第35册，安徽教育出版社2002年版，第269頁。

州.’當系承用今文。《集解》引鄭玄注亦作‘沇州’,則爲古文。敦煌寫本 P. 3615 亦作‘沇州’,則爲僞古文。《爾雅·釋地》:‘濟河間曰兗州。’《釋名·釋州國》亦作‘兗州’,皮氏《考證》以此爲今文説。是漢今文又用此體。”①

按:《説文》無“兗”字,“漢今文又用此體”之説可疑。邵晉涵《爾雅正義》認爲“兗當作沇”②,《周禮·夏官·職方氏》“河東曰兗州”孫詒讓正義:“兗,正字當作沇。”③今本《爾雅》作“兗”者,已遭改動之本也。《尚書》之古文、今文、僞古文皆作“沇”不作“兗”。陸宗達、王寧云:“《説文》有‘㕣’字,讀以轉切,當‘山間淹泥地’講。但這個字古代文獻不用,古代文獻寫作‘沇’,也就是後來的‘兗’字。‘沇’後來專作水名,出河東東垣王屋山,東爲沛水,入海。以水命州名,又制‘兗’字。”④岩崎本此字亦作“沇”,與敦煌本同。陳鐵凡云:“易沇爲兗,則在天寶改字以後。”⑤謂“兗”爲衛包所改也。據敦煌本、岩崎本作“沇”,陳氏之説可從。

2.《盤庚下》:“朕及篤敬恭承民命。”

P. 3516、P. 2643“篤”皆作“竺”。《説文·二部》:“竺,厚也。”⑥段注:“《爾雅》、《毛傳》皆曰‘篤,厚也’。今經典絶少作

---

① 顧頡剛、劉起釪:《尚書校釋譯論》,中華書局 2005 年版,第 551 頁。

② (清)邵晉涵:《爾雅正義》,《清經解》第 3 冊,上海書店 1988 年版,第 597 頁。

③ (清)孫詒讓撰,王文錦、陳玉霞點校:《周禮正義》卷六十三《夏官·職方氏》,中華書局 1987 年版,第 2664 頁。

④ 陸宗達、王寧:《古漢語詞義答問》,甘肅人民出版社 1986 年版,第 116 頁。

⑤ 陳鐵凡:《敦煌本虞夏書校證補遺》,《大陸雜誌》第 38 卷第 2 期,1969 年 1 月。

⑥《説文解字》十三篇下《二部》,第 286 頁。

'竺'者,惟《釋詁》尚存其舊,叚借之字行而真字廢矣。篤,馬行
鈍遲也。聲同而義略相近,故叚借之字專行焉。"①按段氏所謂
"《釋詁》尚存其舊"者,《爾雅·釋詁下》:"惇、亶、祜、篤、擊、仍、
肶、埤、竺、腹,厚也。"②陸德明《釋文》云:"竺,字又作篤,同。"③
嚴元照《爾雅匡名》云:"篤係假借字。"④錢大昕《十駕齋養新録》
曰:"篤厚字本當作竺,經典多用篤,以其形聲同耳。"⑤楊樹達云:
"竺篤同訓厚,《説文》竺訓厚,篤訓馬行頓遲,知竺爲本字,而篤
爲竺之假字也。"⑥諸家皆以爲訓"厚"之本字爲"竺",作"篤"者
乃假借字耳。惠棟《九經古義》曰:"君子篤於親,《汗簡》云:
'《古論語》篤作竺。'"⑦上博簡《容成氏》第9簡"竺義與信",李
零即釋"竺"爲"篤"⑧。是古文作"竺"不作"篤"也。隸古定用本
字"竺",後人改爲借字"篤"。竺、篤中古音有舌頭、舌上之分,其
在上古,則同音也。P.3516、P.2643寫作"竺",隸古定《尚書》原
貌也,岩崎本亦作"竺",内野本、元亨本亦作"竺",皆可助證敦
煌本。

---

① 《説文解字注》十三篇下《二部》,第681頁。

② 《爾雅注疏》卷二《釋詁下》,第23頁。

③ 《經典釋文》卷二十九《爾雅音義上·釋詁第一》"竺"條,第409頁。

④ (清)嚴元照:《爾雅匡名》,《清經解續編》第2冊,上海書店1988年
版,第1161頁。

⑤ (清)錢大昕:《十駕齋養新録》卷五"舌音類隔之説不可信"條,第
113頁。

⑥ 楊樹達:《積微居小學述林》,第240頁。

⑦ (清)惠棟:《九經古義》,《清經解》第2冊,上海書店1988年版,第
779頁。

⑧ 馬承源主編:《上海博物館藏戰國楚竹書(二)》,上海古籍出版社
2002年版,第257頁。

二、敦煌本已改爲今字，而岩崎本存隸古定《尚書》原貌

唐玄宗天寶三載（744），衛包將《尚書》隸古字改爲今字，是否是將一個全爲隸古字的本子改爲今字呢？答案是否定的。衛包本（《開成石經》）也有古字之遺存，應是依某一種流傳的古今字雜糅的本子改定，並非依據全古字本而改①。王重民云："蓋六朝至唐，由隸變楷，在書法進化上，爲自然之趨勢；特以此經獨有古文之名，學者狃於師承，遞相傳寫，故字體之變化亦獨緩。然在楷變時期，墨守者其經本變化少，聰明者其經本變化多，衛包以前，必非昔時經本之舊矣。"②如 S.799 第 71 行"旡生魄庶邦"五字乃誤衍，正文在 72 行，卻寫作"旡生魄庶邦"，"庶"字由從"火"寫作從"从"，由小篆隸定字變成了隸變字。此爲抄寫者隨手改動的例子，因而前後不照應。又如 P.2643 第 210 行《高宗肜日》"惟天監下"，第 246 行《微子》"用亂敗厥德于下"，"下"字原皆寫作"丅"，後用紅筆加一點成"下"；第 234 行《西伯戡黎》"乃皋多尒在上"，第 244 行《微子》"我祖底遂陳于上"，"上"乃是在"丄"字上又用紅筆加一橫而成。此爲校閱者隨手改動的例子。敦煌寫本並非隸古定原本，均爲已被改動之本，那些改成今字之處，若欲復原其隸古定原貌，以校勘學上之對校法即用其他版本文字作爲直接證據，是最爲有效而方便的方法，而日本古寫本正可作爲這樣的對校本。試舉二例，以明岩崎本所存爲隸古定《尚書》原貌。

① 説參許建平《敦煌經籍叙録》，第 71 頁。
② 王重民：《巴黎敦煌殘卷叙録》第 1 輯，黃永武主編《敦煌叢刊初集》第 9 册，新文豐出版公司 1985 年版，第 112 頁。

1. 《禹貢》："杶、榦、栝、柏，礪、砥、砮、丹。"

P. 5522"礪"作"礪"，字書不見"礪"字，然"灑"字《石鼓文》作"漖"①，"糲"字《説文》作"糲"②，"礪"蓋亦"礪"之異體。段玉裁《古文尚書撰異》改"礪"爲"厲"，云：

> 《唐石經》作"礪"，俗字也，必衛包所改，今更正。唐貞觀時釋元應《衆經音義》引《尚書》"砅砥砮丹"，宋庠《國語補音》引《古文尚書》"若金，用汝作砅"，《汗簡》、《古文四聲韻》皆曰"砅，古文礪"，《集韻》礪、砅、厲爲一字。宋氏所謂《古文尚書》者，宋次道、王仲至家本，語在偽《説命》也。而貞觀時元應所引《禹貢》亦作"砅"，此等字必本於《三體石經》，非無根據也。③

《書古文訓》作"砅"④，李遇孫《尚書隸古定釋文》曰：

> 《説文·水部》："砅，履石渡水也，从水从石。《詩》曰：深則砅。"今《毛詩》及《論語》所引並作"厲"，則"砅"即"厲"字。又案"礪"應作"厲"，《説文》"礪"在石部新附，注云："經典通用厲。"《漢書》引此亦作"厲"。⑤

岩崎本亦作"砅"，另内野本、足利本、影天正本亦作"砅"，必隸古定原貌也。《説命上》"若金，用汝作礪"⑥，P. 2516、P. 2643"礪"作"砅"，則尚未改字也，此處岩崎本亦作"砅"，與敦煌本同。

---

① 商承祚：《石刻篆文編》，中華書局 1996 年版，第 525 頁。
② 《説文解字》七篇上《米部》，第 147 頁。
③ 段玉裁：《古文尚書撰異》卷三《禹貢第三》，第 1869 頁。
④ 薛季宣：《書古文訓》卷三《禹貢》，第 8B 頁。
⑤ 李遇孫：《尚書隸古定釋文》卷四《禹貢》，第 57 頁。
⑥ 《尚書正義》卷十《説命上》，第 140 頁。

2.《禹貢》：“厥篚玄纖縞。”

P. 3469 與宋本同，亦作“纖”，而岩崎本則作“䉈”，《玉篇·戈部》：“䥽，細也，今作䉈。”①“䉈”爲“䥽”之變體字。

《説文·韭部》：“䥽，山韭也。”②張舜徽《説文解字約注》曰：“凡山中自生之物，率視家園毓殖者爲小，以其無糞澤之利也。山韭亦然，其葉甚細。蓋䥽之言纖也，凡从䥽聲之字多有小義，亦以此耳。”③故繒帛之細者曰纖，手指細者曰攕，女子身材纖細者曰孅，竹簽尖鋭者曰籤，木楔子曰櫼。甲金文不見“䥽”、“纖”二字，“䥽”字今所見最早出現於睡虎地秦簡《爲吏之道》：“凡爲吏之道，必精絜正直，慎謹堅固，審悉毋私，微密䥽察，安静毋苛。”④整理者釋“䥽”爲“纖”。馬王堆帛書《相馬經》“䥽入目下”句，陳松長以爲“䥽”即“纖”字⑤。而“纖”字最早見於《説文》。“纖”實“䥽”之孳乳字，諸從“䥽”之字如攕、孅、籤、櫼亦皆“䥽”之孳乳字。《書古文訓》亦作“䥽”⑥，與岩崎本同。後“厥篚纖纊，錫貢磬錯”句之“纖”，P. 3169 同，九條本與《書古文訓》均作“䥽”⑦。是作“䥽”者，隸古定《尚書》原貌也。

三、岩崎本可佐證敦煌本糾傳世刻本之訛誤

典籍輾轉傳抄，不僅有魯魚亥豕之偶誤，亦有增删改削之臆

① 《宋本玉篇》卷十七《戈部》，第 317 頁。
② 《説文解字》七篇下《韭部》，第 149 頁。
③ 張舜徽：《説文解字約注》卷十四，中州書畫社 1983 年版，第 4B 頁。
④ 睡虎地秦墓竹簡整理小組：《睡虎地秦墓竹簡》，文物出版社 1990 年版，第 167 頁。
⑤ 陳松長：《馬王堆簡帛文字編》，文物出版社 2001 年版，第 300 頁。
⑥ 薛季宣：《書古文訓》卷三《禹貢》，第 5B 頁。
⑦ 此九條本《禹貢》與岩崎本《禹貢》爲一卷之裂。

爲,善本古本之可貴即在於此。敦煌寫本爲宋初以前文本,其時代遠遠早於"一頁一金"之宋刻本,可藉以校正歷代刊刻版本之訛誤衍脱。岩崎本亦相當於唐朝時寫本,可以印證敦煌本之善。且看以下二例:

1.《盤庚上》:"汝無侮老成人,無弱孤有幼。"

"侮老成人",P. 2643、P. 3670 作"老侮成人"。王鳴盛《尚書後案》云:"蔡邕《石經》殘字云:'女毋翕侮成人,毋流。'……然侮與成連文,則知老與弱對,侮與孤對,成人與有幼對。經意謂無侮老其成人者,無弱孤其有幼者,不可以《大雅·蕩篇》'老成人'説此經。鄭注確甚,僞孔非也。"①段玉裁《古文尚書撰異》云:"古文《尚書》作'無老侮成人,無弱孤有幼',鄭注:'老、弱,皆輕忽之意也。'僞孔傳與鄭注本同。孔傳'老成人'三字爲經文'老侮'張本,非孔作'侮老成人也'。《唐石經》作'老侮'不誤。今版本作'侮老',因'老成人'三字口習既孰,又誤會孔傳,故倒亂之。"②西莊未覈《唐石經》,故謂僞孔本非,其實僞孔本並不誤,敦煌本作"老侮成人",亦可證。岩崎本亦作"老侮成人",更可爲敦煌本佐證。王引之曰:"自某氏誤以'孤有幼'連讀,後人遂改'老侮成人'爲'侮老成人',而以'老成人'連讀矣。"③伯申所謂"某氏"者,僞孔傳之作者也。《唐石經》尚作"老侮",則改之者,更在唐文宗開成以後也。

2.《高宗肜日》:"惟天監下民,典厥義。"

P. 2643、P. 2516 無"民"字。莊述祖《尚書今古文考證》云:

---

① (清)王鳴盛撰,张其昀等點校:《尚書後案》卷六《商書·盤庚上》,陳文和主編《嘉定王鳴盛全集》第 1 册,中華書局 2010 年版,第 445 頁。

② 段玉裁:《古文尚書撰異》卷六《盤庚上第六》,第 1909 頁。

③ 王引之:《經義述聞》卷三《尚書上》"無弱孤有幼"條,第 81 頁。

"《史記》無'民'字,是。"①案《史記·殷本紀》:"祖己乃訓王曰:
'唯天監下典厥義,降年有永有不永。'"②是司馬遷所見《尚書》
無"民"字。陳鐵凡云:"疑本無'民'字,後世據《傳》增補。'天
監下'殆即《詩·大明》'天監在下,有命既集'、《蒸民》'天監有
周,照臨下土'之誼也。"③今岩崎本亦無"民"字。"民"當是後人
據偽孔《傳》"言天視下民"而添。《唐石經》已有此"民"字,而
P.2643抄於唐肅宗乾元二年(759)④,已在天寶三載(744)衛包
改字以後,可見當時已流行有"民"、無"民"兩種文本。臧克和
曰:"敦煌本伯2516經文作'惟天監下',從傳文作'言天視下民'
和《書古文訓》、唐石經來看,該本奪一'民'字。但敦煌本伯2643
亦作'惟天監下',足利本、內野本亦同,諸本均無'民'字。按金
文尚未見'下民'一詞,僅見'下或(國)'的辭例。"⑤模棱其辭,而
持兩可之論。

敦煌與日本古寫本不僅可以糾正後世版刻本《尚書》經文之
誤,亦可糾正偽孔傳之訛誤。如:

1.《禹貢》"瑤琨篠簜"傳:"瑤、琨,皆美玉。"

P.3469"美玉"作"美石"。段玉裁《古文尚書撰異》云:"孔
《傳》:'瑤琨,皆美石也。'《正義》曰:'美石,似玉者也。'《釋文》
曰:'瑤琨,美石也。'今本注、疏及《史記》皆譌作'美玉'。"⑥按

① (清)莊述祖:《尚書今古文考證》卷二,《續修四庫全書》第46冊,上海古籍出版社1995年版,第428頁。
② 《史記》卷三《殷本紀第三》,第103頁。
③ 陳鐵凡:《敦煌本商書校證》,臺北長期發展科學委員會1965年版,第68頁。
④ 許建平:《敦煌經籍叙錄》,第99頁。
⑤ 臧克和:《尚書文字校詁》,上海教育出版社1999年版,第191頁。
⑥ 段玉裁:《古文尚書撰異》卷三《禹貢第三》,第1865頁。

《史記·夏本紀》"瑤、琨、竹箭"裴駰《集解》引孔安國曰："瑤、琨，皆美玉也。"①内藤虎《岩崎本跋》云：

> 《史記·夏本紀集解》宋百衲本、紹興本亦同。但岩崎男所藏舊鈔本"瑤琨竹箭"，《集解》："孔安國曰：'瑤、琨皆美石。'"實同此本。按孔穎達疏"瑤、琨皆美玉"云："美石似玉者也。玉、石其質相類，美惡別名也。王肅云：'瑤、琨，美石次玉者也。'"近人多疑僞《孔傳》出于王肅，此《傳》乃與王異，故王先謙謂僞孔此《傳》與王異而誤。今見此本，知僞孔實不與王異。其異者，《尚書》、《史記》皆出于宋版訛本。②

是岩崎氏所藏舊抄本《史記》作"美石"，不作"美玉"。岩崎氏所藏《尚書》亦作"美石"，與敦煌本同，足證段氏之説。

2.《説命下》"若作和羹，爾惟鹽梅"傳："鹽，鹹；梅，醋。羹須鹹、醋以和之。"

P. 2643、P. 2516 兩"醋"皆作"酢"。李惇《群經識小》"醋酢"條云：

> 醋酢二字，經典多混。《説文·酉部》"醋"字下云："客酌主人也，从酉昔聲。"此酬醋之醋也，入聲。"酢"字下云："醶也，从酉乍聲。"此醶酢之酢也，去聲。"酸"字下云："酢也。""截"字、"醶"字下並云："酢漿也。"今以酢爲酬醋之醋，讀作入聲。以醋爲醶酢之酢，讀作去聲。音義俱相反矣。③

---

① 《史記》卷二《夏本紀第二》，第 60 頁。
② 轉引自《尚書文字合編》第四册《附錄》，第 451—452 頁。
③ (清)李惇：《群經識小》，《清經解》第 4 册，上海書店 1988 年版，第 882 頁。

138

岩崎本亦作“酢”，與敦煌本相同，可見《孔傳》本作“酢”，不作
“醋”也。據徐時儀考證，“醋、酢兩字發展演變至唐代，在俗用義
中已各有分工，而與《說文》等辭書的解釋不相一致。這兩字分
別表示‘酸漿’和‘酬酢’義的明確分工的最後約定俗成，約在裴
務齊《正字本刊謬補缺切韻》成書的唐中宗時，至遲不會晚於宋
代，《唐韻》(蔣斧本)和宋本《廣韻》的記載可爲佐證”①。P. 2643
抄於唐肅宗乾元二年，是改“酢”爲“醋”必在其後也。

四、可據岩崎本以證敦煌本之誤

敦煌本雖然可貴，但畢竟已是經過轉輾傳抄的卷子，其有訛
誤，在所難免。若後世刊刻版本沒有相關異文可證實其誤者，則
《尚書》經傳之原貌終將難以爲世人所知曉。而日本古寫本由於
時代早，所存多，正可彌補這一缺憾。以下兩例，正是據岩崎本以
糾敦煌本之誤者。

1.《禹貢》：“彭蠡既豬，陽鳥攸居。”

P. 3469“攸”作“迂”，凡《尚書》“攸”字，敦煌本或從隸古字
作“逌”②，或從今字作“攸”，作“迂”唯此一見。《集韻·尤韻》：
“迂、遛、遊，行也。或从子、从斿。通作游。”③《說文》有“游”無

---

① 徐時儀：《慧琳音義引切韻考》，徐時儀、陳五雲編《語苑集錦——許
威漢先生從教 50 周年紀念文集》，上海教育出版社 2001 年版，第 89 頁。

② 《漢書·地理志上》：“漆沮既同，酆水逌同。”顔注：“逌，古攸字也。”
(《漢書》卷二十八上《地理志第八上》，第 1532 頁) P. 3168 亦作“逌”，宋本
作“攸”。

③ 《集韻》卷四《平聲四·十八尤》，第 258 頁。

"遊",以"遶"爲"游"之古文①,而先秦古文有"遊"無"游"②,《玉篇·辵部》以"遶"爲"遊"之古文③,《集韻》以"迂"爲"遶"之異體,而"迂"則"遶"之省筆也。《大禹謨》"罔遊于逸,罔淫于樂",《益稷》"無若丹朱傲,惟慢遊是好","遊"字《書古文訓》皆作"迂"④,是"遊"之隸古字作"迂"也。"陽鳥攸居"之"攸",岩崎本作"逌",即"攸"之隸古字,敦煌本作"迂"爲誤字,"迂"爲"遊"之古字,非"攸"之古字也。

2.《禹貢》"夾右碣石,入于河"傳:"禹夾行此山之右,而入河逆上。"

P.3615"上"下有"地"字。阮元《尚書校勘記》無校語,是其所見《尚書》諸版本"上"後無字。按岩崎本"上"下有"也"字,敦煌本"地"應是"也"之誤字⑤。内野本、足利本、影天正本、八行本亦均作"也",可爲岩崎本之佐證。

五、可藉岩崎本以考見《尚書》傳本之異文

《尚書》在流傳過程中,由於古文與今文之分,隸古字與楷字之別,或傳抄訛誤,或以意擅改,不可避免地產生了大量異文。常見的異文,前人論著多有收集,此不具論。岩崎本中有既不見於傳世刊本,亦不見於敦煌寫本的異文,却能印證文獻引用《尚書》

---

① 許慎:《説文解字》七篇上《放部》,第140頁。
② 商承祚:《中山王𩵋壺、鼎銘文芻議》,《上海博物館集刊——建館三十周年特輯》,上海古籍出版社1983年版,第71頁。
③《宋本玉篇》卷十《辵部》,第197頁。
④ 薛季宣:《書古文訓》卷二《大禹謨》、《益稷》,第2A、17B頁。
⑤ 陳鐵凡:《敦煌本虞夏書校證補遺》,《大陸雜誌》第38卷第2期,1969年1月。

所見之異文,可爲瞭解《尚書》流傳過程中的文本變化提供重要
材料。

1. 《禹貢》:"嵎夷既略,濰、淄其道。"

"濰"字 P. 3615 作"惟",岩崎本則作"淮"。

王鳴盛《尚書後案》云:

> 《釋文》曰:"濰音惟。本亦作惟。又作維。淄,側其
> 反。"案曰:《漢書·地理志》引作"惟甾"。師古曰:"惟字今
> 作濰,甾字或作淄,古今通用也。"《地理志》瑯邪郡朱虛下、
> 箕下又作"維",靈門下、橫下、折泉下又作"淮"。《王子侯
> 表》"城陽頃王子東淮侯類封北海",北海郡別無淮水,又濰
> 之異文。《通鑑·梁武帝紀》"魏李叔仁擊邢杲于惟水"。胡
> 三省注:"惟當作濰。"是濰、維、惟、淮一也。①

馬宗霍《説文解字引經考》云:

> 《説文》無淄字,則此引或本作甾,爲甾之重文,其字從
> 巜、巛從川,故借爲水名耳。濰字《漢志》又或省水作維,或省
> 系作淮。《書釋文》亦曰:"濰,本亦作惟,又作維。"與《漢志》
> 可互印。維、淮、惟皆以同聲叚借,許引作"濰",古文正
> 字也。②

岩崎本作"淮",與《漢書·地理志》及《王子侯表》同,可知
《尚書》亦有作"淮"之本也。

2. 《盤庚中》:"予迓續乃命于天,予豈汝威?"

"迓"字 P. 2516、P. 2643 作"卸",岩崎本則作"御"。

---

① 王鳴盛:《尚書後案》卷三《虞夏書·禹貢》,陳文和主編《嘉定王鳴盛
全集》第 1 册,第 204 頁。

② 馬宗霍:《説文解字引經考》第 2 册第 2 卷,科學出版社 1958 年版,第
16B 頁。

顏師古《匡謬正俗》卷二引《盤庚》云:"予御續乃命於天。"①
段玉裁《古文尚書撰異》云:"此唐初本作'御'之證,《唐石經》已
下作'迓'者,衛包改也。……訓迎之字本作訝,其作迓者,又訝
之別體,《説文》所無也。"②惠棟《九經古義》云:"此經與《牧誓》
'弗迓克奔',皆當作'御'。趙宋以來儒者見孔氏訓'御'爲
'迎',遂改作'迓'(或衛包所改)。"③鄭珍《説文逸字》云:"迎迓
字《周禮》作訝,諸經作御,此俗增。"④《説文》不收"迓"字,新附
有之,段氏云:"迓俗字,出於許後,衛包無識,用以改經,不必增
也。"⑤按睡虎地秦簡有"迓"字⑥,知《説文》時有此字,許慎遺漏
耳。只是此"迓"字讀作"牙",不釋作"迎"也。顏師古所見《尚
書》作"御",岩崎本作"御",《書古文訓》亦作"御"⑦,此《尚書》
之隸古定本也。明義士《柏根氏舊藏甲骨文字考釋》云:"卸御本
一字,許氏誤分爲二耳。"⑧馬叙倫云:"古書無作卸者,證之甲文,
卸即御之省彳者也,當爲御之重文。"⑨敦煌本作"卸"者,"御"之
別體也。

① 劉曉東:《匡謬正俗平議》,山東大學出版社 1999 年版,第 37 頁。

② 段玉裁:《古文尚書撰異》卷七《盤庚中第七》,第 1912 頁。

③ 惠棟:《九經古義》,《清經解》第 2 册,第 751 頁。

④ 鄭珍:《説文逸字》附録《大徐新增》,《續修四庫全書》第 223 册,上海
古籍出版社 1995 年版,第 385 頁。

⑤ 《説文解字注》三篇上《言部》,第 95 頁。

⑥ 洪燕梅:《説文未收録之秦文字研究:以〈睡虎地秦簡〉爲例》,文津出
版社 2006 年版,第 151 頁。

⑦ 薛季宣:《書古文訓》卷六《盤庚》,第 6B 頁。

⑧ 轉引自李玲璞主編《古文字詁林》第 2 册,上海教育出版社 2000 年
版,第 520 頁。

⑨ 馬叙倫:《説文解字六書疏證》卷十七,上海書店 1985 年版,第 55 頁。

　　以上所論,僅是舉例性質,岩崎本之優胜處並非這區區幾條,
然僅此即可見其價值之大。探討隋唐五代時期《尚書》寫本舊
貌,日本舊抄本的價值是無與倫比的。對於《尚書》如此,對於其
他敦煌文獻亦如此。敦煌文獻的校勘整理,雖然已有學者意識到
並在研究中對日本古寫本有所利用,但囿於條件,並沒有形成共
識,更沒有進行全面的整理研究,更深入而廣泛的研究仍有待於
學術界的進一步關注。

　　(原載饒宗頤主編《敦煌吐魯番研究》第 14 卷,上海古籍出
版社 2014 年版)

日本舊鈔岩崎本《尚書》寫卷校證
——兼論與敦煌寫本互證的重要性

　　岩崎家所藏隸古定《尚書》,有三件寫本,分別爲第三、第五、第十二卷①。

　　內藤湖南云:"第五、第十二兩卷實與神田香巖君藏《尚書》殘卷同出一手,第三卷自屬別手,但其並爲初唐人手筆。"②劉起釪《日本的尚書學與其文獻》也有介紹③。顧頡剛、顧廷龍的《尚書文字合編》影印了岩崎本。

　　內藤湖南在《岩崎本跋》中詳考了《禹貢》"瑶琨篠簜"僞孔傳"瑶琨皆美石也"句之異文後言:"惟此一條,已足見其愈于諸本。異日當全錄校語,盡發其佳處也。"④恕我孤陋,迄今未見有對岩崎《尚書》通校者。在研究中以岩崎本《尚書》爲對校本者,亦不甚多,主要有陳鐵凡《敦煌本商書校證》、劉起釪《尚書校釋譯論》、陳鴻森《禹貢注疏校議》諸篇⑤。

　　對岩崎本作全面通校,兹事體大,非短期可以蕆工。本文撷

---

　　① 寫卷情況的介紹已見前文《由敦煌本與岩崎本互校看日本舊鈔〈尚書〉寫本之價值》。

　　② 轉引自《尚書文字合編》第 4 册《附録》,第 451 頁。

　　③ 劉起釪:《日本的尚書學與其文獻》,第 71—117 頁。

　　④ 轉引自《尚書文字合編》第 4 册《附録》,第 454 頁。

　　⑤ 陳鴻森:《禹貢注疏校議》,《大陸雜誌》第 79 卷第 6 期,1989 年 12 月。

取若干條進行考釋,並談談利用敦煌本校勘岩崎本的重要性。

　　本文所據岩崎本即顧頡剛、顧廷龍的《尚書文字合編》所影印者,用以對校之《尚書》則據《中華再造善本》影印之北京大學所藏宋刻本,在文中簡稱"宋本"。

　　1. 雷夏旡澤,灉、沮𣵱同。(禹貢)

　　宋本"灉"作"灉","𣵱"作"會"。

　　《史記·夏本紀》、《漢書·地理志上》、《周禮·夏官·職方氏》"其浸盧、維"鄭注引《禹貢》:"雷夏既澤,雍、沮會同。"① "灉"字均作"雍"。《史記》、《漢書》所據者今文《尚書》,《周禮》爲古文經,其所據者古文《尚書》也。故王先謙謂今、古文《尚書》俱作"雍",僞古文作"灉"②。劉起釪從之③。

　　《説文》無"雍"字,季旭昇於《説文新證》"雝"篆下云:"甲骨文从隹、吕聲,或从水,羅振玉以爲'古辟雍字如此'。吕形或省其一作口形。戰國楚文字'吕'形訛爲'邑'形,爲後世隸楷所本。武威簡《儀禮·特牲》字形已近'雍'形,故後世或作'雝',或作'雍',其實是同一個字。"④清人多以"雍"爲"雝"之隸變⑤,江聲

---

　　① (漢)司馬遷撰,(南朝宋)裴駰集解,(唐)司馬貞索隱,(唐)張守節正義:《史記》卷二《夏本紀》(修訂本),中華書局 2013 年版,第 69 頁;《漢書》卷二十八上《地理志上》,第 1525 頁;《周禮注疏》卷三十三《夏官司馬第四·職方氏》,第 500 頁。

　　② (清)王先謙撰,何晉點校:《尚書孔傳參正》卷六《禹貢》,中華書局2011 年版,第 256 頁。

　　③ 顧頡剛、劉起釪:《尚書校釋譯論》,第 555 頁。

　　④ 季旭昇:《説文新證》上冊,第 277 頁。

　　⑤ 陳玉樹:《毛詩異文箋》云:"雝與雝皆當作邕……雍爲雝之隸變。"(《續修四庫全書》第 74 冊,第 326 頁)錢大昕《經典文字考異》:"雝,隸變爲雍,即邕字。"(《嘉定錢大昕全集》第 1 冊,第 5 頁)

《尚書集注音疏》因而改“雍”爲“雝”①。段玉裁云：“雍者，雝之隸變字，不从水。《夏本紀》、《地理志》皆作雍，不從水，是古今文《尚書》本皆不作‘灉’也。後人加水旁而釋以《爾雅》‘水自河出爲灉’，恐非。”②

《爾雅·釋水》：“水自河出爲灉。”③《漢書·鄒陽傳》“是以申徒狄蹈雝之河”顏注引《爾雅》：“水自河出爲雝。”④《釋名·釋水》：“水從河出曰雍沛。”⑤是《爾雅》之“灉”亦作“雝”。《淮南子·人間》：“昔者楚莊王既勝晉於河、雝之間。”⑥郝懿行《爾雅義疏》謂此“雝”即“灉”也⑦。“灉”字最早見於《說文》⑧，《爾雅·釋水》之“灉”蓋本作“雝”。《尚書》本當作“雝”，“灉”爲後起字。

P.3615《尚書》寫卷作“邕”，《說文·川部》：“邕，四方有水自邕城池者。”⑨《說文新證》云：“從邑從川，不足以會邕城池之意。邕疑爲雝之省，雝從水從呂，本有水邕城池之意。”⑩是敦煌本作“邕”者，“雝”之省文也。

《宋本玉篇·水部》：“灉，紆用切。《爾雅》：‘水自河出爲

① 江聲：《尚書集注音疏》，《清經解》第2冊，第856頁。
② 段玉裁：《古文尚書撰異》，《四部要籍注疏叢刊》本，第1853頁。
③ 《爾雅注疏》卷七《釋水》，第119頁。
④ 《漢書》卷五十一《鄒陽傳》，第2347頁。
⑤ （清）王先謙：《釋名疏證補》，上海古籍出版社1984年版，第65頁。
⑥ 劉文典撰，馮逸、喬華點校：《淮南鴻烈集解》，中華書局1989年版，第588頁。
⑦ （清）郝懿行：《爾雅義疏》卷中之八《釋水弟十二》，上海古籍出版社1983年版，第899頁。
⑧ 李圃主編：《古文字詁林》第9冊，第54頁。
⑨ 《說文解字》十一篇下《川部》，第239頁。
⑩ 季旭昇：《說文新證》下冊，第149頁。

灘.'又音雝。漼、濰,並同上。"①《説文》無"漼"字,《篆隸萬象名義》亦無此字,可知顧野王所撰《玉篇》未收。今所見第一部收入此字的字書即爲《宋本玉篇》。"漼"者,"灘"之省文。

陸德明《經典釋文·爾雅音義》云:"灘,字又作濰。"②因雝、雛同字,故"灘"寫作"濰",這也是《宋本玉篇》"灘"之別體"濰"之所本。

綜上所論,知《尚書》原作"雛",隸變作"雝",省"隹"作"邑",添"水"作"灘"。"灘"字省"隹"作"漼",換旁作"濰"。

郭璞《爾雅注》引《書》曰:"灘沮會同。"字與宋本同,P. 3735《爾雅注》寫卷亦作"灘",可知六朝寫本《爾雅注》即作"灘"③。郭璞《爾雅注》成於東晉渡江之後,其所見的已是孔傳本《古文尚書》④,那麼郭璞所引者即僞古文《尚書》,王鳴盛謂"晉人改雝爲灘"⑤,其説當確。《釋名·釋水》"水從河出曰雝沛"之"雝",段氏校作"灘"⑥,疑未確。

《玉篇·山部》:"屴,古文會字。"⑦商承祚認爲"屴"是"屴"的訛變⑧。

① 《宋本玉篇》卷十九《水部》,第 349 頁。
② 陸德明:《經典釋文》卷二十九《爾雅音義上中·釋水第十二》,第 423 頁。
③ 許建平:《敦煌經籍叙録》,第 433 頁。
④ 劉起釪:《尚書學史》(訂補本),中華書局 1989 年版,第 193 頁。
⑤ 王鳴盛:《尚書後案》卷三《虞夏書·禹貢》,《嘉定王鳴盛全集》第 1 册,第 191 頁。
⑥ 任繼昉:《釋名匯校》卷一《釋水第四》,齊魯書社 2006 年版,第 58 頁。
⑦ 《宋本玉篇》卷二十二《山部》,第 406 頁。
⑧ 商承祚:《石刻篆文編字説》,《石刻篆文編》"附録",第 23 頁。

2. **𡏭**土白墳,海濱廣庠。(禹貢)

宋本"庠"作"斥"。

《隸辨》:"庠,即斥字。《説文》本作'庹',從广從屰,碑變從干。"①"庹"字隸變作"庠",或省點作"斥"②,《五經文字》卷中《广部》:"庹、斥,上《説文》,下經典相承隸省。"③《説文·言部》"諮"篆下段注:"凡從庹之字隸變爲斥,俗又譌斥。"④宋本作"斥",已是俗字。

3. 九江孔殷,沱潛既道。(禹貢)

宋本"池"作"沱"。

《説文·水部》:"沱,江別流也。出崏山,東別爲沱。从水,它聲。"徐鉉曰:"沱沼之沱通用此字。今別作池,非是。"⑤《説文》無"池"字,段玉裁《説文解字注》據《初學記》引《説文》及《左傳正義》引應劭《風俗通》而補⑥。劉心源《古文審》云:"今檢各家所刊《初學記》皆是它聲,無一本作也字。段乃云也聲誤爲它聲,改書就己,亦不直矣。《風俗通》既非篆本,亦不過應劭説隸體耳。如果許書有池,則滤、陂二字説解一應作沱矣。"⑦黄侃《説文段注小箋》云:"由別流之義引申爲池沼。《説文》無池字,池即沱之轉變,隸書於从它與也之字往往互譌。"⑧《聲類疏證》云:

---

① 顧南原:《隸辨》卷五《昔韻第二十二》,北京市中國書店 1982 年版,第 730 頁。
② 顧南原:《隸辨》卷五《昔韻第二十二》,第 731 頁。
③ 張參:《五經文字》卷中《广部》,第 34A 頁。
④ 《説文解字注》三篇上《言部》,第 100 頁。
⑤ 《説文解字》十一篇上《水部》,第 224 頁。
⑥ 《説文解字注》十一篇上《水部》,第 553 頁。
⑦ 轉引自李圃主編《古文字詁林》第 9 冊,第 10 頁。
⑧ 黄侃:《説文段注小箋》,黄侃箋識,黄焯編次:《説文箋識四種》,上海古籍出版社 1983 年版,第 191 頁。

“《説文》本無池字,池即沱也。”①徐復云：“沱,池本字。”②戰國秦漢簡帛“差池”、“曲池”、“陂池”、“池陽”等均寫作“沱”③。徐寶貴云：“西漢中晚期以後的文字,把以前的‘沱’字所從的‘它’旁改換成‘也’,分化出‘池’字。”④《尚書》原應作“沱”也。

4. 盤庚斆于民,由乃位。(盤庚上)

宋本“斆”作“斆”,“乃”下有“在”字。

《説文·支部》：“斆,覺悟也。从教从冂。冂,尚矇也。臼聲。學,篆文斆省。”⑤徐灝《説文解字注箋》云：“斆從冂,其義難明。疑先有學,而後加支爲斆。”⑥馬叙倫《説文解字六書疏證》云：“金、甲文皆尚未見有斆字。《盤庚》‘斆於民’,《兑命》‘惟斆學半’,《禮記·學記》引《兑命》作‘學學半’,則‘斆’爲‘學’之遞增字。”⑦以“斆”爲“學”之後起字⑧,是也。然謂金、甲文未見“斆”字,則不確。甲文有“學”無“斆”,金文已有“斆”字,《沈子

<hr/>

① 郭晉稀：《聲類疏證》,上海古籍出版社 1993 年版,第 486 頁。

② 徐復：《广雅補釋下篇》,《徐復語言文字學晚稿》,江蘇教育出版社 2007 年版,第 159 頁。

③ 白於藍：《戰國秦漢簡帛古書通假字彙纂》,福建人民出版社 2012 年版,第 295 頁。

④ 徐寶貴：《以“它”、“也”爲偏旁文字的分化》,《文史》2007 年第 3 輯,中華書局 2007 年版,第 246 頁。

⑤ 《説文解字》三篇下《支部》,第 69 頁。

⑥ (清)徐灝：《説文解字注箋》卷三下《支部》,《續修四庫全書》第 225 册,上海古籍出版社 1995 年版,第 370 頁。

⑦ 馬叙倫：《説文解字六書疏證》卷六,第 157 頁。

⑧ 單周堯亦持此説,單周堯《多體形聲字窺管》,《中國語文研究》第 10 期,香港中文大學中國文化研究所吳多泰中國語文研究中心 1992 年版,第 43 頁。

它簋》、《中山王鼎》皆有"斁"字①。郭店楚簡中亦有"斁"字②。
《説文》謂"學"爲"斁"之省文,誤。

"乃"下"在"字,諸本皆有,岩崎本當是脱漏。

5. 亡彙刄庚。(盤庚上)

宋本"庚"作"康"。

《説文・禾部》:"穅,穀皮也。从禾从米,庚聲。康,穅或
省。"③以"康"爲"穅"之省文。郭沫若《釋支干》云:

> 从庚之字有康字,小篆作䨼,从米,云穅之省。穅曰"之
> 皮",然古文康字不从米⋯⋯文既不从米,意亦絶無穅義。
> ⋯⋯康字訓安樂,訓和静,訓廣大,訓空虛,只空虛之義於穀
> 皮稍可牽及,其它均大相逕庭,無由引伸。余意此康字必以
> 和樂爲其本義,故殷周帝王即以其字爲名號。穅乃後起字,
> 蓋从禾康聲,古人同音通用,不必康即是穅。大凡和樂字多
> 借樂器以爲表示,如和本小笙,樂本絃樂之象⋯⋯然則康字
> 蓋从庚,庚亦聲也。④

林潔明云:"郭説甚是。庚字實象其形,康字蓋虛象其意。康字
庚下數點蓋象庚摇動時之樂聲,由樂聲以見和樂之義也。"⑤是
康、庚同字,上博簡《季康子問於孔子》篇,"康"皆寫作"庚"⑥,足
可爲證。《尚書》"康"字,岩崎本作"庚",蓋存古文也。

---

① 季旭昇:《説文新證》上册,第 234 頁。

② 陳斯鵬:《郭店楚墓竹簡考釋補正》,《華學》第 4 輯,紫禁城出版社
2000 年版,第 81 頁。

③《説文解字》七篇上《禾部》,第 145 頁。

④ 郭沫若:《甲骨文字研究》,科學出版社 1962 年版,第 170—171 頁。

⑤ 轉引自李圃主編:《古文字詁林》第 11 册,上海教育出版社 2004 年
版,第 411 頁。

⑥ 白於蓝:《戰國秦漢簡帛古書通假字彙纂》,第 705 頁。

《君雅》"嗣守文、武、成、康遺緒"之"康",岩崎本亦作"庚"。

6.　予亦**炪**謀。（盤庚上）

宋本"**炪**"作"拙","**謀**"作"謀"。

《説文・火部》："炪,火光也。从火出聲。《商書》曰：'予亦炪謀。'讀若巧拙之拙。"①馬宗霍云："日本古寫本隸古定《商書》殘卷此文作**炪**。左旁從矢,與火形近,是**炪**即炪之筆誤。知僞孔本初亦不作拙也。今作拙者,叚借字。"②劉起釪云："岩崎、內野、雲窗諸隸古寫本作'**炪**',而薛本作'炪',知'**炪**'爲'炪'之訛。是漢代本及僞孔本原皆作'炪','拙'字爲衛包所改。"③

案：薛季宣《書古文訓》作"炪",岩崎本、內野本、元亨本皆作"**炪**"。《周官》"心勞日拙"之"拙",薛本則作"**炪**"。同一字之古文,薛本或作"**炪**",或作"炪"。《汗簡》引《尚書》作"**炪**"④,隸定即爲"**炪**"。鄭珍《汗簡箋正》云："薛本《盤庚》'予亦拙謀'作炪,是采《説文》炪下所引《書》作之。而《周官》'心勞日拙'作**炪**,蓋當時有譌火旁作矢者。僞本用爲古文,非也。"⑤鄭珍説是也。日本隸古定寫本作"**炪**",即僞孔本原貌也。劉氏信真僞難辨之《書古文訓》,而不信淵源有自的日本隸古定寫本,不知其可也。僞孔本作"**炪**",正如鄭珍、馬宗霍所言,"炪"之訛也。

《説文・心部》："**愁**,毒也。"⑥"**愁**"爲"**慕**"之誤。"**慕**"爲"謀"之古文,敦煌寫本"謀"多寫作"**慕**",如《盤庚中》"汝不謀長,以思乃災",P.2643"謀"作"**慕**";《大禹謨》"弗詢之謀勿庸",

---

① 《説文解字》十篇上《火部》,第207頁。

② 馬宗霍：《説文解字引經攷》,中華書局2013年版,第194頁。

③ 顧頡剛、劉起釪：《尚書校釋譯論》,第939頁。

④ （宋）郭忠恕：《汗簡》中之一《出部》,中華書局1983年版,第16頁。

⑤ （清）鄭珍：《汗簡箋正》卷三,光緒中廣雅書局刊本,第7A頁。

⑥ 《説文解字》十篇下《心部》,第223頁。

S.801"謀"作"<ruby>慕</ruby>"。

7. 施實惠于民,至于婚友。(盤庚上)

宋本"婚"作"婚"。

《集韻‧真韻》:"婚,女字。"①讀作眉貧切,與《尚書》義不合。《説文‧日部》:"昏,日冥也。从日氏省。氏者,下也。一曰民聲。"②段注:"字从氏省爲會意,絶非从民聲爲形聲也。蓋隸書淆亂,乃有从民作昏者,俗皆遵用。"③王獻唐云:"證以漢碑,字多从民。繁陽令楊君碑,則从氏。知兩京文字,原有从氏从民二體,許固兩存不廢。从民之説,既在昏下,當出昬爲重文。許書重文,亦往往附見説解中,無足異也。字从氏日爲會意,从民日爲形聲。蓋在小篆而後,又分二支:氏民形體相似,初从石鼓一支演出从氏,後以體近,或誤爲民聲,更造昬字,各有祖述,爲兩京昏昬二體。"④

《説文解字句讀》於"姻"篆下云:"昏因古字,婚姻後作。"⑤因"昏"而有"婚",因"昬"而有"婚",岩崎本之"婚",當是"婚"之壞字。

8. 予若籲懷兹邑。(盤庚中)

宋本"邑"前有"新"字。

《盤庚》三篇,"邑"出現五次:《盤庚上》"不常厥邑,于今五邦"、"天其永我命于兹新邑",《盤庚中》"予若籲懷兹新邑"、"無

---

① 《集韻》卷二《平聲二‧十七真》,第 120 頁。

② 《説文解字》七篇上《日部》,第 138 頁。

③ 《説文解字注》七篇上《日部》,第 305 頁。

④ 王獻唐:《周昏賜玉鈇考》,《那羅延室稽古文字》,齊魯書社 1985 年版,第 72—73 頁。

⑤ (清)王筠:《説文解字句讀》卷十二《女部》"姻"條,中華書局 1988 年版,第 492 頁。

俾易種于茲新邑”,《盤庚下》“用永地于新邑”。

《左傳·哀公十一年》引《盤庚之誥》:“其有顛越不共,則劓殄無遺育,無俾易種于茲邑。”①《史記·伍子胥列傳》載伍子胥之言曰:“且《盤庚之誥》曰:‘有顛越不恭,劓殄滅之,俾無遺育,無使易種于茲邑。’”②所引即《盤庚中》“無俾易種于茲新邑”句,而無“新”字。王叔岷《尚書斠證》云:“上文‘予若籲懷茲新邑’,敦煌本新字補在茲字下旁,或原本亦無新字。”③

“予若籲懷茲新邑”句,P.3670 無“新”字,與岩崎本同;P.2643“新”字朱筆旁注,陳鐵凡云:“新字旁注,似爲事後增補,疑原本無之。”④案該寫卷的朱筆校字與正文字體不同,乃閱讀者所爲⑤。蓋當時流傳《尚書》本子,或有“新”字,或無“新”字。P.2643 抄于唐肅宗乾元二年(759),已晚於衛包改字的天寶三載(744),而據衛包改字本上石的《開成石經》即有“新”字。

《盤庚中》二“新邑”,其“新”字原本蓋無,乃據《盤庚上》“天其永我命于茲新邑”句而添。此句“天其永我命于茲新邑”所以作“新邑”,乃承上文“不常厥邑,于今五邦”而來,新遷殷地,故謂新邑也。下言“茲邑”,即謂新邑殷也,其義已足,無需再添“新”字。至於《盤庚下》“用永地于新邑”,不言“茲邑”,故作“新邑”也。

9. 惟學遜志,務旹敏,手修乃來。(説命下)
宋本“孫”作“遜”。

---

① 《春秋左傳正義》卷五十八《哀公十一年》,第 1018 頁。
② 《史記》卷六十六《伍子胥列傳》(修訂本),第 2635—2636 頁。
③ 王叔岷:《尚書斠證》,《“中央研究院”歷史語言研究所集刊》第 36 本上冊,1965 年 12 月,第 128 頁。
④ 陳鐵凡:《敦煌本商書校證》,第 22 頁。
⑤ 許建平:《敦煌經籍叙錄》,第 99 頁。

　　P.2643《尚書》寫本作"孫"，與岩崎本同。P.2516《尚書》寫本作"遜"，與宋本同。《書古文訓》作"愻"。

　　《説文·心部》："愻，順也。"①《辵部》："遜，遁也。"②段氏注云：

> 六經有"孫"無"遜"。《大雅》"孫謀"，《聘禮》"孫而說"，《學記》"不陵節而施之謂孫"，《論語》"孫以出之"，皆"愻"之叚借也。《春秋》"夫人孫于齊"、"公孫于齊"，《詩》"公孫碩膚"，《尚書序》"將孫于位"，皆逡遁遷延之意。故《穀梁》云："孫之爲言猶孫也。"《公羊》云："孫猶孫也。"何休云："孫猶遁也。"鄭箋云："孫之言孫，遁也。"《釋言》云："孫，遁也。"《釋名》曰："孫，遁也。"遜遁在後生也，古就孫義引伸，卑下如兒孫，非別有"遜"字也。《至部》"壼"字下云："從至，至而復孫，孫，遁也。"此亦有"孫"無"遜"之證。今《尚書》、《左氏》經傳，《爾雅·釋言》，淺人改爲"遜"。許書"遜，遁也"，蓋後人據今本《爾雅》增之，非本有也。③

　　李惇云："遜，遁也；愻，順也。古字並作'孫'，後有愻、遜二字，一從辵，則爲遁；一從心，則爲順，字形文義皆截然不可混。《説文》'愻'字下云'順也，《唐書》五品不愻'，此古文也。後人並改作'遜'，而經典中遂罕見'愻'字矣。"④

　　《禮記·學記》："《兑命》曰：'敬孫務時敏，厥脩乃來。'"⑤僞

---

　　①《説文解字》十篇下《心部》，第218頁。

　　②《説文解字》二篇下《辵部》，第40頁。

　　③《説文解字注》二篇下《辵部》，第72頁。

　　④（清）李惇：《群經識小》，《清經解》第4冊，第875頁。

　　⑤《禮記正義》卷三十六《學記第十八》，第651頁。《周禮·地官·師氏》鄭注引《説命》曰："敬孫務時敏，厥脩乃來。"孫詒讓認爲鄭玄乃據《學記》所引《兑命》（《周禮正義》卷二十五《地官·師氏》，第999頁）。

古文《說命》改“敬孫”爲“孫志”①。P. 2643 與岩崎本作“孫”，存其朔也。作“遜”者，即段氏所謂淺人所爲。《書古文訓》作“愻”，應是以僞傳“學以順志”句，謂此字釋作“順”，不釋作“遁”，故據《說文》而改作“愻”也。實遜、愻均爲“孫”之孳乳字，李惇言之已詳。

《微子》“吾家耄遜于荒”之“遜”，岩崎本及 P. 2516、P. 2643 並作“孫”，是也。

10. 我**㡀**祗遁敕于上。（微子）

宋本“**祗**”作“厎”，“遁”作“遂”。

案：“**祗**”爲祇之俗字，《廣韻·脂韻》：“祇，敬也，俗從互。”②《說文·示部》：“祇，敬也③義與僞傳不合④。宋本作“厎”，與八行本、《書古文訓》、《唐石經》及南宋石經同，馮登府云：“《說文》‘厎，砥石’，引伸之，義爲致。本通致。‘西旅厎貢厥獒’，《漢書》‘厎’作‘致’，是也。俗從‘底’，誤。”⑤《爾雅·釋言》：“厎，致也。”⑥故元亨本、足利本、影天正本作“致”，同義換用也。“底”者，“厎”之形誤字，P. 2643、P. 2516《尚書》均誤作“底”。岩崎本作“祗”者，“厎”之音誤字，《說文·厂部》：“厎，柔石也。砥，厎或從石。”⑦“砥”爲“厎”之重文，《廣韻》“厎”、“砥”同爲旨

_____

① 許錟輝：《先秦典籍引尚書考》，臺灣師範大學 1970 年博士論文，第 60A 頁。

② 《宋本廣韻》卷一《上平聲·六脂》，第 31 頁。

③ 《說文解字》一篇上《示部》，第 7 頁。

④ 僞傳釋此句云：“言湯致遂其功，陳列於上世。”則以“致”釋“祗”。

⑤ （清）馮登府：《南宋石經攷異》，《清經解》第 7 册，上海書店 1988 年版，第 973 頁。

⑥ 《爾雅注疏》卷三《釋言第二》，第 37 頁。

⑦ 《說文解字》九篇下《厂部》，第 193 頁。

夷切。

《説文・辵部》："遰,亡也。讘,古文遰。"①《集韻・至韻》："遰,古作遰。"②"遰"爲"讘"之隸定,"遰"爲"遰"之形訛。下"殷遰喪,越至于今"句之"遰",岩崎本亦誤作"遰"。

11. 商兀淪喪,我罔爲僕。（微子）

宋本"僕"前有"臣"字。

《釋文》云："臣僕,一本無臣字。"③段玉裁云："無者是也。《毛詩》'景鿈有僕',《傳》云:'僕,附也。'《説文》曰:古文僕字从臣作㒒。恐此是古本作'㒒',析爲二字也,今刪'臣'字。"④劉起釪云："其實'罔爲僕'與'罔爲臣僕'意義全同,都是説我毋爲奴隸。"⑤案其義雖全同,而文字則有別也。P. 2516、P. 2643《尚書》寫卷"臣"字旁注,乃閲讀者據它本而添。是當時流行兩種本子,或作"僕",岩崎本是也;或作"臣僕",陸德明所據本同也。據《説文》"僕"之古文作"㒒",則漢時古文《尚書》應是作"㒒",僞古文承之,亦作"㒒"。後世傳寫者,或改"㒒"爲"僕",或析爲"臣僕"二字。

12. 庀作刑吕誥三方。（吕刑）

宋本"誥"作"詰"。

孫星衍云："'詰'作'誥',今文《尚書》也。"⑥皮錫瑞不以爲然,云："蓋即以《困學紀聞》引《書》作'誥',與《周禮》鄭注不同,

---

① 《説文解字》二篇下《辵部》,第 41 頁。

② 《集韻》卷七《去聲上・六至》,第 475 頁。

③ 《經典釋文》卷三《尚書音義上・微子第十七》,第 44 頁。

④ 段玉裁：《古文尚書撰異》卷十一《微子第十一》,第 1923 頁。

⑤ 顧頡剛、劉起釪：《尚書校釋譯論》,第 1082 頁。

⑥ （清）孫星衍撰,陳抗、盛冬鈴點校：《尚書今古文注疏》卷二十七《吕刑》,中華書局 1986 年版,第 518 頁。

故斷爲今文。然《尚書》不見有作‘誥’之本,《紀聞》恐傳寫之誤,未可爲據。"①王先謙云:"‘誥’亦‘詰’之字誤,諸書無作‘誥’之本。"②劉起釪云:"王應麟可能承林(林之奇)、呂(呂祖謙)之説影響,逕用誥字。不顧《尚書》各本於此句‘詰’字從來不作‘誥’,而孫氏妄從之,皮氏駁之甚是。"③

顧炎武《九經誤字·書》云:"度作刑以詰四方,石經、監本同,《釋文》:‘詰,起一反。’今本作誥,誤。"④彭元瑞《石經考文提要》云:"坊本譌以誥,今从諸本。"⑤是顧氏、彭氏所見本有作"誥"者。

屈萬里《漢石經尚書殘字集證》云:"兹撿諸本《困學紀聞》,‘度作刑以詰四方’之‘詰’字,元刊及清刊本皆如此作。惟明萬曆癸卯莆田吳獻台刊本作‘誥’。孫氏蓋據此本,遂謂:‘詰,一作誥。’而不知其爲訛字。蓋《漢書·刑法志》引《呂刑》作‘詰’;《周禮·天官·大宰之職》‘以詰邦國’,及《秋官·大司寇之職》‘以佐王刑邦國詰四方’兩處鄭注引《呂刑》,亦皆作‘詰’。故皮氏斷言‘《尚書》不見作誥之本’也。"⑥

屈氏考定《困學紀聞》作"誥"者乃誤本,原本乃作"詰",力挺皮氏《尚書》無作"誥"之本之説。但顧炎武、彭元瑞亦曾見過作

① (清)皮錫瑞撰,盛冬鈴、陳抗點校:《今文尚書考證》卷二十六《呂刑》,第437頁。

② (清)王先謙:《尚書孔傳參正》卷三十一《呂刑》,第925頁。

③ 顧頡剛、劉起釪:《尚書校釋譯論》,第1913頁。

④ (清)顧炎武:《九經誤字》,《清經解續編》第1冊,上海書店出版社1988年版,第5頁。

⑤ (清)彭元瑞:《石經考文提要》,《叢書集成續編》第17冊,上海書店出版社1994年版,第472頁。

⑥ 屈萬里:《漢石經尚書殘字集證》卷一,臺北:"中央研究院"歷史語言研究所1999年版,第21B頁。

"誥"之本,今日本所藏唐寫殘卷岩崎本亦作"誥"字,可見作"誥"之《尚書》文本由來已久。孫星衍以作"誥"者爲今文《尚書》,固然不確,斷言"《尚書》各本於此句'詰'字從來不作'誥'"者,亦非也。

13. **曰覆詛盟。**(呂刑)

宋本"詛"作"詛"。

《原本玉篇殘卷・言部》:"詛,或爲詛字,在示部。"①《宋本玉篇・示部》:"詛,亦作詛。"②《漢書・五行志上》:"明年,屈氂復坐祝要斬,妻梟首也。"師古注:"詛,古詛字也。"③玄應《一切經音義》卷十四《四分律》第二十六卷"祝詛"條云:"古文詛,今作詛。"④包山簡、上博簡"詛"亦寫作"詛"⑤。岩崎本作"詛",爲古字。

14. **今爾罔不繇尉日勤。**(呂刑)

宋本"慰"作"尉"。

《說文・心部》:"慰,安也。一曰恚怒也。"⑥《火部》:"尉,从上案下也。从尸又持火,以尉申繒也。"⑦"尉"字隸變作"尉"。徐灝云:"置火於銅斗,從上按下以申繒謂之尉,所以使其平也。故尉有平義。……引申爲凡安尉之偁,別作'慰'。从又持火會意,

① (南朝梁)顧野王:《原本玉篇殘卷》,中華書局 1985 年版,第 15 頁。
② 《宋本玉篇》卷一《示部》,第 13 頁。
③ 《漢書》卷二十七上《五行志上》,第 1335 頁。
④ (唐)釋玄應:《一切經音義》卷十四《四分律》第二十六卷,《高麗大藏經》第 58 冊,線裝書局 2004 年版,第 129 頁。
⑤ 劉信芳:《楚簡帛通假彙釋》,高等教育出版社 2011 年版,第 197 頁。
⑥ 《說文解字》十篇下《心部》,第 219 頁。
⑦ 《說文解字》十篇上《火部》,第 208 頁。

从尉者,楚金曰:'夷,安平也。'是也。"①黄侃《説文段注小箋》云:
"當以恚怒爲本義,訓安本借爲尉。"②張舜徽云:"此篆説解,似當
以恚怒爲本義。其訓安者,當以'尉'爲本字。《漢書》多用本字,
《車千秋傳》顏注云:'尉安之字,本無心。'是也。《詩・凱風》
'莫慰母心',用借字耳。愠與慰雙聲義同,故《車䡾》'以慰我
心',《韓詩》通作'愠'也。今專用慰爲安尉字而恚怒義廢矣。"③
據徐、黄、張三氏之説,則釋怨之字爲"慰",釋安之字爲"尉"也。
僞孔釋此句云:"今汝無不用安自居,日當勤之。"釋爲"安"也,當
用"尉"字。岩崎本作"尉",正與僞孔之釋義合。

　　豫章内史梅賾獻上的據説是孔安國作傳的《古文尚書》,是
用一種隸古定字寫成的。這種《尚書》文本,到唐玄宗天寶三載
(744)時,詔集賢院士衛包把隸古定字改成今字,並在唐文宗開
成年間刻於"開成石經",行於天下,從此隸古定《尚書》之原貌不
可見。但在日本,却有大量的隸古定《尚書》寫本,劉起釪《日本
的尚書學與其文獻》闢專章作了詳細的介紹④,顧頡剛、顧廷龍的
《尚書文字合編》影印了岩崎本、九條本、神田本、島田本、内野
本、元亨本、觀智院本、古梓堂本、天理本、足利本、影天正本、八行
本等十二種。
　　岩崎本的校勘價值,我已有《由敦煌本與岩崎本互校看日本
舊鈔〈尚書〉寫本之價值》一文提交 2013 年 8 月在北京召開的
"中國敦煌吐魯番學會成立三十周年國際學術研討會"。但日本

---

① 徐灝:《説文解字注箋》卷十上《火部》,《續修四庫全書》第 226 册,第
317 頁。
② 黄侃:《説文段注小箋》,黄焯編《説文箋識四種》,第 190 頁。
③ 張舜徽:《説文解字約注》卷二十,第 39B 頁。
④ 劉起釪:《日本的尚書學與其文獻》,第 71—117 頁。

所存《尚書》隸古定本，與敦煌藏經洞所出《尚書》寫本一樣，均爲
已被改動之本，並非隸古定原本。若欲糾補岩崎本在傳抄過程中
產生的訛誤衍脫，以校勘學上之對校法即用其他版本文字作爲直
接證據，是最爲有效而方便的方法，因而與岩崎本約同時期抄寫
的敦煌寫本正可作爲這樣的對校本。

（一）敦煌本尚存隸古定《尚書》原貌，而岩崎本已改爲
今字

如《盤庚中》："承汝俾汝，惟喜康共。""俾"字岩崎本同，而敦
煌寫本 P.3670、P.2643 作"卑"。

《說文·丌部》："卑，賤也，執事者。"①《人部》："俾，益也。"②
段注："古或假'卑'爲'俾'。"③金文無"俾"字，凡俾使之字皆作
"卑"④。徐中舒云：

> 俾金文作卑，其義皆當爲使。其用於嘏辭者如：
> 卑女繛繛剴剴，穌穌倉倉。——者盥鐘
> 卑若鐘鼓，外內剴辟……卑百斯男，而執斯字。——齊
> 夷鎛
> 此卑女卑若，皆命令之辭，自爲祖先或天所命。其在
> 《詩·天保》云"俾爾單厚"，"俾爾多益"，"俾爾戩穀"，《卷
> 阿》云："俾爾彌爾性。"《閟宮》云"俾爾熾而昌，俾爾壽而

---

① 《說文解字》三篇下《丌部》，第 65 頁。
② 《說文解字》八篇上《人部》，第 165 頁。
③ 《說文解字注》八篇上《人部》，第 376 頁。
④ 張亞初：《殷周金文集成引得》，中華書局 2001 年版，第 1268—1269
頁。

富”,“俾爾昌而大,俾爾耆而艾”,亦俾爾連言。①

“俾汝”即金文之卑女、卑若,亦即《詩》“俾爾”也。“汝”字岩崎本及 P. 3670、P. 2643 均作“女”。作爲第二人稱代詞的“汝”,金文均寫作“女”②。

敦煌本作“卑”,尚存古字;岩崎本作“俾”,已改爲今字。後“無俾易種于兹新邑”句,岩崎本與 P. 3670、P. 2643 均作“卑”,則未改也。

又如《盤庚下》“綏爰有衆”,“綏”字岩崎本同,而敦煌寫本 P. 3670、P. 2643 作“娞”。

《玉篇·女部》“娞”字下云:“《尚書》爲古文綏。”③《篆隸萬象名義》無“娞”字,此當爲宋人所補,是宋人曾見古文《尚書》“綏”寫作“娞”。《禹貢》“五百里綏服”,P. 2533“綏”作“娞”,九條本則作“綏”,是亦已改爲今字。《盤庚中》“我先后綏乃祖乃父”、《説命下》“其爾克紹乃辟于先王,永綏民”,岩崎本“綏”皆作“娞”,未改古字也。而《盤庚上》“紹復先王之大業,底綏四方”句,岩崎本“綏”作“媛”,則爲“娞”之誤。

(二) 岩崎本誤而敦煌本不誤,可據以校正

如《盤庚中》“曁予一人猷同心”,岩崎本“曁”作“泉”。

案《禹貢》“淮夷蠙珠曁魚”,《史記·夏本紀》作“臮”,司馬貞《索隱》云:“臮,古曁字。”④P. 2643 作“**臮**”,“臮”之變體也。

---

① 徐中舒:《金文嘏辭釋例》,《中央研究院歷史語言研究所集刊》第 6 本第 1 分,商務印書館 1936 年版,第 12 頁。

② 全廣鎮:《兩周金文通假字研究》,臺灣學生書局 1989 年版,第 96 頁。

③ 《宋本玉篇》卷三《女部》,第 70 頁。

④ 《史記》卷二《夏本紀》(修訂本),第 73 頁。

P. 2516 作"𣲙"，亦"𣲙"之變體也。岩崎本作"泉"，必爲"𣲙"之誤字。下句"曷不暨朕幼孫有比"，岩崎本作"𣲙"，與 P. 2516 同。

又如《盤庚下》"今我民用蕩析離居"，岩崎本"析"作"所"。

《説文·斤部》："所，二斤也。"① 施於此不合。P. 2516、P. 2643 作"斨"，《集韻·錫韻》："析，古作斨。"② 王獻唐云："片訓判木，義與木通，以斤破片，猶其破木。故字之偏旁從木者，亦或從片。今析字從片，爲魯壁古文。"③ 岩崎本作"所"，應是"斨"之誤。

（原載劉玉才、水上雅晴主編《經典與校勘論叢》，北京大學出版社 2015 年版）

① 《説文解字》十四篇上《斤部》，第 300 頁。

② 《集韻》卷十《入聲下·二十三錫》，第 748 頁。

③ 王獻唐：《周恕鈢師比考》，《那羅延室稽古文字》，齊魯書社 1985 年版，第 3 頁。

日本舊鈔九條本《尚書》寫卷校證

九條道秀氏舊藏隸古定《尚書》，存五件寫本，分別爲第三、第四、第八、第十、第十三卷：

（1）第三卷，起《禹貢》"厥篚玄纁、璣組"之"璣組"，至《胤征》末，存《禹貢》、《甘誓》、《五子之歌》、《胤征》四篇，189 行，經文單行大字，傳文雙行小字。

（2）第四卷，存《湯誓》、《仲虺之誥》兩篇，《湯誓》殘缺篇題，《仲虺之誥》至"以義制事"之"制"（殘存右側豎鈎），54 行，經文單行大字，傳文雙行小字。

（3）第八卷，起《康誥》末句"聽朕告汝，乃以殷民世享"之僞孔傳"順從我所告之言"之"順"①，至《召誥》末，存《康誥》、《酒誥》、《梓材》、《召誥》四篇，155 行，經文單行大字，傳文雙行小字。

（4）第十卷，起《君奭》"茲迪彝教文王蔑德，降于國人"僞孔傳"言雖聖人，亦須良佐"之"言"，至《立政》末，存《君奭》、《蔡仲之命》、《多方》、《立政》四篇，212 行，經文單行大字，傳文雙行小字。

（5）第十三卷，存《文侯之命》、《費誓》、《秦誓》三篇，《文侯之命》殘缺篇題，82 行，經文單行大字，傳文雙行小字。

---

① 劉起釪《日本的尚書學與其文獻》謂"卷八缺前面《康誥》篇，只存《酒誥》、《梓材》、《召誥》三篇"（第 74 頁），誤。

陳鐵凡《日本古鈔本尚書考略》亦介紹了九條本各卷內容,並謂"與敦煌本同出一源,而爲天寶三載改字以前之舊本"①。

劉起釪《日本的尚書學與其文獻》云:

> 岩崎、九條、神田三本,除岩崎本之卷三屬別本外,其它各卷數皆彼此不同,能相配合而不重複衝突。……其紙張、字體、格式、紙背皆有"元秘抄"及卷軸形式都相同,卷數又如此配合銜接,此三本之爲同一本自無異説。②

按岩崎本第三卷《禹貢》殘篇與九條本《禹貢》殘篇爲一卷之裂,只不過中間殘缺一行,不能直接綴合而已,並非別本。

陳鐵凡《敦煌本商書校證》、劉起釪《尚書校釋譯論》、陳鴻森《禹貢注疏校議》、臧克和《尚書文字校詁》諸篇在研究中曾以九條本爲對校本。本文擷取若干條對九條本進行考釋。

顧頡剛、顧廷龍的《尚書文字合編》影印了九條本。本文所據九條本即《尚書文字合編》所影印者,用以對校之《尚書》則據《中華再造善本》影印之北京大學所藏宋刻本,在文中簡稱"宋本"。

1. 涞沮无㓵,豊水逌同。(禹貢)

宋本"豊"作"灃",P. 3169《尚書》寫卷亦作"灃",《史記·夏本紀》云:"漆沮既從,灃水所同。"③字皆作"灃"。《漢書·地理志上》:"漆沮既從,酆水逌同。"④則作"酆"。江聲云:"酆,俗書去

---

① 陳鐵凡:《日本古鈔本尚書考略》,《孔孟學報》第 3 期,1962 年。

② 劉起釪:《日本的尚書學與其文獻》,第 75 頁。

③ 《史記》卷二《夏本紀》(修訂本),第 81 頁。

④ 《漢書》卷二八上《地理志第八上》,第 1532 頁。

阝而加水于右，非也。兹从《漢書》。"①然繆祐孫云："'澧'字許書不收，又《詩·文王有聲》作'豐'，《正義》引《禹貢》'東會于豐'，从水，俗字也。"②段玉裁云："《文王有聲》作'豐水'，《正義》引《禹貢》'東會于豐'，此字从水旁者，恐是俗字。《地理志》作'酆水'，文王作邑于豐，正以在豐水之西名之。《水經·渭水篇》作'豐水'，獨爲合古。"③皆以作"豐"爲是。朱廷獻云："澧，最初蓋但作豐，後人爲使與豐滿之豐有別，故地名加邑，水名加水歟？"④其疑是也。單周堯先生以豐、酆爲古今字："夫地名本無以制字，唯有假借同音字爲之；其後形聲字作，始加'邑'旁，以明其爲國邑之名。"⑤

　　九條本作"豐"者，"豐"當作"豐"，豐、豐二字雖音義不同，而字形相近，在漢隸中已多有相混之例⑥，所以《玉篇》云："豐，俗作豐。"⑦

　　段玉裁謂"澧"之水旁爲衛包所加⑧，然 P. 3169 隸古定《尚書》寫卷已作"澧"，其非衛包所改明也。

---

　　① （清）江聲：《尚書集注音疏》卷三，四部要籍注疏叢刊本《尚書》中册，中華書局 1998 年版，第 1551 頁。

　　② （清）繆祐孫：《漢書引經異文録證》第四卷，光緒十一年（1885）刊本，第 15B 頁。

　　③ 段玉裁：《古文尚書撰異》，第 1880 頁。

　　④ 朱廷獻：《尚書異文集證》，台灣中華書局 1970 年版，第 88 頁。

　　⑤ 單周堯：《清代"説文家"通假説斠詮》，《文字訓詁叢稿》，文史哲出版社 2000 年版，第 195 頁。

　　⑥ 林沄：《豐豐辨》，《古文字研究》第 12 輯，中華書局 1985 年版，第 181 頁。

　　⑦ 《宋本玉篇》卷十六《豐部》，第 305 頁。

　　⑧ 段玉裁：《古文尚書撰異》，第 1880 頁。

2. 九州逌同,四奥无宅。(禹貢)

宋本"奥"作"隩"。

《史記·夏本紀》:"九州攸同,四奥既居。"①《漢書·地理志上》:"九州逌同,四奥既宅。"②九條本與班、馬所見《今文尚書》同。《經典釋文》:"隩,於六反,《玉篇》於報反。"③與宋本同。

《玉篇·土部》:"墺,四方之土可居。《夏書》曰:'四墺既宅。'本亦作隩。"④段玉裁據以認定《古文尚書》作"墺",並謂《尚書》作"隩"者乃天寶中衛包所改,《釋文》作"隩"乃開寶中陳鄂所改⑤。

段玉裁據《史》、《漢》、《玉篇》所引,論定《今文尚書》作"奥",《古文尚書》作"墺",兩者不同。但九條本亦作"奥",九條本者,《古文尚書》也,是難以據奥、墺之別區分今古文《尚書》也。

王筠謂澳、隩皆"奥"之分別文⑥,胡吉宣云:"古止爲'奥',墺、隩、澳並从之孳乳,皆受其隱藏之義者也。"⑦《説文·土部》:"墺,四方土可居也。"⑧王筠曰:"此依《禹貢》'四隩既宅'爲説也,蓋許所據本作'墺',然則'墺'與澳、隩亦同字。"⑨是"奥"與墺、墺、隩、澳爲古今字也。

---

① 《史記》卷二《夏本紀》(修訂本),第 93 頁。
② 《漢書》卷二十八上《地理志第八上》,第 1536 頁。
③ 《經典釋文》卷三《尚書音義上·夏書·禹貢第一》"隩"條,第 41 頁。
④ 《宋本玉篇》卷二《土部》,第 23 頁。
⑤ 《古文尚書撰異》,第 1888—1889 頁。
⑥ (清)王筠:《説文釋例》卷八《分別文》,中華書局 1987 年版,第 175 頁。
⑦ 胡吉宣:《玉篇校釋》,上海古籍出版社 1989 年版,第 168 頁。
⑧ 《説文解字》十三篇下《土部》,第 286 頁。
⑨ 王筠:《説文釋例》卷八《分別文》,第 175 頁。

　　內野本、足利本、影天正本、八行本此字皆作"炻"①,《堯典》"厥民隩, 鳥獸氄毛"②, BD14681《尚書》寫本"隩"作"燠", P. 3315《尚書釋文》:"炻, 古燠字。"《集韻·屋韻》:"燠, 古作炻。"③是內野本以下諸本又作"燠"。

　　顏師古注《漢書·地理志》云:"奧讀曰墺, 謂土之可居者也。"④段氏謂顏氏"語亦本《説文》及孔傳, 此正援《古文尚書》以注《漢書》也。顏所據《尚書》亦作'墺'。"⑤案《説文》云:"墺, 四方土可居也。"孔傳云:"四方之宅已可居。"明顏氏非據孔傳。其所據應是顧野王《玉篇》, 而《玉篇》即承襲《説文》也。顏氏所見《尚書》是否作"墺", 並無明證。

　　至于《宋本玉篇》所引二古文𡊆、𡊮, 疑非野王原本所有。《説文·土部》:"𡊄, 古文墺。"⑥《集韻·号韻》、《類篇·土部》:"墺, 古作𡊆、𡊮。"⑦二形均抄自《玉篇》, 實爲《説文》"𡊄"字隸定之訛變;P. 4874《尚書》寫卷作"垗", 慧琳《一切經音義》卷九十三《續高僧傳》第十二卷"舊垗"條云:"下音奧,《説文》云'古文奧字'也。"⑧"垗"、"垗"亦"𡊄"字隸定之訛變。

————————————

　　① 內野本、足利本、影天正本、八行本等日本所藏隸古定《尚書》寫本皆據《尚書文字合編》。

　　② 本文引用《尚書》之文, 除明確爲九條本、宋本、敦煌寫卷之外者, 皆據中華書局 1980 年影印《十三經注疏》本。

　　③《集韻》卷九《入聲上·一屋》, 第 648 頁。

　　④《漢書》卷二十八上《地理志第八上》, 第 1536 頁。

　　⑤《古文尚書撰異》, 第 1889 頁。

　　⑥《説文解字》十三篇下《土部》, 第 286 頁。

　　⑦《集韻》卷八《去聲下·三十七号》, 第 586 頁。(宋) 司馬光:《類篇》卷十三下《土部》, 上海古籍出版社 1988 年版, 第 505 頁。

　　⑧ 慧琳:《一切經音義》卷九十三《續高僧傳》第十二卷,《中華大藏經》第 59 册, 中華書局 1993 年版, 第 213 頁。

3. 九川滌原。（禹貢）

宋本"原"作"源"。

案：《説文》有"原"無"源"，徐鉉云："今别作源，非是。"①段玉裁注："後人以'原'代'高平曰邍'之'邍'，而别製'源'字爲本原之'原'，積非成是久矣。"②《史記·夏本紀》："九山栞旅，九川滌原。"③《漢書·地理志上》："九山栞旅，九川滌原。"④是班、馬所見《今文尚書》亦皆作"原"，與九條本《古文尚書》同。繆祐孫疑作"源"者衛包所改⑤，誤也，P.3628《尚書》寫卷作"源"，此卷抄寫於天寶二年，乃衛包改字前之《尚書》寫本也⑥。

4. 每歲孟春，道人以木鐸徇于路。（胤征）

宋本"徇"作"徇"。

《説文·彳部》："循，行順也。"⑦段玉裁删"順"字，改爲"行也"⑧。《説文》無"徇"字，雷濬謂《尚書》此句之"徇"當作"徇"⑨，席世昌云："徇，行示也。今作徇，《漢書·高紀》'二世使斬之以徇'，師古注全引《説文》此條。"⑩然今所見《尚書》及典籍所引《尚書》未見有作"徇"者，《初學記》卷三、卷十八、卷二十四

---

① 《説文解字》十一篇下《灥部》，第 239 頁。

② 《説文解字注》十一篇下《灥部》，第 569 頁。

③ 《史記》卷二《夏本紀》（修訂本），第 93 頁。

④ 《漢書》卷二十八上《地理志第八上》，第 1536 頁。

⑤ 繆祐孫：《漢書引經異文録證》第 4 卷，第 21B 頁。

⑥ 許建平：《敦煌經籍叙録》，第 88—92 頁。

⑦ 《説文解字》二篇下《彳部》，第 43 頁。

⑧ 《説文解字注》二篇下《彳部》，第 76 頁。

⑨ 雷濬：《説文外編》卷三《經字·書》，第 270 頁。

⑩ （清）席世昌：《席氏讀説文記》卷二，《續修四庫全書》第 223 册，上海古籍出版社 1995 年版，第 27 頁。

所引均作"徇"①，《書古文訓》亦作"徇"②。敦煌 P. 5557、P. 2533 號寫卷皆作"循"，與九條本同。左思《吳都賦》"命官帥而擁鐸，將校獵乎具區"，《文選集注》引《尚書·胤征》云："每歲孟春，遒人以木鐸循于路。"③《北堂書鈔》引《書》作"每歲孟春，以木鐸循於路"④。亦皆作"循"。

《胤征》僞古文，此句襲取《左傳·襄公十四年》文："故《夏書》曰：'遒人以木鐸徇于路，官師相規，工執藝事以諫。'"⑤先秦無"徇"字，古文字未見"狥"字。段玉裁於《説文》"狥"篆下注云："如《項羽傳》'徇廣陵''徇下縣'，李奇曰：'徇，略也。'如淳曰：'徇音撫循之循。'此古用循巡字，漢用徇字之證。"⑥《尚書》之文蓋本作"循"，循，行也。後造"狥"字，作爲"行示"之專用字，《説文》因而收入之。

黄侃謂此句"徇"爲"佝"之借⑦，似不確，《説文》："佝，疾也。"⑧

_____

① （唐）徐堅《初學記》卷三《春第一》"徇鐸"條、卷十八《諷諫第三·叙事》、卷二十四《道路第十四》"徇鐸"條，中華書局 2004 年第 2 版，第 46、437、590 頁。

② 本文所引《書古文訓》皆據《四庫全書存目叢書》經部第 49 册所收清康熙十九年通志堂經解本。

③《唐鈔文選集注彙存》第 1 册，上海古籍出版社 2000 年版，第 212 頁。

④ （隋）虞世南：《北堂書鈔》卷十《教化三十七》，天津古籍出版社 1988 年影印清光緒十四年南海孔氏三十有三萬卷堂刊本，第 51 頁。

⑤ 惠棟：《古文尚書考》，《清經解》第 2 册，上海書店 1988 年版，第 707 頁。

⑥《説文解字注》二篇下《彳部》，第 77 頁。

⑦ 黄侃：《量守廬論學札記》，《人文論叢》1999 年卷，武漢大學出版社 1999 年版，第 16 頁。

⑧《説文解字》八篇上《人部》，第 162 頁。

5. 肇𨖋車牛遠服賈。(酒誥)

宋本"𨖋"作"牽"。

《説文·牛部》:"牽,引前也。"《手部》:"𨖋,固也。"[①]段注:"叚借爲'牽'字,如《史記》鄭襄公肉袒𨖋羊,即《左傳》之牽羊也。"[②]案段氏所言,即《左傳·宣公十二年》"鄭伯肉袒牽羊以逆"之"牽"字[③],《史記·楚世家》同,《史記·鄭世家》作"𨖋"[④]。又《周易·夬卦》"牽羊悔亡,聞言不信"《釋文》:"牽,子夏作𨖋。"[⑤]《公羊傳·僖公二年》"虞公抱寶牽馬而至"《釋文》:"牽,本又作𨖋,音同。"[⑥]皆牽、𨖋同用之例。葉玉森謂卜辭"𨖋"之字形即"牽"之本義,𨖋、牽爲古今字[⑦]。《汗簡》有""字,謂即"牽"字,出《尚書》[⑧],此即"肇𨖋車牛"之"牽"字也。

6. 莀父若保,厷父定枼。(酒誥)

宋本"枼"作"辟"。

《説文·木部》:"枼,弱皃。"[⑨]施於此不合。臧克和以"枼"爲"枉"之異體,云:

> 枉,《春秋繁露·深察名號》:"枉衆惡於内,弗使得發於

---

① 《説文解字》二篇上《牛部》、十二篇上《手部》,第 29、254 頁。

② 《説文解字注》十二篇上《手部》,第 603 頁。

③ 《春秋左傳正義》卷二十三《宣公十二》,第 388 頁。

④ 《史記》卷四十《楚世家第十》、卷四十二《鄭世家第十二》(修訂本),第 2041、2121 頁。

⑤ 《經典釋文》卷二《周易音義·夬卦》"牽羊"條,第 27 頁。

⑥ 《經典釋文》卷二十一《春秋公羊音義·僖公二年》"牽馬"條,第 312 頁。

⑦ 李圃編:《古文字詁林》第 9 册,上海教育出版社 2004 年版,第 667 頁。

⑧ 郭忠恕:《汗簡》下之一《手部》,第 33 頁。

⑨ 《説文解字》六篇上《木部》,第 118 頁。

外者,心也……尚無惡者①,心何柾哉?"劉師培《斠補》:柾惡者,猶言捍御衆惡也。但足利本等諸寫本皆作"侵",即"辟"字異體。作柾作辟,這也許是古今文的用字差異,而段氏《撰異》無說。定辟,猶言定法,這一功能義相應於"厷父"之名。②

臧氏謂柾、辟之別是古今文用字差異,然足利本等諸寫本與九條本皆隸古定本《尚書》,何來古今文之別?

九條本作"㯱"者在《多方》篇尚有二處:

> 今至于爾辟,弗克以爾多方享天之命。
> 乃惟爾辟以爾多方大淫。

兩"辟"字九條本作"㯱",S. 2074 皆寫作"㑃","厷父定㯱"之"㯱"《書古文訓》寫作"侵"。《文侯之命》"亦惟先正克左右昭事厥辟"之"辟",九條本作"侵"。《玉篇·人部》:"侵 侵,二同,古文辟。"③雖"辟"之諸隸古定字形有小別,不能定其何爲正體,然"㯱"字與"㑃"之形較爲近似,應是從"㑃"訛變而來。

7. 若乩田,无勤舀畬。(梓材)

宋本"畬"作"菑"。

《說文·艸部》:"菑,不耕田也。……甾,菑或省艸。"④馬叙倫云:"菑爲甾之後起字。"⑤案"甾"爲初文,加水則爲"淄",《說文》無"淄"字,《尚書·禹貢》"嵎夷既略,濰、淄其道",《漢書·

---

① 此句《春秋繁露義證》作"人之受氣敬無惡者"(中華書局 1992 年版,第 293 頁),臧氏刪"人之受氣"四字,誤"苟"爲"尚"。
② 臧克和:《尚書文字校詁》,第 348 頁。
③ 《宋本玉篇》卷三《人部》,第 54 頁。
④ 《說文解字》一篇下《艸部》,第 24 頁。
⑤ 馬叙倫:《說文解字六書疏證》卷二,第 109 頁。

地理志》"淄"作"甾"①。加鳥則爲"鶅",《爾雅·釋鳥》:"東方
曰鶅,北方曰鶔,西方曰鶳。"《説文》無"鶅"字,"雉"篆下云:"東
方曰甾,北方曰稀,西方曰蹲。"②加金則爲"錙",《説文·金部》:
"錙,六銖也。"③傳世有戰國方孔圓錢,有銘文"兩甾"字,"甾"即
"錙"字④。加車則爲"輜",《説文·車部》:"輜,軿車前,衣車後
也。"⑤《老子》第二十六章"是以君子終日行,不離輜重"⑥,帛書
老子甲、乙"輜"均作"甾"⑦。九條本作"甾"者,存古也。

8. 惟亓斁塈茨。(梓材)

宋本"斁"作"塗"。

莊述祖云:"《正義》云:'二文皆云斁,即古塗字。'夏竦《四聲
韻》'塗'字下引《籀韻》作'斁',是隸古定本'塗'本作'斁'。東
晉枚賾傳讀'塗',至衛包改'斁'爲'塗',遂失劉子政父子及杜
林、衛宏相傳之舊。"⑧段玉裁云:"《集韻》十一模曰:'斁,同都
切,塗也。《周書》斁丹臒。'去聲十一莫曰:'斁,徒故切,塗也。'
賈昌朝《羣經音辨》曰:'斁音徒,《書》惟其斁暨茨,又同路切。'
丁、賈皆據《經典釋文》,然則《古文尚書音義》有'斁音徒,塗也,
又同路反'之文明矣。自衛包改'斁'爲'塗',而《正義》猶存

---

① 《漢書》卷二八上《地理志第八上》,第 1526 頁。

② 《説文解字》四篇上《隹部》,第 76 頁。

③ 《説文解字》十四篇上《金部》,第 296 頁。

④ 劉鈺、袁仲一:《秦文字通假集釋》,陝西人民教育出版社 1999 年版,
第 758 頁;王輝:《古文字通假釋例》,藝文印書館 1993 年版,第 33 頁。

⑤ 《説文解字》十四篇上《車部》,第 301 頁。

⑥ 朱謙之:《老子校釋》,中華書局 1984 年版,第 104 頁。

⑦ 王輝:《古文字通假釋例》,第 33 頁;白於藍:《戰國秦漢簡帛古書通
假字彙纂》,第 21 頁。

⑧ 莊述祖:《尚書今古文考證》卷三,《續修四庫全書》第 46 冊,第 440
頁。

'斁'字。"①今九條本正作"斁",可爲莊、段二氏之證。下句"惟其塗丹雘",九條本"塗"亦作"斁"。

9. 今沖子旣,則亡遺老耇。（召誥）

宋本"老"作"壽"。

《漢書‧孔光傳》太后詔云："《書》曰'無遺耇老',國之將興,尊師而重傅。"師古注："《周書‧召誥》之辭也。言不遺老成之人也。"②段玉裁、繆祐孫皆謂《漢書》所引爲《今文尚書》③,則是以作"壽耇"者爲《古文尚書》。然今九條本作"老耇",九條本亦《古文尚書》也。

《逸周書‧皇門》："下邑小國克有耇老據屏位。"④《國語‧晉語八》："吾聞國家有大事,必順於典刑,而訪諮於耇老而後行之。"⑤耇老者,老成人也,即高年之人。老者,壽也,蔡邕《獨斷》卷上："三老,老謂久也,舊也,壽也。"⑥耇亦壽也,《詩‧小雅‧南山有臺》"遐不黃耇"釋文："耇,音苟,壽也。"⑦耇老同義連文。《爾雅‧釋詁》："黃髮、齯齒、鮐背、耇老,壽也。"郝懿行謂"耇老"可分釋,亦可合爲一詞⑧。

---

① 段玉裁：《古文尚書撰異》,第 1983 頁。

②《漢書》卷八十一《匡張孔馬傳第五十一》,第 3363 頁。

③《古文尚書撰異》,第 1987 頁。《漢書引經異文錄證》第 6 卷,第 6A 頁。

④ 黃懷信等：《逸周書彙校集注》,上海古籍出版社 1995 年版,第 582 頁。

⑤（清）徐元誥：《國語集解》,中華書局 2002 年版,第 424 頁。

⑥（漢）蔡邕：《獨斷》上卷,《四部叢刊三編》,商務印書館 1935 年版,第 6A 頁。

⑦《經典釋文》卷六《毛詩音義中‧南有嘉魚之什第十七‧南山有臺》"黃耇"條,第 77 頁。

⑧ 郝懿行：《爾雅義疏》卷上之一《釋詁弟一》,第 47 頁。

顏師古釋"耉老"爲老成之人,正與孔傳同,則顏氏所見本《古文尚書》即作"耉老"。如果師古所見《尚書》與《漢書》所引不同,必有所説,如《成帝紀》"故《書》云'黎民於蕃時雍'",師古曰:"此《虞書·堯典》之辭也。今《尚書》作變,而此紀作蕃,兩説並通。"①《律曆志》"《武成篇》曰:'粤若來三月,既死霸,粤五日甲子,咸劉商王紂'",師古曰:"《今文尚書》之辭。"②因其所見《古文尚書》無此語。

漢時《今文尚書》作"耉老",九條本作"老耉"者,或爲誤乙所致。當然耉老同義,倒文作老耉亦通。如壽考亦作考壽③,棄縱亦作縱棄④,代庸亦作庸代⑤。

宋本作"壽耉"者,當是不識"老"有壽義,以爲"老耉"不通,故改爲"壽耉"也。

10. 亦則□敘敘在乃位。(多方)

宋本"敘敘"作"穆穆"。

案:僞孔傳云:"亦則用敬敬常在汝位。"《正義》引《爾雅·釋訓》云:"穆穆,敬也。"是《正義》所據本亦作"穆穆"。《玉篇·禾部》:"穆,古文作。"⑥《書古文訓》同,"敘"應是"斁"之形誤。

11. 烏虖,丕在受惠忢。(立政)

宋本"忢"作"眚"。

---

① 《漢書》卷十《成帝紀第十》,第 312 頁。

② 《漢書》卷二十一下《律曆志第一下》,第 1015—1016 頁。

③ 王秀麗:《淺析金文同義連用現象》,《古籍研究》2008 年卷下,安徽大學出版社 2009 年版,第 83 頁。

④ 趙生群:《〈墨子〉訓詁叢札》,《北京大學中國古文獻研究中心集刊》第 9 輯,北京大學出版社 2010 年版,第 399 頁。

⑤ 楊樹達:《漢書窺管》卷七,上海古籍出版社 1984 年版,第 485 頁。

⑥ 《宋本玉篇》卷十五《禾部》,第 287 頁。

《説文・心部》：“恧，彊也。《周書》曰：‘在受德恧。’”段玉裁注云：“《立政》文，今《尚書》作‘啟’①，《釋詁》：‘啟，强也。’許所據古文不同。”②段氏在《古文尚書撰異》中説：“此壁中故書也。”③是段氏認爲作“啟”者隸古定《尚書》，作“恧”者漢時孔壁中《古文尚書》也。柳榮宗云：“蓋啟訓冒，引伸之亦得爲彊，疑許所引今文也。”④則以作“恧”者漢時《今文尚書》也。馬宗霍云：“僞孔傳釋‘啟’爲强。案《説文・攴部》云：‘啟，冒也。’義不爲彊，則作‘啟’爲段借字。許引作‘恧’，訓彊也，古文正字也。”⑤馬氏以作“恧”者爲《古文尚書》，而隸古定《尚書》改爲借字“啟”。今九條本作“恧”，S.2074《尚書》寫卷及《書古文訓》均作“恧”，是隸古定《尚書》作“恧”也，與許慎所見本《尚書》同。

12. 弗人譽惠，是宅顯在世。（立政）

宋本“譽惠”作“訓于德”。

《玉篇・言部》以“譽”爲“訓”之古文⑥，P.3315《尚書釋文》謂“惠”爲“德”之古文。

段玉裁云：“石經《尚書》殘碑‘訓德是罔顯哉厥世’。按無‘于’字，‘在’作‘哉’，此今文《尚書》也。”⑦王先謙云：“‘不訓于德，是罔顯在厥世’，古文也，今文無‘于’字。”⑧皆謂有“于”者爲

---

① “啟”字大徐本《説文》作“啟”，段玉裁認爲昏從氏省，不從民，故凡昏旁者均改爲昏旁。

② 《説文解字注》十篇下《心部》，第506頁。

③ 《古文尚書撰異》，第2011頁。

④ （清）柳榮宗：《説文引經攷異》卷五，李學勤主編：《中華漢語工具書書庫》第35册，安徽教育出版社2002年版，第31頁。

⑤ 馬宗霍：《説文解字引經攷》，第200頁。

⑥ 《宋本玉篇》卷九《言部》，第164頁。

⑦ 《古文尚書撰異》，第2013頁。

⑧ 王先謙：《尚書孔傳參正》卷二十七《立政》，第848頁。

《古文尚書》,無"于"者爲《今文尚書》。今九條本與 P. 2630《尚書》寫卷均無"于"字,正與《漢石經》同①,是古文與今文相同。"于"字疑據孔傳"憸人不訓於德"而添。

　　九條本之"人"應是涉上"國則罔有立政,用憸人"句而衍。

　　(原載傅永聚、錢宗武主編《第三屆國際〈尚書〉學學術研討會論文集》,綫裝書局 2015 年版)

---

　　① (宋)洪适:《隸釋》卷十四《石經尚書殘碑》,中華書局 1985 年版,第 150 頁。

敦煌《詩經》寫卷與中古經學

　　《詩經》是中國最早的一部詩歌總集,在春秋時代已經編成,比如公元前 544 年,吴國公子季札在魯國觀樂,《左傳·襄公二十九年》對此事有記載,其中提到了《周南》、《召南》、《邶》、《鄘》、《衛》等十五國風,也提到了《小雅》、《大雅》、《頌》,雖然十五《國風》的順序與我們現在看到的《詩經》不同,但風名並没有區別。孔子也常提到"詩三百",如《論語·子路》篇説:"誦《詩》三百,授之以政。"①《爲政》篇説:"《詩》三百,一言以蔽之,曰:思無邪。"②後來墨子也説"詩三百",《墨子·公孟》篇説:"誦詩三百,弦詩三百,歌詩三百,舞詩三百。"③我們知道,現在所見的《詩經》共 305 篇,孔子、墨子的"詩三百"或許只是説了一個整數而已。

　　秦始皇焚書坑儒,先秦典籍損失慘重,"及秦皇馭宇,吞滅諸侯,先王墳籍,掃地皆盡"④,但《詩經》却有幸保存了下來。西漢時,在社會上流通傳授的有四家,這當然得歸功於詩這一文學體裁的特點,《漢書·藝文志》説:"遭秦而全者,以其諷誦,不獨在

---

　　① 《論語注疏》卷十三《子路第十三》,第 116 頁。

　　② 《論語注疏》卷二《爲政第二》,第 16 頁。

　　③ (清)孫詒讓撰,孫以楷點校:《墨子閒詁》卷十二《公孟第四十八》,中華書局 1986 年版,第 418 頁。

　　④ (唐)李延壽:《北史》卷七十二《牛弘傳》,中華書局點校本 1974 年版,第 2493 頁。

竹帛故也。"①也就是説，《詩》不僅抄寫在簡帛上，也記憶在腦子裏，所以雖然文本遭到了毁滅，但由於記憶在腦子裏，可以將它們重新默寫出來。

秦亡漢興，惠帝時廢除挾書之律，先秦典籍漸漸流行。由於流傳地域與傳授者的不同，西漢初期，流傳的《詩》主要有三家：《齊詩》、《魯詩》、《韓詩》，因其文本是用當時通行的隸書書寫的，所以稱爲今文三家，簡稱三家詩。《齊詩》因流傳於齊國而得名，最早的傳授者是齊人轅固；《魯詩》因流傳於魯國而得名，最早的傳授者是魯人申培；《韓詩》是燕人韓嬰所傳，因傳授者而得名。到西漢中期，又有河間獻王博士毛公作傳的用先秦古文書寫的《詩》，世稱《毛詩》。1977 年，在安徽阜陽雙古堆一號漢墓出土了一批《詩經》竹簡②，但這漢簡《詩經》，文字與今本《毛詩》及齊、魯、韓三家詩的佚文有很大不同，不知是四家中的哪一家抑或是四家之外的另一家③。

到東漢末，大儒鄭玄爲毛亨《毛詩故訓傳》作箋，他在《六藝論》中對自己所作之箋有一個解釋："注詩宗毛爲主，其義若隱略，則更表明。如有不同，即下己意，使可識别也。"④鄭玄不僅對《毛傳》言辭隱微、解釋不明的地方作了進一步的闡釋，對於與《毛傳》看法不同的地方也重加釋析，而且常用三家詩的説法來進行解釋。可以説，鄭玄《毛詩箋》兼采今古文《詩》學之長，成爲漢代《詩經》學的集大成者。

---

① 《漢書》卷三十《藝文志第十》，第 1708 頁。
② 安徽省文物工作隊等：《阜陽雙古堆西漢汝陰侯墓發掘簡報》，載《文物》1978 年第 8 期。
③ 胡平生、韓自强：《阜陽漢簡〈詩經〉簡論》，載《文物》1984 年第 8 期。
④ 《經典釋文》卷五《毛詩音義上·周南關雎故訓傳第一》"鄭氏箋"條，第 53 頁。

由於鄭玄所箋《毛詩》是古文經,所以古文《毛詩》遂大行於世,三家詩漸趨没落。

《隋書·經籍志》云:"《齊詩》,魏代已亡;《魯詩》亡於西晉;《韓詩》雖存,無傳之者。唯《毛詩鄭箋》,至今獨立。"①《韓詩》雖存,然已處於邊緣地位,乏人傳授。到北宋時,《韓詩》亦亡佚②。

敦煌《詩經》寫卷,共有 50 號,包括斯坦因編號 17 號、伯希和編號 13 號、俄敦編號 14 號、北敦編號 2 號、日本藏 4 號。爲便於大家查檢,今不厭其繁,列卷號於下:

英藏 17 號:S. 10、S. 134、S. 329V、S. 498、S. 541、S. 789、S. 1442、S. 1533V、S. 1722B、S. 2049、S. 2729B、S. 3330、S. 3951、S. 5705、S. 6196、S. 6346、S. 11309。

法藏 13 號:P. 2506、P. 2514、P. 2529、P. 2538、P. 2570、P. 2660、P. 2669、P. 2978、P. 3383、P. 3737、P. 4072D、P. 4634B、P. 4994。

俄藏 14 號:Дх. 01068、Дх. 01366、Дх. 01640、Дх. 05588、Дх. 07475V、Дх. 08248、Дх. 09328、Дх. 11933B、Дх. 11937、Дх. 12602、Дх. 12697、Дх. 12750、Дх. 12759、Дх. 15312。

國圖藏 2 號:BD14636、BD12252。

日本藏 4 號:天理圖書館藏 1 號;杏雨書屋藏 3 號,羽 015 丿一、羽 015 丿二、羽 015 丿三。

《詩經》305 篇,涉及者已有 231 首詩,其中完整的篇目達 201 首,已佔全書的大半。我們知道,在敦煌遺書發現以前,大家所能見到的最早的《毛詩》版本是宋刻本,隋唐時期甚至隋唐以前的

---

① 《隋書》卷三十二《經籍志一》,第 918 頁。
② 説見葉國良《詩三家説之輯佚與鑒別》,見《經學側論》,清華大學出版社 2005 年版,第 82 頁。

大量《毛詩》寫本只是傳統目録書上的記載，根本無緣得見。而敦煌《詩經》寫本，是我們迄今爲止發現的最大宗的中古時期的手寫本，爲研究中古《詩經》學提供了極其寶貴的實證材料。

一、《毛詩》處於獨尊地位

《隋書·儒林傳序》云："南北所治，章句好尚，互有不同。江左《周易》則王輔嗣，《尚書》則孔安國，《左傳》則杜元凱。河、洛《左傳》則服子慎，《尚書》、《周易》則鄭康成。《詩》則並主於毛公，《禮》則同遵於鄭氏。"[①]南北朝時期，無論南學、北學，於《詩》皆重《毛詩》。

陸德明《經典釋文·序録》云："《齊詩》久亡，《魯詩》不過江東，《韓詩》雖在，人無傳者。唯《毛詩鄭箋》獨立國學，今所遵用。"[②]《隋書·經籍志》云："《齊詩》，魏代已亡；《魯詩》亡於西晉；《韓詩》雖存，無傳之者。唯《毛詩鄭箋》，至今獨立。"[③]可見隋末唐初時，四家詩中僅存《毛詩》、《韓詩》，而《毛詩》又獨尊鄭玄箋注本。

唐孔穎達承詔撰《五經正義》，其中《毛詩正義》即是以毛亨、鄭玄之《毛詩傳箋》爲本。

我們看看隋唐三部正史的相關著録即可明瞭當時《毛詩》所處的地位。

在《隋書·經籍志》中，著録《詩》39 部，没有《齊詩》，也没有《魯詩》，《韓詩》只有 3 種，其餘 36 種皆爲《毛詩》。《舊唐書·經

---

① 《隋書》卷七十五《儒林列傳·序》，第 1705 頁。
② 《經典釋文》卷一《序録·注解傳述人》"詩"，第 10 頁。
③ 《隋書》卷三十二《經籍志一》，第 918 頁。

籍志》著録《詩》30 部,存《韓詩》3 種,其餘 27 種皆爲《毛詩》。《新唐書·藝文志》著録《詩》31 部,4 種《韓詩》,其餘 27 種爲《毛詩》。《隋書·經籍志》、《舊唐書·經籍志》著録的 3 種《韓詩》是:韓嬰《韓詩》二十卷,韓嬰《韓詩外傳》十卷,侯苞《韓詩翼要》十卷。《新唐書·藝文志》著録的 4 種《韓詩》,除以上 3 種外,增補 1 種卜商《集序》二卷①。卜商爲孔子弟子子夏,那時尚無《韓詩》,所謂卜商所作,一定是後人託名。4 種《韓詩》皆漢人所作,可見南北朝隋唐時期,没有新的《韓詩》著作問世,在社會上流行的是《毛詩》。

潘重規先生謂可據敦煌《詩經》寫卷,以覘六朝唐代詩學之風氣:"今英法所藏敦煌詩經卷子,無不非《毛詩詁訓傳》。即僅録白文諸卷,如斯七八九、三三三〇、六三四六,皆標題爲鄭氏箋,是敦煌所存六朝唐人卷子,皆毛傳鄭箋本也。觀學者誦習之本,即知當時經學之風尚。……是則六朝唐人之詩學,實毛鄭大一統時期。"②下面我們來具體分析一下敦煌《詩經》寫卷的情況。

今所見 50 號《詩經》寫卷,可分爲 4 類:

(1) 白文本《毛詩》,共 22 號寫卷。

(2) 毛亨、鄭玄《毛詩傳箋》,共 23 號寫卷。

(3) 孔穎達《毛詩正義》,共 2 號寫卷。

(4) 佚名《毛詩音》,共 3 號寫卷。

這 50 號寫卷,23 號爲《毛詩傳箋》,接近總數的一半;其他白文本《毛詩》、孔穎達《毛詩正義》、《毛詩音》共 27 號寫卷。

白文本《毛詩》,即只録《毛詩》經文及《毛詩序》的寫本,但它

---

① 卜商《集序》,即將《韓詩》之小序抽出集爲一書。

② 潘重規:《敦煌詩經卷子研究論文集·序》,香港新亞研究所 1970 年版,第 2 頁。

們據以抄録的底本却是《毛詩傳箋》本。請看以下三例:

S.789號,起《周南·漢廣》,至《鄘風·干旄》,174行,白文無注,但其中却有"周南鵲巢詁訓傳第二　毛詩國風　鄭氏箋"、"鄘栢舟故訓傳第三　毛詩國風　鄭氏箋"這樣的小題,可知這是以《毛詩傳箋》本爲底本的,只不過抄録時删去了毛傳和鄭箋。

又如S.3330,起《小雅·鴻雁之什·鴻雁》第二章"之子于垣",至《小雅·節南山之什·十月之交》末句"我不敢效我友自逸",64行,白文無注,存《鴻雁之什》十詩及《節南山之什》三詩共13首詩的内容。第34行有子目"節南山之詁訓傳弟十九　毛詩國風小雅　鄭氏箋",知其所據者爲《毛詩傳箋》本。

又如S.1722B,存《詩大序》及《周南》十一篇全部,白文無注,共91行,首題"周南關雎詁訓傳弟一　毛詩國風",尾題"周南之國十有一篇　凡三千九百六十三字"。題爲"周南關雎詁訓傳",應是《毛詩》,然僅録序及經文,並無毛傳及鄭箋的内容。寫卷尾題下有"凡三千九百六十三字"句。案《周南》159句,共630字,即使算上《詩大序》及各篇之小序及其尾題章句數,亦僅1534字,遠遠不及3963字之數。今注疏本中經傳箋之總字數爲4048字①,與此3963字接近,可證此3963字乃《毛傳鄭箋》本之數字,而非《毛詩》白文本之數字,可知此乃抄者據傳箋本。

至於孔穎達《毛詩正義》,即是爲《毛詩傳箋》作疏,孔氏堅持"疏不破注"的原則,所作疏釋必符合毛傳、鄭箋,其所據以作疏之本自然是《毛詩傳箋》本。

兩種《毛詩音》寫卷,摘字爲音,詞目單行大字,注文雙行小

---

① 本文凡引用《詩經》及《毛傳》、《鄭箋》與孔穎達《毛詩正義》,除標明是敦煌寫卷外,均據臺北藝文印書館2001年影印之阮元編嘉慶二十年南昌府學重刊宋本《十三經注疏》。

字,將其詞目與《毛詩傳箋》本對照,可知皆以《毛詩傳箋》爲底本。

1944 年 8 月,敦煌藝術研究所(今敦煌研究院)在莫高窟中寺後園的土地廟殘塑體内發現六朝寫本《詩經》,土地廟寫本雖非出於藏經洞①,但也是敦煌寫本,所以在此也附帶提一下。蘇瑩輝根據寫卷的注文有與鄭箋相似者,亦有與《毛詩正義》所引王肅注相近者,認爲是王肅《毛詩注》殘卷②。王素却認爲是佚名《韓詩注》③。但此殘卷中,《何人斯》篇有小序,與傳本毛序相同,既有毛序,可見是《毛詩》而不可能是《韓詩》。雖然並無證據證明這就是王肅《毛詩注》,但不是《韓詩》,是可以肯定的。

由此可知,敦煌所出《詩經》寫本,全部是《毛詩》,而且只有一件非藏經洞寫卷不是《毛詩傳箋》本,其他的全部屬於《毛詩傳箋》系統。中古時期,僻處西陲的敦煌,與中原地區一樣,《毛詩》處於獨尊地位。

二、《毛詩傳箋》的分卷

《隋書·經籍志》"詩類"謂"《毛詩》二十卷,漢河間太守傅毛萇傳,鄭氏箋"④,《舊唐書·經籍志》"詩類"有"《毛詩詁訓》二

---

① 李正宇:《土地廟遺書的發現、特點和入藏年代》,《敦煌研究》1985 年第 3 期;池田温:《一九四四年莫高窟土地廟塑像中發現文獻管見》,饒宗頤主編《敦煌文藪》,新文豐出版公司 1999 年版。

② 蘇瑩輝:《從敦煌北魏寫本論詩序真偽及孝經要義》,《孔孟學報》第 1 期,1961 年。

③ 王素:《敦煌土地廟發現的〈詩經注〉殘卷——讀〈王重民向達所攝敦煌西域文獻照片合集〉札記之一》,《敦煌文獻·考古·藝術綜合研究——紀念向達先生誕辰 110 周年國際學術研討會論文集》,中華書局 2011 年版。

④《隋書》卷三十二《經籍志一》,第 916 頁。

十卷,鄭玄箋"①,《新唐書·藝文志》"詩類"有"鄭玄箋《毛詩詁
訓》二十卷"②。《唐石經》所收《毛詩》二十卷③,正與《隋書·經
籍志》等所言同。

S.789《周南·漢廣》至《鄘風·干旄》,在"鄁柏舟故訓傳第
三"下有"卷二"二字,在"鄘柏舟詁訓傳第四"下有"卷三"二字,
《唐石經》正"邶風"在第二卷,"鄘風"在第三卷。

P.2529 在篇後小題"《溱洧》二章章十二句"下有"卷弟四"
三字,《溱洧》是《鄭風》最後一篇,《唐石經》"鄭風"正在第四卷。

P.2529 在《魏風》末有"卷弟五"三字,P.2669《齊風》題下有
"卷五"二字,《唐石經》"齊風"、"魏風"合爲第五卷。

P.2529 在《唐風》題下有"卷弟六"三字,在《秦風》末有"卷
六"二字,《唐石經》"唐風"、"秦風"合爲第六卷。

P.4994、P.2514、P.2570 在《小雅·鹿鳴之什》末均有"毛詩
卷弟九"五字,《唐石經》第九卷的内容正爲《鹿鳴之什》。

P.2506《小雅·南有嘉魚之什》尾題"毛詩卷第十",與《唐石
經》同。

P.2978《小雅·節南山之什》尾題"卷第十二",S.3330《小
雅·節南山之什》首題"毛詩卷第十二",與《唐石經》同。

P.2978 在《小雅·谷風之什》題下有"卷第十三"四字,《唐
石經》第十三卷正《小雅·谷風之什》内容。

BD14636《大雅·文王之什》題下有"卷什六"三字,與《唐石
經》同。

<hr>

① 《舊唐書》卷四十六《經籍志上》,第 1970 頁。
② 《新唐書》卷五十七《藝文志一》,第 1429 頁。
③ 《唐石經》所錄雖僅經文,但卷題之下有"鄭氏箋"三字,可知所據即
《毛詩傳箋》,只是删除了毛傳與鄭箋而已。

以上諸寫本的分卷與《唐石經》同。

三、孔穎達《毛詩正義》之體裁格式

魏晉南北朝時期，學者輩出，經學有南學、北學之分，加上儒釋道三教的分爭融合及儒學内部派系林立，異説紛紜。隋朝國祚短暫，未能有所作爲。唐太宗貞觀四年，詔令顔師古校訂五經，以統一長期以來由於師傳、經説的不同以及輾轉傳抄而形成的文本差異。貞觀十二年（638），詔大儒孔穎達等撰修《五經正義》，以統一異説紛紜之經義。中經兩次修訂，于高宗永徽四年（653）頒行天下，作爲科舉考試的標準。

但由於唐本《正義》不存於世，後人論《正義》之體裁，往往根據宋刻單疏本推論。或謂經、注均載全文；或謂釋經不標起止，釋注方標起止；或謂注文省略不録，但有時録全文；或謂標明經、注起止①，等等。

敦煌寫卷有兩個《毛詩正義》殘片：（1）Дx. 09328 號殘片，存《大雅・思齊》，僅4殘行，不能知其體裁格式。（2）S. 498 號寫本，存《大雅・民勞》部分，共37行，經、傳、箋皆標起止，而不出全文；經、傳、箋之起止用朱書，正義用墨書。王重民云：“傳箋起止朱書，正義墨書，凡‘民’字皆作‘人’，孔氏原書應如是也。”②潘重規云：“此卷傳箋起止朱書，正義墨書，當爲唐代正義原書之本來面目，殆無疑義。”③據此唐寫本《毛詩正義》寫卷所反映之書

---

① 説詳蘇瑩輝《略論五經正義的原本格式及其標記經、傳、注文起訖情形》，見《敦煌論集續編》，臺灣學生書局 1983 年版，第 79—81 頁。

② 王重民：《敦煌古籍叙録》，第 45 頁。

③ 潘重規：《巴黎倫敦所藏敦煌詩經卷子題記》，見《敦煌詩經卷子研究論文集》，第 169 頁。

寫體裁,可以證明孔穎達《五經正義》的書寫格式是經、注皆標起止而不出全文,經、注用朱書,《正義》用墨書以別之。《南宋刊單疏本〈毛詩正義〉》的影印前言於《毛詩正義》體裁格式的演變有很精彩的論述,可以參看①。

四、中古時期《毛詩音》的面貌

魏晉南北朝隋唐是音韻蜂出的時期,當時流行爲群籍注音,謝啟昆《小學考》著録了這樣的音義書達 85 種,關於《詩經》的音義書,也有 15 種之多。但除了陸德明的《經典釋文·毛詩音義》外,沒有一種保存下來。這些音義書的内容零星散見於群籍之引用,雖然經過歷代輯佚家的艱苦工作,已經有了大量的輯佚本,但材料較少而且不成系統。藏經洞寫本中,有兩種《毛詩音》寫卷,是我們從未見到過的佚籍。

（1）S. 2729B+Дх. 01366《毛詩音》,是一件寫卷的兩部分,分別收藏在英國與俄國,俄國學者孟列夫與臺灣學者潘重規證明這是同一個寫卷的内容②。寫卷起《詩大序》,至《唐風·山有樞》,共 136 行,體例與《經典釋文》相近,以毛亨傳、鄭玄箋《詩經》爲底本,摘字注音。

（2）P. 3383《毛詩音》,收藏在法國國家圖書館,存《毛詩·大雅》之《文王之什·旱麓》至《蕩之什·召旻》部分二十七篇詩的

---

① （唐）孔穎達撰:《南宋刊單疏本〈毛詩正義〉》,人民文學出版社 2012 年版。"影印前言"由李霖、喬秀岩撰寫。
② ［俄］孟列夫主編,袁席箴、陳華平譯:《俄藏敦煌漢文寫卷叙録》,上海古籍出版社 1999 年版,第 608—609 頁;潘重規《倫敦藏斯二七二九號暨列寧格勒藏一五一七號敦煌毛詩音殘卷綴合寫定題記》,見《敦煌詩經卷子研究論文集》,香港新亞研究所 1970 年版,第 77 頁。

音義,共 96 行。體例亦與《經典釋文》相近,以毛亨傳、鄭玄箋《詩經》爲底本,摘字注音。

這兩種《毛詩音》寫卷的作者不可考,但都是唐朝抄本,可以肯定是魏晉南北朝隋唐時期的音義書。通過這兩種寫卷,我們不僅可以一睹當時《毛詩》音義類著作的面貌,並可把它們的音注作爲中古音研究的重要資料。而且《毛詩音》寫卷爲六朝隋唐時期作品,其所用《毛詩》之底本無疑亦是當時的文本,故亦具有重要的文獻價值,筆者曾有專文作過探討①。

五、音隱類著作之體裁

《隋書·經籍志》云:"梁有《毛詩背隱義》二卷,宋中散大夫徐廣撰;……《毛詩總集》六卷,《毛詩隱義》十卷,並梁處士何胤撰。亡。"又云:"《毛詩音隱》一卷,幹氏撰。亡。"②《梁書·處士傳·何胤》曰:"注《易》,又解《禮記》,於卷背書之,謂爲《隱義》。"③所謂"隱"字之義,姚振宗考云:"齊梁時隱士何胤注書,於卷背書之,謂爲隱義。背隱義之義蓋如此。由是推尋,則凡稱音隱、音義隱之類,大抵皆從卷背録出,皆是前人隱而未發之意。當時別無書名,故即就本書加隱字以名之。"④吳承仕云:"疑'音

---

① 許建平:《試論法藏敦煌〈毛詩音〉寫卷的文獻價值》,載《禮學與中國傳統文化——慶祝沈文倬先生九十華誕國際學術研討會論文集》,中華書局2006 年版;《英俄所藏敦煌寫卷〈毛詩音〉的文獻價值》,《文獻》2011 年第 3期。

② 《隋書》卷三十二《經籍志一》,第 917、916 頁。

③ (唐)姚思廉:《梁書》卷四十五《處士傳·何胤》,中華書局點校本1973 年版,第 735 頁。

④ (清)姚振宗:《隋書經籍志考證》卷三《經部三》,《二十五史補編》第4 册,中華書局 1955 年版,第 5088 頁。

隱’、‘音義隱’諸名蓋當時通語，猶言虆栝耳。”①與姚説不同。

　　S.10卷背、P.2669卷背均有以極小之字所寫字音，注於正面的經、傳、箋之字的對應位置。潘重規先生認爲這就是“隱”一類著作的原貌：“所謂隱者，特以所著書於卷背，隱而不現，故名爲隱，非有他義也。”②《英藏敦煌文獻》據潘説將 S.10 背面定名爲“毛詩鄭箋音隱”③。鄭阿財認爲 S.10、P.2669 卷背之音隱並非只爲《毛詩》經文作音，亦爲毛傳、鄭箋作音，所以傳統目録書上所説《毛詩背隱義》、《毛詩音隱》之類，也並非只注經文的，因而S.10、P.2669 卷背均當定名爲《毛詩音隱》④。卷背注音是否確爲正面之經傳箋之文字作音，我們可以再討論⑤，但這種注音體裁確爲音隱類著作之原貌，是没有疑問的。敦煌《詩經》寫本的出土，使千年疑藴，一朝冰釋。

六、中古時期《毛詩傳箋》之文本面貌

　　從事典籍研究的目的，就是爲了正確地瞭解古代社會、文化的面貌以及古人的思想、信仰、生活等，爲現實服務。而進行深入的研究，首先必須還原典籍原貌，歷代學者爲此注入了大量心血，對傳世典籍進行校勘。特別是乾嘉諸儒，他們憑藉深厚的小學功

---

① 吳承仕：《經籍舊音序録》，中華書局 1986 年版，第 67 頁。
② 潘重規：《敦煌毛詩詁訓傳殘卷題記》，見《敦煌詩經卷子研究論文集》，香港新亞研究所 1970 年版，第 1 頁。
③ 《英藏敦煌文獻》第 1 卷，四川人民出版社 1990 年版，第 4 頁。
④ 鄭阿財：《論敦煌文獻展現的六朝隋唐注釋學——以〈毛詩音隱〉爲例》，載《敦煌學輯刊》2005 年第 4 期。
⑤ 許建平：《敦煌〈詩經〉卷子研讀札記二則》，載《敦煌學輯刊》2004 第1 期。

底,在資料的佔有上可謂竭澤而漁,在《詩經》的文本校勘方面達到了登峰造極的地步。所以,要在校勘上有更進一步的發展,必須依賴出土文獻。敦煌《毛詩》寫卷都爲中古時期寫本,是漢晉簡本時代與宋以後的刻本時代之間《毛詩傳箋》文本演變的重要一環,對於我們探尋漢時《毛詩》文本之原貌具有重要的價值。試舉數例:

1. 《大雅·桑柔》:"憂心慇慇,念我土宇。我生不辰,逢天僤怒。自西徂東,靡所定處。多我覯瘠,孔棘我圉。"

此爲《桑柔》篇第四章,其偶數句之宇、怒、處、圉相押,而其奇數句之慇、辰、東、瘠當亦押韻,然慇、辰、瘠在真文部,而"東"則爲東部字。"西"爲脂部字,脂部與真文部對轉。江有誥《古韻總論》曰:"《詩》中八句交互隔協者,每缺弟七句不韻。《沔水》之'莫肯念亂',《正月》之'橋維師氏',《桑柔》之'其何能淑',《板》之'先民有言',《出車》之'王事多難',皆七句也。惟'自西徂東'以五句不韻。愚謂當作'自東徂西',西與慇、辰、瘠元文通韻,傳寫者誤倒其文耳。"①朱駿聲《説文通訓定聲·豐部弟一》"東"字下云:"《詩·桑柔》葉慇、辰、東、瘠。按當作'自東徂西',傳寫誤到。"②江、朱之説多爲後來學者信從,如林之棠《詩經音釋》、王力《詩經韻讀》、王顯《詩經韻譜》③。亦有學者不從其

---

① (清)江有誥:《音學十書·古韻總論》,中華書局 1993 年版,第 26 頁。

② (清)朱駿聲:《説文通訓定聲·豐部弟一》,第 31 頁。

③ 林之棠:《詩經音釋》下冊,商務印書館 1934 年版,第 70 頁;王力《詩經韻讀》,上海古籍出版社 1980 年版,第 371 頁;王顯《詩經韻譜》,商務印書館 2011 年版,第 285 頁。

説,如陸志韋《詩韻譜》以"自西徂東"句不入韻①。S. 6196《毛詩》寫卷末行作"我生不辰逢天僤怒自東","東"下"徂"字殘存部分筆劃,後面皆殘泐,然我們可以推知"徂"下一字必爲"西"。寫卷作"自東徂西",正可爲江、朱之説佐證。作"自西徂東"者,蓋不解先秦聲韻,以爲愍、辰、瘣與"西"不協,而"東"則同爲陽聲韻,遂奮筆而改。《唐石經》已作"自西徂東",其所改動,亦已久矣。

2.《鄘風·蝃蝀》："乃如之人也,懷昏姻也。"

王先謙《詩三家義集疏》云：

> 《列女傳·陳女夏姬篇》："《詩》云：'乃如之人兮,懷昏姻也,大無信也,不知命也。'"言嬖色殞命也。《韓詩外傳》一略云：不肖者精化始具,觸情縱欲,是以年壽極夭而性不長。《詩》曰："乃如之人兮,懷昏姻也,大無信也,不知命也。"《説苑·辨物篇》引《詩》語並同。據此,魯、韓作"兮"。②

王氏因《列女傳》、《韓詩外傳》、《説苑》作"兮"而認爲《毛詩》作"也"而《魯詩》、《韓詩》作"兮"。P. 2529 第 202 行作"乃如之人兮",與《列女傳》等所引同,而 P. 2529 寫卷爲《毛詩》,是唐時《毛詩》文本有作"兮"而不作"也"者。段玉裁《詩經小學》于《君子偕老》"玼兮玼兮,其之翟也"下云："此篇'也'字疑古皆作'兮'……古《尚書》、《周易》無'也'字,《毛詩》、《周官》始見,而孔門盛行之。'兮'在第十六部,'也'在第十七部,部異而音近,各書

① 陸志韋：《詩韻譜》,見《陸志韋語言學著作集(二)》,中華書局 1999 年版,第 159 頁。
② (清)王先謙撰,吳格點校：《詩三家義集疏》卷三中《邶鄘衛柏舟第四·蝃蝀》,中華書局 1987 年版,第 247 頁。

所用‘也’字本‘兮’字之假借。”①商承祚曰：“秦詔權及詔版之二世詔、琅邪台刻石、詛楚文、亞駝石等又用‘也’，間亦用廏，是廏、也兩字通用之證。”②是“也”作語助起源甚早，段玉裁以爲“兮”早於“也”的説法不確。但也、兮二字古多混用，其例甚夥③。漢時《毛詩》作“也”還是“兮”，仍需更多材料證實，但不能據後世屢經刊刻之本率爾論定《毛詩》用字之原貌。

3. 《豳風·伐柯》：“伐柯如何？匪斧不克。”S. 1442、S. 2049“伐柯如何”作“伐柯如之何”。

李富孫云：“《白帖》十七、八十二，《藝文類聚》四十，《御覽》五百四十一引作‘如之何’，下句同。案：《白帖》諸本引作‘如之何’，當涉‘南山崔崔’之文而誤。”④李氏所言“南山崔崔”之文，即《齊風·南山》“析薪如之何？匪斧不克。取妻如之何？匪媒不得”句，謂“伐柯如何”因“析薪如之何”句而誤爲“伐柯如之何”。

《禮記·坊記》引《詩》云：“伐柯如之何，匪斧不克；取妻如之何，匪媒不得。蓻麻如之何，橫從其畝；取妻如之何，必告父母。”《正義》釋之曰：“《詩》云‘伐柯如之何，非斧不克’者，此《詩·齊風·南山》之篇。”⑤按前四句從“伐柯”至“不得”，當是《豳風·伐

① （清）段玉裁：《詩經小學》，《清經解》第 4 册，上海書店 1988 年版，第 172 頁。

② 商承祚：《石刻篆文編字説》，《石刻篆文編》附録，中華書局 1996 年版，第 38 頁。

③ （清）王引之撰，李維琦點校：《經傳釋詞》卷四“也”字條，岳麓書社 1984 年版，第 88 頁。

④ （清）李富孫：《詩經異文釋》，《清經解續編》第 2 册，上海書店 1988 年版，第 1362 頁。

⑤ 《禮記正義》卷五十一《坊記第三十》，第 871—872 頁。

柯》之文；後四句"藝麻"以下，方爲《南山》之文。《正義》以爲全
是《南山》之詩，誤也。S. 1442、S. 2049 作"伐柯如之何"，三類書
所引亦作"如之何"，正與《禮記》所引合，是《伐柯》詩原即作"伐
柯如之何"，今本無"之"者，蓋以爲此詩皆四言而刪之。朱廷獻
云："尋繹本詩四字爲句，似無'之'字較妥。"①袁梅云："《白帖》
十七、八十二，《藝文類聚》四十，《太平御覽》五百四十一各引
《詩》'伐柯如之何'，獨出五言句，與通篇四言之例不諧，疑爲傳
鈔誤增'之'字。"②所犯即此種錯誤。程燕云："此詩在《毛詩》本
子中是整齊的四字一句的格式，但敦煌本在'如何'中加一'之'，
導致整首詩四字句、五字句雜糅，句式不整齊。但因爲《詩經》中
類似這樣字數不整齊的詩很多，此處可能是抄手篡改，亦可能源
自另一文本。"③謂"可能源自另一文本"，是也；而疑爲"抄手篡
改"，則誤。

4.《秦風·駟驖》"公曰左之，舍拔則獲"鄭箋："拔，括也。
舍拔則獲，言公善射。"

鄭玄解經，在對經中之詞作訓詁後，凡重複此句經文，必以訓
詁之語代之，如《邶風·凱風》"爰有寒泉"箋："爰，曰也。曰有寒
泉者，在浚之下浸潤之。"④《魏風·碩鼠》"碩鼠碩鼠"箋云："碩，
大也。大鼠大鼠者，斥其君也。"⑤《小雅·南山有臺》"遐不眉
壽"箋云："遐，遠也。遠不眉壽者，言其近眉壽也。"⑥則此處箋文
"舍拔則獲"依例當作"舍括則獲"。P. 2529 第 535 行正作"舍括

① 朱廷獻：《詩經異文集證》，《文史學報》第 14 期，1984 年 6 月。
② 袁梅：《詩經異文彙考辨證》，齊魯書社 2013 年版，第 294 頁。
③ 程燕：《詩經異文輯考》，安徽大學出版社 2010 年版，第 208 頁。
④《毛詩正義》卷二之二《邶風·凱風》，第 85 頁。
⑤《毛詩正義》卷五之三《魏風·碩鼠》，第 211 頁。
⑥《毛詩正義》卷二之二《小雅·南山有臺》，第 347 頁。

則獲"。

　　敦煌本《詩經》寫卷的發現,是經學研究史上的大事,也是《詩經》學史上的大事,通過對這批寫卷的研究,不僅可以證實文獻記載的中古時期《毛詩》一統天下的局面,也可以藉之解決經學史上諸多懸而未決的問題,諸如《毛詩正義》原本之體裁格式、音隱類著作之體裁,等等。而且由於它是中古時期寫本,保存了當時《毛詩傳箋》的文本面貌,是漢晉簡本時代與宋以後的刻本時代之間《毛詩傳箋》文本演變的重要一環,對於我們探尋漢時《毛詩》文本之原貌具有重要的價值。

（原載《敦煌學輯刊》2014 年第 4 期）

敦煌《詩經》寫卷研究綜述

　　《詩經》是我國先秦時編成的詩歌總集,早在漢朝就已列位"五經"。歷代闡釋之作品,不可勝數。特別是清代,朴學大興,清儒的《詩經》研究成就達到了一個高峰,傳統文獻中的材料已被蒐羅殆遍,若無新材料的發現,已達不可逾越之境。

　　1900 年,在中國西北敦煌莫高窟第 17 窟中發現了大量六朝至北宋的寫本,其中也有數十件《詩經》寫本,因而很早就引起了學界的注意。據筆者所見,從 1911 年劉師培發表兩篇關於敦煌本《詩經》的提要始,一百餘年來,共有三十多位學者發表了七十多篇論著,這還不包括在研究中利用到《詩經》寫本的論著。

　　敦煌所見《詩經》寫本,包括《毛詩》白文、毛傳鄭箋本、正義本、佚名注本及《毛詩音》,所據文本全部是《毛詩故訓傳》。但其中的《毛詩音》寫卷,並非純粹的對《毛詩》經文之注本,而是一種對毛公作傳鄭玄作箋的《詩經》文本所作的摘字注音本,有它本身的特殊性,因而單獨將它立爲一個專題,而將其他的《毛詩》寫本(經文及注疏)作爲一個專題論述。

一、《毛詩》寫本的研究

1909 年 7 月,伯希和在北京將隨身所帶寫卷給羅振玉觀摩①,羅氏即於 9 月在《東方雜誌》第 6 卷第 10 期上發表了《敦煌石室書目及發見之原始》一文,記載了他在伯希和寓所目睹之寫卷及伯氏已寄回法國諸寫卷之部分目録,提到《詩經》寫卷兩種,其中《邶柏舟故訓傳》殘卷乃羅氏親眼所見,故他又於《莫高窟石室秘録》中云:"《鄁柏舟故訓傳》,鄭注。案陸德明《釋文》'邶,本作鄁',漢《衡方碑》'感背人之凱風',字又作'背'。此本作'鄁',知是六朝古本。"②案羅氏所見即 P. 2529 號,"世"字或缺筆,"民"或改作"人"或缺筆,乃是唐寫本,非六朝古本。此蓋羅氏匆匆展閲,未及細審之故也③。羅氏之語極簡略,尚不能稱爲真正意義上的論文。

關於敦煌本《詩經》最早的研究論文,當推劉師培於 1911 年發表的《敦煌新出唐寫本提要》一文中的兩篇《詩經》寫卷提要——《毛詩詁訓傳國風殘卷》(P. 2529)、《毛詩詁訓傳鄁風殘

---

① 孟憲實:《伯希和、羅振玉與敦煌學之初始》,載《敦煌吐魯番研究》第 7 卷,中華書局 2004 年版。

② 羅振玉:《莫高窟石室秘録》,《東方雜誌》第 6 卷第 11 期,1909 年 10 月。

③ 1917 年羅氏影印《鳴沙石室古籍叢殘》,收入此卷影本,其跋云:"唐本甲卷存召南麟趾至陳風宛邱,魏風以上無注,唐風以下則有之,書迹凡拙,乃閭里書師所寫。然以較《釋文》所載諸本,頗有勝處,蓋依六朝善本也。"(黄永武主編《敦煌叢刊初集》第 8 冊,新文豐出版公司 1985 年版,第 267—268 頁)已修正了自己之誤。

卷》(P. 2538)①。劉氏所做的工作主要有以下幾項:(1)詳細描
述寫卷的概貌,包括行數、起迄、篇題。(2)據諱字考定抄寫時
代。(3)將寫卷與《唐石經》、陸德明《經典釋文》、孔穎達《毛詩
正義》及古籍引《詩》相比勘,進行文字校正。(4)評定寫卷價值。
(5)對勘兩寫卷的重合之處,認爲兩者非據同一底本抄録。其中
第三項的研究,頗得後人稱道②。

　　1917 年,羅振玉出版《鳴沙石室古籍叢殘》,影印《詩經》寫卷
5 件——P. 2506、P. 2514、P. 2529、P. 2538、P. 2570,並撰《敦煌本
毛詩詁訓傳殘卷跋》;1924 年 6 月,羅振玉撰《詩豳風殘卷跋》,對
英國所藏 S. 134 號《豳風》殘卷作了簡單的介紹③,又於 1925 年 5
月將録文刊入《敦煌石室碎金》④。1929 年,保之(陳邦懷)在上
海神州國光社的《藝觀》第 3 期發表《敦煌本毛詩豳風七月殘卷
跋》,根據羅振玉的録文,取《唐石經》、宋巾箱本、阮刻本《毛詩注
疏》及盧文弨刻《經典釋文》對勘,列舉可正今本者 7 條。1929
年,羅振玉又撰《敦煌古寫本毛詩校記》⑤,校録了 P. 2529、

①　劉師培:《敦煌新出唐寫本提要》,連載在 1911 年的《國粹學報》第 7
卷第 1 至第 8 期上,共計 19 篇提要。此據《劉申叔遺書》,江蘇古籍出版社
1997 年版,第 2003—2006 頁。
②　陳鐵凡云:"劉師培提要記述此卷(指 P. 2538)傳箋文與諸本異同甚
詳。"(《敦煌本易書詩考略》,《孔孟學報》第 17 期,1969 年 4 月)潘重規云:
"惟卷子淵源甚古,良玉有瑕,終非碔砆可比,故披沙揀金,往往見寶,劉先生
提要幾已盡舉之矣。"(《敦煌詩經卷子之研究》,《華冈學報》第 6 期,1970 年
2 月)
③　羅振玉:《松翁近稿》,《羅雪堂先生全集》續編第 1 册,臺灣大通書局
1989 年版,第 35 頁。
④　羅振玉:《敦煌石室碎金》,《敦煌叢刊初集》第 7 册,新文豐出版公司
1985 年版,第 3—5 頁。
⑤　羅振玉:《遼居雜著》,《羅雪堂先生全集》初編第 4 册,臺北文華出版
公司 1968 年版。

P. 2514、P. 2570、P. 2506 四種寫卷,並在跋文中概括寫卷優點有四:(1)異文。有可刊訂今本者,有與今本不同而與《釋文》相同或與《釋文》所載或本相同者。(2)語助。傳箋中句末多有語助,多與山井鼎《七經孟子考文》中所載古本相合。(3)章句。段玉裁據《正義》,移章句於篇前。而此諸卷,章句皆在篇後,知段氏誤也。(4)卷數。段玉裁據《漢書·藝文志》定《毛詩故訓傳》爲三十卷,而此諸寫卷,分卷與《唐石經》、《隋書·經籍志》相合,知《毛詩故訓傳》分二十卷,六朝即已如此。

1932 年,小島祐馬據其在法國國立圖書館所見,發表《巴黎國立圖書館藏敦煌遺書所見録》,介紹了 P. 2669 寫卷,並與阮刻本對勘,撰有異文校記①。

1934 年,姜亮夫在巴黎閱覽敦煌寫卷,他收集的《詩經》寫卷,反映在《敦煌本毛詩傳箋校録》一文中,該文雖於 1962 年成稿,1987 年發表②,但其材料却是 1934 年在巴黎所録。該文爲 P. 2529、P. 2538、P. 2570、P. 2978、P. 2506、P. 2514、P. 2669 共 7 種殘卷撰寫了叙録,並與阮刻本對勘,作了異文校録。

1944 年 8 月,敦煌藝術研究所(今敦煌研究院)在莫高窟中寺後園的土地廟殘塑體内發現了北魏寫本《毛詩》、《孝經》、帳曆、北朝幢將名簿等共 70 多件,編成 68 號。蘇瑩輝《記本所新發見北魏寫經(附目)》、向達《國立敦煌藝術研究所發現六朝殘經》

---

① [日]小島祐馬:《巴黎國立圖書館藏敦煌遺書所見録(4)》,《支那學》6 卷 3 號,1932 年 7 月;《巴黎國立圖書館藏敦煌遺書所見録(5)》,《支那學》6 卷 4 號,1932 年 12 月。

② 姜亮夫:《敦煌本毛詩傳箋校録》,《敦煌學論文集》,上海古籍出版社1987 年版,第 53—150 頁。

二文有土地廟遺書的發現及其情況的詳細介紹①。蘇瑩輝在
1944 年 12 月與 1945 年 2 月連續發表《敦煌新出寫本毛詩殘頁校
後記》(蘭州《西北日報》1944 年 12 月 26 日)、《敦煌新出寫本毛
詩孝經合考》(《東方雜誌(渝版)》第 41 卷第 3 號,1945 年 2 月,
第 47—53 頁)兩篇論文,據卷中注文有與《鄭箋》相似者,亦有與
《正義》所引王肅注相近者,疑其爲《隋書·經籍志》所載南朝梁
時鄭玄、王肅合注本《毛詩》之殘卷。1961 年又在《孔孟學報》第
1 期發表《從敦煌北魏寫本論詩序真僞及孝經要義》一文,進一步
論定寫卷爲王肅《毛詩注》殘卷②。該卷原藏敦煌藝術研究所,據
沙知先生説,1951 年在北京舉辦敦煌文物展覽以後,此卷轉歸故
宮博物院保管③,故我在《敦煌經籍叙錄》中,將此卷定名爲"故宮
本《毛詩注(小雅巧言、何人斯)》"。2010 年 6 月,在中國國家圖
書館召開的"敦煌文獻、考古、藝術綜合研究——紀念向達教授
誕辰 110 周年國際學術研討會"上,王素發表《敦煌土地廟發現
的〈詩經注〉殘卷——讀〈王重民向達所攝敦煌西域文獻照片合

---

① 蘇瑩輝:《記本所新發見北魏寫經(附目)》,蘭州《西北日報·西北文
化周刊》第 23 期,1945 年 4 月 24 日。向達:《國立敦煌藝術研究所發現六朝
殘經》,國立《北平圖書館季刊》(渝版)第 5 卷第 4 期,1945 年;收入閻文儒、
陳玉龍主編《向達先生紀念論文集》,新疆人民出版社 1986 年版,第 3—5
頁。
② 蘇氏研究此卷的其他論著有:《關於本所新發現北魏寫本毛詩殘
葉》,蘭州《西北日報》1945 年 6 月 26 日;《敦煌六朝寫本〈毛詩注〉殘葉斠
記》,《孔孟學報》第 3 期,1962 年 4 月。
③ 沙知"土地廟遺書"條,季羨林主編《敦煌學大辭典》,上海辭書出版
社 1998 年版,第 17 頁。

集〉札記之一》一文①,該文主要談了兩點:(1)殘卷並不在故宮博
物院,可能在中國歷史博物館。(2)殘卷非王肅《毛詩注》,而是
佚名《韓詩注》,理由是魏晉時,《齊詩》、《魯詩》先後亡佚,惟《韓
詩》尚存,故此應是《韓詩注》。筆者認爲王説没有任何直接或間
接的證據可以證明,而且此殘卷中,《何人斯》篇有小序,與傳本
毛序基本相同,既有毛序,可見是《毛詩》而不可能是《韓詩》。所
以此爲《毛詩注》的説法仍不可破,只是尚無材料證明其爲何人
所作而已。

　　傅振倫據北平圖書館所藏照片,對法藏敦煌寫卷 P. 2978 號
作過一個提要②,收在《續修四庫全書總目提要》中③,提要的内容
爲異文校録,並據避諱字定抄寫時代④。

　　1958 年,北京商務印書館出版了王重民《敦煌古籍叙録》,這
是對以往有關敦煌古籍的研究成果所作的總結。其中,對英法所
藏 14 種《詩經》寫卷作了叙録(P. 2529、P. 2538、P. 2514、P. 2570、
P. 2506、P. 3383, S. 10、S. 134、S. 5705、S. 789、S. 2729、S. 3330、
S. 6346、S. 498)。其中, P. 2529、P. 2538、P. 2514、P. 2570、P.
2506、S. 134 皆轉録羅振玉、劉師培、保之的序跋;關於 S. 10、S.

────────────

　　① 收入樊錦詩、榮新江、林世田主編:《敦煌文獻・考古・藝術綜合研
究——記念向達先生誕辰 110 周年國際學術研討會論文集》,中華書局 2011
年版,第 476 頁。

　　② 傅振倫:《敦煌寫本毛詩白文三卷》,《續修四庫全書總目提要・經
部》,中華書局 1993 年版,第 300 頁。據《續修四庫全書總目提要・經部》之
"整理説明",提要的撰寫在 1931—1942 年間。

　　③ 提要謂據"攝影本",當時北平圖書館藏有近萬張王重民從法國拍來
的敦煌寫卷照片(榮新江《〈王重民向達先生所攝敦煌西域文獻照片合集〉
序》,《敦煌學輯刊》2007 年第 3 期),其中即有 P. 2978 號(袁同禮《國立北平
圖書館現藏海外敦煌遺籍照片總目》,《圖書季刊》新 2 卷第 4 期,1940 年)。

　　④ 傅氏定爲唐高祖時寫本,誤,説詳《敦煌經籍叙録》,第 153 頁。

5705、S. 789、S. 2729、S. 3330、S. 6346、S. 498 諸卷的叙録撰寫於
1938 年、1939 年,皆王氏 30 年代在巴黎閲覽原卷所得,内容主要
是定名、綴合、抄寫時代的判定及簡單的校勘,但這是對以往《詩
經》寫卷研究的集成性之作,成爲以後很多學者特別是非專業學
者的重要參考書。

1969 年,陳鐵凡在《孔孟學報》第 17 期發表《敦煌本易書詩
考略》一文,收入了 28 種《詩經》寫卷,比《敦煌古籍叙録》多 14
種(S. 541、S. 1442、S. 1722、S. 2049、S. 3951、P. 2660、P. 2669、
P. 2978、P. 3737、P. 4994、L1416、L1640、散 204 及土地廟遺書《毛
詩注》)。但陳氏所見影本僅 19 種,皆據《敦煌文獻録》①、《鳴沙
石室古籍叢殘》、《敦煌秘籍留真新編》,其餘乃據他種目録著
録②。陳氏在文中介紹了寫卷的内容、行款,並考其抄寫時代,提
供影本信息。

在 20 世紀 80 年代前,對敦煌本《詩經》寫卷的研究及影本公
佈方面,貢獻最大的當屬潘重規。他先後發表 8 篇論文③,不僅
爲英法所藏的 25 件寫卷撰寫題記,而且還首次公佈了 8 件寫卷
(P. 2660、P. 2669、P. 2978、P. 3737、P. 4072、P. 4634、P. 4994、Дх.
01366)。他還在《敦煌詩經卷子之研究》一文中,概括性地提出了
敦煌《詩經》卷子之價值:(1)可覘六朝唐代詩學之風氣;(2)可覘

----

① 應是日本東洋文庫據縮微膠卷影印之英藏敦煌文獻。

② P. 2978、P. 3737、P. 2660、P. 4949 據《伯希和劫經録》,兩種俄藏寫卷
是據《列宁格勒所藏敦煌卷子目録》著録,散 204 是陳氏據《敦煌遺書總目索
引》所附《李氏鑒藏敦煌寫本目録》著録,土地廟遺書據蘇瑩輝論文著録。

③ 論文目録請參拙文《潘重規先生對〈詩經〉研究的貢獻》,載《敦煌學》
第 25 輯,樂學書局 2004 年版;收入《敦煌文獻叢考》,中華書局 2005 年版,
第 177—178 頁。

六朝唐代傳本之舊式;(3)可覘六朝唐人抄寫字體之情況①。其說多爲後人遵從並承襲②。

1971 年,蘇瑩輝發表《從敦煌本〈毛詩詁訓傳〉論〈毛詩〉定本及〈詁訓傳〉分卷問題》(《孔孟學報》第 22 期,1971 年 9 月)一文,對王重民《敦煌古籍叙錄》中謂 S. 798、S. 3330、S. 6346 爲顏師古《毛詩定本》之説作了糾駁。

從 70 年代末開始,由於縮微膠卷與《敦煌寶藏》的發行出版,特別是 90 年代以後,刊佈敦煌文獻的大型圖錄本陸續問世,研究者可以很方便地利用敦煌寫卷資料,敦煌學的研究進入了黃金時期。在《詩經》寫卷的收集、介紹、研究方面,成績斐然。

1998 年,伏俊璉發表《敦煌〈詩經〉殘卷叙錄》③,收錄了 29 種寫卷,比陳鐵凡多出 P. 4634、Дх. 01366(俄 1517)及天理本三種④,而没有陳氏的兩種 L 編號的俄藏寫卷。但作者没有見到陳鐵凡的論文,寫卷來歷及叙錄內容主要依據王重民《敦煌古籍叙錄》、潘重規《敦煌詩經卷子論文集》。天理本寫卷則據王三慶《日本天理大學天理圖書館典藏之敦煌寫卷》一文⑤,而未提及 1990 年就已出版的《中國西北文獻叢書》第 8 輯第 8 卷《敦煌學文獻》中的寫卷影印本。

---

① 潘重規:《敦煌詩經卷子之研究》,《華冈學報》第 6 期,1970 年 2 月。

② 洪湛侯:《詩經學史》,中華書局 2002 年版,第 250—253 頁;張錫厚:《敦煌本毛詩詁訓傳的著錄與整理研究》,《南京師範大學文學院學報》2004 年第 2 期;伏俊璉:《敦煌〈詩經〉殘卷的文獻價值》,《敦煌研究》2004 年第 4 期。

③ 伏俊璉:《敦煌〈詩經〉殘卷叙錄》,中國詩經學會編《第三屆詩經國際學術研討會論文集》,香港天馬圖書有限公司 1998 年版,第 361—370 頁。

④ P. 4634、Дх. 01366(俄 1517)乃據潘重規論文。

⑤ 王三慶:《日本天理大學天理圖書館典藏之敦煌寫卷》,《第二屆敦煌國際研討會論文集》,臺北漢學研究中心 1991 年版。

　　筆者於 2003 年發表《〈俄藏敦煌文獻〉儒家經典類寫本的定名與綴合——以第 11—17 册未定名殘片爲重點》、《英倫法京所藏敦煌寫本殘片八種之定名並校録》、《殘卷定名正補》三篇文章①,比定了 7 件俄藏殘片 (Дx. 11933B、Дx. 11937、Дx. 12750、Дx. 12759、Дx. 12697、Дx. 08248、Дx. 09328)、2 件英藏殘片 (S. 1533V、S. 11309) 的題名,糾正了 2 件法藏殘卷 (P. 2978、P. 3330) 的錯誤定名;並判定 Дx. 11933B、Дx. 11937、Дx. 12750、Дx. 12759 四個殘片爲一卷之裂,S. 11309 與 S. 5705 亦爲一卷之裂。當年 9 月,在北京召開的"敦煌寫本研究、遺書修復及數字化國際研討會"上,筆者發表《跋國家圖書館所藏敦煌〈詩經〉寫卷》一文②,對 BD14636 號《詩經》進行研究,考察了它的抄寫時代及其文獻價值。

　　2004 年,張錫厚發表《敦煌本毛詩詁訓傳的著録與整理研究》(《南京師範大學文學院學報》2004 年第 2 期) 一文,收録了 30 種寫卷③,比伏俊璉多出 P. 4072、俄 1640(Дx. 01640) 兩種,但未收入土地廟遺書,當因彼非《毛詩詁訓傳》故也。張文與伏文相比較,張文吸收前人成果較多,但多爲抄撮,缺少自己的考證,而且似乎也沒有看到筆者《〈俄藏敦煌文獻〉儒家經典類寫本的定名與綴合》、《英倫法京所藏敦煌寫本殘片八種之定名並校録》兩篇文章,可能成稿時筆者兩文尚未正式發表之故。

　　2006 年,筆者出版《敦煌經籍叙録》(中華書局 2006 年版),

---

　　① 分别見《姜亮夫、蔣禮鴻、郭在貽先生紀念文集》,上海教育出版社 2003 年版;《敦煌學》第 24 輯,樂學書局 2003 年版;《2000 年敦煌學國際學術討論會文集·歷史文化卷》,甘肅民族出版社 2003 年版。
　　② 後收入《敦煌學國際研討會論文集》,北京圖書館出版社 2005 年版。
　　③ 自云 31 種,乃是將 P. 2669 分爲兩種。

爲收集到的中、英、法、俄、日所藏 44 號寫本撰寫了叙録①,將有關定名、斷代、綴合、辨僞、研究進展等相關内容集中考察,對《詩經》寫卷作了一次全面清理和總結。

2009 年,黄亮文發表《敦煌經籍寫卷補遺——以〈俄藏敦煌文獻〉第 11 至 17 册爲範圍》(《敦煌吐魯番研究》第 11 卷,上海古籍出版社 2009 年版) 一文,又從俄藏寫卷中發現 3 種《詩經》殘片(Дх. 7475V、Дх. 12602、Дх. 15312),從而將《詩經》寫卷增加到 47 號。

同年,北京圖書館出版社發行了《國家圖書館藏敦煌遺書》第 110 册,其中 BD12252 號定名《毛詩傳箋(淇奥至碩人)》,按此爲白文,並無傳箋,故應定名爲《毛詩(衛風淇奥—碩人)》②。日本武田科學振興財團出版《敦煌秘笈》影片册一,其中羽 015 號包括三個殘片,編爲羽 015 ノ一、羽 015 ノ二、羽 015 ノ三,分别爲《毛詩傳箋(大雅文王)》、《毛詩傳箋(小雅雨無正—小弁)》、《毛詩(小雅鴛鴦—車牽)》,筆者已有《杏雨書屋藏〈詩經〉殘片三種校録及研究》一文提交 2010 年 8 月在甘肅敦煌召開的“慶賀饒宗頤先生 95 華誕敦煌學國際學術研討會”。

2012 年,方廣錩教授在《敦煌遺書中多主題遺書的類型研究(一)——寫本學札記》一文中,提到 S. 329V 有兩塊毛詩殘片③,案此殘片在《英藏敦煌文獻》第 1 册 133 頁上欄,乃修補 S. 329 的補丁,内容爲《齊風·東方之日》末行標章句及《東方未明》小序。

---

① 其中土地廟遺書、P. 2129 入存目。

② 筆者已有《新見國家圖書館藏敦煌經部寫本殘頁校録及研究》一文,尚未發表。(附注:現已發表在中國敦煌吐魯番學會等主編《敦煌吐魯番研究》第 13 卷,上海古籍出版社 2013 年版)

③ 黄正建主編:《中國社會科學院敦煌學回顧與前瞻學術研討會論文集》,上海古籍出版社 2012 年版,第 77 頁。

經過中外學者一百多年的努力,已獲得敦煌《詩經》寫本 52 號,内容涉及《詩經》305 篇中的 231 篇。

同時,對於《詩經》寫卷的整理研究也陸續發表了不少論著。

1985 年,胡從曾在《浙江師范學院學報》第 1 期發表《從敦煌〈毛詩〉古寫本看高郵王氏訓詁方法》一文,利用敦煌《詩經》寫本材料,列舉可以印證《經義述聞》考證之善者 11 例,藉以説明王氏父子訓詁方法的科學性和準確性。

1986 至 1987 年,黄瑞雲在《敦煌研究》分三期發表之《敦煌古寫本〈詩經〉校釋札記》①,其校勘條目多有可取者,可惜對於清人的成果吸取較少。

從 2001 年開始,郝春文教授主編的《英藏敦煌社會文獻釋録》陸續出版,該項目計劃將英國國家圖書館收藏的全部敦煌漢文非佛教文獻按號釋録成通行的繁體字,並附校記及有關的研究文獻索引。至今已出版了 7 卷,校録了 S.10、S.134、S.498、S.541、S.789、S.1442、S.1553 背、S.1722 共 8 號寫卷,可惜 S.1553 背的校録及定名没有注意到筆者《英倫法京所藏敦煌寫本殘片八種之定名並校録》一文的考釋。馬新欽《〈英藏敦煌社會歷史文獻釋録〉之〈毛詩鄭箋〉標點獻疑》(《敦煌學輯刊》2006 年第 1 期)一文,糾正了其關於 S.10 寫卷的一些録文標點之誤。

筆者在《敦煌學輯刊》2004 年第 1 期發表《敦煌〈詩經〉卷子研讀札記二則》一文,對翟理斯《英國博物館藏敦煌漢文寫本注記目録》以 S.541《詩經》寫卷爲卷背的説法提出疑問,認爲應是抄寫在寫卷正面,而抄有佛經的那一面才是寫卷背面。

2006 年,張錫厚主編的《全敦煌詩》出版(作家出版社 2006 年版),收録了 22 種敦煌《詩經》寫卷,分爲録文與校記兩部分。

---

① 《敦煌研究》1986 年第 2 期、1986 年第 3 期、1987 年第 1 期。

然校記過於簡略，缺少自己的考辨；所收録的寫卷亦比筆者在《叙録》中所列少19種①。

2008年，王曉平在《敦煌研究》第1期發表《敦煌〈詩經〉殘卷與日本〈詩經〉古抄本互校舉隅》一文，將敦煌本與静嘉堂文庫所藏《毛詩鄭箋》本的旁注異文比較互證，以抉發兩者之價值。

在這一年，中華書局出版《敦煌經部文獻合集》，其中《羣經類詩經之屬》即爲筆者所撰（在第二册），對43號《詩經》寫本作了分類、定名、綴合、校録②，是對一百年來敦煌《詩經》寫卷文本録校的集大成之作。洪國樑教授於2012年3月發表《〈敦煌經部文獻合集·羣經類詩經之屬〉校録評議》一文（《敦煌學》第29輯，樂學書局2012年版），在對《詩經之屬》録校成果溢美的同時，也提出了一些意見。除了具體的校勘意見外，關於校録原則，主要在兩個方面提出了與《合集》特别是《詩經之屬》不同的看法。因爲有關敦煌文獻校録原則，所以在這裏特别予以澄清。

（一）關於"定本"

洪氏根據《敦煌經部文獻合集·前言》中"做成像標點本二十四史那樣的'定本'"之語，從而認爲筆者想把敦煌《詩經》寫本做成顏師古所説的"定本"，並云：

> 古人之爲經書作注作疏，彼此各據所傳抄之底本而爲之注、疏，其底本不盡相同；後人將之合刊，復自據其傳抄本中之經、注、疏而予合刊，是以經、注、疏多有不相合者，若欲强合衆本而爲"定本"，則不合古代文獻流傳之事實。經部文獻如此，《詩經》尤其如此。蓋鄭《箋》所據之經文底本，與毛

① 不計P. 2129及三種《毛詩音》。
② P. 2129爲雜寫，只有篇題，没有内容。

《傳》所據不盡相同；而《正義》所據之毛《傳》、鄭《箋》，與六
朝義疏所據者亦未必相同。又敦煌《詩經》文獻含經文、
《傳》、《箋》、《正義》四部分，不僅敦煌寫卷與傳世刊本所據
之經文、《傳》、《箋》、《正義》底本未必相同，即敦煌各寫卷所
據之底本亦未必相同，若欲強合而“定”於一是，無異統一不
同之底本，則是淆亂衆本，治絲而愈棼，不合古代文獻流傳之
事實。（第41頁）

　　許氏之校録敦煌寫卷而爲“定本”，雖亦據其他寫卷，而
實以刊本爲主。刊本僅爲衆參校本之一，與寫卷各有其優劣
得失，斟理之道，不如保留底卷之原貌，並兼存衆參校本之異
同於《校記》中，至是非曲直，則由讀者斟酌取捨，如此，既保
存敦煌本原貌，亦符合研究者之需要。若逕予刪改，時或遺
失敦煌本之可貴價值。（第45頁）

關於“定本”的説法，見於《合集·前言》，雖然不是我的觀
點，但我個人認爲將這個“定本”説法與顏師古“定本”扯在一起，
給人以故入人罪的感覺。顏是爲國家校定“定本”，是政府行爲，
由國家頒佈。而二十四史點校本並没有自稱“定本”，只是因爲
其高質量的校録，而成爲學界首選的引用文本，故我們謂之爲
“定本”。我們只是希望《合集》的校録質量能獲得大家認可，能
像二十四史點校本那樣爲學界所廣泛使用，這只是我們作者的良
好願望，並没有強迫學界作爲國家的法定“定本”來供奉它。洪
氏没有讀懂我們“定本”的含義，強行將之比附爲顏師古的“定
本”，實在令人遺憾。

洪氏所説的校録原則，筆者也難以苟同。按照洪氏的這種思
路，“校勘學”這門學科就没有存在的必要了。如果我們在校録
古代文獻時，只是列舉異文，而不判斷是非，那人人都成鈔胥，學
術研究如何進步？敦煌所見《詩經》寫本，都是《毛詩》系統，衆所

周知,《毛詩》是漢代毛亨整理而成的一種《詩經》文本(只有一種文本,毛亨不可能同時爲後世整理了兩種或多種文本)。既然當時只有一種文本,它即是後來的各種版本之祖。無論是鄭箋、孔疏等注疏本所據底本,還是出土的敦煌本、傳世的雕刻本,其祖本就是毛亨整理本。數百年來,學者們窮盡畢生精力,對《毛詩》文本進行研究,目的就是爲了探索漢代《毛詩》用字之原貌。如果學者們(當然也包括筆者)在研究過程中,由於材料缺乏,或功力不逮,得出錯誤的結論,那是應該予以指出並糾正的,學術研究也正是在這樣的過程中得到進步的。那種認爲只應該羅列異文,不作是非判斷的說法,纔是"不合古代文獻流傳之事實",也是阻礙學術進步的。

何況我們在整理敦煌寫本時,任何增刪校改,均在校勘記中注明,完全可以復原,這是符合古籍整理通例的,根本不可能"遺失敦煌本之可貴價值"。

洪氏所以會有以上這樣的說法,乃是根據段玉裁"校經之法,必以賈還賈,以孔還孔,以陸還陸,以杜還杜,以鄭還鄭,各得其底本,而後判其義理之是非,而後經之底本可定,而後經之義理可以徐定"之說而來(第43頁所引)。但洪氏完全誤解了段玉裁的話。段玉裁認爲賈孔陸杜鄭對經義的看法,是根據其所據底本而产生的,不能因爲他們所據經文有誤,而否定其義理。要正確理解他們的義理,就必須根據他們所據的底本經文。段氏的着眼點在諸人對經文的理解,而非經文本身。段氏並不是説《毛詩》原來就有不同的文本,不可改動。如果這樣認爲的話,那如何理解段玉裁撰寫《毛詩故訓傳定本小箋》一書?又如何理解段玉裁改《説文》?

(二) 關於文字

洪氏云:"讀《合集》群經類者未必兼讀小學類,況群經類者所用異體俗字,亦未必見於小學類,若於群經類能'適當從嚴',除有裨學者推想寫卷字形之外,並可作其他相關之研究。"(第80頁)並舉13例,認爲《詩經之屬》的錄文中,刊削俗字太多。

何爲俗字? 什麼樣的"俗字"應該原樣移錄,或改成正體字? 學術界並沒有一個統一的標準,筆者在《整理敦煌文獻時需要注意的幾個問題》一文中專門談了這個問題①。我在校錄寫卷時,一般情況下,只保留轉輾而誤者、不易辨識而需考辨者,而將僅僅筆畫之異、一望可識的所謂"俗字"(其實是變體字)改爲通行正體字。

方廣錩教授曾説過:"把不規範的字全部保留,等於把原卷照樣摹寫一遍,看起來學術價值高,實際上並不能保證正確摹寫了每個字。這樣還不如去看原件或照片。"②洪先生所舉13例,除第8例外的其餘12例均爲筆畫之異的變體字,是根本不成字的手寫變體。如果這一類字都要保留,那《敦煌經部文獻合集》這本書就沒有必要錄文了,直接印出原卷照片即可。

敦煌文獻材料之所以沒有能被各學科學者廣泛引用,其中最主要的原因就是俗字太多,如果不是浸潤於敦煌學研究多年或非文字學研究者,實在難以卒讀,所以敦煌學界的一件重要任務就是把寫卷文本校錄成通行文字,供學界使用。保留俗字原貌的文

---

① 劉進寶主編:《百年敦煌學:歷史 現狀 趨勢》,甘肅人民出版社2009年版,第398—399頁。

② 方廣錩:《關於〈藏外佛教文獻〉的選篇、錄校及其他——簡答黃征、楊芳茵先生》,《隨緣做去 直道行之——方廣錩序跋雜文集》,國家圖書館出版社2011年版,第128頁。

本,只適宜於專門研究近代文字的學者,而這些學者,是不會使用無法存真的摹録本的。按照洪先生的要求做出來的文本,想看的人看不懂,看得懂的人不想看,最後成爲毫無用處的廢書。

筆者發表的《〈毛詩〉文字探源四則》①,即是利用敦煌《詩經》寫本的用字復原漢代《毛詩》原本文字的一次嘗試。

其他還有一些關於敦煌本《詩經》研究的論文,如劉操南《敦煌本毛詩傳箋校録讀記》(《寧波師範學院學報》1988 年第 4 期)、《敦煌本毛詩傳箋校録疏證》(《敦煌研究》1990 年第 1 期),林平和《敦煌伯二五二九、二五三八號唐寫本毛詩詁訓傳殘卷書後》(《人文學報》第 8 期,1990 年 6 月)、《敦煌伯二五一四、二五七〇、二五〇六號毛詩詁訓傳小雅殘卷書後》(《孔孟月刊》第 29 卷第 8 期,1991 年 4 月)、《敦煌斯二〇四九號毛詩故訓傳殘卷書後》(《孔孟月刊》第 30 卷第 11 期,1992 年 7 月),伏俊璉《敦煌〈詩經〉殘卷的文獻價值》(《敦煌研究》2004 年第 4 期)、《讀敦煌〈詩經〉寫卷札記》(《敦煌學》25 輯,樂學書局 2004 年版),秦丙坤《敦煌寫本二〈南〉校記》(《圖書館雜志》2004 年第 1 期),韓宏韜《〈毛詩正義〉單疏本考》(《河池學院學報》2006 年第 6 期),李索、穆晶《敦煌寫卷〈毛詩〉P.2529 號異文例釋》(《大連大學學報》2011 年第 6 期),但所論没有發明及新見,不再詳述。

至於鄭柏彰《論敦煌詩經寫卷 P2529、P2538 之成卷時間及其所透顯之蘊義》一文②,對敦煌避諱特點及經學史缺乏基本的了解,得出的結論是不可能正確的。

---

① 中國文化遺産研究院編:《出土文獻研究》第 9 輯,中華書局 2010 年版。
② 高雄師範大學經學研究所第 2 屆青年經學學術研討會論文,2006 年 11 月 18 日。

二、《毛詩音》寫卷的研究

敦煌寫本有五件《毛詩音》寫卷:P. 3383、P. 2729、Дx. 01366、S. 10V、P. 2669V。學術界最早見到並關注的是法藏寫卷P. 3383。

伯希和將敦煌寫卷劫至法國國立圖書館後,編寫了一個簡目,簡目中謂 P. 3383 寫卷是"《詩經音釋》殘文,似即陸德明之《詩經釋音》。"①1932 年,小島祐馬在《支那學》第 6 卷第 3 號發表《巴黎國立圖書館藏敦煌遺書所見録(四)》,認爲 P. 3383 與《經典釋文》所引徐邈《毛詩音》不同,當是《釋文》以前某詩音,定名爲"毛詩音義",並過録了寫卷全文。

1935 年,王重民爲 P. 3383《毛詩音》撰寫了叙録②,認爲即是晉徐邈所撰《毛詩音》。1942 年 3 月,劉詩孫據王重民所攝照片,在《真知學報》第 1 卷第 1 期發表《敦煌唐寫本晉徐邈毛詩音考》,認爲並非如王重民所考徐邈之作,而懷疑爲陸德明《經典釋文》之原本,後又對寫卷注音作了音系上的歸納③。6 月,周祖謨作《唐本毛詩音撰人考》,否定王重民、劉詩孫之説,認爲是隋魯世達所作《毛詩音義》④。

① [法]伯希和編,陸翔譯:《巴黎圖書館敦煌寫本書目》,《國立北平圖書館館刊》第 8 卷第 1 號,第 74 頁。陸翔譯本作"P3382",誤,説詳《敦煌經籍叙録》,第 194—195 頁。

② 王重民:《巴黎敦煌殘卷叙録》,北平圖書館 1935 年。此據黄永武主編《敦煌叢刊初集》第 9 册,新文豐出版公司 1985 年版。

③ 劉詩孫:《敦煌唐寫本晉徐邈毛詩音考(續)》、《敦煌唐寫本晉徐邈毛詩音考(再續)》,《真知學報》第 1 卷第 5 期、第 2 卷第 1 期,1942 年 7、9 月。

④ 此文寫成於 1942 年 6 月,收入周祖謨《漢語音韻論文集》,商務印書館 1957 年版。又收入《問學集》,中華書局 1966 年版。

　　1968 年,潘重規撰《王重民題燉煌卷子徐邈毛詩音新考》一文①,也糾駁了王重民、劉詩孫之説,不過未在文中評論周祖謨魯世達所撰説,但他在最後結論中説:"此殘卷當爲徐邈以後,《釋文》以前,六朝專家之音。"則亦不以周説爲然也。

　　1974 年,内野熊一郎發表《プリオ本敦煌出土唐寫〈毛詩釋文〉殘卷私考》一文②,將寫卷與通志堂本及瞿氏巾箱本《經典釋文・毛詩音義》的反切進行對勘,探尋其源流及變化,則同於劉詩孫之説,以其爲陸德明《經典釋文》也。

　　1990 年,平山久雄在《古漢語研究》第 3 期發表《敦煌〈毛詩音〉殘卷反切的結構特點》一文,亦不贊成周祖謨魯世達所撰説,認爲在目前的情況下應該闕疑。

　　2004 年,筆者發表《法藏敦煌〈毛詩音〉"又音"考》一文③,對寫卷的 21 條又音條目作了考訂,認爲寫卷之又音,非作者之注音,而是取自別家注音。2006 年,筆者發表《試論法藏敦煌〈毛詩音〉寫卷的文獻價值》一文④,通過對寫卷文本的分析,揭示了它所蘊含的文獻價值。

　　最早研究 S. 2729《毛詩音》的是王重民,他在 1939 年即撰寫了關於該寫卷的叙錄,後來收入《敦煌古籍叙錄》,他認爲該寫卷是撰成於顏師古後孔穎達前之《詩音》彙編本⑤。1969 年,潘重規

　　①《新亞學報》第 9 卷第 1 期,1969 年 6 月。此據《敦煌詩經卷子研究論文集》,香港新亞研究所 1970 年版。

　　②《宇野哲人先生白壽祝賀記念東洋學論叢》,宇野哲人先生白壽祝賀記念會 1974 年版。

　　③《中國俗文化研究》第 2 輯,巴蜀書社 2004 年版。

　　④《禮學與中國傳統文化——慶祝沈文倬先生九十華誕國際學術研討會論文集》,中華書局 2006 年版。

　　⑤ 王重民:《敦煌古籍叙錄》,第 43—44 頁。

發表《倫敦藏斯二七二九號暨列寧格勒藏一五一七號敦煌毛詩
音殘卷綴合寫定題記》一文(收入《敦煌詩經卷子研究論文集》)，
據日本京都大學教授小川環樹的抄件，綴合了 Дx. 01366 與
S. 2729 兩個寫卷，並公佈録文及臨摹本，對王重民撰成於顏氏後
孔氏前之説予以否定，認爲是隋劉炫所撰《毛詩音》。王利器《跋
敦煌唐寫本劉炫毛詩述議》(《文獻》1983 年第 3 期) 一文①，則認
爲是劉炫所著《毛詩述義》，後又在《經典釋文考》一文中否定此
説，認爲是劉炫的《五經正名》②。平山久雄《敦煌〈毛詩音〉殘卷
反切的結構特點》(《古漢語研究》1990 年第 3 期) 認爲寫卷非劉
炫《毛詩音》；張寶三《倫敦所藏斯二七二九號敦煌〈毛詩音〉殘卷
論考》一文通過詳細考辨，否定寫卷爲劉炫之作，並且考察了寫
卷在經學研究上之價值③。所以，此寫卷之作者迄今未能考定，
但其非劉炫之作，張寶三所論綦詳，可以定讞。

關於 S. 2729+Дx. 01366 寫卷，筆者亦有《英藏敦煌〈毛詩音〉
寫卷所見〈毛詩〉本字考》(《敦煌學輯刊》2007 年第 3 期)、《英俄
所藏敦煌寫卷〈毛詩音〉的文獻價值》(《文獻》2011 年第 3 期) 兩
文探討其價值。

2012 年 7 月，平山久雄在《中國語文》第 4 期發表《敦煌〈毛
詩音〉殘卷裏直音注的特點》一文，對 P. 3383 與 S. 2729 +Дx.
01366 兩種《毛詩音》寫卷的直音注作了分析，認爲 P. 3383《毛詩

① 《王利器論學雜著》(北京師範學院出版社 1990 年版) 中有《跋〈毛詩
述義〉(擬)》一文，與此文内容相同。
② 《經典釋文考》："王有三先生以爲劉炫之《毛詩述義》(注 7：據有三
先生未刊稿)，而余以爲炫之《五經正名》。"(《曉傳書齋集》，華東師范大學
出版社 1997 年版，第 71 頁)
③ 《隋唐五代經學國際研討會論文集》上册，臺北"中央研究院"中國文
哲研究所 2009 年版。

音》的作者把所依據材料的普通反切和直音按自己採用的獨特結構原則改換成了新式反切,只保留了同聲直音。而 S. 2729＋Дх. 01366《毛詩音》則把所依據材料的同聲直音也改爲新式反切。研究精細周密,頗具説服力。

　　S. 10V、P. 2669V 兩《毛詩音》,是 S. 10、P. 2669 寫卷卷背以極細小之字所寫的字音,正對應於所音的寫卷正面的經、傳、箋之字。

　　S. 10 的卷背注音,首先録文的是王重民,他録出了其中 48 字字音,認爲這些字音多與《經典釋文》及 S. 2729《毛詩音》同,係六朝舊音①。平山久雄根據英國大英博物館爲东洋文庫攝制之縮微膠卷録出 126 字字音,並作了簡單的校記,其成果《敦煌毛詩音殘卷反切の研究(上)》發表在 1966 年 3 月出版的《北海道大學文學部紀要》第 14 號第 3 分册上。潘重規於 1967 年據英國所藏原卷録出 113 字之音,糾正王重民闕誤頗多,其録文見《倫敦斯一〇號毛詩傳箋殘卷校勘記》(收入《敦煌詩經卷子研究論文集》)一文。平山久雄又據潘重規録文對卷背注音重作釋録,得 128 字字音②。1996 年,寧可發表《敦煌遺書散録二則·英藏斯一〇號〈毛詩鄭箋〉卷背字音録補》(《敦煌吐魯番研究》第 1 卷,北京大學出版社 1996 年版)一文,據英國所藏原卷重新録文,認爲共有 144 字之音,並録出潘重規所漏録、誤録者 52 字字音。筆者在《敦煌音義匯考》(杭州大學出版社 1996 年版)中據《英藏敦煌文獻》第一册的放大照片,重新過録,得 140 字之音,並對每條音注作了校勘;在《敦煌經部文獻合集》中,又據中國國家圖書館

---

①　其成果發表在 1947 年 12 月 11 日的上海《大公報》上,後收入《敦煌古籍叙録》,第 31—33 頁。
②　《敦煌毛詩音殘卷反切の研究(中の1)》,《東洋文化研究所紀要》第 78 册,1979 年。

國際敦煌項目網站上的彩色高清掃描圖片重新過録,得 145 字之音,並作了校勘①。

1968 年 9 月,潘重規在《新亞學術年刊》第 10 期發表《敦煌毛詩詁訓傳殘卷題記》一文,録出 P. 2669 卷背之音 30 條,並據之與《經典釋文》及《廣韻》對勘,認爲非採自《釋文》、《廣韻》而爲六朝人舊音,可能是《毛詩音隱》一類著作之遺迹。

远藤光曉於 1990 年在《開篇》第 7 卷發表《在欧のいくつかの中國語音韻史資料について》,2001 年在《論集》第 42 號發表《敦煌〈毛詩音〉S. 10V 寫卷考辨》②,釋讀出 136 字之音,並據卷背文字墨色濃淡情況,認爲是抄録兩種以上書籍的音注而成。

2004 年,筆者在《敦煌學輯刊》第 1 期發表《敦煌〈詩經〉卷子研讀札記二則》一文,詳細比勘了 S. 10 卷背注文與正面文字,認爲 S. 10 號背面字音並非針對正面文字而作,而是另有所本。此當是讀者在閱讀過程中據別種《毛詩音》随手注於卷背者,應是一種獨立的《毛詩音》,非是與正文文字合成有機整體的《毛詩音隱》,只是它用以注音的方法與六朝的音隱類著作相同。

鄭阿財在《敦煌學輯刊》2005 年第 4 期發表《論敦煌文獻展現的六朝隋唐注釋學——以〈毛詩音隱〉爲例》一文③,論述唐以前注釋學發展歷史及六朝隋唐史志中有關"隱"的注釋樣態,認爲 S. 10、P. 2669 卷背注音即六朝音隱著作之舊式,應命名爲《毛詩音隱》,把潘重規的推測直接坐實,而未提供新的證據。

------

① 張涌泉主編:《敦煌經部文獻合集》第 2 册,中華書局 2008 年版,第 624—699 頁。

② 此條信息來自平山久雄《關於 S10V〈毛詩音〉殘卷——論其混合本性質》(《開篇》第 29 卷)一文,並蒙石立善先生相助,得以獲睹兩文。

③ 以日文發表在《日本學·敦煌學·漢文訓讀的新展開》,汲古書院 2005 年版。

2010 年,平山久雄在《開篇》第 29 卷發表《關於 S10V〈毛詩音〉殘卷——論其混合本性質》一文,據《英藏敦煌文獻》第一册的放大照片,重新移録,得 143 字之音,並因遠藤光曉氏的啟發,證明 S.10 卷背注音具有混合性質,並非來自於一本書,而是來自於兩種或更多種的《毛詩音》。

關於《毛詩音》寫卷,平山久雄撰有一系列論文:《敦煌〈毛詩音〉殘卷反切の研究(上)》(《北海道大學文學部紀要》第 14 號第 3 分册,1966 年 3 月)、《敦煌〈毛詩音〉殘卷反切の研究(中の1—6)》(《東洋文化研究所紀要》第 78、80、90、97、100、105 册,1979—1988 年)、《敦煌〈毛詩音〉殘卷反切的結構特點》(《古漢語研究》1990 年第 3 期)、《敦煌〈毛詩音〉反切中的"類一致原則"及其在韻母擬音上的應用》(《中國語文》2009 年第 6 期)、《敦煌〈毛詩音〉反切中的"開合一致原則"及其在韻母擬音上的應用》(《中國語文》2010 年第 3 期),對 5 件寫卷均有録文、校記,特別是對寫卷的反切作了深入而精細的分析研究,成就卓著。

筆者在《敦煌音義匯考》中對 P.3383、S.10V、S.2729＋Дx.01366 作了録文與校勘。後來又在《敦煌經部文獻合集》中(第二册、第九册)對 5 件《毛詩音》作了更進一步的校録。

高樂《敦煌〈毛詩音〉音切研究》(南京師範大學 2008 年碩士學位論文)對《毛詩音》的聲韻調系統作了分析,但其中第四章第三節"敦煌《毛詩音》又音現象"全部抄襲自筆者《法藏敦煌〈毛詩音〉"又音"考》一文。

結　語

敦煌本《詩經》寫卷的發現,是經學研究史上的大事,也是《詩經》學史上的大事,這是關於《詩經》的出土文獻中最大宗材料,對這批重要資料進行恰當合理的利用,相信可以解決《詩經》研究中的諸多問題。

　　學者們研究《詩經》所據文本,基本上是宋代以來的刻本。而敦煌《詩經》寫本是早於傳世刻本的中古時期寫本,可以説是刻本以前《詩經》的文本形態,對於《詩經》學史的研究,具有重要價值。但現在對於敦煌本《詩經》的研究,主要着眼在介紹、整理、比勘,而有關於《詩經》的語言、韻讀、文字以及文本之演變等方面的研究很不充分,應該引起學界的重視。

　　在日本收藏有爲數不少的《詩經》抄本,其源頭當是六朝至唐時從中國流傳到日本的寫本,在一定程度上保留了《詩經》文本的舊貌,將敦煌寫卷與日本古抄本互證,以探尋中古時期的《詩經》文本流傳之脈絡,考察《詩經》異文之演變,是一個值得關注的新的學術增長點。已有學者導夫先路,作了一些有益的探索,但更深入而廣泛的研究則仍有待於學術界的進一步關注。

（原載《敦煌研究》2014 年第 1 期）

跋國家圖書館所藏敦煌《詩經》寫卷

《敦煌劫餘録續編》在第 122 頁 A 面有這樣一項著録：

> 逆刺占一卷，唐寫本，○八三六。一一紙二八八行，尾題：于時天復貳載歲在壬戌四月丁丑朔七日河西敦煌郡州學工（當作"上"——筆者）足子弟翟再溫記，並雜寫字八行，卷中有朱筆圈點校字，背寫　毛詩文王之什詁訓傳第廿三　大曆序。①

這裏著録的是收藏在中國國家圖書館善本部的敦煌寫本中唯一一件《詩經》長卷。該卷之原編號爲新 0836，今統一之北敦編號爲 BD14636，《中國國家圖書館藏敦煌遺書精品選》曾選印了其中卷首 18 行的内容②，並據首題定名爲"毛詩文王之什詁訓傳第二十三"。該寫卷國家圖書館尚未正式公佈，但曾在多次敦煌學術討論會期間展出過③。

第一個在文章中介紹這件寫卷的是向達先生，他在《記敦煌石室出晉天福十年寫本壽昌縣地境》一文中云：

> 余在敦煌見一石室卷子，一面爲《毛詩詁訓傳》卷十六

---

① 北京圖書館善本組編：《敦煌劫餘録續編》，1981 年。

② 中國國家圖書館善本特藏部、上海龍華古寺、《藏外佛教文獻》編輯部編：《中國國家圖書館藏敦煌遺書精品選》，2000 年，第 50 頁。

③ 2000 年 6 月，筆者到國家圖書館善本部閲覽館藏敦煌寫卷，得李際寧先生與黄霞女士的幫助，有幸得睹該卷全貌並獲允抄録。

《大雅·文王之什》,背面書《逆刺占》,爲奉達書。①

姜亮夫《莫高窟年表》、蘇瑩輝《敦煌學概要》皆據向達此文著録②。但實際上向達早在 1943 年所作的《西征小記》一文中已作了詳細介紹：

> 天復二年瞿奉達寫《逆刺占》一卷,存二百九十六行,長四四一·七公分,首尾完具,僅卷中略有殘損。紙背唐人書《詩毛氏文王之什詁訓傳》第廿三卷十六鄭氏箋,存一百二十二行,卷首黏天成三年《具注曆序》不全,一面爲《曆法立成》,只餘數行。此與殘《道經》等二種俱從張大千處見到。《逆刺占》藏敦煌鄧秀峰處,三十二年歸青海糧茶局局長韓某,裝裱時將《逆刺占》褙去,亦一劫也。《毛詩詁訓傳》當可補英、法所藏之闕佚。③

雖然《西征小記》的撰寫早於《記敦煌石室出晉天福十年寫本壽昌縣地境》,但由於它遲至 1950 年才發表④,因而我們只能將《記敦煌石室出晉天福十年寫本壽昌縣地境》看作介紹該寫卷的第

---

① 向達：《記敦煌石室出晉天福十年寫本壽昌縣地境》,《北平圖書館圖書季刊》新第 5 卷第 4 期,1944 年 12 月,此據《唐代長安與西域文明》,三聯書店 1957 年版,第 437 頁。

② 姜亮夫：《莫高窟年表》,上海古籍出版社 1985 年版,第 462 頁;蘇瑩輝：《敦煌學概要》,五南圖書出版有限公司 1988 年版,第 36 頁。

③ 向達：《西征小記》,《唐代長安與西域文明》,第 370 頁。榮新江《驚沙撼大漠——向達的敦煌考察及其學術意義》："此文係 1943 年 1 月 16—21 日寫於莫高窟,以應中央研究院月報之約,後不知何故沒有發表。1944 年 9 月又在莫高窟重寫一過。1950 年春,交北京大學《國學季刊》發表,内容未加修改,以保存資料的原始性。"(《敦煌吐魯番研究》第 7 卷,中華書局 2004 年版,第 110 頁)

④《國學季刊》第 7 卷第 1 期,1950 年 7 月。

一篇文章。如果姜、蘇能依據《西征小記》進行著録,那麽他們的
著作中關於該寫卷的介紹內容必定更加豐富。

向達曾於 1942 年 12 月 28 日從張大千處借來該卷,抄録正
背面的《毛詩詁訓傳》及《逆刺占》,並爲之題記:

> 右唐人寫《詩毛氏文王之什詁訓傳》第廿三卷十六鄭氏
> 箋殘卷,存一二二行,又五代天復二年翟奉達寫本《逆刺占》
> 一卷,存二九六行,首尾完具,中略損十餘行,兩者分書於卷
> 子兩面。首另粘殘紙一方,略同書衣,兩面書《天成三年具
> 注曆序》及《曆法立成》,率殘缺不全。原卷白紙,全長四四
> 一·七公分,高(原缺二字)公分,不知藏敦煌誰氏。卅一年
> 十二月廿六日在張大千處見之,廿八日承張君假歸録副,
> ……《詩毛氏詁訓傳》廿卷,唐以後即已佚失,敦煌石室藏書
> 出,遂重顯於世,往在英京,曾睹數卷,俱留影片;法京所藏,
> 有三(王重民)亦爲著録;今兹所見,當又出於英法藏本之
> 外,彌可珍貴。惜未能攝影,僅克録一副本,至於兩書原本誤
> 字複句,有如黄茅白葦,彌望皆是,今悉仍其舊,不加勘定,藉
> 存其真。卅一年十二月歲盡日,覺明居士謹識於敦煌莫
> 高窟。

> 又,敦煌任子宜告予,此卷藏敦煌鄧秀峰處,張大千謂鄧
> 氏索價一萬元,亦可謂破紀録矣。卅二年三月四日,覺明
> 補記。

> 三十三年五月重至敦煌,聞羅寄梅言此卷鄧氏已售諸青
> 海韓輔臣矣。韓氏合所得他殘卷,粘裱爲一長卷,《逆刺占》

亦爲粘没,一劫也。九月十五日晨,覺明補記於鳴沙山下。①
根據向達的記載,我們對該寫卷的來龍去脈及其内容有了一定的
了解。

這裏有必要對其中某些問題作一點解釋：

（1）寫卷第101至113行上截破缺,破缺處的修補紙上有鄧
秀峰跋文（此紙應是鄧秀峰所粘貼）。由跋文我們知道該寫卷是
鄧氏於1931年冬在敦煌市場上購買而來,跋文的撰寫時間是
1943年正月初七（公曆1943年2月11日）,應該是在向達歸還
後數日所爲。因而在向達的記載中,没有提到鄧秀峰的跋文,當
然也不會提及鄧秀峰寫卷的來歷。鄧秀峰在撰寫跋文的當年,就
將寫卷賣給了青海糧茶局局長韓輔臣。但它是在什麼時候、在什
麼情況下進入國家圖書館的,我們尚無從知曉,不知國家圖書館
是否保存有相關檔案資料。

（2）據向達記載,韓輔臣"合所得他殘卷,粘裱爲一長卷,
《逆刺占》亦爲粘没"。但今所存寫卷原件,《逆刺占》首尾完具,
與向達描述的他當時所見之狀況没有差别。可能此"粘裱爲一
長卷"的説法僅僅是傳聞而已,並不確切。

（3）向達在《西征小記》中以爲寫卷抄有《逆刺占》的一面是
正面,抄有《毛詩詁訓傳》的一面爲背面;而在《記敦煌石室出晉
天福十年寫本壽昌縣地境》一文中的説法則正好相反。《敦煌劫
餘録續編》的著録,亦與《西征小記》的説法相同。

此寫卷一面爲《逆刺占》,一面爲《毛詩詁訓傳》。但《毛詩詁
訓傳》始自《大雅·文王之什》卷題,至《皇矣》篇首章"監觀四方,

① 這則題記載於向達抄録敦煌文獻而輯成的《敦煌餘録》一書中,但該
書尚未公開出版,此轉引自榮新江《驚沙撼大漠——向達的敦煌考察及其學
術意義》一文（《敦煌吐魯番研究》第7卷,第113頁）。

求民之莫"鄭箋"監,視也"之"視",其結尾已經殘缺,以下粘貼以
《唐天成三年戊子歲具注曆日一卷》之序文(《大曆序》),其背面
爲《曆日推步術》的内容①。《逆刺占》末有翟奉達題記,云:"於
時天復貳載歲在壬戌四月丁丑朔七日,河西敦煌郡州學上足子弟
翟再温記。"後並有七言及五言詩各一首。詩後又有三行題記
云:"幼年作之,多不當路,今笑今笑。已前達走筆題撰之耳,年
廿作。今年邁見此詩,羞煞人,羞煞人。"李正宇先生認爲題記的
前一部分是翟奉達二十歲爲州學生時原題;後一部分自"幼年之
作"至"羞煞人,羞煞人",則爲奉達年邁時之跋語②。據向達《記
敦煌石室出晉天福十年寫本壽昌縣地境》的考證,翟奉達在後周
顯德六年(959)時尚在世,時年七十七歲③;《大曆序》亦爲翟奉達
所撰,時年後唐天成三年(928),翟氏年四十七歲。即使古人年
壽略短,但四十七歲似不應稱作年邁。因而翟奉達撰寫跋語,應
在撰《大曆序》以後。將《大曆序》粘貼於《毛詩詁訓傳》末,可能
是翟奉達所爲。向達認爲其用度是作爲書衣,應該是正確的。但
此《大曆序》抄件僅存卷首,乃是一片殘紙(具注曆日當年可用,
隔年即作廢,故此殘紙可視爲廢紙),且非翟奉達手書,因爲他二
十歲時所書《逆刺占》的書法遠勝於此,可能是後輩子弟之學書。
《大曆序》背面爲《曆日推步術》,考慮到翟家學,那麼這《曆日
推步術》也極有可能是翟家後輩學習的課目。可以説,自翟奉達
二十歲起,這個寫卷就一直爲他所有。他粘貼《大曆序》於《毛詩
詁訓傳》末(時間可能即在年邁寫跋語時),並不是作《毛詩詁訓

---

① 此據鄧文寬定名,見氏著《敦煌天文曆法文獻輯校》,江蘇古籍出版
社 1996 年版,第 693 頁。
② 李正宇:《敦煌學郎題記輯注》,《敦煌學輯刊》1987 年第 1 期,第 30
頁。
③《唐代長安與西域文明》,第 438 頁。

傳》的書衣，而是作《逆刺占》的書衣。《逆刺占》前後完具，《毛詩
詁訓傳》前存後殘，可知當時州學生翟奉達乃是利用抄有《毛詩
詁訓傳》之廢紙的背面抄寫《逆刺占》的。因而正確的説法應是
抄有《毛詩詁訓傳》的一面爲正面，抄有《逆刺占》的一面爲背面。
向達在《記敦煌石室出晉天福十年寫本壽昌縣地境》一文中的説
法是對的。

　　寫卷共 123 行①，前 15 行的字體稚拙，後 108 行則書法端正；
兩者行款亦頗不同。前 15 行部分可能是後來抄補的（請參《中
國國家圖書館藏敦煌遺書精品選》所影印部分的照片）。兩者皆
硬筆所書，"世"、"民"、"治"、"基"諸字均不諱，唯第 77 行有
"萗"字，應是"葉"之諱改字。這件寫卷的抄寫時間極有可能在
唐中後期。當然它的下限是很明確的，不可能遲於天復二年
（902）翟奉達抄寫《逆刺占》時。

　　寫卷所存者爲《大雅·文王之什》中《文王》、《大明》、《綿》、
《棫樸》、《旱麓》、《思齊》、《皇矣》七篇的内容，其中前六篇全，
《皇矣》篇殘存《小序》及首章兩句。《毛詩》經文單行大字，《毛
傳》及《鄭箋》雙行小字，這是一件毛鄭注本的《詩經》，即通常所
説的《毛詩傳箋》本。在今所見其他的 20 件敦煌本《毛詩傳箋》
寫卷中，惟 P. 2669 號所存者亦爲《大雅·文王之什》的内容，起
《文王》第四章"假哉天命，有商孫子"箋"堅固哉"之"固"，至《文
王有聲》末，《文王之什》十篇中唯第一篇《文王》殘缺前三章，餘
皆全。此國圖藏卷正可補足彼殘缺之部分，從而使敦煌本的《大
雅·文王之什》傳箋本成爲完本。

　　此唐寫本《詩經》寫卷，相對於其他《詩經》寫卷來説，質量較

---

① 向達著録爲 122 行，乃是未計卷題，若連卷題計入，應是 123 行。

差。向達形容該卷抄寫之誤"有如黃茅白葦,彌望皆是"①。寫卷中訛誤衍脫觸目皆是,若欲列舉,則不勝其煩,且無任何學術上的價值,徒費紙墨而已。茲略舉其以意擅改而致誤者數例於下,以免傳訛:

1.《文王》第四章"假哉天命,有商孫子。商之孫子,其麗不億"②,寫卷(11 行)作"假哉天命,有商孫子。商之子孫,其麗不億"。

案:"子孫"應爲"孫子"之倒。第二章有"陳錫哉周,侯文王孫子。文王孫子,本支百世"句,句式與此同;《商頌·玄鳥》云:"商之先后,受命不殆,在武丁孫子。武丁孫子,武王靡不勝。"句式亦與此同,而均作"孫子"。寫卷作"子孫",蓋因上句《箋》云"使臣有殷之子孫也"而改。"商之孫子"句之《鄭箋》"商之孫子,其數不徒億,多言之也",寫卷"孫子"亦作"子孫",可知其爲臆改,非筆誤也。

2.《文王》第六章"殷之未喪師,克配上帝"《傳》:"帝乙已上也。"寫卷(19 行)作"帝,帝乙以上也"。

案:《箋》云:"殷自紂父之前,未喪天下之時,皆能配天而行,故不忘也。"帝乙以下之商王僅紂王一人而已,紂王暴虐,文王"修德行善,諸侯多叛紂而往歸西伯"③。文王又"伐犬戎。明年,伐密須。明年,敗耆國。……明年,伐邘。明年,伐崇侯虎"④,終至於三分天下有其二。此即"殷之喪師"也;"殷之未喪師"乃指

---

① 轉引自榮新江《驚沙撼大漠——向達的敦煌考察及其學術意義》,《敦煌吐魯番研究》第 7 卷,第 113 頁。

② 本文凡引用《詩經》及《毛傳》、《鄭箋》與孔穎達《正義》,除標明是敦煌寫卷外,其餘均據中華書局 1980 年影印之阮元編《十三經注疏》本。

③《史記》卷三《殷本紀第三》,第 107 頁。

④《史記》卷四《周本紀第四》,第 118 頁。

紂父帝乙以前諸商王在位時。是《毛傳》"帝乙已上"句乃是"殷之未喪師,克配上帝"全句之注腳。或人不解此意,以爲"帝乙以上"乃是釋"帝",故臆添一"帝"字。然"上帝"爲一固定名詞,若釋"帝"爲商朝諸王,則"上"字將作何解釋?其誤顯然。

3.《械樸》首章"濟濟辟王,左右趣之"《箋》:"辟,君也。君王,謂文王也。"寫卷(87行)作"辟,君也。王,謂文王"。

案:鄭玄解經,在對經中之詞作訓詁後,凡重復經文,必以訓詁之語代之,如《邶風·凱風》"爰有寒泉"箋云:"爰,曰也。曰有寒泉者,在浚之下浸潤之。"《魏風·碩鼠》"碩鼠碩鼠"箋云:"碩,大也。大鼠大鼠者,斥其君也。"《小雅·天保》"羣黎百姓,徧爲爾德"箋云:"羣衆百姓,徧爲女之德。"《小雅·南山有臺》"遐不眉壽"箋云:"遐,遠也。遠不眉壽者,言其近眉壽也。"故"君"字不可無。《箋》訓"辟"爲"君",故以"辟王"爲"君王",寫卷無"君"者,蓋或人以爲經無"君"字而删之也。

當然,寫卷之錯譌並非都是此卷抄寫者所爲,可能有很大部分是承襲而來。但我們只是就事論事,並非要去追究抄寫者的什麼責任,而只是説明該寫卷存在着較多的錯誤,在使用時需善加甄別。

不過,由於該寫卷抄成於唐代,而今所能見到的傳世版本除僅有《毛詩》經文的《唐石經》之外,均爲宋以後之本,因而在時間上來説,可謂《詩經》之古本,其價值不可忽視,茲條舉於下:

(一) 可藉以證阮元《毛詩校勘記》之善

阮元《毛詩校勘記》利用七種版本對宋刻十行本《毛詩注疏》作了極爲細緻的校勘,任其事者爲清代著名校勘學家顧廣圻,最後又由阮元統覽全書。《毛詩校勘記》詳博精深,至今尚無出其右者。寫卷抄於唐代,雖未必早於《唐石經》,但其傳箋之文,則非《石經》所有,其時代亦非阮氏所據宋刻本所能比擬,因而往往有可以印證阮校之善者。

1.《大明》五章"文定厥祥,親迎於渭"《箋》云:"賢美配聖人。"

阮校:"'美'當作'女',《正義》可證。"寫卷(36行)"賢美"正作"賢女",可證阮校之善。

2.《綿》首章"古公亶父,陶復陶穴,未有家室"《箋》:"諸侯之臣,稱君曰公。"

阮校:"'稱君曰公',小字本同。閩本、明監本、毛本同。相臺本'稱'下有'其'字,案有者是也。"寫卷(57行)即作"諸侯之臣,稱其君曰公",可爲阮説補一證。

3.《旱麓》第六章"莫莫葛藟,施於條枚"《箋》:"葛也、藟也,延蔓於木之枚本而茂盛。"

阮校:"'延蔓於木之枚本而茂盛',小字本、相臺本'枚'作'枝'。案'枝本'是也。枝,條也;本,枚也。"寫卷(106行)正作"枝"。

(二) 可藉以補今本之脱漏

阮元《毛詩校勘記》搜羅七種異本校勘宋刻十行本《毛詩注疏》,並利用《經典釋文》及清代學者的研究成果,詳盡地列舉了《毛詩》經、傳、箋及正義的異文,並予以精校詳考,歷來號稱善本。但此寫卷爲唐代抄本,非阮元所及見,其中多有可證後世刻本脱漏者。若無寫卷,則此類脱漏難以爲世人所知曉,《毛詩傳箋》之原貌亦必仍湮滅而不聞於世也。

1.《大明》第四章"文王初載,天作之合"《箋》:"則豫福助之於文王,生適有所識,則爲之生配於氣勢之處,使必有賢才。謂生大姒。"

寫卷(33行)"生配"作"生賢妃"。

案:《説文·酉部》:"配,酒色也。"段注:"本義如是,後人借爲'妃'字,而本義廢矣。"①《女部》:"妃,匹也。"段注:"引申爲凡相耦之偁。《左傳》曰'嘉耦曰妃',其字亦叚'配'爲之。"②是寫卷作"妃"爲正字,今本作"配",則爲借字。《皇矣》第二章"天立厥配,受命既固"《箋》云:"天既顧文王,又爲之生賢妃,謂大姒也。"亦云"爲之生賢妃"。《正義》云:"詩人述其所居,明是美其氣勢,故云爲生賢妃於氣勢之處。"是孔所據本亦與寫卷同。P. 2669 作"爲之生賢配",亦有"賢"字。由以上數證,可知今本無"賢"者,應是挩文。《皇矣》箋"生賢妃"句,P. 2669 作"妃"而不作"配",可知此處作"配"者,應非《鄭箋》原貌。

2.《綿》第三章"周原膴膴,菫荼如飴"《箋》云:"其所生菜,雖有性苦者,甘如飴也。"

寫卷(62 行)"甘"前有"皆"字,作"皆甘如飴也"。

案:《毛傳》云:"菫,菜也。荼,苦菜也。"陳奂《詩毛氏傳疏》云:"菫當作蓳,通作菫。《説文》:'蓳,艸也。根如薺,葉如細柳,蒸食之甘。'《爾雅》:'齧,苦菫。'郭注云:'今菫葵也,葉似柳,子如米,汋食之滑。'是菫即苦菫矣。……郝懿行《爾雅義疏》云'余按生下濕者葉厚而光,細於柳葉,高尺許,莖紫色,味苦,瀹之則甘。'是郝目驗菫菜,本味亦苦也。"③菫及荼皆爲苦菜,故鄭玄云"皆甘如飴也"。《正義》云:"雖性本苦,今盡甘如飴味然。"是孔所據本亦有"皆"字。P. 2669 作"皆甘如飴",亦有"皆"字。足證今本無"皆"者脱耳。

---

① 《説文解字》十四篇下《酉部》,第 748 頁。
② 《説文解字》十二篇下《女部》,第 614 頁。
③ 《詩毛氏傳疏》卷二十三《文王之什詁訓傳·綿》,第 18B—19A 頁。

3.《綿》第五章"乃召司空，乃召司徒，俾立室家"《箋》云：
"司徒掌徒役之事。"

寫卷（67 行）作"司徒掌教乃（"乃"爲"及"之形誤——筆者）
徒役之事"。較之今本多"掌教"之内容。

案：《周禮・地官・叙官》云："乃立地官司徒，使帥其屬而掌
邦教，以佐王安擾邦國。"《禮記・王制》："司徒修六禮以節民性，
明七教以興民德，齊八政以防淫，一道德以同俗，養耆老以致孝，
恤孤獨以逮不足，上賢以崇德，簡不肖以絀惡。"是司徒的主要職
掌爲教化民衆。P. 2669 此句作"司徒掌教及徒衆之事"，亦有
"掌教"二字。今本無者，輾轉傳寫過程中脱漏所致也。

惟"徒役"二字，P. 2669 作"徒衆"，與此卷及阮刻本均不同，
似有討論之必要。《周禮・地官・小司徒職》："凡起徒役，毋過
家一人。"又《鄉師職》："以國比之灋，以時稽其夫家衆寡，辨其老
幼、貴賤、癈疾、馬牛之物，辨其可任者與其施捨者（鄭玄注：施
捨，謂應復免，不給繇役），掌其戒令糾禁，聽其獄訟。大役，則帥
民徒而至，治其政令；既役，則受州里之役要，以考司空之辟，以逆
其役事。"又《遂人職》："以歲時登其夫家之衆寡及其六畜、車輦，
辨其老幼、癈疾與其施捨者，以頒職作事，以令貢賦，以令師田，以
起政役。"鄭玄注："政役，出士徒役。"《儀禮・既夕禮》"既正柩，
賓出，遂匠納車於階閒"鄭玄注："遂匠，遂人、匠人也。遂人主引
徒役，匠人主載柩窆，職相左右也。"（"遂人"爲司徒屬官——筆
者）是地官司徒又掌徒役之事。作"徒衆"不能反映出司徒主管
全國民衆役事之職掌，當以作"徒役"爲善。

（三）可藉以糾今本之誤改

典籍輾轉傳抄，不僅有魯魚亥豕之偶誤，亦有增删改削之臆
爲，若無善本古本爲佐證，則不易發現其誤，亦不易糾正其誤。此

寫卷雖非善本,然稱之爲古本則不應有異議。今本《毛傳》、《鄭箋》有爲後人奮筆臆改者,若無寫卷,曷以知之?

1.《文王》第三章"世之不顯,厥猶翼翼"《傳》:"翼翼,恭敬。"

寫卷(8行)作"翼翼,恭也"。

案:《爾雅·釋詁下》:"儵、恪、祗、翼、諲、恭、欽、寅、熯,敬也。"恭、敬同義。故《釋訓》云:"穆穆、肅肅,敬也。"又云:"肅肅、翼翼,恭也。"或言"恭",或言"敬",因其義無別也。《大雅·常武》"綿綿翼翼"毛傳:"翼翼,敬也。"《周南·兔罝》"肅肅兔罝"毛傳:"肅肅,敬也。"《大雅·思齊》"肅肅在廟"毛傳:"肅肅,敬也。"未有以雙音詞"恭敬"爲訓者。《鄭箋》方有以"恭敬"爲訓者,《周南·兔罝》"肅肅兔罝"《箋》云:"罝兔之人,鄙賤之事,猶能恭敬,則是賢者衆多也。"《大雅·烝民》"令儀令色,小心翼翼"《箋》云:"善威儀,善顏色容貌,翼翼然恭敬。"《毛傳》釋義多本《爾雅》,此釋"翼翼"爲恭,即承《爾雅·釋訓》"肅肅、翼翼,恭也"之訓。今本作"恭敬"者,後人所改也。孔穎達《毛詩正義》云:"敬是恭之類,故連言之。"是孔所見本已誤作"恭敬"。陳奐《詩毛氏傳疏》改《毛傳》爲"翼翼,恭敬也",乃據毛釋詞之句式而添"也"字,不悟《毛傳》本作"恭也",是於《毛傳》體例尚有未達者也。

2.《綿》第五章"其繩則直,縮版以載,作廟翼翼"《傳》:"乘謂之縮。"《箋》云:"乘,聲之誤,當爲繩也。"

寫卷(69行)作"乘當爲繩,聲之誤"。

案:鄭玄箋《詩》、注《三禮》,凡於聲誤或形誤之字,皆用"×當爲×,聲(字)之誤也"的句式表示,如《詩·周頌·昊天有成命》"於緝熙,單厥心,肆其靖之"《毛傳》:"熙,廣;單,厚;肆,固。"《鄭箋》云:"廣當爲光,固當爲故,字之誤也。"《周禮·天官·內饔職》"豕盲視而交睫,腥"鄭注:"腥當爲星,聲之誤也,肉有如米者似星。"《儀禮・士冠禮》"加俎,嚌之,皆如初,嚌肺"鄭注:"嚌當爲祭,字之誤也。"《禮記・曲禮上》"主人先登,客從之,拾級聚足"鄭注:"拾當爲涉,聲之誤也。"惟《詩大序》"哀窈窕,思賢才"《鄭箋》"'哀'蓋字之誤也,當爲'衷'"爲特例,因尚爲疑似之詞,不能寫作"哀當爲衷,蓋字之誤也",故康成不以"×當爲×,聲(字)之誤也"之固定句式表示。此當以寫卷爲善。《正義》標起止作"爲繩",則孔穎達所據本已誤矣。

(四) 可藉以考見《詩經》傳本之異文,以明音注之不誤

《綿》第六章"築之登登,削屢馮馮",P. 2669 在"屢"之卷背注音"恭具",《廣韻》"屢"音"良遇切",在來紐,《經典釋文》及諸家韻書亦均讀來紐,而此則以見紐字"恭"作切,不可解。故潘重規云:"恭蓋誤字。"①寫卷(70 行)此"屢"字作"屨"。

案:"屢"字,段玉裁《詩經小學》釋爲"空"②,焦循《毛詩補疏》釋爲"斂"③。馬瑞辰《毛詩傳箋通釋》皆不以爲然,認爲應讀作"僂",義爲隆高④。不論其究爲何義,寫卷作"屨",定然不合詩意。"屨"應是誤字。《説文・履部》:"屨,履也。"⑤《方言》卷四:"屨,粗履也。"⑥《玉篇・履部》:"屨,履屬,麻作謂之屨也。"⑦因

① 潘重規:《敦煌毛詩詁訓傳殘卷題記》,《敦煌詩經卷子研究論文集》,香港新亞研究所 1970 年版,第 3 頁。
② 段玉裁:《詩經小學》,《清經解》第 4 冊,第 181 頁。
③ (清)焦循:《毛詩補疏》,《清經解》第 4 冊,第 649 頁。
④ 《毛詩傳箋通釋》卷二十四《大雅・緜》,第 821 頁。
⑤ 《説文解字》八篇下《尸部》,第 175 頁。
⑥ (漢)揚雄著,(清)錢繹箋疏:《方言箋疏》卷四,上海古籍出版社 1984 年版,第 280 頁。
⑦ 《宋本玉篇》卷十一《履部》,第 216 頁。

履、履義同,故二者典籍常有通用者,《禮記·玉藻》"乃屨,進飲",《經典釋文·禮記音義》:"屨,本又作履。"①《莊子·達生》"忘足,屨之適也"②,S. 615《南華真經達生品第十九》"屨"作"履"。《廣韻》"屨"音九遇切,正與 P. 2669 卷背注音"恭具"合,則此音"恭具"者,應是爲"屨"所作也。據此亦可以推知,《詩經》在流傳過程中,"削屢馮馮"有作"削履馮馮"之本。"削履馮馮"即是從"削屢馮馮"演變而來,手民多見"履",少見"屢",故奮筆易"屢"爲"履"。我們由此"履"字而推知《詩》有作"屢"之本,從而方才明瞭"恭具"之音的由來。然作"屢"亦非《詩》之本字,"屢"應是"屢"之誤。二字形近,有致誤之由。《史記·季布欒布列傳·太史公曰》"身屢軍搴旗者數矣",裴駰《集解》引徐廣曰:"屢,一作屢。"③即二字互誤之例。《詩·齊風·南山》"葛屢五兩,冠緌雙止",S. 2729《毛詩音》第 115 行出"屢"字,音"恭具","屢"即"屢"之誤,其注音"恭具",正與 P. 2669 之卷背注音相同,更可證"恭具"即爲"屢"之切語。是"恭具"之"恭"非誤字,"恭具"乃是據誤本經文所作之音也。

（五）可藉以推知《毛傳》之原貌,而知今本之誤

《綿》第五章"其繩則直,縮版以載"《傳》:"言不失繩直也。乘謂之縮。"

案:訓詁術語"謂之"用來解釋事物之異名或確定事物之義界,並且被釋詞放在後面。此處"縮"在後面,故知乃是解釋"縮板以載"之"縮",而且《毛傳》前句云"言不失繩直也",解釋"其

---

① 《經典釋文》卷十二《禮記音義之二·玉藻第十三》"乃屨"條,第 189 頁。
② 《莊子集釋》卷七上《達生第十九》,第 662 頁。
③ 《史記》卷一百《季布欒布列傳第四十》,第 2735 頁。

繩則直”,亦可證此句乃釋“縮”字。“縮”爲動詞,“繩”(《毛傳》作“乘”,爲“繩”之誤,説見《鄭箋》)爲名詞,用“繩”釋“縮”,不惟無補,更滋疑惑。《爾雅·釋器》曰:“繩之謂之縮之。”此《爾雅》釋《詩》也,然《詩》“縮”下並無“之”字。寫卷(68 行)作“乘之謂縮之”,較《爾雅》少一“之”字。訓詁術語“謂”乃是“用以説明這個詞兒專指或影射某一特定的事物。‘謂’和‘謂之’不同:使用‘謂之’時,被釋的詞放在謂之的後面;使用‘謂’時,被釋的詞放在謂的前面”①。那麽,“乘之謂縮之”乃是以“縮之”釋“乘之”了。但《詩》“縮”下並無“之”字,而且與詩義不合,“其”字亦將無處着落。若將“乘之謂縮之”倒作“乘之謂之縮”,成爲“謂之”句式,即將“縮”釋爲“乘之”,亦即“繩”之。“縮版以載”者,即用繩將築版縛束住使之樹立起來。如此詩義方順,如此亦可知《爾雅·釋器》“繩之謂之縮之”最後一“之”字爲衍文。周祖謨《爾雅校箋》據原本《玉篇》“繩”下引《毛傳》作“乘之謂之縮”,謂《爾雅》“縮”下衍“之”字②,是也。《玉篇》所引《毛傳》正與我們上面所證相合。《正義》引《釋器》曰:“繩謂之縮。”然下又云:“《爾雅》復言‘縮之’,明縮用繩束之也。”可知其所引已爲後人改纂,非孔書原貌也。

(原載國家圖書館善本特藏部敦煌吐魯番學資料研究中心編《敦煌學國際研討會論文集》,北京圖書館出版社 2005 年版)

---

① 郭在貽:《訓詁學》,湖南人民出版社 1986 年版,第 72 頁。
② 周祖謨:《爾雅校箋》,江蘇教育出版社 1984 年版,第 237 頁。

英俄所藏敦煌寫卷《毛詩音》的文獻價值

  S. 2729B《毛詩音》收藏在英國圖書館，起《詩大序》"王者之風，故繫之周公"句注音"王者"條，至《唐風·山有樞》"子有廷內，弗洒弗埽"句注音"埽"字條，共 129 行。Дx. 01366《毛詩音》收藏在俄羅斯科學院東方學研究所聖彼得堡分所，起《齊風·載驅》"行人儦儦"句注音"儦"字條，訖《秦風·駟驖》"舍拔則獲"《鄭箋》"拔，括也"句注音"括"字條，共 17 上半行。兩者本爲一卷之裂①，Дx. 01366 的前 9 行即爲 S. 2729 末 9 行之上截，兩卷綴合後，共 136 行。寫卷以毛亨傳、鄭玄箋《詩經》爲底本，摘字注音，詞目單行大字，音注雙行小字。

  寫卷前後殘缺，不見書卷名號及著者姓氏。王重民先生以爲是撰成於顏師古後孔穎達前之《詩音》彙編本②；潘重規先生據

---

  ① ［俄］孟列夫主編，袁席箴、陳華平譯：《俄藏敦煌漢文寫卷叙録》，上海古籍出版社 1999 年版，第 608—609 頁；潘重規：《倫敦藏斯二七二九號暨列寧格勒藏一五一七號敦煌毛詩音殘卷綴合寫定題記》，《敦煌詩經卷子研究論文集》，香港新亞研究所 1970 年版，第 77 頁。
  ② 王重民：《敦煌古籍叙録》，第 43—44 頁。

S. 2729B 第 15 行"息"字音注有"炫以及來息韻"句①,認爲是隋劉炫所撰《毛詩音》②;王利器則認爲是劉炫所著《毛詩述義》③,後又在《經典釋文考》一文中否定此説,認爲是劉炫的《五經正名》④;平山久雄、張寶三均認爲寫卷非劉炫之作⑤。今謂寫卷既然引用劉炫之説,則其寫作時間當在劉炫以後,至於作者何人,在目前的情況下,文獻不足,闕疑可也。

王重民、潘重規、王利器諸先生的文章純是對寫卷作者的考

---

① 潘重規《敦煌詩經卷子研究論文集·序》:"余讀倫敦斯二七二九毛詩音殘卷,訂'竝'爲'炫'字,判詩音乃劉炫所作。或謂但憑臆測,未有明徵。及讀巴黎伯三六九三號切韻殘卷上聲廿五銑云:'泣,露光,胡犬反。'是六朝唐人書'泫'作'泣'之明證。由是推之,則'竝'之爲'炫',豁然碻斯,無可置疑矣。"(《敦煌詩經卷子研究論文集》,第 5 頁) 張金泉、許建平《敦煌音義滙考》:"《隋書·經籍志》有劉炫《毛詩述義》四十卷。《正義》云:'疑《經》休息之字作休思也。何則?《詩》之大體,韻在辭上,疑休、求字爲韻,二字俱作思。'據此,則知殘卷'來'爲'求'之譌,'忍'爲'思'之譌。"(杭州大學出版社 1996 年版,第 142 頁)

② 潘重規:《倫敦藏斯二七二九號暨列寧格勒藏一五一七號敦煌毛詩音殘卷綴合寫定題記》,《敦煌詩經卷子研究論文集》,第 81 頁。

③ 王利器:《跋敦煌唐寫本劉炫毛詩述議》,載《文獻》1983 年第 3 期;《跋〈毛詩述義〉(擬)》,見《王利器論學雜著》,北京師範學院出版社 1990 年版,第 347—348 頁。

④ 王利器:《經典釋文考》,見《曉傳書齋集》,華東師範大學出版社 1997 年版,第 71 頁。

⑤ 平山久雄:《敦煌〈毛詩音〉殘卷反切的結構特點》,《古漢語研究》1990 年第 3 期;張寶三:《倫敦所藏斯二七二九號敦煌〈毛詩音〉殘卷論考》,《隋唐五代經學國際研討會論文集》,臺北"中央研究院"中國文哲研究所 2009 年版,第 295—309 頁。

察，平山的系列論文則重在對寫卷反切結構的考訂①，唯有張寶三《倫敦所藏斯二七二九號敦煌〈毛詩音〉殘卷論考》對寫卷的經學價值作過一些探討②。本文則希望通過對寫卷具體內容的分析，從異文與注音兩個方面來考探其所蘊含之文獻價值。

一、由異文考探寫卷之文獻價值

"凡同一書的不同版本，或不同的書記載同一事物而字句互異（包括通假字和異體字），都稱異文。"③通過對典籍在流傳過程中產生的異文的研究，我們可藉以辨明字句正誤、探究撰作年代、鑒別版本優劣、復原舊籍本真。《毛詩音》寫卷是唐代抄本④，去古未遠，故存古較多。今將寫卷所出《毛詩》之經、傳、箋詞目與傳世阮刻本《毛詩正義》的相關內容進行對勘，據其異文以考寫卷之價值。

（一）存《毛詩》經傳之本字，可考知《毛詩》經傳之原貌

《毛詩》自東漢鄭玄作《箋》以後，逐漸定於一尊。但在流傳過程中，傳抄者往往以後起習見之新字代替原有之古字，《毛詩》

---

① 平山久雄：《敦煌毛詩音殘卷反切の研究（上）》，《北海道大學文學部紀要》第 14 號第 3 分冊，1966 年 3 月；《敦煌毛詩音殘卷反切の研究（中の1)》，《東洋文化研究所紀要》第 78 册，1979 年 3 月。

② 張寶三：《倫敦所藏斯二七二九號敦煌〈毛詩音〉殘卷論考》，見《隋唐五代經學國際研討會論文集》，臺北"中央研究院"中國文哲研究所 2009 年版，第 309—316 頁。

③ 辭海編輯委員會：《辭海》，上海辭書出版社 2000 年版，第 3057 頁。

④ 平山久雄：《敦煌〈毛詩音〉殘卷反切的結構特點》，《古漢語研究》1990 年第 3 期。

之原貌多所改易。今寫本頗有可證後世傳本之改動者。

筆者曾有《英藏敦煌〈毛詩音〉寫卷所見〈毛詩〉本字考》一文①，考證了 S. 2729B《毛詩音》所存爲《毛詩》本字者十三例，今再補充三例。

1. 《衛風·碩人》："領如蝤蠐，齒如瓠犀。"②

《經典釋文》"蠐"作"齏"，云："本亦作蠐，又作齊，同，音齊。"③案《說文》無"蠐"字，《蟲部》："蝤，蝤齏也。"④陳壽祺《左海經辨·說文經字攷》云："'齏'即'領如蝤蠐'之'蠐'。"⑤張慎儀《詩經異文補釋》云："齏、蠐古今字。"⑥是作"齏"者爲本字，"蠐"爲後起別體也。S. 2729B 第 75 行出"齏"字，與《釋文》所據本同，存《毛詩》之本字也。

2. 《鄭風·有女同車》"顏如舜華"《毛傳》："舜，木槿也。"⑦

《說文·艸部》："蕣，木菫，朝華暮落者。《詩》曰：'顏如蕣華。'"⑧陳奐云："菫，俗作槿。"⑨《說文》無"槿"字，雷浚云："《說文·艸部》有'菫'字，爲'槿'之正字。"⑩《艸部》"菫"篆下段玉

① 許建平：《英藏敦煌〈毛詩音〉寫卷所見〈毛詩〉本字考》，《敦煌學輯刊》2007 年第 3 期。

② 《毛詩正義》卷三之二《衛風·碩人》，第 129 頁。

③ 《經典釋文》卷五《毛詩音義上·衛淇奥第五·碩人》"齏"條，第 61 頁。

④ 《說文解字》十三篇上《虫部》，第 279 頁。

⑤ 陳壽祺：《左海經辨》，《清經解》第 7 册，上海書店 1988 年版，第 214 頁。

⑥ 張慎儀：《詩經異文補釋》卷三，清光緒至民國間《荄園叢書》本，第 13B 頁。

⑦ 《毛詩正義》卷四之三《鄭風·有女同車》，第 171 頁。

⑧ 《說文解字》一篇下《艸部》，第 21 頁。

⑨ 陳奐：《詩毛氏傳疏》卷七《鄭緇衣詁訓傳·有女同車》，第 18A 頁。

⑩ 雷浚：《說文外編》卷十《經字·爾雅》，第 325 頁。

裁注:"今經典通用'菫'字。"①張舜徽云:"經傳皆作菫,不从艸,乃省借耳。"②

案《説文·菫部》:"菫,黏土也。从土从黄省。"③孫海波以"菫"字卜辭从黄从火,"知《説文》訓从土者乃从火之譌。菫字本義訓謹慎,訓少,从黄火會意則未詳。許君訓'黏土'固非初義,菫作賓氏訓'象人衣冠整齊,兩手交叉恭謹之狀'則尤非。卜辭菫字之義,訓本誼者少,其假爲'覲''饉'二義,則皆同聲孳生之義"④。李時珍《本草綱目》在"木槿"條下云:"此華朝開暮落,故名日及。曰槿曰蕣,猶僅榮一瞬之義也。"⑤楊樹達云:

> 《爾雅·釋草》曰:"椴,木菫。"《釋文》云:"菫,本作槿。"按槿字許書不載。一篇下艸部曰:"蕣,木菫,朝華莫落者。"《吕氏春秋·仲夏紀》高注曰:"木菫朝榮暮落,雒家謂之朝生,一名蕣,《詩》云:顔如蕣華,是也。"説與許同。按此朝華莫落之草所以名菫或槿者,謂其華時僅少也。又名椴或蕣者,椴之爲言短也,蕣之爲言瞬也,皆言其華時短促也。或名朝生,或又名日及,亦此義也。⑥

楊氏因謂"菫"聲字有寡少義,如謹者,言少也;饉者,食少也;勤

---

① 《説文解字注》一篇下《艸部》,第 45 頁。

② 張舜徽:《説文解字約注》卷二,中州書畫社 1983 年版,第 78B 頁。

③ 《説文解字》十三篇下《菫部》,第 290 頁。

④ 李圃主編:《古文字詁林》第 10 冊,上海教育出版社 2004 年版,第 310 頁。

⑤ (明)李時珍編纂,劉衡如、劉山永校注:《本草綱目》卷三十六《木部三》"木槿"條,華夏出版社 1998 年版,第 1426 頁。

⑥ 楊樹達:《積微居小學金石論叢》卷一《釋菫》,中華書局 1983 年版,第 14 頁。

者,力少也;廛者,屋小也①。謹、饉、勤、廑均"堇"字孳乳也。郭
沫若云:"古金文凡瑾覲勤謹均以堇字爲之。"②如《宗周鐘》"王
肇遹眚文武,堇彊土",郭沫若釋"堇"爲"勤"③;《頌鼎》"反入堇
章",郭沫若云:"當讀爲'返納瑾璋'。"④

《爾雅·釋草》:"椵,木槿;櫬,木槿。"郭璞注:"別二名也。
似李樹,華朝生夕隕,可食。"⑤因其似李樹,《本草綱目》入之於木
部,李時珍云:"槿,小木也。可種可插,其木如李。"⑥謂其爲草,
則從艸旁作"堇";謂其爲木,則從木旁作"槿",二字皆"堇"之後
起字也。S. 2729B 第 104 行作"堇",存本字也。

3.《唐風·揚之水》"揚之水,白石粼粼"《毛傳》:"粼粼,清
澈也。"⑦

《釋文》云:"澈,直列反。或作徹,誤。"⑧案王力《同源字典》
云:"水通明爲'澈'。《説文》無'澈'字。'澈'是後起的分別字,
以別於一般通徹的'徹'。"⑨毛公作《傳》時尚無"澈"字,Дх.
01366 第 11 行此字即作"徹",存本字也,《釋文》以不誤爲誤。

---

① 楊樹達:《積微居小學金石論叢》卷一《釋謹》,第 14 頁。
② 郭沫若:《兩周金文辭大系圖録考釋》上編《頌鼎》,上海書店出版社
1999 年版,下冊第 73B 頁。
③ 郭沫若:《兩周金文辭大系圖録考釋》上編《宗周鐘》,下冊第 51A 頁。
④ 郭沫若:《兩周金文辭大系圖録考釋》上編《頌鼎》,下冊第 73A 頁。
⑤《爾雅注疏》卷八《釋草第十三》,第 134 頁。
⑥ 李時珍:《本草綱目》卷三十六《木部三》"木槿"條,第 1426 頁。
⑦《毛詩正義》卷六之一《唐風·揚之水》,第 219 頁。
⑧《經典釋文》卷五《毛詩音義上·唐蟋蟀第十·揚之水》"澈也"條,第
68 頁。
⑨ 王力:《同源字典》,商務印書館 1982 年版,第 491 頁。

（二）有《釋文》所無之異文,可知此爲陸德明未曾寓目之《毛詩音》

《經典釋文·序録》云:"余既撰音,須定紕謬,若兩本俱用,二理兼通,今竝出之,以明同異。其涇渭相亂,朱紫可分,亦悉書之,隨加刊正。復有他經別本,詞反義乖,而又存之者,示博異聞耳。"①陸德明撰《經典釋文》,不僅集漢魏六朝音訓之大成,而且於當時之諸經異本,亦靡不廣蒐博採,其所録諸經異文,對於我們考察六朝經學有極大之價值。《毛詩音》寫卷中却有《釋文》未及之異文,可知此爲陸德明未曾寓目之《毛詩音》。張寶三《倫敦所藏斯二七二九號敦煌〈毛詩音〉殘卷論考》一文曾列舉兩例②,兹再補充三例。

1. 《周南·葛覃》:"集于灌木,其鳴喈喈。"③《釋文》:"灌,古亂反,叢木也。"④未言有異文。《爾雅·釋木》"灌木,叢木"郭璞注引《詩》曰:"集於灌木。"⑤《釋文》出"樌"字,云:"古亂反,字又作灌。"⑥是陸德明撰《爾雅音義》時所據《爾雅》底本所引《葛覃》"灌"作"樌",別本異文作"灌"。嚴元照云:"《説文·木部》無'樌'字。自《石經》以後各本及《毛詩》經、傳、正義皆作

---

① 《經典釋文》卷一《序録·條例》,第 2 頁。
② 張寶三:《倫敦所藏斯二七二九號敦煌〈毛詩音〉殘卷論考》,見《隋唐五代經學國際研討會論文集》,臺北"中央研究院"中國文哲研究所 2009 年版,第 309—311 頁。
③ 《毛詩正義》卷一之二《周南·葛覃》,第 30 頁。
④ 《經典釋文》卷五《毛詩音義上·周南關雎故訓傳第一·葛覃》"灌木"條,第 54 頁。
⑤ 《爾雅注疏》卷九《釋木第十四》,第 160 頁。
⑥ 《經典釋文》卷三十《爾雅音義下·釋木第十四》"樌"條,第 429 頁。

'灌'。"①王先謙云："《詩》釋文'灌木'下毛無'亦作'本，則作'樌'者，魯家異文也。"②案 S. 2729B 第 5 行出"樌"字，則《毛詩》亦有作"樌"之本。《釋文》未言有異本，陸未見此《毛詩音》也。

2.《周南·卷耳》："我僕痛矣，云何吁矣。"③《釋文》："吁，香于反，憂也。"④未言有異本。馬瑞辰、張慎儀皆以"吁"爲"忬"之借字⑤。案《說文·心部》："忬，憂也。"⑥《口部》："吁，驚也。"⑦馬、張二氏所言是也。S. 2729B 第 10 行出"忬"字（"忬"爲"忬"之異體），陸氏不錄者，未見此《毛詩音》也。

3.《王風·中谷有蓷》"中谷有蓷，暵其乾矣"《毛傳》："蓷，鵻也。"⑧《釋文》云："鵻，音佳。《爾雅》又作'萑'，音同。"⑨陸氏所言《爾雅》作"萑"，當指《爾雅·釋草》"萑，蓷"句⑩，嚴元照云："以鵻代萑，蓋假借字。"⑪《釋文》於後《大車》"毳衣如菼"《毛

① 嚴元照:《爾雅匡名》,《清經解續編》第 2 册,第 1201 頁。
② 王先謙:《詩三家義集疏》卷一《周南關雎第一·葛覃》,第 19 頁。
③《毛詩正義》卷一之二《周南·卷耳》,第 34 頁。
④《經典釋文》卷五《毛詩音義上·周南關雎故訓傳第一·卷耳》"吁矣"條,第 54 頁。
⑤ (清)馬瑞辰撰,陳金生點校:《毛詩傳箋通釋》卷二《周南·卷耳》,中華書局 1989 年版,第 47 頁;張慎儀:《詩經異文補釋》卷一,清光緒至民國間《箋園叢書》本,第 6A 頁。
⑥《說文解字》十篇下《心部》,第 223 頁。
⑦《說文解字》二篇上《口部》,第 33 頁。
⑧《毛詩正義》卷四之一《王風·中谷有蓷》,第 151 頁。
⑨《經典釋文》卷五《毛詩音義上·王黍離第六·中谷有蓷》"鵻"條,第 63 頁。
⑩《爾雅注疏》卷八《釋草第十三》,第 135 頁。
⑪ 嚴元照:《爾雅匡名》,《清經解續編》第 2 册,第 1194 頁。

傳》"莢,雖也"下注云:"雖,本亦作萑,音佳。"①於《大車》出異文
"萑",而於此《中谷有蓷》篇不出,是德明所見諸本,"雖"未有作
"萑"者,故引《爾雅》以爲證。S. 2729B 第 90 行出"萑",知德明
未見此《毛詩音》也。

二、由音注考探寫卷之文獻價值

《毛詩音》寫卷乃音義類著作,其重點在於音注。由注音可
考其音韻系統,亦可爲中古音研究之重要資料。細繹其音注,於
文獻學研究上亦有其價值存焉。

(一) 可證舊籍注音之不誤

《尚書·旅獒》"巢伯來朝"《釋文》:"巢,仕交反,徐吕交
反。"②吳承仕《經籍舊音辨證》云:"毛居正《六經正誤》曰:'吕交
反,吕當作石。'承仕按:'仕'屬牀、'石'屬禪,聲相近;若'吕'則
屬來,聲類絕遠矣。居正所改,近得其實,然《類篇》、《集韻》'巢'
字並有'力交'一切,注云'國名',則北宋本固作'吕交反'矣。"③
黃侃《經籍舊音辨證箋識》云:"勤、勞一語之變,'巢'有來紐者,
何足怪耶? 毛改作'石交','石交'乃爲舌音之變,古當屬定紐。
然則又何不可作來紐耶?"④案 S. 2729B 第 18 行"巢"音"林肴",
與《旅獒》釋文所引徐邈"吕交反"之聲韻相同,可知"巢"有讀作

---

① 《經典釋文》卷五《毛詩音義上·王黍離第六·大車》"雖也"條,第
63 頁。
② 《經典釋文》卷四《尚書音義下·旅獒第七》"巢"條,第 46 頁。
③ 吳承仕:《經籍舊音辨證》,第 88 頁。
④ 吳承仕:《經籍舊音辨證》附錄一《經籍舊音辨證箋識》,第 266 頁。

來紐者①。而且此"巢"乃爲《召南·鵲巢》小序"《鵲巢》,夫人之德也"之"巢"作音,則巢穴之"巢"亦可讀作來紐,非僅國名之"巢"也。《爾雅·釋言》"漦,盠也"《釋文》:"漦,仕其反,又吕其反。"②讀"漦"爲"吕其反"者,亦牀紐字讀入來紐也。

(二) 可補輯徐邈《毛詩音》之佚文

《衛風·芄蘭》"雖則佩韘,能不我甲"③,S. 2729B 第 85 行出"甲"字條,注云:"瓜狎,徐胡甲反。"《釋文》亦出"甲"字條,注云:"如字,狎也。《爾雅》同。徐胡甲反,《韓詩》作狎。"④顏師古《匡謬正俗》云:"《衛風·芄蘭》篇云'能不我甲',《毛詩傳》曰:'甲,狎也。' 毛公此釋蓋依《爾雅》本訓,而徐仙遂音'甲'爲'狎'。"⑤《齊風·甫田》"無田甫田,維莠桀桀"⑥,S. 2729B 第 117 行出"桀桀"條,注云:"京竭,徐居竭反。"《釋文》亦出"桀桀"條,注云:"居竭反,徐又居謁反。"⑦"徐又居謁反"者,徐邈音居竭反,

---

① 潘重規疑"林"爲"材"之誤(《敦煌詩經卷子研究論文集》,香港新亞研究所 1970 年版,第 108 頁),平山久雄改"林"爲"牀"(《敦煌毛詩音殘卷反切の研究〔中の一〕》,《東洋文化研究所紀要》第 78 冊,1979 年 3 月,第 16 頁),二氏所言蓋有誤。

② 《經典釋文》卷二十九《爾雅音義上中·釋言第二》"漦"條,第 413 頁。

③ 《毛詩正義》卷三之三《衛風·芄蘭》,第 138 頁。

④ 《經典釋文》卷五《毛詩音義上·衛淇奧第五·芄蘭》"我甲"條,第 62 頁。

⑤ 劉曉東:《匡謬正俗平議》,第 13 頁。

⑥ 《毛詩正義》卷五之二《齊風·甫田》,第 197 頁。

⑦ 《經典釋文》卷五《毛詩音義上·齊雞鳴第八·甫田》"桀桀"條,第 66 頁。

又音居謁反也。《釋文》所引徐音即徐邈《毛詩音》①,據此可知,寫卷所引徐音亦即徐邈音也。

據《晉書·儒林傳·徐邈傳》,孝武帝司馬曜右文佐治,招延儒學之士。因徐邈"東州儒素",太傅謝安舉之應選,補中書舍人,西省侍帝,前後十年,"每被顧問,輒有獻替",又"撰正《五經音訓》,學者宗之"②,儼然江東學術領袖。故其所撰《五經》音訓,《顏氏家訓》、《經典釋文》、《匡謬正俗》、《集韻》等均有徵引,馬國翰《玉函山房輯佚書》輯有徐邈《毛詩音》一卷③,寫卷所引徐邈《毛詩音》有可補馬氏輯本所闕者。

1. 《齊風·雞鳴》"會且歸矣,無庶予子憎"④,S. 2729B 第112 行出"會且"二字,注云:"七野,徐子余反。"

2. 《齊風·南山》"蓺麻如之何?衡從其畝"⑤,S. 2729B 第115 行出"衡"字,注云:"下庚,徐音爲横。"

3. 《齊風·載驅》小序"《載驅》,齊人刺襄公也"⑥,S. 2729B 第118 行出"驅"字,注云:"曲踰,徐起諭反。"⑦

4. 《魏風·園有桃》"心之憂矣,聊以行國"⑧,Дх. 01366 第5

---

① 簡宗梧:《經典釋文引徐邈音辨證》,《中華學苑》第 7 期,1971 年 3 月。

② 《晉書》卷九十一《儒林列傳·徐邈傳》,第 2356—2358 頁。

③ 馬國翰:《玉函山房輯佚書》卷十六《經編·詩類》,上海古籍出版社 1990 年版,第 618—627 頁。

④ 《毛詩正義》卷五之一《齊風·雞鳴》,第 188 頁。

⑤ 《毛詩正義》卷五之二《齊風·南山》,第 196 頁。

⑥ 《毛詩正義》卷五之二《齊風·載驅》,第 199 頁。

⑦ "曲踰",寫卷原作"囬踰",此據平山久雄之説改(平山久雄《敦煌〈毛詩音〉殘卷反切的研究〔上〕》,《北海道大學文學部紀要》第 14 號第 3 分册,1966 年 3 月)。

⑧ 《毛詩正義》卷五之三《魏風·園有桃》,第 209 頁。

行出"以行"二字,注云:"下庚,徐行⊠。"

5.《魏風·十畝之間》"十畝之間兮,桑者閑閑兮"①,S. 2729B 第 125 行出"閒閒"二字,注云:"下艱,徐音賢。"

以上五條寫卷所引徐音,可補馬國翰所輯《毛詩徐氏音》之闕。

(三) 或可補歷代書目之闕載

S. 2729B 第 61 行有"縱"字條②,注云:"晉生綺,又生波二反。"案此《毛詩音》寫卷,引他家《詩音》者凡四:毛亨、鄭玄、徐邈及此處之"晉"。如 S. 2729B 第 54 行"害"條注"毛何蓋反,鄭何割反"③,第 85 行"甲"字條注"瓜㹕,徐胡甲反",所引即毛亨、鄭玄、徐邈之音,則此"晉"亦當爲作《詩》音者之姓氏。然遍檢《隋書·經籍志》、《經典釋文·序錄》、《舊唐書·經籍志》、《新唐書·藝文志》,皆不見有晉姓之人所作之詩音或詩注;後人爲隋唐史志所作之补編,如張鵬一《隋書經籍志補》、徐崇《補南北史藝文志》亦不見著録晉姓者之《詩音》;即使收集《詩經》學著作最

---

① 《毛詩正義》卷五之三《魏風·十畝之間》,第 209 頁。陳奐云:"'閑閑'當作'閒閒',《釋文》作'閒閒',《穆天子傳》注引作'閒閒',《文選》宋玉《登徒子好色賦》注引《毛詩》作'閒閒',後人因與上文'閒'字異義,遂易'閒閒'爲'閑閑'也。閒閒猶寬閒。"(《詩毛氏傳疏》卷九《魏葛屨詁訓傳·十畝之間》,第 7B 頁)

② "縱"字原誤作"縱",説詳張涌泉主編,許建平撰:《敦煌經部文獻合集》第 9 册,中華書局 2008 年版,第 4532 頁。

③ 其實毛、鄭時無反切,此毛、鄭之音並非音書,乃寫卷作者據毛鄭義而擬之音,"害"字《毛傳》無釋,孔穎達疏毛義並云:"而欲疾至衛,不得爲違禮遠義之害,何故不使我歸寧乎?"是毛釋"害"爲危害。《鄭箋》云:"害,何也。"乃讀"害"爲曷。故謂"毛何蓋反,鄭何割反"也,《釋文》注此"害"字云:"毛如字,鄭音曷,何也。"

多之朱彝尊《經義考·詩經》、劉毓慶《歷代詩經著述考(先秦—元代)》亦未提到有晉姓之人。頗疑寫卷所引晉氏之切語爲未見於歷代書目所載晉氏《毛詩》音注之內容,然僅此一條,不敢輒定,故特表出,以待識者之教。

結　論

1. 英、俄所藏《毛詩音》寫卷乃《毛詩傳箋》的注音本,其所據毛亨傳、鄭玄箋的《毛詩傳箋》本與《經典釋文·毛詩音義》及傳世阮刻本《毛詩正義》相較,異文至夥。寫卷所據《毛詩傳箋》本頗有可證後世傳本肆意纂改者,可藉以知漢時《毛詩傳箋》之原貌。

2. 通過與《經典釋文》相關內容的文本對勘,可以看出,陸德明撰寫《毛詩音義》時,並沒有看到過這個《毛詩音》。

3. 寫卷多有徵引東晉徐邈《毛詩音》者,可以補充馬國翰所輯《毛詩徐氏音》之闕漏,爲徐邈《毛詩音》的研究提供了新的材料。

4. 寫卷以"林肴"切"巢"一條,可證牀紐字讀入來紐的現象確實存在,證明《經典釋文》所引徐邈讀《尚書·旅獒》"巢伯來朝"之"巢"爲"呂交反"並非誤字。這爲研究古音牀、來兩紐的關係提供了重要的材料。

(原載《文獻》2011 年第 3 期)

試論法藏敦煌《毛詩音》寫卷的文獻價值

　　法國國家圖書館所藏編號爲 P. 3383 的《毛詩音》,殘存《毛詩・大雅》之《文王之什・旱麓》至《蕩之什・邵旻》部分 27 篇詩的音義,共 96 行。王重民認爲這是東晉徐邈所撰《毛詩音》的殘卷①。劉詩孫則認爲非徐邈之作,而懷疑爲陸德明《經典釋文》之原本②。周祖謨作《唐本毛詩音撰人考》③,否定王、劉之說,認爲是隋魯世達所作《毛詩音義》。潘重規於 1968 年撰《王重民題燉煌卷子徐邈毛詩音新考》一文④,糾駁了王、劉之說,而未在文中評論周祖謨魯世達所撰說,但他在最後結論中說:“此殘卷當爲徐邈以後,《釋文》以前,六朝專家之音。”則亦不以周說爲然也。平山久雄亦不贊成周祖謨之說,認爲在目前的情況下應該闕疑⑤。

---

　　① 王重民:《〈毛詩音〉叙録》,載《巴黎敦煌殘卷叙録》卷一,北平圖書館排印本,1936 年;此據黃永武主編《敦煌叢刊初集》第 9 册,新文豐出版公司1985 年版,第 115—119 頁;後收入《敦煌古籍叙録》,第 36—38 頁。

　　② 劉詩孫:《敦煌唐寫本晉徐邈毛詩音考》,《真知學報》第 1 卷第 1 期,1942 年 3 月。

　　③ 此文寫成於 1942 年 6 月,收入周祖謨《漢語音韻論文集》,上海商務印書館,1957 年。

　　④《新亞學報》第 9 卷第 1 期,1969 年 6 月;此據《敦煌詩經卷子研究論文集》,香港新亞研究所 1970 年版。

　　⑤ 平山久雄:《敦煌〈毛詩音〉殘卷反切的結構特點》,《古漢語研究》1990 年第 3 期。

王重民、周祖謨的文章純是對寫卷作者的考察；劉詩孫對寫卷注音作了音系上的歸納；潘重規主要是對王、劉之説的糾駁，同時考證了寫卷著作的時代；平山的系列論文則重在對寫卷的反切進行研究①。總的來説，以上諸家對寫卷的研究側重在對作者的推測及反切的考察。本文則希望通過對寫卷具體內容的分析，揭示它所蘊含的文獻價值。

一、存《毛詩》、《鄭箋》之本字

《毛詩》自東漢鄭玄作《箋》以後，大顯於世，逐漸定於一尊。但經過長期的輾轉傳抄，加上分化字的大量產生，很多《毛詩》、《鄭箋》原來的本字逐漸爲分化字、通假字等所取代，而其本真則爲湮埋。《毛詩音》寫卷爲六朝時期作品②，其所用《詩經》之底本爲六朝本無疑，去古未遠，故存古較多。

---

① 平山久雄：《敦煌〈毛詩音〉殘卷反切の研究（上）》，《北海道大學文學部紀要》第 14 號第 3 分册，1966 年 3 月；《敦煌〈毛詩音〉殘卷反切の研究（中の1）》，《東洋文化研究所紀要》第 78 册，1979 年 3 月；《敦煌〈毛詩音〉殘卷反切の研究（中の2）》，《東洋文化研究所紀要》第 80 册，1980 年 2 月；《敦煌〈毛詩音〉殘卷反切の研究（中の3）》，《東洋文化研究所紀要》第 90 册，1982 年 12 月；《敦煌〈毛詩音〉殘卷反切の研究（中の4）》，《東洋文化研究所紀要》第 97 册，1985 年 3 月；《敦煌〈毛詩音〉殘卷反切の研究（中の5）》，《東洋文化研究所紀要》第 100 册，1986 年 3 月；《敦煌〈毛詩音〉殘卷反切の研究（中の6）》，《東洋文化研究所紀要》第 105 册，1988 年 2 月。

② 雖然此寫卷的作者至今尚未考定，但潘重規《王重民題燉煌卷子徐邈毛詩音新考》云："此殘卷當爲徐邈以後，《釋文》以前，六朝專家之音。"（《敦煌詩經卷子研究論文集》，第 59 頁）因而將它定位在六朝時期，應該是沒有問題的。

1. 《大雅・皇矣》：“上帝耆之，憎其式廓。”①

王樹枏《爾雅説詩》云：“廓者，孫炎云‘張之大也’。《大雅・皇矣》‘憎其式廓’，《毛傳》云‘廓，大也’。彼《釋文》云‘郭，本又作廓’。郭者，古文省。三家詩當有作‘郭’者，故《釋文》出‘郭’字，與《毛詩》異也。”②

案：《釋文》云：“郭，苦霍反，大也。又如字，本又作廓。”③是陸氏所據本作“郭”，其所見亦有作“廓”之異本。唐寫本 P. 2669《毛詩傳箋》即作“郭”，正與陸氏所據本同。朱珔云：“‘廓’字《广部》所無，蓋即借‘郭’字爲之。”④陳奐云：“廓，當依《釋文》作‘郭’。”⑤王闓運《爾雅集解》云：“《詩》‘憎其式郭’，或加‘广’，非也。”⑥諸家皆以作“廓”爲非。今謂王樹枏説不確。《説文》無“廓”，則《毛詩》不能有“廓”字，作“郭”者，《毛詩》之本字也。“廓”者，“郭”之後起分化字也。寫卷第 4 行出“式郭”條，存《毛詩》之本字。

2. 《大雅・生民》：“恒之秬秠，是穫是畝。”⑦

阮元《毛詩校勘記》曰：“《唐石經》同，小字本、相臺本同。案《釋文》云：‘恒，本又作亙。’《正義》云：‘定本作恒，集注皆作亙字。’考恒、亙是一字。”⑧朱珔云：“《木部》‘榔，竟也’，古文爲

---

① 《毛詩正義》卷十六之四《大雅・皇矣》，第 567 頁。
② 朱祖延主編：《爾雅詁林》卷上（一），湖北教育出版社 1996 年版，第 45 頁。
③ 《經典釋文》卷七《毛詩音義下・文王之什第二十三・皇矣》“式郭”條，第 92 頁。
④ （清）朱珔：《説文假借義證》卷十，黃山書社 1997 年版，第 294 頁。
⑤ 陳奐：《詩毛氏傳疏》卷二十三《文王之什詁訓傳・皇矣》，第 36B 頁。
⑥ 朱祖延主編：《爾雅詁林》卷上（一），第 38 頁。
⑦ 《毛詩正義》卷十七之一《大雅・生民》，第 594 頁。
⑧ 阮元：《毛詩校勘記》，《清經解》第 5 冊，第 416 頁。

'亙'，竟與徧義合，則'恒'當爲'亙'之假借矣。"①胡承珙云："此當以作'亙'爲正。六朝本蓋皆作'亙'。'亙'，本古文'柦'字，《説文》：'柦，竟也。'與《毛傳》訓恒爲徧義合。《毛詩》一本作'恒'，乃假'恒'爲'亙'，與《天保》之假'恒'爲'緪'一也。"②

案：《釋文》云："恒，古鄧反，徧也。本又作亙。"③是陸氏所見有作"亙"之本。顏之推《顏氏家訓·書證》云："'彌亙'字從二間舟，《詩》云：'亙之秬秠'是也。今之隸書，轉舟爲日；而何法盛《中興書》乃以舟在二間爲舟航字，謬也。"④則顏氏所見《詩》作"亙"，而認爲"亙"乃"亙"隸變。王國維認爲"亙"乃"亙"之變體，均爲"恒"之初文⑤。王氏據甲文爲説，當勝於顏，亙、恒古今字也。朱琦、胡承珙認爲"亙"爲"恒"之借字，不確；然以作"亙"者爲善，則是。S.6346V《毛詩》殘卷作"亙"，正與《釋文》所載又本同。寫卷第24行出"亙之"條，存《毛詩》本字。

3.《大雅·泂酌》："泂酌彼行潦，挹彼注兹，可以濯溉。"⑥

《毛傳》云："溉，清也。"李惇《群經識小》"濯溉"條云："上章'可以濯罍'，罍，尊名也。溉亦當爲尊名。……概者，橫概之義。然則社壇用罍，祼事用概，罍、概皆尊名也。"⑦王念孫説與李惇

---

① 朱琦：《説文假借義證》卷二十六，第 739 頁。

② 胡承珙：《毛詩後箋》卷二十四《大雅·生民》，第 1330 頁。

③《經典釋文》卷七《毛詩音義下·生民之什第二十四·生民》"恒之"條，第 93 頁。

④ 王利器：《顏氏家訓集解》（增補本）卷六《書證第十七》，第 520 頁。

⑤ 王國維：《殷卜辭中所見先公先王考》，《觀堂集林》卷九《史林一》，中華書局 1959 年版，第 419 頁。

⑥《毛詩正義》卷十七之三《大雅·泂酌》，第 622 頁。

⑦ 李惇：《群經識小》，《清經解》第 4 冊，上海書店 1988 年版，第 863 頁。

同①。向熹《詩經詞典》從王念孫説，釋云："溉，通概，漆尊，酒器。"②程俊英、蔣見元《詩經注析》曰："溉，概的假借字，古漆器酒尊。又《毛傳》：'溉，清也。'《孔疏》：'謂洗之使清潔。'亦通。"③持兩可之説。胡承珙云："此章訓'溉'爲'清'，是泛言器之溉者。一則見行潦之物薄而用重，一則見其物微而用廣。如此釋經，意義更爲周密，似不必以'概'與'罍'相配爲類。"④則仍主"溉"字。

案：《説文·水部》云："溉，溉水，出東海桑瀆覆甑山，東北入海。一曰：灌注也。"⑤非此義也。《説文·手部》"摡，滌也"段玉裁注："《詩》'摡之釜鬵'，《傳》曰：'摡，滌也。'今本作'溉'者，非。"⑥陳奐云："溉，當依《釋文》作'摡'。《匪風》傳'摡，滌也'。此篇'濯摡'連文，'濯'爲滌，則'摡'爲清矣。連言之曰'濯摡'。"⑦王先謙云："本詩《釋文》，'溉'無作'摡'之説⑧。《匪風》'溉之釜鬵'，《釋文》：'溉，本又作摡。'亦毛'或作'本。惟據《説文》，則'摡'爲正字。"⑨黃焯云："溉乃水名，作摡是。"⑩諸家皆以作"摡"爲正字。寫卷第 42 行出"摡"字，正與《説文》合，則作"摡"者本字。平山久雄校云："阮本《釈文》俱作'溉'，'摡'或疑

① 王引之：《經義述聞》卷七《毛詩下》"可以濯溉"條，第 164 頁。
② 向熹：《詩經詞典》，四川人民出版社 1997 年第 2 版，第 174 頁。
③ 程俊英、蔣見元：《詩經注析》，中華書局 1991 年版，第 831 頁。
④ 胡承珙：《毛詩後箋》卷二十四《大雅·泂酌》，第 1367 頁。
⑤ 《説文解字》十一篇上《水部》，第 227 頁。
⑥ 《説文解字注》十二篇上《手部》，第 607 頁。
⑦ 陳奐：《詩毛氏傳疏》卷二十四《生民之什詁訓傳·泂酌》，第 33B 頁。
⑧ 《釋文》卷七《毛詩音義下·生民之什第二十四·泂酌》："溉，古愛反，清也。"（中華書局 1983 年版，第 95 頁）
⑨ 王先謙：《詩三家義集疏》卷二十二《生民之什第二十二·泂酌》，第 905 頁。
⑩ 黃焯：《經典釋文彙校》，第 81 頁。

'溉'之誤,暫仍之。"①是以不誤爲誤也。

4.《大雅・抑》："辟爾爲德,俾臧俾嘉。"②

案:《説文・𠂤部》："卑,賤也,執事者。"③《人部》："俾,益也。"④段注:"古或假'卑'爲'俾'。"⑤《詩・小雅・菀柳》"俾予靖之"《釋文》："俾,必爾反,本作卑,使也。後皆同。"⑥盧文弨云:"古俾使之'俾'多作'卑'。"⑦盧説是也。金文無"俾"字,凡俾使之字皆作"卑"⑧。卑、俾應是古今字。敦煌寫本中俾、卑二字已多混用,如《小雅・十月之交》"不憖遺一老,俾守我王"⑨,S.3330"俾"作"卑"。《魯頌・閟宮》"奄有下國,俾民稼穡"⑩,P.3737"俾"作"卑",而且此詩中之"俾"字皆寫作"卑"。《小雅・節南山》"四方是維,天子是毗,俾民不迷"⑪,S.3330作"俾",與傳本同,《韓詩外傳》卷三、《説苑・政理》、《孔子家語・

① 平山久雄:《敦煌〈毛詩音〉殘卷反切の研究(上)》,《北海道大學文學部紀要》第14號第3分册,1966年3月。

② 《毛詩正義》卷十八之一《大雅・抑》,第648頁。

③ 《説文解字》三篇下《𠂤部》,第65頁。

④ 《説文解字》八篇上《人部》,第165頁。

⑤ 《説文解字注》八篇上《人部》,第376頁。

⑥ 《經典釋文》卷六《毛詩音義中・魚藻之什第二十二・菀柳》"俾予"條,第88頁。

⑦ (清)盧文弨:《經典釋文・毛詩音義中考證》,《叢書集成初編》本,中華書局1985年版,第114頁。

⑧ 張亞初:《殷周金文集成引得》,第1268—1269頁。

⑨ 《毛詩正義》卷十二之二《小雅・十月之交》,第408頁。

⑩ 《毛詩正義》卷二十之二《魯頌・閟宮》,第776頁。

⑪ 《毛詩正義》卷十二之一《小雅・節南山》,第394頁。

始誅》引亦均作"俾"①,然《荀子·宥坐》引則作"卑"②,《釋文》出"卑民"條③。

此詩"俾臧俾嘉"句,S.6196V 殘存"俾嘉"二字,可知與傳本同,亦作"俾";而寫卷第 62 行出"卑臧"條,則作"卑",存本字也。

5.《大雅·抑》:"於呼小子,未知臧否。"④

阮元《毛詩校勘記》:"《唐石經》、小字本、相臺本'呼'作'乎',閩本、明監本、毛本同。案:'呼'字誤也。"⑤

案:《釋文》:"於乎,上音烏,下音呼。凡此二字相連音皆放此。"⑥是《釋文》不作"呼"。顏師古《匡謬正俗》卷二"烏呼"條云:"《詩》皆云'於乎'字。中古以來,文籍皆爲'嗚呼'字。"⑦《詩·周頌·清廟》"於穆清廟"《毛傳》"於,歎辭也"孔穎達《正義》:"於乎、於戲,皆古之'嗚呼'之字。"⑧乎、呼古今字也。S.6196V《毛詩》"呼"字寫作"乎",合於師古之説。寫卷第 63 行出"於"、"乎"二條,存《毛詩》本字也。

寫卷"乎"字以直音"呼"注之,劉詩孫《敦煌唐寫本晉徐邈毛

---

① 屈守元:《韓詩外傳箋疏》卷三,巴蜀書社 1996 年版,第 291 頁;(漢)劉向撰,向宗魯校證:《説苑校證》卷七《政理》,中華書局 1987 年版,第 149 頁;(魏)王肅注,張縣固標點:《孔子家語·始誅第二》,中州古籍出版社 1991 年版,第 6 頁。

② (清)王先謙撰,沈嘯寰、王星賢點校:《荀子集解》卷二十八《宥坐篇第二十八》,中華書局 1988 年版,第 523 頁。

③ 《經典釋文》卷六《毛詩音義中·節南山之什第十九·節南山》"卑民"條,第 80 頁。

④ 《毛詩正義》卷十八之一《大雅·抑》,第 649 頁。

⑤ 阮元:《毛詩校勘記》,《清經解》第 5 冊,第 423 頁。

⑥ 《經典釋文》卷七《毛詩音義下·蕩之什第二十五·抑》"於乎"條,第 97 頁。

⑦ 劉曉東:《匡謬正俗平議》,第 48 頁。

⑧ 《毛詩正義》卷十九之一《周頌·清廟》,第 707 頁。

詩音考(續)》：“《廣韻》‘呼’居曉紐，‘乎’居匣紐，各有區別。詩音既以‘呼’音‘乎’，是刌‘乎’爲曉紐，不復歸匣可知。固未可以爲曉匣相混也。今仍以《廣韻》曉紐‘謼’切當之，謼、呼本一字，《廣韻》‘謼’注亦作‘呼’是也。”①此不知乎、呼古今之別而誤也。以“呼”注“乎”，乃以今字注古字，非注音也。

6.《大雅·雲漢》：“我心憚暑，憂心如薰。”②

《釋文》：“如薰，本又作燻，許云反，灼也。”③阮元《毛詩校勘記》：“《唐石經》、小字本、相臺本‘薰’作‘熏’，閩本、明監本、毛本同。案十行本注及《正義》中仍作‘熏’。《釋文》以‘如薰’作音。薰字非也。”④

案：《説文·中部》：“熏，火煙上出也。”⑤又《艸部》：“薰，香艸也。”⑥徐灝云：“熏，本香艸，蒸以取其馨烈，故从中从黑。……引申爲凡熏灼之偁。又爲昏黑之義，隸變作熏，因又加艸作薰。”⑦洪成玉云：“薰，《説文》釋爲香草，其实是用於熏燒以取其香氣的香草。”⑧則熏、薰古今字也。黃位清曰：“熏當是本字。”⑨

---

① 劉詩孫：《敦煌唐寫本晉徐邈毛詩音考(續)》，《真知學報》第 1 卷第 5 期，1942 年 7 月。

② 《毛詩正義》卷十八之二《大雅·雲漢》，第 661 頁。

③ 《經典釋文》卷七《毛詩音義下·蕩之什第二十五·雲漢》“如熏”條，第 98 頁。

④ 阮元：《毛詩校勘記》，《清經解》第 5 册，第 425 頁。

⑤ 《説文解字》一篇下《中部》，第 15 頁。

⑥ 《説文解字》一篇下《艸部》，第 16 頁。

⑦ 徐灝：《説文解字注箋》卷一下《中部》，《續修四庫全書》第 225 册，第 165 頁。

⑧ 洪成玉：《古今字》，第 65 頁。

⑨ 黃位清：《詩異文録》卷三《大雅·雲漢》，《續修四庫全書》第 75 册，上海古籍出版社 1995 年版，第 448 頁。

是也。至於《釋文》所引別本之"燻","熏"之增旁俗字也①。寫卷第 73 行出"熏"字,乃《毛詩》之本字也。

7.《大雅·瞻卬》:"豈曰不極,伊胡爲慝。"②

《釋文》:"慝,他得反。"③《鄘風·柏舟》"之死矢靡慝",阮元《毛詩校勘記》云:"小字本、相臺本同。案盧文弨云:'《唐石經》初刻慝作匿,誤,後改從今本。'考《傳》'慝,邪也',《釋文》'慝,他得反',皆可證也。"④

案:陳玉樹云:"《説文·匚部》有'匿',《心部》無'慝'。'慝'古止作'匿'。《民勞》、《瞻卬》'慝'字皆當作'匿',《唐石經》初刻之可貴如此,反以爲誤,何耶?"⑤既然《説文》無"慝",則《毛詩》不能有"慝"字,《毛詩》本字當是作"匿"。寫卷第 91 行出"匿"字,正與《唐石經》初刻同,《毛詩》之本字也。

8.《大雅·生民》"或舂或揄,或簸或蹂"鄭玄《箋》:"將復舂之,趣於鑿也。"⑥

《釋文》:"鑿,子洛反,精米也。《字林》作毇。"⑦

案:《説文·金部》:"鑿,穿木也。"⑧又《毇部》:"毇,糲米一

---

① 李富孫:《詩經異文釋》"忧心如薰"條云:"《集韻》云:'薰,俗作燻,非是。'蓋薰已从火,不應更加火旁。"(《清經解續編》第 2 册,第 1397 頁)

②《毛詩正義》卷十八之五《大雅·瞻卬》,第 695 頁。

③《經典釋文》卷七《毛詩音義下·蕩之什第二十五·瞻卬》,第 100 頁。

④ 阮元:《毛詩校勘記》,《清經解》第 5 册,第 366 頁。

⑤ (清)陳玉樹:《毛詩異文箋》卷三"之死矢靡匿 無俾作慝 伊胡爲慝"條,《續修四庫全書》第 74 册,上海古籍出版社 1995 年版,第 196 頁。

⑥《毛詩正義》卷十七之一《大雅·生民》,第 594 頁。

⑦《經典釋文》卷七《毛詩音義下·生民之什第二十四·生民》"於鑿"條,第 93 頁。

⑧《説文解字》十四篇上《金部》,第 295 頁。

斛舂爲九斗曰槩。"①段玉裁注："經傳多叚'槩'爲'槩'。"②是作
"槩"者爲正字。寫卷第25行出"於槩"條，作"槩"與《説文》合，
此當是鄭《箋》原字也。

二、知《毛詩》異本之有據

《毛詩》在流傳過程中，由於師傳不同，或傳抄訛誤，不可避
免地產生了大量異文。當然異文中最多的是異體字、通假字，這
在寫卷中亦多有反映，如《桑柔》"具禍以燼"，寫卷"燼"作"盡"，
通假字也；如《思齊》篇，寫卷"齊"作"齋"，齊、齋古今字也。這一
類情形較常見，亦容易董理，故在此不具論。而有些異文由於較
爲罕見，或不易解釋，易於爲人們所忽略。寫卷中的材料正可作
爲佐證，使人們知道後代刊本中的異文並非肆意妄改所致，而是
有其淵源所自的。

1. 《生民》："誕寘之隘巷，牛羊腓字之"③。

案：《太平御覽》引《詩》："誕寘之隘巷，羊牛腓字之。"小注：
"毛萇曰：'寘，置也；腓，辟也；字，愛也。'鄭玄曰：'姜嫄置后稷羊
牛之徑，亦以爲異也。'"④物觀《七經孟子考文補遺》："古本'牛
羊'作'羊牛'，注及下同。"⑤皆作"羊牛"，與《十三經注疏》本不
同。阮元《毛詩校勘記》無校記，可知其所見本無作"羊牛"者。

---

① 《説文解字》七篇上《槃部》，第148頁。
② 《説文解字注》七篇上《槃部》，第334頁。
③ 《毛詩正義》卷十七之一《大雅·生民》，第591頁。
④ （宋）李昉等：《太平御覽》卷五十七《地部二十二·林》，中華書局
1960年版，第275頁。
⑤ ［日］物觀：《七經孟子考文補遺》，《叢書集成新編》第5册，新文豐出
版公司1984年版，第115頁。

寫卷第20行出“牛腓”條,則其所據之底本此句應是作“羊牛腓字之”,與《御覽》、《七經孟子考文補遺》所據本同,可證《御覽》等作“羊牛”,實有所本。平山久雄校云:“按《生民》三章‘牛羊腓字之’,疑此當爲‘羊’。”①以爲寫卷“牛腓”之“牛”爲“羊”之誤,蓋不知《毛詩》實有作“羊牛腓字之”之傳本也。

2.《生民》:“誕寘之寒冰,鳥覆翼之。”②

案:孔穎達《毛詩正義》曰:“复棄后稷朝旦於寒冰之上,有鳥以翼覆、以翼藉之。”此釋經“誕寘之寒冰,鳥覆翼之”句,然句中“朝旦”二字不知所出,亦未見釋《詩》諸家有措意於此者。寫卷第20行出“誕朝”條,注云:“張遥反,或誤爲寘。”是其所據之底本作“誕朝之寒冰”也,《正義》之“朝旦”正可釋此“朝”字,《正義》所據本當亦作“誕朝之寒冰”也,此亦《毛詩》一異本也。

三、補正載籍之脱誤

《毛詩音》寫卷爲六朝音注本,那麼其注中所引之典籍亦必是六朝本,故可藉以糾正傳本之誤者。

1.《爾雅·釋詁上》:“廓,大也。”③

邢昺《爾雅疏》、鄭樵《爾雅注》、邵晉涵《爾雅正義》、郝懿行《爾雅義疏》皆引《方言》“張小使大謂之廓”以釋之。馬宗薌《爾雅本字考》云:“《詩·大雅》‘憎其式廓’,《傳》云‘廓,大也。憎其用大位行大政’。《釋文》‘廓,本又作郭’,是《詩》本作‘郭’也。毛意亦然矣。毛公詁《詩》多用《雅》訓,知《雅》祇訓‘郭’爲

---

① ［日］平山久雄:《敦煌〈毛詩音〉殘卷反切の研究(上)》,《北海道大學文學部紀要》第14號第3分册,1966年3月。

②《毛詩正義》卷十七之一《大雅·生民》,第591頁。

③《爾雅注疏》卷一《釋詁第一上》,第7頁。

‘大’爾。”①寫卷第 4 行出“式郭”條，注曰：“《爾雅》云：‘郭，大。’”正可爲馬説之佐證。《説文》有“郭”無“廓”，“廓”爲“郭”之後起字，《爾雅》時尚無“郭”字，今本作“廓”者，後人所改也。

2.《説文·艸部》：“蕘，薪也。”②

段玉裁《説文解字注》據《經典釋文·毛詩音義》改作“蕘，艸薪也”③。桂馥云：

> 《詩·板》“詢于芻蕘”《傳》云：“芻蕘，薪采者。”《釋文》引本書：“蕘，草薪也。”《長楊賦》“躪踐芻蕘”李善引本書：“蕘，艸薪也。”馥案：二書所引，並有“艸”字。《漢書·賈山傳》“芻蕘，採薪之人”、《揚雄傳》“麋鹿芻蕘”，顔注並云：“蕘，草薪。”馥謂草薪別於木薪也。④

王筠《説文解字句讀》因而據《經典釋文·毛詩音義》及《文選·長楊賦》李善注引改作“蕘，艸薪也”⑤。寫卷第49 行出“蕘”條，注云：“儒招。《説文》：‘草新。’”《廣韻·晧韻》：“草，《説文》作‘艸’，百卉也。經典相承作‘草’。”⑥《説文解字句讀》：“薪者，新之絫增字。”⑦則“草新”即“艸薪”也。寫卷此條可爲段、桂、王之説添一證。

---

① 馬宗薌：《爾雅本字考》，朱祖延主編：《爾雅詁林》卷上（一），湖北教育出版社 1996 年版，第 53 頁。

②《説文解字》一篇下《艸部》，第 25 頁。

③《説文解字注》一篇下《艸部》，第 44 頁。

④（清）桂馥：《説文解字義證》卷四《艸部》，齊魯書社 1987 年版，第 100 頁。

⑤ 王筠：《説文解字句讀》卷二《艸部》“薪”條，第 34 頁。

⑥《宋本廣韻》卷三《上聲·三十二晧》，第 282 頁。

⑦ 王筠：《説文解字句讀》卷二十七《斤部》“新”條，第 573 頁。

四、補輯故書之佚文

寫卷殘存 693 條注文,其中 32 條有引用典籍或通人説,所引用者雖僅《孟子》、《爾雅》、《倉頡篇》、《説文》、《禮記注》、《廣雅》、《聲類》七種典籍及賈逵、孫炎、舍人、薛綜、郭璞諸家之説,然可藉以補以往輯佚書之闕者則不鮮。

1. 媲　普計反。孫炎云:"凡相偶爲媲。"(第 7 行)

案:孫炎之語乃釋《爾雅·釋詁上》"妃,媲也"句。馬國翰《玉函山房輯佚書》及王仁俊《玉函山房輯佚書續編》所輯孫炎《爾雅注》均無此條[1]。

2. 敏拇　母。賈逵云:"大指。"(第 19 行)

案:"敏拇"乃《生民》"履帝武敏歆"鄭《箋》"敏,拇也"句中文。《隋書·經籍志》云:"鄭衆、賈逵、馬融,並作《毛詩傳》。"[2]賈逵早於鄭玄,而"拇"乃鄭《箋》中文,則賈逵"大指"之説必非《毛詩傳》中語。《後漢書·賈逵傳》云:"尤明《左氏傳》、《國語》,爲之《解詁》五十一篇。"李賢注云:"《左氏》三十篇,《國語》二十一篇也。"[3]《隋書·經籍志》云:"《春秋外傳國語》二十卷,賈逵注。"[4]《國語·楚語上》:"至于手拇毛脉,大能掉小,故變而

---

① (清)馬國翰:《玉函山房輯佚書》,上海古籍出版社 1990 年版;(清)王仁俊:《玉函山房輯佚書續編三種》,上海古籍出版社 1989 年版。

② 《隋書》卷三十二《經籍志一》,第 918 頁。

③ (南朝宋)范曄撰,(唐)李賢等注:《後漢書》卷三十六《賈逵傳》,中華書局點校本 1965 年版,第 1235 頁。

④ 《隋書》卷三十二《經籍志一》,第 932 頁。

不勤。"韋昭注:"拇,大指也。"①賈逵"大指"當是釋《國語》"手拇"之"拇"也,其語當出自《國語解詁》,我們亦因而知韋昭之注文乃承襲賈逵之説。

黄奭《漢學堂叢書·子史鈎沈》所輯《賈逵國語注》②、蔣曰豫《蔣侑石遺書·滂喜齋學録》所輯《國語賈景伯注》③、馬國翰《玉函山房輯佚書》所輯《國語解詁》④、王仁俊《玉函山房輯佚書續編》所輯《國語賈氏注一卷》⑤均無此條。

3. 一秤　妃於。《倉頡篇》云:"甲也。"(第24行)

糲,郎達反。《倉頡篇》云:"脱粟米也。"(第96行)

案:歷來輯《倉頡篇》的最善輯本爲王國維《重輯蒼頡篇》⑥,但王氏輯本中亦無此二條⑦。

4. 一秤　妃於。《聲類》云:"米之皮。"(第24行)

案:任大椿《小學鈎沈》⑧、顧震福《小學鈎沈續編》⑨、馬國翰

---

① (春秋)左丘明撰,(三國吳)韋昭注,上海師範大學古籍整理組校點:《國語》卷十七《楚語上》"范無宇論國爲大城未有利者"章,上海古籍出版社1978年版,第549頁。

② (清)黄奭:《漢學堂叢書》,清光緒十九年刻本。

③ (清)蔣曰豫:《蔣侑石遺書》,清光緒三年蓮池書局刊本。

④ (清)馬國翰:《玉函山房輯佚書》,上海古籍出版社1990年版。

⑤ (清)王仁俊:《玉函山房輯佚書續編三種》,上海古籍出版社1989年版。

⑥ 説見孫啟治、陳建華《古佚書輯本目録》,中華書局1997年版,第96—97頁。

⑦ 王國維:《重輯蒼頡篇》,《王國維遺書》第7册,上海古籍書店1983年版。

⑧ (清)任大椿:《小學鈎沈》,《續修四庫全書》第201册,上海古籍出版社1995年版。

⑨ (清)顧震福:《小學鈎沈續編》,《續修四庫全書》第201册,上海古籍出版社1995年版。

《玉函山房輯佚書》所輯《聲類》均無此條。

5. 蓋僅　奇疊反。《廣雅》云："劣也。"（第 31 行）

案：傳本《廣雅》無此條。王念孫在《廣雅疏證》卷五所補《釋詁》、《釋言》諸條佚文中無此條，王仁俊《經籍佚文》中所輯《廣雅佚文一卷》及李增杰《廣雅逸文補輯並注》亦無此條。

6. 旱魃　蒲末反。薛綜云："魃鬼，人形，眼在頭上。"（第 73 行）

平山久雄校云："此引《毛詩答雜問》（吳韋昭、朱育等撰）也。《藝文類聚》卷一百引云'魃鬼人形眼在鼎上'，《太平御覽》卷三百六十四引云'旱鬼眼在頂上'，疑此殘卷所引'頭'當訂'頂'，暫仍之。《類聚》、《御覽》所引俱不言'薛綜云'，然《生民》'先生如達'下《正義》引云'薛綜答韋昭曰……'，此殘卷所引亦応有所扱耳。"①

案：《藝文類聚》引韋曜《毛詩問》曰："《雲漢》之詩'旱魃爲虐'，《傳》曰'魃，天旱鬼也'，《箋》云'旱气生魃'，天有常神，人死爲鬼，不審旱氣生魃奈何？ 答曰：'魃鬼人形，眼在頂上，天生此物，則將旱也。天欲爲災，何所不生？ 而云有常神者耶。'"②又引《神異經》曰："南方有人，長二三尺，袒身而目在頂上，走行如風，名曰魃。所見之國大旱，赤地千里。"③《詩·大雅·雲漢》"旱魃爲虐"孔穎達《正義》引《神異經》曰："南方有人，長二三尺，袒身而目在頂上，走行如風，名曰魃。所見之國大旱，赤地千里。"④

---

① 平山久雄：《敦煌〈毛詩音〉殘卷反切の研究（上）》，《北海道大學文學部紀要》第 14 號第 3 分册，1966 年 3 月。

② （唐）欧陽詢撰，汪紹楹校：《藝文類聚》卷一百《災異部·旱》，上海古籍出版社 1982 年版，第 1721 頁。

③ 欧陽詢：《藝文類聚》卷一百《災異部·旱》，第 1723 頁。

④ 《毛詩正義》卷十八之二《大雅·雲漢》，第 662 頁。

《太平御覽》引韋曜《毛詩問》曰："旱鬼,眼在頂上。"①皆未言此爲薛綜語。

馬國翰《玉函山房輯佚書》所輯《毛詩答雜問一卷》亦未言此爲薛綜之語,寫卷此條可補其不足。

（原載《禮學與中國傳統文化——慶祝沈文倬先生九十華誕國際學術研討會論文集》,中華書局 2006 年版）

---

① 《太平御覽》卷三百六十四《人事部五·頂》,第 1677 頁。"早"應爲"旱"之誤。

法藏敦煌《毛詩音》"又音"考

　　收藏在法國國立圖書館的敦煌寫卷《毛詩音》，編號爲 P.3383，殘存《大雅·文王之什·旱麓》至《蕩之什·召旻》凡 27 首詩的音義，共 96 行，存注音條目 693 條。寫卷中絕大多數的注音條目是一字一音，但其中亦有一字二音甚至三音者，計有 21 條。對於寫卷中的這些又音，劉詩孫及平山久雄在研究中均作爲注音材料與首音一併考察①。潘重規先生在《王重民題燉煌卷子徐邈毛詩音新考》一文中云："此卷'又音'至罕，遠不及《釋文》'又音'之繁多也，計此卷七百七十餘音，有'又音'者僅十八事，而此卷篇什之音，在《釋文》有'又音'者凡三十六事。且此卷每字不過二音，而《釋文》則羅列甚繁，與此卷音義皆簡者，大相徑庭。蓋此卷乃一家之音，故其辭簡；《釋文》集衆家之音義，故其辭繁也。"②其意蓋亦以爲寫卷之又音乃作者自爲，非似陸德明作《經典釋文》，其又音乃是採之衆家音義也。

　　寫卷又音的性質到底如何，是否是《毛詩音》作者所爲，要弄清楚這個問題，就必須對寫卷的又音作全盤的分析考辨。

----

　　① 劉詩孫：《敦煌唐寫本晉徐邈毛詩音考》，載《真知學報》第 1 卷第 1 期、第 1 卷第 5 期、第 2 卷第 1 期，1942 年 3、7、9 月；[日]平山久雄：《敦煌〈毛詩音〉殘卷反切の研究(上)》，《北海道大學文學部紀要》第 14 號第 3 分冊，1966 年 3 月。
　　② 潘重規：《敦煌詩經卷子研究論文集》，香港新亞研究所 1970 年版，第 48—49 頁。

通過對寫卷 21 條又音的分析,可以將它們歸納爲五類:

一、又音與首音聲韻相同

1. 第 28 行"敦彼"條注"上徒官反、徒桓反二音"。

"官"、"桓"《廣韻》皆在平聲桓韻,是"徒官反"與"徒桓反"聲韻相同。

2. 第 32 行"大斗"條注"之專庚,音主,又鍾庚反"。

案:此《行葦》"酌以大斗"句中文①,《釋文》出"大斗"二字,注云:"字又作枓,都口反。徐又音主。"②《説文·木部》"枓,勺也"段玉裁注:"凡升斗字作'斗',枓勺字作'枓',本不相謀,而古音同當口切,故'枓'多以'斗'爲之。"③陳奐《詩毛氏傳疏》云:"斗者,枓之假借。《説文》'勺,挹取也'、'枓,勺也'、'杓,枓柄也',是枓謂之勺,枓柄謂之杓。"④馬瑞辰《毛詩傳箋通釋》云:"此詩'大斗'及《小雅》'維北有斗'皆'枓'之省借。"⑤是此"斗"字爲"枓"之假借。《廣韻·麌韻》小韻"之庾切"下有枓、主二字,可知寫卷二"庚"字皆當爲"庾"之誤。平山改"庚"爲"庾"⑥,是也。徐邈音"主"者(《釋文》所引),即讀"斗"爲"枓"也。"鍾庚反"與"主"音同,唯"之專庚"三字不可解。平山懷疑《詩音》原

---

① 《毛詩正義》卷十七之二《大雅·行葦》,第 603 頁。
② 《經典釋文》卷七《毛詩音義下·生民之什第二十四·行葦》"大斗"條,第 94 頁。
③ 《説文解字注》六篇上《木部》,第 261 頁。
④ 《詩毛氏傳疏》卷二十四《生民之什詁訓傳·行葦》,第 16A 頁。
⑤ 馬瑞辰:《毛詩傳箋通釋》卷二十五《大雅·行葦》,第 891 頁。
⑥ [日]平山久雄:《敦煌〈毛詩音〉殘卷反切の研究(上)》,《北海道大學文學部紀要》第 14 號第 3 分册,1966 年 3 月。

作"之庾",後抄者爲使開合口相合而改爲"專庾"①。確實,寫卷《毛詩音》於虞韻系諸字之反切上字皆作合口,唯此"之"字爲開口。然若如平山所説《毛詩音》原作"之",後改作"專",則表示《毛詩音》於開合口區分不嚴,其甚嚴者乃抄手也。若謂此改字亦作者所爲,那麼前提是必須證明此寫卷爲作者手稿,但此非作者原稿,則不待證明而可知也。故平山的懷疑是不可靠的。在没有確切證據證明前,我以爲將"之"字視爲衍文可也。專庾、主、鍾庾三音實同。

劉詩孫云:"專庾、鍾庾。案此二切,疑係特音,不僅《廣韻》無徵,《釋文》亦闕載也。"②此乃不加考察之故也。

二、又音與首音聲紐不同

3. 第96行"苴"條注"林沙反,在加反"。

案:此《召旻》"如彼棲苴"句中文。《毛傳》云:"苴,水中浮草也。"《鄭箋》云:"王無恩惠於天下,天下之人如旱歲之草,皆枯槁無潤澤,如樹上之棲苴。"③《廣韻·麻韻》小韻"鉏加切"下有"苴"字,注曰:"《詩傳》云:'水中浮草也。'"④即謂此"苴"字也。"鉏"爲牀紐二等字,而"林"則爲來紐字。平山改"林"爲"牀"⑤,

① [日]平山久雄:《敦煌〈毛詩音〉殘卷反切の研究(上)》,《北海道大學文學部紀要》第14號第3分册,1966年3月。
② 劉詩孫:《敦煌唐寫本晉徐邈毛詩音考(續)》,《真知學報》1942年第1卷第5期。
③《毛詩正義》卷十八之五《大雅·召旻》,第698頁。
④《宋本廣韻》卷二《下平聲·九麻》,第149頁。
⑤ [日]平山久雄:《敦煌〈毛詩音〉殘卷反切の研究(上)》,《北海道大學文學部紀要》第14號第3分册,1966年3月。

是也。“牀沙反”與《廣韻》之“鉏加切”合。

寫卷之又音“在加反”，“在”爲從紐字，與牀二等“苴”聲紐不同。根據黄侃的研究，上古音照系二等與精系爲一類。照系二等與精系的互切情況，在《切韻》裏只有極少幾個①，《釋文》裏没有發現②。而在西晉時期的吕忱所著《字林》中，照二系有與精系互切的例子③；東晉徐邈的音注中，照二系與精系正處在分化過程中④。寫卷以從紐字“在”切牀二等字“苴”，應是這種照二系與精系互切情況的反映。

三、又音及首音合於《廣韻》之異讀

4. 第4行“菑”條注“側狸，又側吏”。

案：此注《皇矣》“其菑其翳”之“菑”也⑤。《廣韻》“菑”音側持切，注云：“《説文》曰：不耕田也。”⑥與寫卷首音“側狸”合。然《廣韻》“菑”無“側吏”之音。《毛傳》：“木立死曰菑。”《釋文》云：“菑，本又作甾，側吏反，又音緇，木立死也。《韓詩》云：反草

---

① 陸志韋：《古反切是怎樣構造的》，《中國語文》1963年第5期。

② 王力《經典釋文反切考》出了三條精系與照二系互切例：鉏，《釋文》仕魚、士居，徐在魚、在居；蕭，《釋文》如字，又所六；涐，《釋文》仕角，徐在角（《王力文集》第18卷，山東教育出版社1991年版，第116頁）。其實，此三條中，兩條爲徐邈音，一條爲又切，亦陸氏引别家之音，皆非陸音。德明反切，並無精系與照二系互切例。

③ 簡啟賢：《〈字林〉音注研究》，巴蜀書社2003年版，第74頁。

④ 蔣希文：《徐邈音切研究》，貴州教育出版社1999年版，第16頁。

⑤ 《毛詩正義》卷十六之四《大雅·皇矣》，第568頁。

⑥ 《宋本廣韻》卷一《上平聲·七之》，第42頁。

也。"①是《釋文》之首音與寫卷之又音同,《釋文》之又音與寫卷之首音同。《爾雅·釋木》:"木自獘,柳。立死,椔。"郭注:"《詩》云:'其椔其翳。'"②阮元《爾雅校勘記》曰:

> 《釋文》云:"椔,《字林》作椔。"是《爾雅》不作椔也。《詩·皇矣》"其菑其翳",《毛傳》"木立死曰菑",《正義》引《釋木》云:"立死,菑。"李巡曰:"以當死害生曰菑。"《釋文》:"菑,本又作椔。"然則《毛詩》亦作"菑",不作"椔"也。今本從木,蓋因《字林》增加。③

《説文》有"菑"無"椔","椔"爲後起字,《爾雅》不應有"椔"字,毛公作《傳》時亦不應有"椔"字。《周禮·冬官·輪人職》"察其菑蚤不齵"鄭注引鄭司農云:"菑讀如雜厠之厠,謂建輻也。泰山平原所樹立物爲菑,聲如茲,博立梟棊亦爲菑。"④《釋文》:"菑,側吏反。"⑤與鄭玄音同。是"菑"應有"側吏反"之音。《釋文》以"側吏反"爲首音,是也。寫卷以"側狸"及"側吏"爲"菑"之二音,蓋讀"菑"爲"椔",《廣韻》"椔"義"木立死",有側持切、側吏切二音,正與寫卷之音合。

---

① 《經典釋文》卷七《毛詩音義下·文王之什第二十三·皇矣》"菑"條,第 92 頁。

② 《爾雅注疏》卷九《釋木第十四》,第 160 頁。

③ (清)阮元:《爾雅校勘記》,《清經解》第 6 册,上海書店 1988 年版,第 151 頁。

④ (漢)鄭玄注,(唐)賈公彦疏:《周禮注疏》卷三十九《冬官考工記第六·輪人》,《十三經注疏》本,藝文印書館 2001 年版,第 599 頁。

⑤ 《經典釋文》卷九《周禮音義下·冬官考工記第六·輪人》"其菑"條,第 136 頁。

5. 第 41 行"隩"條注"衣六反,又烏報"。

案:此《公劉》"芮鞫之即"鄭箋"水之內曰隩"句中文①。《廣韻·号韻》小韻"烏到切"下有"隩"字,注云:"《説文》曰:'水隈崖也。'"②《屋韻》小韻"於六切"下有"澳"字,注云:"隈也。水內曰澳。隩,上同。又音奥。"③則《廣韻》乃是以"隩"爲"澳"之異體,因而此"隈"義之"澳"有去入兩讀。

S. 2071《切韻》及 P. 2011《刊謬補缺切韻》於入聲《屋韻》小韻"於六反"下所收的"澳"下注云:"隈。"故宮本《王韻》同。P. 2011《刊謬補缺切韻》及 S. 6176《箋注本切韻》④在《号韻》"隩"下注云:"屋隅。"故宮本《王韻》亦同。是《切韻》原於"澳"、"隩"二字區別甚嚴,讀入聲者爲"隈"之"澳",讀去聲者爲"屋隅"之"隩"⑤,今《廣韻》以二字爲異文,已對《切韻》作了大幅度的修改。

《詩·衛風·淇奥》"瞻彼淇奥"《釋文》:"奥,音於六反,一音烏報反。"⑥《詩·大雅·公劉》"芮鞫之即"鄭箋"水之內曰隩,水之外曰鞫"《釋文》:"澳,於六反,又於報反。字或作隩。"⑦《禮記·大學》引《詩》"瞻彼淇澳"《釋文》:"澳,本亦作奥,於六反。

---

① 《毛詩正義》卷十七之三《大雅·公劉》,第 621 頁。

② 《宋本廣韻》卷四《去聲·三十七号》,第 398 頁。

③ 《宋本廣韻》卷五《入聲·一屋》,第 438 頁。

④ 此定名據周祖謨的説法,考詳氏著《唐五代韻書集存》,中華書局 1983 年版,第 842—845 頁。

⑤ "隩"即"奥"之後起字,《説文·宀部》:"奥,宛也,室之西南隅。"(《説文解字》七篇下《宀部》,第 150 頁)

⑥ 《經典釋文》卷五《毛詩音義上·衛淇奥第五·淇奥》"淇奥"條,第 61 頁。

⑦ 《經典釋文》卷七《毛詩音義下·生民之什第二十四·公劉》"曰澳"條,第 95 頁。

本又作隩。一音烏報反。"①《左傳・昭公二年》"北宮文子賦《淇
澳》"《釋文》:"澳,於六反。"②是《釋文》凡釋爲"隈"之"澳"(或
作隩、奧)皆音"於六反",讀爲入聲,而以去聲爲又音。《禮記・
仲尼燕居》"目巧之室,則有奧阼"《釋文》:"奧,字又作隩,烏報
反。"③《爾雅・釋宮》"西南隅謂之奧"《釋文》:"奧,本或作隩,
同,於耗反。"④可知《釋文》讀"屋隅"之"隩"爲去聲。是《釋文》
讀音與《切韻》相同。

因《説文》釋"隩"爲"水隈厓也",與讀作"屋隅"之"隩"同
形,故有讀"隈"義之"隩"爲去聲者,《釋文》所引之又音是也。尋
其本音,當讀入聲"於六反"。徐鉉在《説文》"隩"字下注音"烏
到切",段玉裁注云:"當於六切。"是也。《廣韻》以"隈"義之
"隩"分屬兩讀,與《切韻》、《釋文》均不同,蓋據六朝音義而改
《切韻》也,然而却將"隩"之兩義兩讀混淆爲一義兩讀。

寫卷首音"衣六反",正同《釋文》之音,其又音"烏報",蓋亦
據别本《詩音》也。

6. 第 43 行"酋"條注"即由,又在由"。

此《卷阿》"似先公酋矣"句中文⑤。《説文・酋部》"酋,繹酒
也"段注:"酋之義引申之,凡久皆曰酋。久則有終,《大雅》'似先

---

① 《經典釋文》卷十四《禮記音義之四・大學第四十二》"澳"條,第 216
頁。

② 《經典釋文》卷十四《春秋左氏音義之四・昭公二年》"澳"條,第 273
頁。

③ 《經典釋文》卷十三《禮記音義之三・仲尼燕居第二十八》"奧"條,第
206 頁。

④ 《經典釋文》卷二十九《爾雅音義上中・釋宮第五》"奧"條,第 415
頁。

⑤ 《毛詩正義》卷十七之四《大雅・卷阿》,第 626 頁。

公酉矣’,《傳》曰:‘酉,終也。’”①《辵部》“遒,迫也。遒或从酉”
段注:“《大雅》‘似先公酉矣’,《正義》酉作遒。按酉者遒之假借
字。《釋詁》、《毛傳》皆曰‘酉,終也’,終與迫義相成,遒與擎義略
同也。”②既云酉之“終”義爲引申義,又謂爲“遒”之借,是段説
“酉”注與“遒”注矛盾。《爾雅・釋詁下》“酉,終也”《釋文》:
“酉,在由反,又子由反,郭音遒。”③是郭璞破讀爲“遒”。孔穎達
《毛詩正義》云:“‘遒,終’,《釋詁》文。彼遒作酉,音義同也。”則
《正義》本經文作“遒”。《廣韻》“酉”音自秋切,與寫卷之又音
“在由”合,而無“即由”之音。《廣韻》“遒”有二音,一音自秋切,
一音即由切,其注並云:“盡也。”正與此二音合。則“即由”應是
“遒”之音也。《釋文》出“酉”,云:“在由反,又子由反,又在幽
反,終也。”④以“在由反”爲本音,乃依字讀也;以“子由反”爲又
音,乃據別本《詩音》也。寫卷以“即由”爲本音,可知其以“酉”爲
“遒”之借也。至於“在由”之音蓋亦取自別本《詩音》。

7. 第45行“菶菶”條注“逋孔反,又蒲孔反”。

案:此《卷阿》“菶菶萋萋”句中文⑤。《毛傳》云:“梧桐盛
也。”此毛氏隨文釋義也。陳奐云:“菶與萋皆本爲艸盛,因之爲
木盛。”⑥考《説文・艸部》云:“菶,艸盛。”⑦陳奐據《説文》而云然

① 《説文解字注》十四篇下《酉部》,第752頁。
② 《説文解字注》二篇下《辵部》,第742頁。
③ 《經典釋文》卷二十九《爾雅音義上中・釋詁第一》“酉”條,第410
頁。
④ 《經典釋文》卷七《毛詩音義下・生民之什第二十四・卷阿》“酉”條,
第95頁。
⑤ 《毛詩正義》卷十七之四《大雅・卷阿》,第629頁。
⑥ 《詩毛氏傳疏》卷二十四《生民之什詁訓傳・卷阿》,第37B頁。
⑦ 《説文解字》一篇下《艸部》,第22頁。

也。《廣韻·董韻》小韻"邊孔切"下有"菶"字,注云:"草盛。"小韻"蒲蠓切"下亦有"菶"字,注云:"草盛皃,又方孔切。"①寫卷之"逋孔反"與《廣韻》之"方孔切"合,"蒲孔反"與《廣韻》之"蒲蠓切"合。《釋文》出"菶菶",注云:"布孔反,又薄孔反,又薄公反。"②其前二音與寫卷之二音合。

8. 第50行"熇熇"條注"香約反,又荒哭"。

案:此《板》"多將熇熇"句中文③。《毛傳》云:"熇熇然,熾盛也。"《廣韻·屋韻》小韻"呼木切"下有"熇"字,注云:"熱皃。"④《沃韻》小韻"火酷切"下亦有"熇"字,注云:"熱也。"⑤《鐸韻》小韻"呵各切"下又有"熇"字,注云:"熱皃。又火沃切。"⑥"火沃切"即"火酷切",是《廣韻》三音同義也。寫卷"香約反"合於《廣韻》之"呵各切","荒哭"之音與《廣韻》之"呼木切"合。

9. 第57行"人忕"條注"成勢反,又音太"。

《廣韻·祭韻》小韻"時制切"下有"忕"字,注云:"忕,習。"⑦《泰韻》小韻"他蓋切"下亦有"忕"字,注云:"奢也。又逝、大二音。"⑧《説文·心部》:"忕,習也。"⑨"忕"者俗字也,"忕"則

———————

① 《宋本廣韻》卷三《上聲·一董》,第217頁。

② 《經典釋文》卷七《毛詩音義下·生民之什第二十四·卷阿》"菶菶"條,第95頁。

③ 《毛詩正義》卷十七之四《大雅·板》,第634頁。

④ 《宋本廣韻》卷五《入聲·一屋》,第431頁。

⑤ 《宋本廣韻》卷五《入聲·二沃》,第440頁。

⑥ 《宋本廣韻》卷五《入聲·十九鐸》,第487頁。

⑦ 《宋本廣韻》卷四《去聲·十三祭》,第357頁。

⑧ 《宋本廣韻》卷四《去聲·十四泰》,第359頁。

⑨ "忕"字原作"愧",此據段注本改(《説文解字》十篇下《心部》,第219頁)。

訛字①。

《説文·水部》:"汰,淅灡也。"段注:"凡沙汰、淘汰用淅米之義。引伸之,或寫作汰,多點者誤也。若《左傳》汏侈、汏輈字皆即'泰'字之假借。寫作'汏'者亦誤。"②《水部》:"泰,滑也。"段注:"滑則寬裕自如,故引伸爲縱泰。又引伸爲泰侈,汏即泰之隸省,隸變而與淅米之汏同形,作汏者誤字。"③"忲"字《説文》義爲"習",其奢侈義首見於《玉篇》,音爲"他蓋切"。《廣韻》當是據《玉篇》也。奢侈義之"忲",其本字應是"汏",寫作"忲"者,視之爲通假字可也。寫卷所音者,《蕩》"内奰於中國,覃及鬼方"鄭箋"此言時人忲於惡"之"忲"字也。《釋文》曰:"忲,市制反,又時設反,《説文》云:'習也。'"④寫卷"成勢反",同於《釋文》市制反、《廣韻》時制切。"又音太"者,讀同《玉篇》、《廣韻》之"他蓋切"也,乃是爲奢侈義之"忲"作音,置於此實非。《釋文》不收此音,是也。《釋文》"忲"字凡出兩次,另一次見《禮記·表記》"狎侮,死焉而不畏也"鄭注"忲於無敬心也",《釋文》云:"忲,時世反,又時設反。"⑤亦無"他蓋切"之音。

10. 第 59 行"洒"條注"生買,一去音"。

按:此《抑》"洒埽庭内"句中文⑥,《毛傳》云:"洒,灑。"洒、灑

---

① (清)方成珪:《集韻考正》云:"忲訛忕,後以制切同,據宋本正。"(《萬有文庫》本,商務印書館 1926 年版,第 178 册,第 657 頁)

② 《説文解字注》十一篇上《水部》,第 561 頁。

③ 《説文解字注》十一篇上《水部》,第 565 頁。

④ 《經典釋文》卷七《毛詩音義下·蕩之什第二十五·蕩》"忕於"條,第 96 頁。"忕"爲"忲"之訛字。

⑤ 《經典釋文》卷十四《禮記音義之四·表記第三十二》"忲於"條,第 210 頁。

⑥ 《毛詩正義》卷十八之一《大雅·抑》,第 645 頁。

異字,《説文·水部》:"洒,滌也。""灑,汛也。"①"洒"即洗滌,"灑"即灑埽。《毛傳》以"灑"釋"洒",段玉裁認爲是釋假借之例②。《廣韻》"洒"有二音,一爲先禮切,在上聲薺韻,乃其正音;一爲"所賣切",在去聲卦韻,注云:"洒埽。"③實即"灑"之音也。《廣韻》"灑"又有四音:所綺切,所蟹切,砂下切,所寄切。其意皆爲"灑埽"或"灑水",是此四音皆《説文》"灑"之音也。《釋文》借爲"灑水"之義的"洒"字共出現 8 次,其中 3 次所懈反,1 次色懈反,1 次色賣反,2 次所買反,1 次色買反,而以所寄反、霜寄反爲又音;"灑水"之"灑"共出現 9 次,1 次所蟹反,1 次色懈反,1 次色蟹反,4 次所買反,1 次色買反,1 次所蟹反,而以所懈反、所綺反、霜寄反、所賣反、山寄反爲又音。其色懈、所懈、色賣三音,同《廣韻》之所賣切;所買、色買、所蟹、色蟹四音,同《廣韻》之所蟹切。《廣韻》之所綺、所寄二音,《釋文》皆作爲又音出現,未見有讀作《廣韻》"砂下切"之音者。由此可知陸氏讀"灑"共有二音,一同《廣韻》上聲所蟹切,一同《廣韻》去聲所賣切。《詩·大雅·抑》"洒埽庭内"《釋文》"洒,色懈反",《毛傳》"洒,灑"《釋文》"灑,色懈反"④,經文"洒"及傳文"灑"皆作去聲讀;《詩·唐風·山有樞》"子有廷内,弗洒弗埽"《釋文》"洒,所懈反",《毛傳》"洒,灑也"《釋文》"灑,色蟹反"⑤,經文讀去聲,傳文則讀上聲,與《抑》

---

① 《説文解字》十一篇上《水部》,第 236、237 頁。

② 《説文解字注》十一篇上《水部》,第 563 頁。

③ 《宋本廣韻》卷四《去聲·十五卦》,第 364 頁。

④ 《經典釋文》卷七《毛詩音義下·蕩之什第二十五·抑》"灑也"條,第 96 頁。

⑤ 《經典釋文》卷五《毛詩音義上·唐蟋蟀第十·山有樞》"灑也"條,第 68 頁。

篇不同。《詩·豳風·東山》"洒埽穹窒"《釋文》"洒,所懈反"①,作去聲字讀;《禮記·内則》"灑掃室堂及庭"《釋文》"灑,所買反"②,則又作上聲字讀。同一字同一義而陸氏有兩讀,且此兩讀非因四聲别義之故,而是一字一義而有兩個讀音。

寫卷首音"生買",同於《廣韻》之所蟹切,作上聲字讀;其又音爲去聲。《廣韻》"灑"(或洒)之去聲有二,一卦韻所賣切,一寘韻所寄切。既然寫卷作爲"生買"之去聲,"生買"爲佳韻上聲,那麽其"去音"應是指佳韻去聲,即卦韻也。劉詩孫云:"詩音洒字原注:一音去,即《廣韻》去聲之'所賣切'也。"③其説是也。是寫卷之讀音與《釋文》同也,一同《廣韻》上聲所蟹切,一同《廣韻》去聲所賣切。然寫卷云"一去音",明顯地透露出它取材於别家音義的信息。

11. 第 59 行"埽"條注"桑老反,一去音"。

案:此《抑》"洒埽庭内"句中文。《廣韻·晧韻》小韻"蘇老切"下有"埽"及"掃"字,注云:"埽除。"④《廣韻·号韻》小韻"蘇到切"下有"埽"及"掃"字,注云:"埽灑。《説文》:棄也。又桑道切。"⑤埽、掃古今字。是"埽"有上、去二音。《釋文》云"埽,素報反",讀作去聲。"埽除"與"埽灑"其義實同,若强加分别,我們可以將它們分爲灑水而埽及不灑水而埽兩種,讀作上聲者,不灑水

---

① 《經典釋文》卷六《毛詩音義中·豳七月第十五·東山》"洒"條,第 74 頁。

② 《經典釋文》卷十二《禮記音義之二·内則第十二》"灑"條,第 186 頁。

③ 劉詩孫:《敦煌唐寫本晉徐邈毛詩音考(續)》,《真知學報》1942 年第 1 卷第 5 期。

④ 《宋本廣韻》卷三《上聲·三十二晧》,第 282 頁。

⑤ 《宋本廣韻》卷四《去聲·三十七号》,第 398 頁。

而埽,讀作去聲者,灑水而埽。《釋文》"埽"出現凡 22 次,共有素報反、蘇報反、悉報反、索到反、素老反、蘇早反、先早反七音,其中素報反、蘇報反、悉報反、索到反同《廣韻》之蘇到切,素老反、蘇早反、先早反同《廣韻》之蘇老切。《禮記·曲禮》"以袂拘而退,其塵不及長者"鄭注"謂埽時也"《釋文》:"掃,先報反,又先早反。"①以"先報反"爲首音。此句所指當是不灑水而埽,而《釋文》以去聲爲首音,與《廣韻》不同。《爾雅·釋詁》"拒、拭、刷,清也"郭注"振訊、扐拭、掃刷,皆所以爲絜清"《釋文》:"埽,素老反。"②此亦不灑水而埽也,而《釋文》又讀作上聲。《爾雅·釋草》"芽,馬帚"郭注"似蓍,可以爲埽篲"《釋文》:"埽,蘇早反。"③又"葥,王彗"郭注"似藜,其樹可以爲埽篲"《釋文》:"埽,素報反。"④同一義而《釋文》注音有上、去之別。是《釋文》此兩讀非因四聲別義之故,而是一字一義而有兩個讀音。寫卷首音"桑老反",同於《廣韻》之蘇老切。其又音爲去聲,則讀同《廣韻》之蘇到切。是其音亦與《釋文》同也。其云"一去音",當亦取材於別家音義。

12. (13)第 78 行"委"條注"英俹反,又如字","積"條注"子漬,又如字"。

案:此《崧高》"以峙其粻"鄭箋"令廬市有止宿之委積"句中文⑤。

---

① 《經典釋文》卷十一《禮記音義之一·曲禮第一》"謂掃"條,第 163 頁。

② 《經典釋文》卷二十九《爾雅音義上中·釋詁第一》"埽"條,第 410 頁。

③ 《經典釋文》卷三十《爾雅音義下·釋草第十三》"埽"條,第 424 頁。

④ 《經典釋文》卷三十《爾雅音義下·釋草第十三》"埽"條,第 424 頁。

⑤ 《毛詩正義》卷十八之三《大雅·崧高》,第 672 頁。

　　《廣韻》"委"有二音,一音於詭切,一音於爲切,在小韻"於詭切"的"委"字下注云:"委曲也,亦委積。"①然寫卷切下字"僞"是去聲寘韻字,與《廣韻》置"委"於上聲紙韻不同。《説文·羊部》:"羠,羊相羠䏨也。""䏨,羠䏨也。"②段注:"羠䏨,疊韻字,猶委積也。"③王筠《説文釋例》云:"羠䏨二字,説曰'羊相羠䏨也',以音揣之,蓋與《周禮》之'委積'同意。"④"羠䏨"正字,"委積"借字。《玉篇·羊部》"羠"字下云:"於僞切,羊相羠䏨也。或作委。"⑤正與寫卷"英僞反"相合。《廣韻·寘韻》小韻"於僞切"下亦有"羠"字,云:"羊相羠䏨。又音委。"⑥是寫卷"英僞反"乃破讀"委"爲"羠"也。寫卷"如字"之音即《廣韻》之"又音委",即上聲紙韻"於詭切"也。P. 2011《刊謬補缺切韻》及故宮本《王韻》在小韻"於僞反"下皆有"羠"字,注云:"羊相積。"而無"又音委"之語。是"羠"之又音在《切韻》本無,《廣韻》蓋是據六朝音義而添也。

　　《廣韻·寘韻》小韻"子智切"下有"積"字,注云:"委積也。"又有"䏨"字,注云:"羊相羠䏨。"⑦與寫卷之首音"子漬"合。《廣韻·寘韻》小韻"疾智切"下有"䏨"字,注云:"羠䏨。"⑧當即寫卷所云"如字"之音。《釋文》"積"音"子賜反",與寫卷"子漬"合。

---

① 《宋本廣韻》卷三《上聲·四紙》,第 221 頁。
② 《説文解字》四篇上《羊部》,第 78 頁。
③ 《説文解字注》四篇上《羊部》,第 146 頁。
④ (清)王筠:《説文釋例》卷十四《鈔存》,第 352 頁。
⑤ 《宋本玉篇》卷二十三《羊部》,第 430 頁。
⑥ 《宋本廣韻》卷四《去聲·五寘》,第 329 頁。
⑦ 《宋本廣韻》卷四《去聲·五寘》,第 326 頁。
⑧ 《宋本廣韻》卷四《去聲·五寘》,第 328 頁。

四、又音與首音所注非同一字

（一）首音爲被注字之音，又音則爲被注字的假借字之音

14. 第 5 行"剔"條注"天歷反，又天帝"。

此《皇矣》"攘之剔之"句中文①。《廣韻》"剔"音"他歷切"，與此"天歷"同。寫卷"天帝"之音，切下字"帝"在去聲霽韻，然《廣韻·霽韻》無"剔"字。《釋文》云："剔，他歷反，字或作鬄，又作剔，同。"②《説文·髟部》"鬄"篆下段注云："《釋文》云'字或作鬄'。《詩》本作'鬄'，訛之則爲'鬄'，俗之則爲'剔'，非古有'剔'字也。"《説文·髟部》："鬄，髮也。或從也聲。"段注云："鬄與鬄義別，音亦有異。"③《廣韻》於《昔韻》小韻"思積切"下收"鬄"字，於《霽韻》小韻"特計切"下收"髢"字，同一字而音不同，誤也。《詩·鄘風·君子偕老》"鬒髮如雲，不屑髢也"《釋文》云："髢，徒帝反。"④《周禮·天官·追師職》引《君子偕老》"鬒髮如雲，不屑鬄也"《釋文》云："鬄，大計反，下同。沈音剃。"⑤《召南·采蘩》鄭箋引《禮記》（平案：當作《儀禮》）"主婦髮髢"《釋

---

① 《毛詩正義》卷十六之四《大雅·皇矣》，第 568 頁。

② 《經典釋文》卷七《毛詩音義下·文王之什第二十三·皇矣》"剔之"條，第 92 頁。

③ 《説文解字注》九篇上《髟部》，第 428、427 頁。

④ 《經典釋文》卷五《毛詩音義五·鄘柏舟第四·君子偕老》"髢"條，第 60 頁。

⑤ 《經典釋文》卷八《周禮音義上·天官冢宰第一·追師》"屑鬄"條，第 113 頁。

文》云："髢，本亦作髢，徒帝反。劉昌宗吐歷反，沈湯帝反。"①《儀
禮·少牢饋食禮》"主婦被錫"鄭玄注"被錫，讀爲髲髢"《釋文》
云："被錫，依注讀爲髲髢。上音皮義反，下大計反。劉士歷
反。"②是《釋文》讀髢（或髢）並音定紐霽韻，無讀思積切（心紐昔
韻）者。《釋文》"髢"讀爲定紐霽韻，與寫卷"天帝"之音爲透紐
霽韻，聲紐有定、透之別。段氏於"鬀"篆下注云："若《毛詩音義》
云：髢，本亦作髢，徒帝反，劉昌宗吐歷反，沈湯帝反。夫徒帝爲
‘髢’之反語，吐歷、湯帝二反則爲‘鬀’之反語。"③"剔"爲"鬀"之
俗字，故吐歷反爲"鬀"之反語。然《廣韻》"鬀"並無"湯帝反"之
音。黃侃《説文段注小箋》云："鬀，與髢、髢皆同字。"④《廣韻》
"鬀"音他計切，正與此"天帝"之音同，是"天帝"爲"鬀"之音也。
《説文·髟部》："鬀，鬀髮也。"⑤鬀髮亦即去除之意也。沈重音
"湯帝反"者，其所據本作"鬀"也。寫卷又音"天帝"，爲"鬀"注
音也，其所據之本當是作"鬀"。劉詩孫定"天帝"爲"剔"之音⑥，
是也，"剔"乃"鬀"之俗字⑦。

---

　　①《經典釋文》卷五《毛詩音義上·召南鵲巢第二·采蘩》"髢"條，第
55頁。
　　②《經典釋文》卷十《儀禮音義·少牢饋食禮第十六》"被錫"條，第160
頁。"劉士歷反"之"士"當作"土"，黃焯《經典釋文彙校》云："葉鈔作‘土’，
案作‘土’是也。"（第119頁）
　　③《説文解字注》九篇上《髟部》，第428頁。
　　④ 黃侃：《説文段注小箋》，黃侃箋識，黃焯編次：《説文箋識四種》，第
183頁。
　　⑤《説文解字》九篇上《髟部》，第186頁。
　　⑥ 劉詩孫：《敦煌唐寫本晉徐邈毛詩音考（續）》，《真知學報》1942年第
1卷第5期。
　　⑦《正字通》子集下《刀部》，第93頁。

15. 第 27 行"則諏"條注"足須反,又子樓"。

此《生民》"載謀載惟"鄭箋"則諏謀其日"句中文也①。《廣韻》"諏"音子於切,與寫卷首音"足須反"聲韻全合。《釋文》云"諏,足須反"②,與寫卷反切用字亦同。《廣韻·虞韻》小韻"子於切"下有"諏"字,注云:"謀也,又子侯切。"③然《侯韻》小韻"子侯切"下無"諏"字。劉詩孫云:"《廣韻·虞韻》子於切'諏'下注云:又子侯切。是《侯韻》子侯切内,固應有'諏'字也。今《廣韻》又音不互見,乃《廣韻》習見之例,要不可謂子侯内無'諏'字也。"④案:S.2071《切韻》、P.2011《刊謬補缺切韻》及故宫本《王韻》並與《廣韻》同。《左傳·襄公二十五年》"陪臣干掫有淫者"《釋文》:"掫,側留反,徐又子俱反,一音作侯反。《説文》云:'掫,夜戒有所擊也,從手取聲。'《字林》同,音子侯反。服本作'諏',子須反,云:謀也。今傳本或作'諏',猶依'掫'音。"⑤《廣韻·侯韻》小韻"子侯切"下有'掫'字,正與《釋文》所引一音及《字林》音合。服虔本"掫"字作"諏",故音子須反。徐邈音子俱反,亦爲"諏"之音也。此諏、掫二字通用之例。《釋文》"諏"字出 7 次,皆音"子須反"或"足須反",均在精紐虞韻,無讀作精紐侯韻者。寫卷"子樓"之音,應是爲"掫"注音,蓋《詩》有作"掫"之異本,其注音爲"子樓",寫卷據以收入。至於諸本《切韻》及《廣韻》"子於

---

① 《毛詩正義》卷十七之一《大雅·生民》,第 594 頁。

② 《經典釋文》卷七《毛詩音義下·生民之什第二十五·生民》"諏"條,第 93 頁。

③ 《宋本廣韻》卷一《上平聲·十虞》,第 59 頁。

④ 劉詩孫:《敦煌唐寫本晉徐邈毛詩音考(續)》,《真知學報》1942 年第 1 卷第 5 期。

⑤ 《經典釋文》卷十八《春秋左氏音義之四·襄公二十五年》"掫"條,第 265 頁。

切"下皆有"子侯切"之又音,當是據六朝音義收入,《釋文》所云
"今傳本或作諏,猶依掫音",即"諏"音子侯反之例也。其《侯韻》
小韻"子侯反"下不出"諏"字,蓋此又音"子侯切"後人所添之
證也。

16. 第 47 行"譊"條注"挐交反,又荒瓜反"。

案:寫卷此條前爲"怓"及"譁"條,下爲"王休"條,據其所處
之位置,應是釋《民勞》"以謹惛怓"鄭箋"惛怓猶譁譊也"句之
"譁"字①。《廣韻》"譁"音呼瓜切,與寫卷之又音"荒瓜反"合,而
與其首音"挐交反"聲韻皆不合。"以謹惛怓"句《釋文》云:"惛
怓,大亂也。鄭云:猶譁譊也。""譊"字下注云:"女交反。本又作
譁,音花。"②則陸所據本作"譊",作"譁"者其所見之異本。寫卷
出"譊",與陸所據本同。《廣韻》"譊"音女交切,正與"挐交切"
合。是"挐交反"爲"譊"之音,"荒瓜反"爲"譁"之音。

(二) 首音爲被注字之假借字之音,又音則爲被注字之音

17. 第 25 行"或揄"條注"羊周反。《説文》云:'引也。'又如
字"。

此爲《生民》"或舂或揄"之"揄"字注音也③。《説文·手
部》:"揄,引也。"④《廣韻》"揄"有四音,一音羊朱切,注云:"揄
揚,詭言也,又動也,《説文》引也。"一音以周切,注云:"同扰。"一

---

① 《毛詩正義》卷十七之四《大雅·民勞》,第 631 頁。
② 《經典釋文》卷七《毛詩音義下·生民之什第二十四·民勞》"怓"、
"譊"條,第 95 頁。
③ 《毛詩正義》卷十七之一《大雅·生民》,第 594 頁。
④ 《説文解字》十二篇上《手部》,第 254 頁。

音度侯切,注云:"引也。"一音徒口切,注云:"揄引。"①是羊朱切、度侯切、徒口切皆《説文》之"揄"也;以周切之"揄"乃是"抌"之異文。《毛傳》:"揄,抒臼也。"《鄭箋》:"舂而抒出之。"《説文·臼部》:"舀,抒臼也。舀或從手从冘。"②是《詩》之"揄",《廣韻》以周切之"揄",本字皆當爲"舀"。寫卷首音"羊周反"即"舀"之音,同《廣韻》之以周切。其"又如字",則同《廣韻》之羊朱切。其所引《説文》,則爲"揄"之義,非"舀"之義,與其注音不合。

18. 第49行"嚻嚻"條注"五高反,又斬妖"。

此爲《板》"聽我嚻嚻"之"嚻"注音也③。劉詩孫云:"《廣韻·豪韻》五勞切內無'嚻'字,而《宵韻》許嬌切內'嚻'字注:又五刀切。五刀即五勞,是五勞切內固有'嚻'字也,特《廣韻》失載耳。敦煌本王仁煦《刊謬補缺切韻》豪韻五勞反內有'嚻'字,尤可證《廣韻》偶放耳。"④

案:劉氏所云"敦煌本王仁煦刊謬補缺切韻",當是指 P. 2011《刊謬補缺切韻》⑤。該卷在《豪韻》小韻"五勞反"下收有此字,然該小韻標數十五,而"嚻"字排第十六條。S. 2071《切韻》之《豪韻》下未收此字,其《宵韻》小韻"許喬反""嚻"字下亦無又音。

---

① 《宋本廣韻》卷一《上平聲·十虞》,第 56 頁;卷二《下平聲·十八尤》,第 185 頁;卷二《下平聲·十九侯》,第 194 頁;卷三《上聲·四十五厚》,第 307 頁。

② 《説文解字》七篇上《臼部》,第 148 頁。

③ 《毛詩正義》卷十七之四《大雅·板》,第 633 頁。"嚻"爲"嚻"偏旁移位之後起別體。

④ 劉詩孫:《敦煌唐寫本晉徐邈毛詩音考(續)》,《真知學報》1942 年第 1 卷第 5 期。

⑤ 該卷劉復收入其所著《敦煌掇瑣》,中央研究院歷史語言研究所 1925 年出版,故劉詩孫得見之。

此卷姜亮夫先生定爲"隋末唐初增字加注本切韻殘卷"①，可知其時代早於 P. 2011 卷。則 P. 2011 卷之"嚻"字爲後加無疑。故宮本《王韻》此小韻標數二十，"嚻"字排第十五條，是又遲於 P. 2011 也。《毛傳》云："嚻嚻猶謷謷也。"朱琦《説文假借義證》云："蓋以嚻爲謷之假借。"②"謷"字《廣韻》在"五勞切"下，正與寫卷"五高反"合。"五高反"者，乃讀作"謷"字也。《爾雅·釋言》"嚻，閑也"《釋文》："嚻，五刀反，又許嬌反。"③郝懿行《爾雅義疏》云："《釋文》嚻，許嬌反，此音是也。又五刀反，非矣。五刀乃'敖'字之音，應在《釋訓》，《釋文》此'嚻'讀如字。"④《爾雅·釋訓》"仇仇、敖敖，傲也"《釋文》："敖敖，本又作謷，又作嗸，同，五高反。"⑤《左傳·成公十六年》"在陳而嚻"《釋文》："嚻，許驕反；徐讀曰嗷，五高反。"⑥皆可證作"五刀反"（或五高反）者乃"謷"（或敖、嗷）之音，而"嚻"則讀作許嬌反（或許驕反）。P. 2011《刊謬補缺切韻》於"五勞反"下收"嚻"字，且其數溢出於小韻標字數，當是閲者據六朝音義書所添也。寫卷"嚻"音五高反，乃是據《毛傳》讀爲"謷"也。《廣韻》"五勞切"下無"嚻"字，應是《切韻》原貌；其《宵韻》下云又音"五刀切"者，乃前後失照故也。余

---

① 姜亮夫：《瀛外將去敦煌所藏韻書字書各卷叙録》，《敦煌學論文集》，上海古籍出版社 1987 年版，第 330 頁。

② 朱琦：《説文假借義證》卷五，第 137 頁。

③ 《經典釋文》卷二十九《爾雅音義上中·釋言第二》"嚻"條，第 412 頁。"五刀反"原作"丘刀反"，黄焯《經典釋文彙校》云："'丘'字誤，宋本作'五'。"（第 255 頁）兹據改。

④ 《爾雅義疏》卷上之二《釋言弟二》，第 456 頁。

⑤ 《經典釋文》卷二十九《爾雅音義上中·釋訓第三》"敖敖"條，第 413 頁。

⑥ 《經典釋文》卷十七《春秋左氏音義之三·成公十六年》"而嗷"條，第 253 頁。

迺永《新校互注宋本廣韻》在《豪韻》小韻"五勞切"末補"囂"字①,非也。

《廣韻》"囂"無"斬妖"之音,且"斬"爲鹻韻開口二等,不可與三等字"妖"配合。平山録作"歆妖",校云:"原作莊母'斬',與曉母'囂'不合,蓋是'歆'之訛誤。"②今謂平山所改當是。寫卷第 47 行"休"音"歆虯",第 60 行"翕"音"歆急",皆以"歆"作爲切上字。"歆妖"者,即"囂"之本音,《廣韻》"許嬌切",正與"歆妖"合。

(三) 又音與首音爲被注字的兩個不同的假借字之音

19. 第 31 行"既挾"條注"箋協反,又子合"。

此《行葦》"既挾四鍭"句之文③。《廣韻》"挾"音胡頰切,與寫卷首音"箋協反"聲紐有匣、精之別。《禮記·玉藻》"夕深衣,祭牢肉"鄭注"天子言餕,諸侯言祭牢肉,互相挾"《釋文》"挾,户頰反"④,《禮記·曲禮上》"負劍辟咡詔之"鄭注"劍謂挾之於旁"《釋文》"挾,音協"⑤,《左傳·宣公十二年》"三軍之士皆如挾纊"《釋文》"挾,户牒反"⑥,諸"挾"字之音皆與《廣韻》之"胡頰切"

---

① 余迺永:《新校互注宋本廣韻》,上海辭書出版社 2000 年版,第 158 頁。

② 平山久雄:《敦煌〈毛詩音〉殘卷反切の研究(上)》,《北海道大學文學部紀要》第 14 號第 3 分册,1966 年 3 月。

③《毛詩正義》卷十七之二《大雅·行葦》,第 602 頁。

④《經典釋文》卷十二《禮記音義之二·玉藻第十三》"相挾"條,第 189 頁。

⑤《經典釋文》卷十一《禮記音義之一·曲禮第一》"挾之"條,第 163 頁。

⑥《經典釋文》卷十七《春秋左氏音義之三·宣公十二年》"如挾"條,第 248 頁。

合。然此"既挾四鍭"句,《釋文》之音則爲"子協反,又子合反"①,與寫卷之音相合,而與《廣韻》不合。由此可知,此"子協反"(同寫卷之"篋協反")之音並非"挾"之音。《周禮·天官·大宰職》"挾日而斂之"《釋文》云:"挾日,子協反,字又作浹,同。干本作帀,子合反,十日也。"②《廣韻》"浹"音子協切,正與《釋文》之音同。《左傳·成公九年》"浹辰之間,而楚克其三都"《釋文》:"浹,子協反,徐又音子荅反。"③《太宰職》鄭注云:"從甲至甲謂之挾日,凡十日。"④《左傳》杜注云:"浹辰,十二日也。"⑤挾日者,天干一循環也;浹辰者,地支一循環也。此足證"挾"與"浹"通。《説文·水部》無"浹"字,新附始有⑥。黄侃《説文新附考原》認爲"浹"爲"帀"之後出⑦,黄焯申言之云:"《説文》'帀,周也',浹從夾聲,夾與帀古音同在帖部,浹洽之義與周帀同也。……漢《衡方碑》始有'浹'字。"⑧寫卷首音"篋協反",乃是讀"挾"爲"浹"也。《大宰職》釋文云:"干本作帀,子合反。"《公羊傳·哀公十四年》何休注"人道浹,王道備"《釋文》:"浹,子協反,

①《經典釋文》卷七《毛詩音義下·生民之什第二十四·行葦》"既挾"條,第 94 頁。
②《經典釋文》卷八《周禮音義上·天官冢宰第一·大宰》"挾日"條,第 109 頁。
③《經典釋文》卷十七《春秋左氏音義之三·成公九年》"浹辰"條,第 252 頁。
④《周禮注疏》卷一《天官冢宰第一·大宰》,第 33 頁。
⑤《春秋左傳正義》卷二十六《成公九年》,第 449 頁。
⑥《説文解字》十一篇上《水部》,第 238 頁。
⑦ 黄侃:《説文新附考原》,黄侃箋識,黄焯編次:《説文箋識四種》,第 320 頁。
⑧ 黄侃:《説文新附考原》,第 320 頁。

一本作帀。"①此浹、帀通用之例。《尚書·堯典》"朞三百有六旬有六日"僞孔傳"匝四時曰朞"《釋文》："迊，子合反。"②《禮記·檀弓上》"四者皆周"鄭注"周，帀也"《釋文》："帀，本又作迊，同，子合反。"③《左傳·哀公元年》"里而栽"杜注"周匝去蔡城一里"《釋文》："帀，子合反。"④《爾雅·釋畜》"角三觠，羷"郭璞注"觠角三匝"《釋文》："迊，子合反。"⑤匝、迊皆"帀"之後起分別文。是《釋文》"帀"皆音子合反。《廣韻》"帀"音子答切，正與"子合反"合。"帀"與"浹"在上古其音雖同，而在中古則其韻已有合、帖之別，故寫卷作者兼收此"子合"之音，而推原此音所注字，應是"帀"也。

20. 第 62 行"不譖"條注"創林反，又子念"。

案：寫卷此"不譖"條前爲"卑藏"條，下爲"猶摘"條。"卑藏"者"俾臧俾嘉"句中文，卑、俾古今字。"猶摘"者，當是指"投我以桃"箋"投猶擲也"中"猶擲"二字⑥。《説文》有"摘"無"擲"，"摘"篆下段玉裁注云："今字作擲，凡古書用投擲字皆作摘。"⑦而"摘"則爲"摘"之省筆借字。據此可知"不譖"條當是指"不僭不賊"句之"不僭"二字。《説文·言部》："譖，愬也。"⑧段

---

① 《經典釋文》卷二十一《春秋公羊音義·哀公十四年》"道浹"條，第 324 頁。

② 《經典釋文》卷三《尚書音義上·堯典》"迊"條，第 37 頁。

③ 《經典釋文》卷十一《禮記音義之一·檀弓第三》"周帀"條，第 170 頁。

④ 《經典釋文》卷二十《春秋左氏音義之六·哀公元年》"周帀"條，第 297 頁。

⑤ 《經典釋文》卷三十《爾雅音義下·釋畜第十九》"迊"條，第 437 頁。

⑥ 《毛詩正義》卷十八之一《大雅·抑》，第 648 頁。

⑦ 《説文解字注》十二篇上《手部》，第 601 頁。

⑧ 《説文解字》三篇上《水部》，第 56 頁。

玉裁於《説文・人部》"僭"篆下注云："以下儗上,僭之本義
也。"①是僭、譖二字義不同。《詩經》"僭"、"譖"二字常混用,如
《巧言》"僭始既涵"箋云："僭,不信也。"②《大雅・桑柔》"朋友已
譖"箋云："譖,不信也。"③不信者,"僭"之義也。《説文・人部》：
"僭,假也,一曰相疑。"④相疑即是不信。《廣韻》"譖"音莊蔭切,
與寫卷之二音皆不合。《釋文》出"不譖",注云："本亦作僭,子念
反,差也。""子念反"正與寫卷之又音同;《廣韻》"僭"音子念切,
亦與寫卷之又音同,是"子念"之音乃是爲"僭"注音也。

《廣韻》"譖"或"僭"均無"創林反"之音。賈昌朝《羣經音
辨・人部》"僭,侵也"條注云："七心切,《詩》'以籥不僭'。又子
念、楚林二切。"⑤查《詩・小雅・鼓鍾》"以籥不僭"《釋文》云：
"僭,七念反,沈又子念反,又楚林反。"⑥然《禮記・文王世子》
"胥鼓《南》"鄭注引《詩》"以雅以南,以籥不僭"《釋文》："僭,七
尋反,又子念反。"⑦《明堂位》"《任》,南蠻之樂也"鄭注引《詩》
"以雅以南,以籥不僭"《釋文》："僭,七尋反,又則念反。"⑧"七念
反"者,清紐去聲掭韻;"七尋反"者,清紐平聲侵韻,同一詞而《釋
文》讀音有別,蓋其音承襲六朝音義而非自撰也。賈氏之又音取
自《釋文》也。其首音"七心切",清紐侵韻。《廣韻》"僭"音子念

---

① 《説文解字注》八篇上《人部》,第378頁。
② 《毛詩正義》卷十二之三《小雅・巧言》,第423頁。
③ 《毛詩正義》卷十八之二《大雅・桑柔》,第656頁。
④ 《説文解字》八篇上《人部》,第166頁。
⑤ (宋)賈昌朝:《羣經音辨》卷三《辨字同音異・人部》,《四部叢刊續
編》,商務印書館1934年版,第13A頁。
⑥ 《經典釋文》卷六《毛詩音義中・小雅・鼓鍾》"不僭"條,第84頁。
⑦ 《經典釋文》卷十二《禮記音義之二・文王世子》"不僭"條,第181
頁。
⑧ 《經典釋文》卷十二《禮記音義之二・明堂位》"不僭"條,第191頁。

切,而無"七心切"之音。《廣韻》"侵"音七林切,正與"七心切"合,《禮記》釋文之"七尋反"與"七心切"音同。賈氏以"七心切"音僭,乃是讀"僭"爲"侵"也。《説文·人部》:"僭,儗也。"段注:"以下儗上,僭之本義也。"是僭者,謂侵權行事也。僭、侵二字同源①,故賈昌朝釋"僭"爲"侵",並讀"僭"爲"侵"音。《禮記》釋文音"七尋反"者,亦讀爲"侵"也。《尚書·湯誥》"天命弗僭"《釋文》:"僭,子念反,忒也。劉創林反。"②《周禮·春官·大宗伯職》"以軍禮同邦國"鄭注:"同,謂威其不協僭差者"《釋文》:"僭,子念反,沈創林反。"③劉(佚名)、沈重並音"僭"爲創林反④,"創"者穿紐二等字。穿二等與清紐在上古本爲一紐,精系與照系二等在《切韻》里尚有互切之例⑤。是"創林反"者讀"僭"爲"侵"也。

寫卷照二系及精系互切例共有兩條,另一條是第96行"且"條注的又音"在加反"。然寫卷精系字共出84次,照二系字凡出16次,唯此兩條爲照二系與精系互切之例。照二系與精系在作者的語音裹應該已經分化。當然,仍留存有少量的混讀也是有可能的。至於以"在加反"爲又音,應該不是作者自己的注音,而是取之於他家音義。

---

① 張希峰:《漢語詞族續考》,巴蜀書社2000年版,第408頁。
② 《經典釋文》卷三《尚書音義上·湯誥》"僭"條,第42頁。
③ 《經典釋文》卷八《周禮音義上·春官宗伯第三·大宗伯》"僭"條,第119頁。
④ 沈重著有《周禮音》一卷,見(唐)李延壽《北史》卷八十二《儒林傳下·沈重》,第2741頁。
⑤ 陸志韋:《古反切是怎樣構造的》,《中國語文》1963年第5期。

五、首音與又音分別爲毛、鄭義注音

21. 第 60 行"不讎"條注"市由，市救"。

此音《抑》"無言不讎"句之"讎"也①。《廣韻》"讎"音市流切，禪紐平聲尤韻，與寫卷"市由"之音合。然"市救"之音則爲去聲宥韻，《廣韻》"讎"無此音。《鄭箋》云："教令之出如賣物，物善則其售賈貴，物惡則其售賈賤。"《廣韻》"售"音承咒切，禪紐去聲宥韻，正與"市救"之音合。《釋文》云："讎，市由反，用也。徐云，鄭市又反。"②徐邈言鄭市又反，亦與寫卷"市救"之音合。是"市由"爲毛義注音，"市救"爲鄭義注音。考寫卷凡毛、鄭義不同者，均分別注音，並注出毛、鄭字樣，如 2 行"御，毛顏嫁反，鄭言據反"，43 行"伴，毛普半反，鄭蒲半"，7 行"串，毛瓜患反；鄭爲混，古溫反"，88 行"旬，毛松荀反，鄭作營"，至於 47 行"遠能，乃登，鄭能代反"、61 行"屋，烏鹿反，鄭泓角"等，應是傳抄過程中抄脱"毛"字所致。此條寫卷之二音乃分別爲毛、鄭義注音，根據寫卷體例，應作"毛市由，鄭市救"，今如此作者，蓋傳抄過程中抄脱毛、鄭二字也。因而此條不能算作寫卷之又音條目。

結　論

——寫卷之又音，非作者之注音，而是取自別家注音

從第二類及第四類共 7 條的分析可以看出，寫卷與《經典釋

---

① 《毛詩正義》卷十八之一《大雅·抑》，第 647 頁。
② 《經典釋文》卷八《毛詩音義下·蕩之什第二十五·抑》"不讎"條，第 96 頁。

文》的注音體例極爲相似，我們可以肯定寫卷之又音非《詩音》作者所擬，而是取材於其他音義著作。即便是第一類第 1、2 兩條其首音與又音聲韻全同的情況，在《經典釋文》中亦可找出相似的例子。《周易·大壯卦·九三》"羝羊觸藩，羸其角"《釋文》："羸，律悲反，又力追反。"①二反聲韻全同，偽《古文尚書·咸有一德》"沃丁既葬伊尹於亳"《釋文》："沃，烏毒反，徐於毒反。"②二反亦聲韻全同。《釋文》集漢魏六朝衆家音義而成，"故反音雖同而反語有異者亦具列之"③。寫卷這種情況與《釋文》相同，據此我們可以推知，作者在注音時，對前人的注音是有所參考並吸納的。

至於第三類"又音及首音合於《廣韻》之異讀"，我們知道《切韻》是綜合古今南北語音的集大成的著作，《廣韻》是增訂《切韻》而成的。其中的異讀，大多取材於漢魏六朝之音義著作。從第 5、9、12 條的分析中，可以看出《廣韻》對《切韻》所作的增補。雖然我們不能肯定地説，這一類九條又音均非《毛詩音》作者所自擬，但它與《釋文》的情況相似，其中大部分取材於別家音義，應該是不會有疑問的。

既然寫卷之又音非作者自擬之音，因而在進行音系歸納或分析反切構造時，是不能將它們一併作爲作者之正音進行研究的。任福禄先生説："在用繫聯法考定某一音系時，一般地只能取正音，不能取又音，一旦加進又音，就不會得出符合實際的結論。"④

---

① 《經典釋文》卷二《周易音義·周易下經咸傳第四·大壯卦》"羸"條，第 25 頁。

② 《經典釋文》卷三《尚書音義上·咸有一德第八》"沃"條，第 42 頁。

③ 吴承仕：《經籍舊音辨證》，第 81 頁。

④ 任福禄：《顔師古〈漢書注〉舌音脣音反切聲類研究》，《古漢語研究》1993 年第 3 期。

劉詩孫、平山久雄在對《毛詩音》寫卷進行研究時,没有將這些又
音與《詩音》作者之正音區別開來,一併作爲正音材料進行分析,
這種做法無疑是不科學的。但由於他們在分析過程中,採用了一
種取巧的方法①,因而没有對他們最後得出的結論產生很大的影
響,可是其所取材料數據的正確性却是要打一個折扣的。當然,
由於對又音缺少考辨,他們也遺漏了一些重要的綫索。如第 96
行"苴"的又音"在加反",是以從紐字切牀二等,反映了精照二系
關係。"苴"字應歸入精紐,劉詩孫却根據切上字"在",將"苴"歸
入從紐,平山將"苴"歸入假攝崇紐麻韻。同樣第 62 行"譖"的首
音"創林反","譖"當讀爲"侵",以創切侵是以穿二等字切清紐
字,亦反映了照二系與精系的關係。劉詩孫根據切上字"創",將
"譖"歸入穿紐,平山將"譖"歸入深攝初紐侵韻。由此首音"創林
反",我們可以懷疑,《詩音》作者的語音體系中,可能還存在有精
照二系混用的情況。而這一點,在劉詩孫與平山的音系歸納中,
没有反映出來。

(原載《中國俗文化研究》第 2 輯,項楚主編,張勇執行主編,
巴蜀書社 2004 年版)

---

① 劉詩孫的做法,是以寫卷之音與《廣韻》比較,以考求寫卷音系的特
點,由於没有對又音作詳細的考察研究,因而很多又音材料在《廣韻》中找不
到對應的反切,劉氏往往以"《廣韻》無"的方法回避,如第 4 行"菑"之又音
"側吏",第 47 行"譊"之又音"荒瓜反"。平山久雄由於僅僅是對反切作音
理上的分析,因而對又音與被切字的關係可以避免。如第 31 行"挾"的又音
"子合",乃是收了別本異文"帀"的注音,平山將這條歸入咸攝精紐合韻;第
47 行"譊"之又音"荒瓜反",乃是收了別本異文"譁"的注音,平山將它歸入
假攝曉紐麻韻。但平山没有對這兩個又音所注之本字進行考證。

英藏敦煌《毛詩音》寫卷所見《毛詩》本字考

　　英藏 S. 2729 號《毛詩音》寫卷,起《詩大序》"王者之風,故繫之周公"句注音"王者"條,至《唐風‧山有樞》"子有廷内,弗洒弗埽"句注音"埽"字條,共 129 行。寫卷以毛亨傳、鄭玄箋《詩經》爲底本,摘字爲音,詞目單行大字,注文雙行小字。

　　關於《毛詩音》寫卷之作者,王重民、王利器、潘重規、平山久雄、張寶三等皆有所考證,然迄今未有定論①。寫卷的抄寫時間大約在 8 世紀後半期②。

　　《毛詩》自東漢鄭玄作《箋》以後,逐漸定於一尊。但在流傳過程中,由於輾轉傳抄,加上分化字的大量產生,不可避免地出現了許多異文,因而《毛詩》及《毛傳》、《鄭箋》之原文多有被改篡者。此《毛詩音》寫卷不諱"世"、"民"二字,而且第 102 行"袂"字以"民世"二字爲切語,應是唐以前的作品③;第 15 行"息"條引用隋朝劉炫之説,則必作於劉炫之後④。據此,寫卷《毛詩音》應

　　① 對諸家之説的介紹參拙著《敦煌經籍叙録》,中華書局 2006 年版,第192 頁。

　　② 平山久雄:《敦煌〈毛詩音〉殘卷反切的結構特點》,《古漢語研究》1990 年第 3 期。

　　③ 潘重規:《倫敦藏斯二七二九號暨列寧格勒藏一五一七號敦煌毛詩音殘卷綴合寫定題記》,《敦煌詩經卷子研究論文集》,香港新亞研究所 1970 年版,第 78 頁。

　　④ 平山久雄:《敦煌〈毛詩音〉殘卷反切的結構特點》,《古漢語研究》1990 年第 3 期。

該是隋朝時的作品,差不多與《經典釋文》同時,則其所據《毛詩》之底本應是六朝古本。通过與今傳本的比較,發現其所據《毛詩》經、傳、箋之文多有與今本相異者,而且頗有可證後世傳本肆意篡改者,可藉以知漢時《毛詩傳箋》之原貌。

1.《周南·關雎》"悠哉悠哉,輾轉反側"①。

陸德明《經典釋文》曰:"輾,本亦作展,哲善反。吕忱從車展。"②盧文弨云:"王逸《楚辭章句》十六引《詩》'展轉反側',李賢注《後漢書·光武帝紀》、李善注潘岳《秋興賦》並同,《説文》無'輾'字,當以作'展'爲正。"③

陳啟源云:"《釋文》云:'輾,本亦作展,吕忱從車展。'則'輾'字殆始於《字林》。《説文》有'展'字,無'輾'字;《玉篇》展、輾二字皆訓轉,無二義。《澤陂》'輾'字《釋文》亦云'本又作展',是知車旁皆後人加也。近世趙凡夫言'輾'字是'報'字所改,恐不然也。'報',轢也,尼展切,與'輾'字音義俱不同。"④周邵蓮云:"《説文》有'展'字,無'輾'字,則'輾'殆始於《字林》,《玉篇》嗣有之。"⑤李富孫云:"古本皆當作'展'。《説文》云:'屟,轉也。'今從車旁,則《字林》所加也。"⑥王引之云:"'展'字

① 本文凡引用《詩經》之經、注、疏,除標明是敦煌寫卷外,其餘均據中華書局 1980 年影印之阮元編《十三經注疏》本。

② 《經典釋文》卷五《毛詩音義上·周南第一·關雎》"輾"條,第 53 頁。

③ (清)盧文弨:《經典釋文考證》,《叢書集成初編》本,商務印書館 1935 年版,第 66 頁。

④ 陳啟源:《毛詩稽古編》,《清經解》第 1 册,上海書店 1988 年版,第 347 頁。

⑤ (清)周邵蓮:《詩考異字箋餘》卷一,《續修四庫全書》第 75 册,上海古籍出版社 1995 年版,第 300 頁。

⑥ 李富孫:《詩經異文釋》,《清經解續編》第 2 册,第 1332 頁。

因‘轉’字而誤加‘車’。”①陳奐云:“《釋文》:‘輾,本亦作展,呂忱
從車展。’則‘輾’字始見於呂忱《字林》,古作‘展’必矣。《説
文》:‘屐,轉也。’今隸變作‘展’。”②牟庭據《説文》及《楚辭》王逸
注改“輾”爲“展”③。

今寫卷第4行出“展轉”二字,知其所據底本作“展”,正與諸
家所考合,其所存者《毛詩》之本字,作“輾”者,乃涉下“轉”字類
化所致④。

馬王堆漢墓帛書《老子》甲本卷後古佚書《五行》引《詩》云:
“婘槫反廁。”⑤于茀云:“婘:毛詩作‘輾’,齊魯韓三家作‘展’。
婘,《説文》所無。《廣雅·釋詁》:‘婘,好也。’《玉篇》:‘婘,好
貌。’婘,此処於詩無義。婘、輾都是元部字,‘婘’當是‘輾’的假
借字。槫:毛詩作‘轉’。《字彙》:‘槫,楚人謂圓爲槫。’槫,定母
元部字;轉,端母元部。轉、槫二字疊韻旁紐,是以‘槫’假借爲
‘轉’。”⑥

案:《毛詩》作“展”不作“輾”,考已見上。于氏言“毛詩作
‘輾’,齊魯韓三家作‘展’”,誤。其説當來自王先謙《詩三家義集
疏》,查王書云:“《釋文》:‘輾,本亦作展,呂忱從車展。’是‘輾’
字始見《字林》,知三家作‘展’。”⑦王氏既言“‘輾’字始見《字

---

① 王引之:《經義述聞》卷三十二《通説下》“上下相因而誤”條,第781
頁。

② 陳奐:《詩毛氏傳疏》卷一《周南關雎詁訓傳·關雎》,第6A頁。

③ (清)牟庭:《詩切》,齊魯書社1983年版,第20頁。

④ 俞樾:《古書疑義舉例》卷七《字因上下相涉而加偏旁例》,第146頁。

⑤ 國家文物局古文獻研究室編:《馬王堆漢墓帛書[壹]》,文物出版社
1980年版,第24頁。

⑥ 于茀:《金石簡帛詩經研究》,北京大學出版社2004年版,第6頁。

⑦ 《詩三家義集疏》卷一《周南關雎第一·關雎》,第13頁。

林》", 是必知《毛詩》亦作"展"也, 其所以不言者, 書名爲《詩三家義集疏》也。

《説文‧卩部》："卷, 厀曲也。"①段玉裁注："卷之本義也, 引伸爲凡曲之偁。"②《詩‧大雅‧卷阿》"有卷者阿, 飄風自南"《毛傳》："卷, 曲也。"《陳風‧澤陂》"有美一人, 碩大且卷"《毛傳》："卷, 好貌。"《釋文》云："卷, 本又作婘。"③《廣雅‧釋詁》："婘, 好也。"④"卷"可借爲"婘", 則"婘"亦可借爲"卷"。帛書所引"婘"字, "卷"之借字也。卷者, 曲也。《説文》有"搏"無"槫", 但西漢初的銀雀山漢簡已有"槫"字, 銀雀山漢墓竹簡《六韜》："展槫而求之。"⑤此"展槫"與《詩》之"展轉"同義, 槫、轉同從專得聲, 其音同, 其詞義之來源亦同, 從專聲之字有圜義⑥, 圜物彎曲, 圜與曲義相成。陳奐云："《廣雅》：'展轉, 反側也。'《何人斯》箋：'反側, 展轉也。' 展與轉同義, 展轉又與反側同義。"⑦《説文‧尸部》："展, 轉也。"⑧《廣雅‧釋詁》"展, 輾也"王念孫《疏證》："展轉亦詘曲之意。"⑨"展轉"狀人在牀上反覆之貌, 人在牀上反覆而不能入眠, 體必蜷曲。"展轉"、"婘槫"皆同義複詞流變而成之聯綿詞, 故不可謂"婘槫"爲"輾轉"之假借字。

---

① 《説文解字》九篇上《卩部》, 第 187 頁。
② 《説文解字注》九篇上《卩部》, 第 431 頁。
③ 《經典釋文》卷六《毛詩音義中‧陳風第十二‧澤陂》"且卷"條, 第 72 頁。
④ 王念孫：《廣雅疏證》卷一下《釋詁》, 第 25 頁。
⑤ 《銀雀山漢墓竹簡》(壹)"釋文", 文物出版社 1985 年版, 第 116 頁。
⑥ 楊樹達：《積微居小學述林》卷三《釋篿》, 第 74 頁。
⑦ 陳奐：《詩毛氏傳疏》卷一《周南關雎詁訓傳‧關雎》, 第 6A 頁。
⑧ 《説文解字》八篇上《尸部》, 第 174 頁。
⑨ 《廣雅疏證》卷四下《釋詁》, 第 131 頁。

2. 《周南·葛覃》"服之無斁"《毛傳》"斁,厭也"。

《釋文》云:"猒,於豔反,本亦作厭。"①

案:《説文·甘部》"猒,飽也"段玉裁注:"淺人多改'猒'爲'厭','厭'專行而'猒'廢矣。'猒'與'厭'音同而義異。《雒誥》'萬年猒于乃德',此古字當存者也。按飽足則人意倦矣,故引伸爲猒倦、猒憎。"②寫卷第6行出"猒"字,與《釋文》同;《行露》有"厭浥行露"句,寫卷第25行亦出"猒"字。"猒"者,經、傳之本字也。

3. 《召南·鵲巢》"維鳩居之"《毛傳》"鳩,鳲鳩,秸鞠也"。

《釋文》云:"秸,古八反,又音吉。《爾雅》作'鴶'。"③是知德明所見之本均作"秸"。然《説文》無"秸"篆,《説文·鳥部》云:"鵴,秸鵴,尸鳩。"④則《説文》説解中有"秸"字。段玉裁注云:"秸,各本作'桔',今依《廣韻》、《韻會》。"⑤知段氏所見《説文》諸本皆作"桔",而據《廣韻》、《韻會》改爲"秸"⑥。小徐本作"桔"⑦。桂馥《説文解字義證》亦作"桔",桂氏考云:"桔,李燾

---

① 《經典釋文》卷五《毛詩音義上·周南第一·葛覃》"猒也"條,第54頁。

② 《説文解字注》五篇上《甘部》,第202頁。

③ 《經典釋文》卷五《毛詩音義上·召南第二·鵲巢》"秸"條,第55頁。

④ 《説文解字》四篇上《鳥部》,第79頁。

⑤ 《説文解字注》四篇上《鳥部》,第149頁。

⑥ 1963年中華書局影印大徐本《説文解字》作"秸",而段玉裁未見過作"秸"之本。中華影印本來自孫星衍於嘉慶十四年(1809)覆刻宋本,而且徐鍇《説文解字繫傳》不作"秸",頗疑孫氏覆刻本曾據段氏《説文解氏注》校改。

⑦ (南唐)徐鍇:《説文解字繫傳》卷七《通釋》,中華書局1987年版,第72頁。

本、《廣韻》、《集韻》、《類篇》竝作'秸',與《詩》毛傳同。"①王筠《説文解字句讀》作"桔",考云:"桔,一作'秸',諸引亦多同,又與《毛傳》合。然《説文》無'秸'字,且《毛傳》'秸鞠',《方言》作'結誥',知此名取其聲,不必某爲正字。然《左·昭十七年傳》杜注之'鴶鵴',《釋文》云:'本亦作秸鞠。'是杜注本同《毛傳》,後人依俗本《爾雅》改之。"②

案:"秸鞠"雙聲聯綿詞,《爾雅·釋鳥》作"鴶鵴"③,《廣雅·釋鳥》作"鴶鵴"④,《方言》作"結誥"⑤。嚴元照謂《説文》無"秸"及"鴶鵴"字,當作"桔鵴"⑥。黄侃手批《爾雅正名》云:"段改謬。"⑦不贊同段玉裁改"秸"爲"桔"之舉。寫卷第18行出"桔"字,正與嚴元照、黄侃之説合,是作"桔"者當是《毛傳》原貌。平山久雄改"桔"爲"秸",校云:"原從'木',當非。"⑧以不誤爲誤也。

4. 《邶風·燕燕》"燕燕于飛,頡之頏之"。

《説文·亢部》:"亢,人頸也。从大省,象頸脈形。亢或从頁。"⑨王筠云:"自用'亢'爲高亢,'頏'爲頡頏,乃作'吭'以代

---

① 桂馥:《説文解字義證》卷十《鳥部》,第308頁。
② 王筠:《説文解字句讀》卷七《鳥部》,第129頁。
③ (晉)郭璞注,(宋)邢昺疏:《爾雅注疏》,阮元編《十三經注疏》,中華書局1980年版,第2648頁。
④ 《廣雅疏證》卷十下《釋鳥》,第373頁。
⑤ 錢繹:《方言箋疏》卷八,第467頁。
⑥ 嚴元照:《爾雅匡名》,《清經解續編》第2冊,第1207頁。
⑦ 《黄侃手批爾雅正名》,武漢大學出版社1986年版,第119頁。
⑧ 平山久雄:《敦煌毛詩音殘卷反切の研究(上)》,《北海道大學文學部紀要》第14號第3分册,1966年3月。
⑨ 《説文解字》十篇下《亢部》,第215頁。

之。"①李富孫《説文辨字正俗》云："'頏'本'亢'或體字，'亢'今俗作'吭'，或作'肮'。以'頏'專爲頡頏字，畫分二義矣。"②邵瑛《説文解字群經正字》云："《詩·燕燕》'頡之頏之'，从或體；《爾雅·釋鳥》'亢，鳥嚨'，正字也。"③《漢書·揚雄傳》有"是故驪衍以頡亢而取世資"句④，朱起鳳云："'亢'乃'頏'字之古，班書多古字。"⑤是亢、頏古今字。

段玉裁云："'頡'與'頁'同音，'頁'古文'𩑡'，飛而下如𩑡首然，故曰'頡之'，古本當作'頁之'；'頏'即'亢'字，'亢'之引伸爲高也，故曰'亢之'，古本當作'亢之'。"⑥阜陽漢簡《詩經》第21 簡此句作"匽＝于非吉"⑦，"頡"字寫作"吉"，則其所殘缺之下字極可能寫作"亢"。"頡頏"蓋本作"吉亢"，因鳥飛頭頸或向上或往下之故，遂增頁旁作"頡頏"也。徐灝《説文解字注箋》云："《易·小過·象傳》虞注'飛下偶亢'，即本毛義。段以爲上下互謌，非也。其以'頁'爲𩑡首之'𩑡'，尤誤。"⑧案虞翻《周易注》"飛下偶亢"句必本於《毛傳》"飛而下曰頏"，其作"亢"，則虞氏所據本《毛詩》作"亢"也。寫卷第 36 行出"亢"條，則其所據底本

① 《説文釋例》卷六《同部重文》，第 144 頁。

② 丁福保編：《説文解字詁林》第 11 册，中華書局 1988 年版，第 10178 頁。

③ （清）邵瑛：《説文解字群經正字》，《續修四庫全書》第 211 册，上海古籍出版社 1995 年版，第 267 頁。

④ 《漢書》卷八十七下《揚雄傳第五十七下》，第 3567 頁。

⑤ 朱起鳳：《辭通》上册，上海古籍出版社 1982 年版，第 885 頁。

⑥ 《説文解字注》十篇下《亢部》，第 497 頁。

⑦ 胡平生、韓自强：《阜陽漢簡詩經研究》，上海古籍出版社 1988 年版，第 4 頁。

⑧ 徐灝：《説文解字注箋》卷十下《亢部》，《續修四庫全書》第 226 册，第 344 頁。

作"亢"不作"頏"也,正與虞翻注相合,足證段氏"古本當作'亢之'"之論。

5.《邶風·終風》"願言則嚏"《鄭箋》"嚏讀當爲不敢嚏咳之嚏"。

案:嚏,打噴嚏;咳,咳嗽。《説文·口部》:"咳,小兒笑也。"[1]非此義。《説文·欠部》:"欬,屰氣也。"[2]《玉篇·欠部》:"欬,口載切,上欬也。"[3]這應該是咳嗽之"咳"的本字。《釋文》出"咳",音"開愛反"[4];《廣韻》"欬"音苦愛切,"咳"音户來切。"開愛反"與《廣韻》"苦愛切"合,是德明讀"咳"爲"欬"也。"咳"、"欬"聲紐溪、匣有别。然喉、牙音發音部位接近,古多互諧。如黄、璜、潢、簧、蟥諸字皆從黄聲,讀入匣紐,然彊、曠亦從黄得聲,則爲溪紐字;又慊、嫌同從兼聲,一讀匣紐,一讀溪紐。據《説文》,嚏咳之"咳"本字應是"欬",寫作"咳"者,轉匣爲溪也。關於喉牙聲轉的問題,可參朱聲琦《從古今字、通假字等看喉牙聲轉》一文[5]。寫卷第39行出"欬",存本字也。

6.《邶風·北門》"終窶且貧,莫知我艱"。

《釋文》:"窶,其矩反,無禮也。《爾雅》云:'貧也。'案謂貧無可爲禮。"[6]《爾雅·釋言》:"窶,貧也。"[7]雷潛云:"《説文》無

---

① 《説文解字》二篇上《口部》,第31頁。

② 《説文解字》八篇下《欠部》,第180頁。

③ 《宋本玉篇》卷九《欠部》,第179頁。

④ 《經典釋文》卷五《毛詩音義上·邶柏舟第三·終風》"咳"條,第58頁。

⑤ 《徐州師範大學學報》1998年第1期。

⑥ 《經典釋文》卷五《毛詩音義上·邶柏舟第三·北門》"窶"條,第59頁。

⑦ 《爾雅注疏》,阮元編《十三經注疏》,第2582頁。

'宴'字。《宀部》'宴,無禮居也',即'宴'字。"①錢大昕云:"宴,宴字之訛。"②陳奐曰:"宴,從宀,俗從穴。"③從"宀"之字俗常寫作從"穴",如"宇"俗作"穻","牢"俗作"窂"④,"宴"寫作"宴",亦此類也。"宴"字出現的時間,大約在唐代⑤。P. 3719《爾雅(釋詁—釋訓)》此字已寫作"宴",該卷的抄寫時代應是晚唐時期⑥。寫卷第 54 行出"宴"字,正是《毛詩》原貌。

7.《鄘風·君子偕老》"委委佗佗,如山如河"。

《釋文》:"佗佗,待何反,德平易也,注同。《韓詩》云:'德之美貌。'"⑦以是知德明所見本均作"佗佗"。《爾雅·釋訓》"委委、佗佗,美也"⑧,《釋文》:"委委,於危反。《詩》云'委委佗佗,如山如河'是也。佗佗,本或作'它'字,音徒河反。顧舍人引《詩》釋云:'襐襐它它,如山如河。'"⑨則德明所見《爾雅》有作"它它"者。盧文弨云:"宋本作'他他',《讀詩紀》引《釋文》亦作'他他',是作'佗佗'者後人依注疏本改。"⑩馮登府《三家詩異文

① 雷濬:《説文外編》卷十六《補遺·詩》,第 386 頁。

② 錢大昕:《經典文字考異》上,《嘉定錢大昕全集》第 1 冊,第 8 頁。

③ 陳奐:《詩毛氏傳疏》卷三《邶柏舟詁訓傳·北門》,第 41A 頁。

④ 秦公:《碑別字新編》,文物出版社 1985 年版,第 24、42 頁。

⑤ 説參張涌泉《敦煌俗字研究》下編,上海教育出版社 1996 年版,第 193—194 頁。

⑥ 説見拙著《敦煌經籍叙録》,中華書局 2006 年版,第 431 頁。

⑦《經典釋文》卷五《毛詩音義上·鄘柏舟第四·君子偕老》"佗佗"條,第 60 頁。

⑧ 爾雅注疏》,阮元編《十三經注疏》,第 2589 頁。

⑨《經典釋文》卷二十九《爾雅音義上中·釋訓》"委委佗佗"條,第 413 頁。

⑩ 盧文弨:《經典釋文考證》第 1 冊,商務印書館 1935 年版,第 76 頁。

疏證》云:"古本作'它',亦或作'佗'。盧氏文弨……非也。"①嚴
元照《爾雅匡名》云:"'蛇'之本字爲'冘'(隸變爲它),後人因聲
轉而易'它'爲'佗'。"②案嚴説是也。强運開《説文古籀三補》
云:"齊侯敦'它=匜=','佗'不从人,'它'字重文。"③寫卷第63
行出"它它",知其所據本作"它它",正與顧野王所引《魯詩》作
"它它"同④。然寫卷所據者《毛詩》,則《毛詩》亦作"它它"也。
王先謙《詩三家義集疏》云:"蓋《詩》字本作'它',加'虫'旁則爲
'蛇',加'人'旁則爲'佗','佗'變文又爲'他'。"⑤其説是也。
S.789《毛詩》寫卷作"委=包=","包"者必爲"它"之訛字,是亦
作"它它"之本也。

8.《鄘風·君子偕老》"玼兮玼兮,其之翟也"。

《釋文》:"玼,音此,又且禮反,鮮盛貌。《説文》云:'新色鮮
也。'《字林》云:'鮮也。'音同。《玉篇》'且禮反',云:'鮮明貌。'
沈云:'毛及吕忱並作玼解,王肅云:"顏色衣服鮮明貌,本或作
瑳。"此是後文"瑳兮",王肅注:"好美衣服潔白之貌。"若與此同,
不容重出。'今撿王肅本後不釋,不如沈所言也。然舊本皆前作
'玼',後作'瑳'字。"⑥

---

① (清)馮登府:《三家詩異文疏證》,阮元編《清經解》第7册,上海書店
1988年版,第981頁。

② 嚴元照:《爾雅匡名》,《清經解續編》第2册,第1172頁。

③ 强運開:《説文古籀三補》,中華書局1986年版,第42頁。段玉裁在
《説文·它部》"它"篆下注云:"其字或段'佗'爲之,又俗作'他'。經典多作
'它',猶言彼也。"(《説文解字注》,第678頁)以爲它、佗是通假字,誤。

④ 王先謙:《詩三家義集疏》以顧野王所引爲《魯詩》(第223頁)。

⑤ 王先謙:《詩三家義集疏》卷三中《邶鄘衛柏舟第四·君子偕老》,第
223頁。

⑥《經典釋文》卷五《毛詩音義上·鄘柏舟第四·君子偕老》"玼"條,第
60頁。

　　《説文·玉部》:"瑳,玉色鮮白。""玼,玉色鮮也。"①段玉裁於"玼"篆下注:"古此聲之字多轉入十六部,十六部與十七部至近,是以劉昌宗云'倉我反'也。'玼'之或體作'瑳',楚景瑳以爲名。《詩·君子偕老》二章、三章皆曰'玼兮玼兮',是以二章毛、鄭有注,三章無注,或兩章皆作'瑳'。《内司服》注引'瑳兮瑳兮,其之翟也',又引'瑳兮瑳兮,其之展也'可證。自淺人分別'玼'屬二章,'瑳'屬三章,畫爲二字二義,又於《説文》增'瑳'爲訓釋,今删。"②段玉裁認爲《毛詩》作"玼",《説文》之"瑳"爲後人所增。

　　盧文弨云:"玼、瑳蓋古今字。《周禮·内司服》音義:'玼,音此,劉倉我反,本亦作瑳。'陸據舊本以前後分之,非也。"③阮元云:"《正義》本標起止'玼兮'至'如帝',後章'瑳兮'至'媛也',與《釋文》本同。《周禮·内司服》釋文云:'玼,音此,劉倉我反,本亦作瑳。與下瑳字同倉我反。'此玼、瑳一字之證。"④是其説與盧文弨同,以玼、瑳爲一字。《周禮·天官·内司服》鄭玄注引《詩》曰:"玼兮玼兮,其之翟也。"⑤《釋文》云:"玼,音此,劉倉我反。本亦作瑳,與下'瑳'字同倉我反。"⑥阮元《周禮校勘記》云:"玼、瑳聲相近,《説文》:'瑳,玉色鮮白。''玼,玉色鮮也。'義亦同。然一書之中,不當玼、瑳錯出,《毛詩》'瑳兮'下傳、箋、王肅皆無説,明與前章同作'玼'也。此注'玼'亦作'瑳',劉昌宗音

---

　　① 《説文解字》一篇上《玉部》,第 11 頁。
　　② 《説文解字注》一篇上《玉部》,第 15 頁。
　　③ 盧文弨:《經典釋文考證》第 1 册,商務印書館 1935 年版,第 76 頁。
　　④ 阮元:《毛詩校勘記》,阮元編:《清經解》第 5 册,上海書店 1988 年版,第 366 頁。
　　⑤ 《周禮注疏》,阮元編:《十三經注疏》,中華書局 1980 年版,第 691 頁。
　　⑥ 《經典釋文》卷八《周禮音義上·天官·内司服》"玼"條,第 113 頁。

'倉我反',蓋《毛詩》前後皆作'玼',《禮注》據《魯》、《韓》詩前後皆作'瑳'。今本合并合(疑"爲"之誤)一,以前後區別之,非也。"①認爲《毛詩》作"玼",《魯詩》或《韓詩》作"瑳"。

王筠、馬瑞辰、孫詒讓皆贊同阮元之説②。

以上諸家,均不贊成段玉裁删去"瑳"篆之擧,但大家認爲《毛詩》作"玼"之論則與段氏相同。

鈕樹玉《段氏説文注訂》云:"《玉篇》:'瑳,且我切,玉色鮮白也。'引《詩傳》曰:'瑳,巧笑貌,又七河切。'《廣韻》收平上二聲。蓋'瑳'字婁見之字,是以毛、鄭不釋。陸氏《釋文》云:'舊本皆前作玼,後作瑳字。'《詩·淇奥》'如切如瑳',《論語》、《大學》、《爾雅》並同。《繫傳》偶脱'瑳',因而致疑,過矣。《詩》釋文'玼'引沈云:'王肅本或作瑳。'則'玼'或可疑,'瑳'不可删。"③

徐承慶《説文解字注匡謬》云:"《詩·君子偕老》毛傳'玼,鮮盛皃',三章無注,至《鄭箋》並未及'玼'字之解,沈氏謂'本或作瑳,此是後文瑳兮,王肅有注',陸元朗檢王肅本不如所言,'然舊本皆前作玼後作瑳',不以爲誤。《周禮·内司服》釋文云:'本亦作瑳,與下瑳字同。'是弟二章作'玼',三章作'瑳',非淺人畫爲二字二義,《詩》、《禮》本或前後俱作'瑳',無前後俱作'玼'者。且'瑳'字非止一義,《詩·竹竿》'巧笑之瑳',《毛傳》:'瑳,巧笑兒。'《淇奥》'如切如瑳',《唐石經》作'瑳',後人磨改從石旁,其

---

① 阮元:《周禮校勘記》,阮元編:《清經解》第 5 册,上海書店 1988 年版,第 464 頁。
② 王筠:《説文解字句讀》卷一《玉部》,第 10 頁;馬瑞辰:《毛詩傳箋通釋》卷五《鄘風·君子偕老》,第 172 頁;孫詒讓:《周禮正義》卷十五《天官·内司服》、卷十六《天官·追師》,中華書局 1987 年版,第 585、616 頁。
③ (清)鈕樹玉:《段氏説文注訂》,《續修四庫全書》第 213 册,上海古籍出版社 1995 年版,第 2 頁。

迹猶可辨識。《禮記·大學》釋文作'如瑳',足證瑳、玭非一字,'瑳'爲經典屢見之字,《説文》有此篆明矣。"①

鈕、徐二人認爲,《君子偕老》第二章有"玭兮玭兮,其之翟也"句,第三章有"瑳兮瑳兮,其之展也"句。王肅言第二章"玭兮玭兮",或本有作"瑳"者。《周禮·天官·内司服》鄭玄注引"玭兮玭兮"句,《釋文》言有作"瑳"之本。從這些情況看,只有第二章"玭兮玭兮"作"瑳兮瑳兮"之本,而没有第三章"瑳兮瑳兮"作"玭兮玭兮"之本。所以,他們認爲《毛詩》二、三兩章均作"玭"的說法是可疑的,懷疑二、三章可能皆作"瑳"。

寫卷第63行出"瑳"條,其下有"鬢髮"、"屑"、"髮髢"條,可知其所據本《毛詩》乃作"瑳兮瑳兮,其之翟也",而且下不爲"玭"注音,故知第三章作"瑳兮瑳兮,其之展也",前後兩章均作"瑳",而不作"玭",正與鈕、徐二人之分析相合。P.2529《毛詩》寫卷第二、三兩章亦皆作"瑳兮瑳兮",與《毛詩音》寫卷所據本同,足證《毛詩》原本二、三兩章均作"瑳兮瑳兮",其第二章作"玭兮玭兮"者,後人所改也。

9.《衛風·淇奥》"有匪君子,如切如磋,如琢如磨"。

阮元云:"小字本、相臺本'磋'作'瑳'。……考《五經文字》'磋,治也',在石部;'瑳,玉色鮮',在玉部。是唐人有以此字從石與'瑳兮瑳兮'字別者。《説文》有'瑳'無'磋','磋'本'瑳'之俗字耳。此經及傳并《小雅·谷風》、《大雅·卷阿、桑柔》箋皆當本是'瑳'字。《周禮》、《禮記》二釋文亦作'瑳'。"②

---

① (清)徐承慶:《説文解字注匡謬》,《續修四庫全書》第214册,上海古籍出版社1995年版,第330頁。
② 阮元:《毛詩校勘记》,《清經解》第5册,第368頁。

案:《爾雅·釋器》:"骨謂之切,象謂之磋,玉謂之琢,石謂之磨。"①郝懿行《爾雅義疏》云:"《論衡·量知篇》作'象曰瑳',《説文》:'瑳,玉色鮮白。'蓋治象齒令其鮮白如玉。上云'象謂之鵠',亦訓爲白,是《爾雅》'磋'字當依《論衡》作'瑳'矣。"②《經典釋文·禮記音義·大學》"如摩"條下注:"《爾雅》云:'骨曰切,象曰瑳,玉曰琢,石曰磨。'"③亦作"瑳",與《論衡》同。嚴元照《爾雅匡名》云:"'磋'當从玉作'瑳'。"④鈕樹玉《段氏説文注訂》云:"《詩·淇奥》'如切如瑳',或作'磋',非。"⑤

寫卷第72行出"瑳"字,正存《毛詩》本字。馮登府《三家詩異文疏證》認爲《毛詩》作"磋",並云:"瑳、磋亦通字。《説苑·達本》引作'瑳',當是《魯詩》。《荀子·大略》、《衆經音義》引竝作'瑳'。"⑥誤也。

10.《淇奥》"會弁如星"《鄭箋》"礫礫而處,狀似星也"。

《釋文》:"礫礫,本又作礫,音歷,又音洛。"⑦

案:《説文》無"礫"字。王鳴盛《蛾術編》卷十九《説字五》"塺字注舞也从士尊聲"條下连鶴壽按:"玓,从玉,勺聲;瓅,从玉,樂聲,俗作的礫,皆非。"⑧《説文·玉部》云:"玓,玓瓅,明珠

---

① 《爾雅注疏》,阮元編:《十三經注疏》,中華書局1980年版,第2600頁。

② 郝懿行:《爾雅義疏》卷中之二《釋器》,第698頁。

③ 《經典釋文》卷十四《禮記音義之四·大學》"如摩"條,第216頁。

④ 嚴元照:《爾雅匡名》,《清經解續編》第2册,第1181頁。

⑤ 鈕樹玉:《段氏説文注訂》,《續修四庫全書》第213册,第2頁。

⑥ 馮登府:《三家詩異文疏證》,《清經解》第7册,第994頁。

⑦ 《經典釋文》卷五《毛詩音義上·衛淇奥第五·淇奥》"礫礫"條,第61頁。

⑧ (清)王鳴盛:《蛾術編》卷十九《説字五》"塺字注舞也从士尊聲"條,商務印書館1958年版,第297頁。

色。”“瓅，玓瓅。”①《史記·司馬相如列傳·上林賦》：“明月珠子，玓瓅江靡。”②《漢書·司馬相如傳》作“的皪”③，《文選》卷八司馬相如《上林賦》與《漢書》同，李善注：“《説文》曰：‘玓瓅，明珠光也。’‘玓瓅’與‘的皪’音義同。”④薛傳均《文選古字通疏證》云：“《説文》‘礫’字下云：‘小石也。’與明珠光之訓不同，特以‘礫’與‘皪’皆從樂字得聲，故得通用，至於‘的皪’二字，《説文》皆無，則俗字耳。”⑤楊樹達《漢書窺管》云：“的皪本字當爲玓瓅。”⑥寫卷第 73 行出“瓅”字，乃《鄭箋》之本字。

11.《中谷有蓷》“中谷有蓷，暵其乾矣”《毛傳》“蓷，鵻也”。

案：《説文·艸部》：“蓷，萑也。”⑦《爾雅·釋草》：“萑，蓷。”⑧均與《毛傳》不同。桂馥《説文解字義證》云：“《六經正誤》：‘《詩·中谷有蓷》毛傳“蓷，鵻也”。鵻即萑字借用也。’馥案：《詩·大車》釋文‘鵻，本亦作萑’，是‘萑’多借‘鵻’。”⑨嚴元照《爾雅匡名》云：“以鵻代萑，蓋假借字。”⑩

徐灝《説文解字注箋》認爲“鵻”篆乃“䧹”篆之誤⑪，張舜徽

---

① 《説文解字》一篇上《玉部》，第 13 頁。

② 《史記》卷一百十七《司馬相如列傳第五十七》，第 3017 頁。

③ 《漢書》卷五十七上《《司馬相如傳第二十七上》，第 2548 頁。

④ 《文選》卷八《上林賦》，第 124 頁。

⑤ （清）薛傳均：《文選古字通疏證》第二卷，《益雅堂叢書》，光緒十五年（1889）文選樓刊本，第 14B 頁。

⑥ 楊樹達：《漢書窺管》卷六，第 444 頁。

⑦ 《説文解字》一篇下《艸部》，第 17 頁。

⑧ 《爾雅注疏》，阮元編《十三經注疏》，中華書局 1980 年版，第 2626 頁。

⑨ 桂馥：《説文解字義證》卷三《艸部》，第 62 頁。

⑩ 嚴元照：《爾雅匡名》，《清經解續編》第 2 册，第 1194 頁。

⑪ 徐灝：《説文解字注箋》，《續修四庫全書》第 225 册，第 414 頁。

從之①。馬叙倫《説文解字六書疏證》云:"蓋或'雛'字出《字林》。"②則疑此字出於《字林》也。據諸家之説,知毛公釋《詩》時,尚無"雛"字。寫卷第 90 行出"萑"字,是其所據本不作"雛"也。《釋文》云:"雛,音佳。《爾雅》又作'萑',音同。"③則陸氏所見本無作"萑"者,寫卷可補陸氏之未備。

《説文·艸部》:"萑,崔也。""崔,艸多皃。"④段玉裁改"萑"字説解"崔"爲"佳"⑤。承培元云:"《毛傳》'萑,雛也',鄦當與毛同。今作'萑'者,鄦蓋渻'雛'爲'佳',而後人加艸,其誤與《爾雅》同。萑艸名,佳者以其華與夫不鳥羽同飾也。至崔,鄦訓艸多皃,非萑名也。"⑥嚴章福云:"《四牡》釋文:'雛,本又作佳。'《釋鳥》釋文:'佳,旁或加鳥,非也。'據此知《説文》無'雛',即'佳'字。"⑦其説皆與段氏同,認爲"萑"當作"佳"。

徐灝則不贊成段説:"段以《繫傳》本萑、崔二篆不相屬,遂徑改爲'佳',殊武斷。"並云:"依全書通例,當云'萑也。一曰:艸多皃'。"⑧張舜徽贊同其説⑨。

案徐氏所謂"全書通例",即《説文》互訓之法,如《艸部》:

---

① 張舜徽:《説文解字約注》上册第七卷,中州書畫社,頁 65。
② 馬叙倫:《説文解字六書疏證》卷七,第 133 頁。
③ 《經典釋文》卷五《毛詩音義上·王黍離第六·中谷有萑》"雛"條,第 63 頁。
④ 《説文解字》一篇下《艸部》,第 17 頁。
⑤ 《説文解字注》一篇下《艸部》,第 28 頁。
⑥ (清)承培元:《説文引經證例》,《續修四庫全書》第 222 册,上海古籍出版社 1995 年版,第 56 頁。
⑦ (清)嚴章福:《説文校議議》,《續修四庫全書》第 214 册,上海古籍出版社 1995 年版,第 50 頁。
⑧ 徐灝:《説文解字注箋》,《續修四庫全書》第 225 册,第 178 頁。
⑨ 張舜徽:《説文解字約注》卷二,第 40B 頁。

"茅,菅也。""菅,茅也。"①《口部》:"呻,吟也。""吟,呻也。"②皆兩篆前後相比次。徐灝以《説文》通例爲説,當是。"雛"字從鳥從隹,隹亦鳥也,叠牀架屋,不合造字規律。《説文·隹部》:"隹,鳥之短尾總名也。"③《爾雅·釋草》"萑,菴"郭璞注:"今茺蔚也。葉似荏,方莖,白華,華生節間。又名益母。"④一爲鳥名,一爲植物名,應以作"萑"爲是。寫卷作"萑",《毛傳》之本字也。

王筠認爲"菴"字説解"萑"當作"雛"⑤,誤也。

12.《鄭風·清人》"二矛重喬"《毛傳》"重喬,累荷也"。

《釋文》:"荷,舊音何,謂刻矛頭爲荷葉相重累也。沈胡可反,謂兩矛之飾相負荷也。"⑥

孔穎達云:"《候人》傳曰:'荷,揭也。'謂此二矛,刃有高下,重累而相負揭。"陳奐云:"荷當作何。"⑦馬瑞辰云:"《釋文》引舊説,以傳重荷之荷爲荷葉,亦非。"⑧案《釋文》所引舊説因《傳》文作"荷"而訓爲"荷葉",不知此字本作"何",沈重釋爲"兩矛之飾相負荷也"者,讀"荷"爲"何"也。《説文·人部》"何,儋也"段玉裁注:"何,俗作'荷'。……凡經典作'荷'者,皆後人所竄改。"⑨寫卷第 100 行出"累何"二字,"何"字正《毛傳》之本字。平山改

---

① 《説文解字》一篇下《艸部》,第 17 頁。

② 《説文解字》二篇上《口部》,第 34 頁。

③ 《説文解字》四篇上《隹部》,第 76 頁。

④ 《爾雅注疏》,阮元編《十三經注疏》,中華書局 1980 年版,第 2626 頁。

⑤ 《説文解字句讀》卷二《艸部》,第 22 頁。

⑥ 《經典釋文》卷五《毛詩音義上·鄭風·清人》"累荷"條,第 64 頁。

⑦ 陳奐:《詩毛氏傳疏》卷七《鄭緇衣詁訓傳·清人》,第 11A 頁。

⑧ 《毛詩傳箋通釋》卷八《鄭風·清人》,第 260 頁。

⑨ 《説文解字注》八篇上《人部》,第 371 頁。

作"荷"，校云："原作'何'，當誤。"①此以不誤爲誤也。

13. 《鄭風·蘀兮》"蘀兮蘀兮"《毛傳》"蘀，槀也"。

《釋文》："槀，苦老反。"②

案：《説文》無"槀"字，《木部》："橐，木枯也。"③段玉裁注："枯橐、禾橐字古皆'高'在上，今字'高'在右，非也。"④邵瑛云："《易·説卦傳》'離爲科上槀'，《孟子·梁惠王》'則苗槀矣'，《公孫丑》'苗則槀矣'，《詩·蘀兮》毛傳'蘀，槀也'，《鄭箋》'槀謂木葉也'，《五經文字》作'橐'，是諸經'槀'字舊固作'橐'也。"⑤寫卷第 106 行出"橐"，存本字也。平山改"橐"作"槀"，校云："原似'橐'"⑥。案：平山誤也。

(原載《敦煌學輯刊》2007 年第 3 期)

---

① 平山久雄：《敦煌毛詩音殘卷反切の研究(上)》，《北海道大學文學部紀要》第 14 號第 3 分册，1966 年 3 月。

② 《經典釋文》卷五《毛詩音義上·鄭風·蘀兮》"槀"條，第 65 頁。

③ 《説文解字》六篇上《木部》，第 119 頁。

④ 《説文解字注》六篇上《木部》，第 252 頁。

⑤ 邵瑛：《説文解字群經正字》，《續修四庫全書》第 211 册，第 158 頁。

⑥ 平山久雄：《敦煌毛詩音殘卷反切の研究(上)》，《北海道大學文學部紀要》第 14 號第 3 分册，1966 年 3 月。

從敦煌寫本《禮記音》殘卷
看六朝時鄭玄《禮記注》的版本

一、前　言

《禮記》有《大戴禮記》與《小戴禮記》之別,由於漢末大儒鄭玄爲《小戴禮記》作注,使它逐漸擺脱附麗於《儀禮》的地位而廣泛流傳,乃至專有《禮記》之名。至唐更由傳而升經,孔穎達奉詔撰《五經正義》,其中《禮記正義》即宗鄭注《小戴禮記》。

《後漢書·鄭玄傳》云:

> 玄自游學,十餘年乃歸鄉里。家貧,客耕東萊,學徒相隨已數百千人。……時年六十,弟子河内趙商等自遠方至者數千。……其年六月卒,年七十四。遺令薄葬。自郡守以下嘗受業者,縗絰赴會千餘人。①

鄭氏之學在魏晉南北朝時期,備受重視,傳承不絶,其詳請參張舜徽《鄭學傳述考》②。

晉元帝時,鄭注《禮記》立於學官,取得獨尊地位。《晉書·荀崧傳》云:

---

① 范曄:《後漢書》卷三十五《鄭玄傳》,第 1207、1208、1211 頁。
② 張舜徽:《鄭學傳述考》,《鄭學叢著》,齊魯書社 1984 年版,第 161—180 頁。

置《周易》王氏、《尚書》鄭氏、《古文尚書》孔氏、《毛詩》鄭氏、《周官》《禮記》鄭氏、《春秋左傳》杜氏服氏、《論語》《孝經》鄭氏博士各一人，凡九人，其《儀禮》、《公羊》、《穀梁》及鄭《易》皆省不置。①

鄭玄《禮記注》經過三國兩晉南北朝數百年的流傳，到陸德明作《經典釋文》時，已有衆多異本，故陸氏在文中以"本亦作"（如《曲禮上》"有害"條云："本亦作難。"）②、"本又作"（如《檀弓下》"越疆"條云："本又作壇。"〔中册，頁669〕）、"一本作"（如《曾子問》"士則朋友"條云："一本作士則朋友奠。"〔中册，頁706〕）、"本或作"（如《檀弓下》"歔吟"條云："本或作唫。"〔中册，頁672〕）等術語記錄異文，我們可藉以窺六朝時《禮記注》版本之一斑③。

S.2053VA唐寫本《禮記音》，殘存《樂記》第十九至《緇衣》第三十三，與《經典釋文·禮記音義》相同，亦是對鄭玄《禮記注》所作的注音，摘字爲音，共有1654個條目④。該卷雖爲唐抄本⑤，但其著作時代却在南北朝時，是撰成於《經典釋文》以前的一種

① 《晉書》卷七十五《荀崧傳》，第1976—1977頁。

② 陸德明：《經典釋文》，上海古籍出版社1985年版，第636頁。本文中凡引《經典釋文》（簡稱《釋文》）而非特別注明者皆據此本，均隨文括注頁碼。

③ 版本的含義有狹義與廣義之別，狹義的是指雕版印刷本，廣義的則包括寫本（簡帛與卷子本）、影印本、石印本甚至排印本等。本文取廣義。

④ 指可以辯識出詞目或據音注能推知詞目的，絶大多數的注音條目是一字一音，一字兩音者三十一條，一字三音者一條，一字四音者一條。

⑤ 〔日〕大島正二：《敦煌出土禮記音殘卷について》，《東方學》第52輯，1976年7月；王重民：《敦煌古籍叙録》，第48頁；王松木：《試論敦煌寫本禮記音與徐邈音的同異關係》，敦煌學研究會編《敦煌學》第21輯，1998年6月，第73頁。

音義著作①,可説是迄今所見最早的鄭玄《禮記注》的注本(注音本,有音無義),其據以作音之底本無疑是六朝時的鄭玄《禮記注》版本。本文擬從此一角度稍作考察,以探求其特點及價值。

要考察寫卷的版本情况,捨異文對勘別無他途。鄭玄《禮記注》流傳至今已千有餘年,其版本無慮數百。僅王鍔《三禮研究論著提要》中所列即達 133 種(包括白文本、經注本、正義本)②,若要全部取以對勘,不僅不可能,也無此必要。故本文僅取今所見最早的《禮記》經、注合刻本——宋淳熙四年(1177)撫州公使庫刻本(後簡稱"撫本")與寫卷對勘,間亦以《唐石經》(今所見最早的完整的單經本,此據北京中華書局 1997 年影印民國十五年皕忍堂《景刊唐開成石經》)、八行本(南宋紹熙三年〔1192〕兩浙東路茶鹽司刻宋元遞修本,是目前所知最早的《禮記》經、注、疏合刊本。此據 1927 年潘宗周影刻本)參證。成書於北周的陸德明《經典釋文》所據鄭玄《禮記注》無疑是六朝版本③,與《禮記音》成書時代相近,而且其書多採六朝《禮記》及鄭注異本,故亦取以作爲對勘之本,版本採用上海古籍出版社 1985 年影印的北京圖書館藏宋刻宋元遞修本。

以寫卷與撫本、《釋文》對勘,其異文滋夥,其要者可分爲三類:寫卷與撫本不同、寫卷與撫本不同而與《釋文》或《釋文》所引別本相同、寫卷有而撫本無。其中第一類"寫卷與撫本不同"又

---

① 許建平:《唐寫本〈禮記音〉著作時代考》,《中國典籍與文化論叢》第 3 輯,中華書局 1995 年版。

② 王鍔:《三禮研究論著提要》(增訂本),甘肅教育出版社 2007 年版,第 232—277 頁。

③ 關於《經典釋文》的成書時間,主要有北周、唐初、隋唐間三説(見萬獻初《〈經典釋文〉研究綜論》,《古籍整理研究學刊》2005 年第 1 期),這裏取北周説。

可析爲六種情況:寫卷爲錯字、撫本爲錯字、異體字關係、古今字
關係、通假字關係、同義字關係。將此異文情況作一通盤之考察,
可藉以探究《禮記音》寫本所據以作注之鄭玄《禮記注》底本與傳
世《禮記注》的版本差異,從而可瞭解六朝時鄭玄《禮記注》的部
分面貌,並獲知其價值所在。爲免煩瑣,對每種異文情況,只列舉
兩條例子,以能説明問題爲原則。寫卷内容與撫本、《釋文》均相
同者,不再舉例。

二、寫卷與撫本不同

寫卷所出詞目與撫本内容不同者甚夥,今分爲六類,分別
述之。

(一) 寫卷爲錯字

敦煌寫卷中的四部典籍,大多爲學子所抄,所以有不少寫卷,
書法拙劣,訛誤盈紙。《禮記音》寫卷當亦學子抄録以備學習者,
誤字極多。寫卷之誤字皆爲形誤,今略舉數例,以見一斑。

(1) 21 行　晏烏諫　卒子恤　嬰伊營　麂倉姑　裏七雷　苴
七餘

此處《雜記上》"大夫爲其父母兄弟之未爲大夫者之喪,服如
士服,士爲其父母兄弟之爲大夫者之喪,服如士服"鄭注引《春秋
傳》有"齊晏桓子卒,晏嬰麤衰斬"句(卷十二,第 2B 頁),《釋文》
出"衰"字,音"七雷反"(第 779 頁),正與寫卷"裏"之切語同。
《左傳·襄公十七年》云:"齊晏桓子卒,晏嬰麤縗斬。"①《釋文》
云:"縗,七雷反。本又作縗,同。"(第 1025 頁)衰、縗古今字,徐

---

① 《春秋左傳正義》卷三十三《襄公十七年》,第 575 頁。

灝《説文解字注箋》云："衰本象艸雨衣之形，假借爲衰絰字，而艸雨衣加'艸'作'蓑'；其後衰絰字又加'糸'作'縗'，此續出之異文。段謂衰絰字本作'縗'，非也。"①"襄"乃"衰"之形誤字。第24、39、46、71、172 行諸"衰"字寫卷均誤作"襄"。

（2）22 行　喪蘺郎　屨己具　緇側基

"屨"無"己具"之音，此處《雜記上》有"大夫卜宅與葬日，有司麻衣、布衰、布帶，因喪屨，緇布冠不蕤"句（卷十二，第 3A 頁），案前"大夫爲其父母兄弟之未爲大夫者之喪"鄭注引《春秋傳》"杖，菅屨"句（卷十二，第 2B 頁），《釋文》："屨，九具反。"（第 779 頁）"九具反"與此"己具"之音同，據此知"屨"乃"因喪屨"之"屨"的誤字。

此等形誤字皆轉輾傳抄而致誤者，對我們的研究工作來説並没有什麼價值。但也有一些形誤字，却可以幫助我們推斷《禮記音》所據底本的原貌，如：

（1）42 行　冒莫報　奔邕撿　遣去戰　苞甫交
此處《雜記下》有這麼一段文字：

> 冒者何也？所以揜形也。自襲以至小斂，不設冒則形，是以襲而后設冒也。或問於曾子曰："夫既遣而包其餘，猶既食而裹其餘與？君子既食則裹其餘乎？"（卷十二，第 14B 頁）

"冒"、"遣"二字均見於此段文字中，"苞"、"包"古多通用，此不具論。然經不見"奔"字，且"邕撿"亦非"奔"之音。《釋文》出"揜形"二字，注云："於險反。"（第 785 頁）"於""邕"皆影紐

---

① 徐灝：《説文解字注箋》卷八上《衣部》"衰"條，《續修四庫全書》第 226 册，第 171 頁。

字,"嶮"、"撿"《廣韻》均在上聲琰韻(通志堂本《經典釋文》作
"於撿反"①,切下字與寫卷同),是"於嶮"、"邑撿"同音。《雜記
下》"晏平仲祀其先人,豚肩不弇豆"(卷十二,第 19B 頁),《釋
文》出"不弇"二字,注云:"於檢反,本亦作撿。"(第 786 頁)《大
戴禮記·子張問入官》:"紘綖塞耳,所以弇聰也。"②《孔子家語·
入官》云:"紘綖充耳,所以撿聰也。"③"弇""撿"古今字④,故多混
用。此"弇"字應是"弇"之形誤,《釋文》及撫本作"撿"(《唐石
經》、八行本同),用今字也;寫卷作"弇"者,用古字。

(2)126 行　屬之欲　比扶至　過顥踰　誣文區⑤　奢傷耶

此處《經解》有"屬辭比事,《春秋》教也。故《詩》之失愚,
《書》之失誣,《樂》之失奢"句(卷十五,第 1A 頁),"屬"、"比"、
"誣"、"奢"均見於此段文字中,唯"過"字不見。《莊子·則陽》
"匿爲物而愚不識,大爲難而罪不敢"⑥,《釋文》出"爲物而愚"四
字,注云:"一本作遇。"(第 1550 頁)俞樾《諸子平議》云:

　　《釋文》曰:"愚,一本作遇。""遇"疑"過"字之誤。《廣
雅·釋詁》曰:"過,責也。"因其不識而責之,是謂過不識。
《呂氏春秋·適威篇》曰:"煩爲教而過不識,數爲令而非不
從,巨爲危而罪不敢,重爲任而罰不勝。"與此文義相似,而

①《經典釋文》卷十三《禮記音義之三·雜記下第二十一》"撿形"條,第
200 頁。

②(清)王聘珍著,王文錦點校:《大戴禮記解詁》卷八《子張問入官第六
十五》,中華書局 1983 年版,第 141 頁。

③(魏)王肅注,張縣固標點:《孔子家語·入官第二十一》,第 105 頁。

④ 商承祚:《説文中之古文考》,上海古籍出版社 1983 年版,第 20 頁。

⑤ "誣"爲"誣"之俗字,見(遼)釋行均《龍龕手鏡》平聲卷一《言部第
三》,第 41 頁。

⑥ 郭慶藩:《莊子集釋》卷八下《則陽第二十五》,第 902 頁。

正作"過不識"。高誘注訓過爲責,可據以訂此文之誤。"過"誤爲"遇",又臆改爲"愚"耳。"①

郭慶藩《莊子集釋》云:

"愚"與"遇"古通。《晏子春秋·外篇》"盛爲聲樂以淫愚民",《墨子·非儒篇》"愚"作"遇"。《韓子·南面篇》"愚贛廍惰之民",宋乾道本"愚"作"遇",《秦策》"愚惑與罪人同心",姚本"愚"作"遇"。裴謂當從《釋文》作"遇"之義爲長,今案俞氏以爲"過"字之誤,其説更精。過、遇二字,古多互譌。本書《漁父篇》"今者丘得過也",《釋文》:"過,或作遇。"《讓王篇》"君過而遺先生食",《釋文》:"過,本亦作遇。"是二字形似互誤之證。②

寫卷切語"顒踰"可切"遇"字,是"過"應是"遇"之誤(第54行"過"字亦"遇"之誤,乃《雜記下》"管仲遇盗"句中文),而"遇"字常與"愚"通用(例已見前所引郭氏《莊子集釋》),故《禮記音》寫作"遇"也。

(二) 撫本爲錯字

雖然寫卷訛誤盈目,但由於它抄成於唐代,而且其所據《禮記注》是六朝本,故有可糾傳本《禮記》之誤者。如:

(1) 16行　鈇方□　鉞亏□　齊在詣　贛古弄③

此處《樂記》云:"軍、旅、鈇、鉞者,先王之所以飾怒也。故先王之喜怒,皆得其儕焉。喜則天下和之,怒則暴亂者畏之。先王

---

① (清)俞樾:《諸子平議》卷十九《莊子三》,中華書局 1954 年版,第375頁。

② 郭慶藩:《莊子集釋》卷八下《則陽第二十五》,第 903—904 頁。

③ "贛"字寫卷原作"韉",誤字,今據其反切及撫本改正。

之道,禮樂可謂盛矣。子贛見師乙而問焉,曰:'賜聞聲歌各有宜也,如賜者宜何歌也?'"(卷十一,第 26A 頁)

《釋文》出"其儕"二字(第 778 頁),與撫本同,《唐石經》、八行本亦同。王引之《經義述聞》云:

> "儕"當讀爲"齊"。《爾雅》:"齊,中也。"《小雅·小宛傳》曰:"齊,正也。"當喜而喜,當怒而怒,則得其中正矣。故曰"先王之喜怒,皆得其齊焉"。《管子·正世篇》"事莫急於當務,治莫貴於得齊",亦謂得其中正也。齊,正字也;儕,借字也。鄭據借字解爲輩類,失之。當喜而喜,當怒而怒,何儕輩之有乎?《荀子·樂論》、《史記·樂書》正作"齊"。①

王夢鷗《禮記校證》、林平和《禮記鄭注音讀與釋義之商榷》亦認爲"儕"爲"齊"之誤②。

鄭注:"儕猶輩類。"段玉裁在《説文》"儺"篆下注云:"凡漢人作注云'猶'者,皆義隔而通之。如《公》《穀》皆云'孫猶孫也',謂此子孫字同孫遁之'孫';《鄭風傳》'漂猶吹也',謂漂本訓浮,因吹而浮,故同首章之'吹'。凡鄭君、高誘等每言'猶'者,皆同此。"③張舜徽云:"據本義不能明其意者,常取義之近者比況言之,則曰'某猶某也'。"④《説文解字·人部》云:"儕,等輩也。"⑤"等輩"、"輩類"皆同義連文,"儕"訓等輩乃常義,鄭玄不必用"猶"字。《禮記》原文當是作"齊",鄭玄以"齊"爲"儕"之假

---

① 王引之:《經義述聞》卷十五《禮記中》"得其儕"條,第 372 頁。
② 王夢鷗:《禮記校證》,藝文印書館 1976 年版,第 296 頁;林平和:《禮記鄭注音讀與釋義之商榷》,文史哲出版社 1981 年版,第 125 頁。
③《説文解字注》三篇上《言部》,第 90 頁。
④ 張舜徽:《鄭氏經注釋例》,《鄭學叢著》,齊魯書社 1984 年版,第 85 頁。
⑤《説文解字》八篇上《人部》,第 164 頁。

借,讀"齊"爲"儕",故云"猶輩類"。撫本等作"儕"者,乃後人據鄭注改經也。寫卷以"在詣"切"齊",正讀作"齊"而不讀作"儕"也。

（2）70行　拾其劫　罷房悲　倦牀援　纍七乱①　𣁬九于反,注音　袥章乘　沸方味　沃烏酷

此處《喪大記》云:"弔者襲裘,加武帶絰,與主人拾踴。君喪,虞人出木、角,狄人出壺,雍人出鼎,司馬縣之。乃官代哭。"代,更也。未殯,哭不絕聲,爲其罷倦,既小斂可以爲漏刻,分時而更哭也。木,給爨竈。角,以爲斠水斗。壺,漏水之器也。冬漏以火爨鼎,沸而後沃之。（卷十三,第4A頁）

"𣁬"字右半爲"斗"字手寫變體,左半中從二目,應是"爽"之訛變,古從"大"構形之字有寫作從"六"形者,如"爽"寫作"奕"、"奭"寫作"奭"②,下部"大"字寫卷轉又訛作"女"也。《説文・斗部》:"斠,挹也。從斗爽聲。"③徐灝《説文解字注箋》云:"'爽'從二目,今書傳多訛爲'奭',蓋世俗多見'奭'少見'爽'耳。"④寫卷所據之底本原應作"斠",正與《説文》同。其作"𣁬"者,手寫輾轉而訛變也。撫本"斠水斗"之"斠",正徐灝所謂訛"爽"爲"奭"者也。"斠"字應是"斠"之形誤。

（三）寫卷與撫本爲異體字的關係

異體字就是兩個意義與聲音完全相同的字,只是由於造字方法不同,才出現了不同的形體。清人往往以《説文》所載的爲正

---

① "纍"字寫卷原作"㷱",誤字,今據其反切及撫本改正。
② 秦公輯:《碑別字新編》,第174、315頁。
③ 《説文解字》十四篇上《斗部》,第300頁。
④ 徐灝:《説文解字注箋》卷十四上《斗部》,《續修四庫全書》第227册,第75頁。

字,而將不見於《説文》的字作爲後起别體或俗體①。雖然這種做法不免存在武斷之處,隨着出土文獻中的先秦兩漢材料的大量發現,我們也發現了不少《説文》未載之字。但有一個標準總比没有標準要强,我們在没有其他文字資料證明的情况下,還是不得不用《説文》作爲標準以區别正體與别體。

1. 寫卷爲正體,撫本爲後起别體

(1) 8行　憲軒　薹□□　□直良

《樂記》有一段孔子與賓牟賈的問答:

> (孔子曰):"《武》坐,致右憲左,何也?"對曰:"非《武》坐也。""聲淫及商,何也?"對曰:"非《武》音也。"子曰:"若非《武》音,則何音也?"對曰:"有司失其傳也。若非有司失其傳,則武王之志荒矣。"有司,典樂者也。傳猶説也。荒,老耄也。言典樂者失其説也,而時人妄説也。《書》曰:"王耄荒。"子曰:"唯。丘之聞諸萇弘,亦若吾子之言是也。"(卷十一,第21B頁)

"憲"爲"致右憲左"之"憲",切語"直良"應是"丘之聞諸萇弘"句之"萇"的音,《釋文》"萇,直良反"②,可以爲證。"薹"字寫卷略模糊,然仍依稀可辨。《説文·老部》:"薹,年九十曰薹,从老从蒿省。"③《玉篇·老部》:"薹,莫報切,邁也。九十曰薹。耄,同上,亦作耄。"④"薹"亦寫作"耄"、"耄"也。鄭注有"荒,老耄也"句,寫卷"薹"字當是對應此"耄"字;《釋文》出"老旄"二字

---

① 關於後起别體與俗體的區别,説法不一,其實只是由於各人所定的標準不同,遂有不同的説法,在此不展開討論。

② 《經典釋文》卷十三《禮記音義之三·樂記第十九》"萇弘"條,第197頁。

③ 《説文解字》八篇上《老部》,第173頁。

④ 《宋本玉篇》卷十一《老部》,第216—217頁。

（第 775 頁），"氂"字又寫作"旄"。鄭注所引《書》"王髦荒"句見於《尚書·吕刑》，《釋文》出"髦"字，云："本亦作氂。"（第 197 頁）是"王髦荒"之"髦"有作"氂"之本。段玉裁《古文尚書撰異》云："'氂'乃《説文》'犛'字之譌也。"①阮元《禮記校勘記》云："依《説文》當作'犛'。"②《釋文》所引别本《尚書》之"氂"乃"犛"之誤。邵瑛《説文解字羣經正字》云："今經典作'髦'，《説文》無'髦'字，正字當作'犛'，經典亦作'旄'。《禮記·射義》'旄期稱道不亂者'，《孟子·梁惠王》'反其旄倪'，皆假借字。"③王玉樹《説文拈字》云："《大禹謨》、《微子》、《吕刑》諸'髦'字皆當作'犛'。"④是寫卷作"犛"爲正體，撫本作"髦"乃後起字。

（2）90 行　緋弗　碑悲

此處《喪大記》有"君葬用輔，四綍二碑"句，《釋文》出"四綍"二字，注云："音弗。"（第 795 頁）其音與寫卷同。《左傳·昭公三十年》"先君有所助執紼矣"孔穎達《正義》引《喪大記》云："君葬用四綍，大夫葬用二綍。"⑤《初學記》引《禮記》云："君葬用輔，四綍二碑。"⑥皆與撫本、《釋文》同。然《左傳·宣公八年》"冬，葬敬嬴，旱無麻，始用葛茀"孔穎達《正義》引《喪大記》云：

---

① 段玉裁：《古文尚書撰異》卷二十九《吕刑第二十九》，第 2029 頁。

② （清）阮元：《禮記校勘記》，《清經解》第 5 册，上海書店 1988 年版，第 739 頁。

③ （清）邵瑛：《説文解字羣經正字》，《續修四庫全書》第 211 册，上海古籍出版社 1995 年版，第 224—225 頁。

④ （清）王玉樹：《説文拈字》，《四庫未收書輯刊》第 9 輯第 2 册，北京出版社 2000 年版，第 228 頁。

⑤ 《春秋左傳正義》卷五十三《昭公三十年》，第 927 頁。

⑥ （唐）徐堅等撰，司義祖點校：《初學記》卷十四《葬第九》，中華書局 2004 年版，第 359 頁。

"君葬用四緯,大夫士葬用二緯。"①則作"緯",與寫卷同。《説文·系部》無"綍"字,雷濬《説文外編》謂"綍"即《説文》之"緯"字②。字聲、弗聲段玉裁同在十五部,是"綍"爲"緯"之改換聲旁的後起字。

2. 寫卷爲後起別體,撫本爲正體

(1) 56 行　中丁仲　屋烏酷　剾苦圭　夾古協

此處《雜記下》云:"雍人舉羊升屋,自中,中屋南面刲羊,血流于前,乃降。門、夾室皆用雞,先門而後夾室。"(卷十二,第22A頁)《釋文》出"刲羊"二字,音"苦圭反"(第787頁)。《玉篇·刀部》:"刲,口圭切,屠也,刺也。剾,同上。"③《説文·刀部》有"刲"無"剾","剾"字始見於《玉篇》,乃後起字。

(2) 75 行　陶羊照　鎘歷　煮章與④

此處《喪大記》有"陶人出重鬲。管人受沐,乃煮之"句(卷十三,第6B頁),《釋文》云:"鬲,音歷。"(第791頁)其音與寫卷同。《説文·鬲部》:"鬲,鼎屬,實五觳。斗二升曰觳。象腹交文,三足。凡鬲之屬皆从鬲。䰛,鬲或从瓦。䰜,《漢令》鬲,从瓦厤聲。"⑤"鎘"字《集韻·錫韻》方始收入⑥,乃後起字,以瓦制則爲"䰛",以金制則爲"鎘"也。

(四) 寫卷與撫本爲古今字的關係

洪成玉云:

---

① 《春秋左傳正義》卷二十二《宣公八年》,第379頁。
② 雷濬:《説文外編》卷六《經字·禮記》,第297頁。
③ 《宋本玉篇》卷十七《刀部》,第319頁。
④ "煮"字寫卷原誤作"暑",今據其反切及撫本改正。
⑤ 《説文解字》三篇下《鬲部》,第62頁。
⑥ 丁度:《集韻》卷十《入聲下·二十三錫》,第752頁。

　　古今字是漢字在發展中所產生的古今異字的現象。這種現象的產生,與漢字和漢語的關係密切相關。……隨着社會的發展,語言爲了滿足交際的需要,原有的詞會引申出新的詞義,新的詞也會不斷的產生。詞義的引申,新詞的產生,必然會要求記錄詞的漢字也相應的發展變化。文字具有穩定性的特點。開始的時候,新的詞義或新的詞,往往由原有的字兼任。隨後,爲了區別新舊詞義或新舊詞同時也是爲了減輕原有漢字的負擔,就以原字的形體爲基礎,或增加偏旁,或改變偏旁,另造一個新字。我們把這種文字現象稱爲古今字。①

這段話將古今字的定義解釋得非常清楚。將寫卷與撫本對勘,我們發現存在着不少寫卷爲古字而撫本爲今字或寫卷爲今字而撫本爲古字的情況,今各舉兩例以明之。

1. 寫卷爲古字,撫本爲今字

（1）66 行　　號胡到　卷居阮②

此處《喪大記》云:“北面三號。捲衣投于前,司命受之,降自西北榮。”(卷十三,第 1B 頁)《釋文》出“捲衣”二字,注云:“俱勉反,徐紀阮反。”(第 789 頁)“卷”、“捲”古今字③。

（2）87 行　　錞堂卧,一都猥　教五高　種之勇　筐去狂④

此處《喪大記》云:“大夫殯以幬,欑置于西序,塗不曁于棺。士殯見衽,塗上帷之。幬或作錞,或作埻。熬,君四種八筐,大夫三

_____

① 洪成玉:《古今字》,語文出版社 1995 年版,第 1 頁。
② 切上字“居”寫卷原誤作“各”,今據第 43、80、162 行諸“卷”字之音改正。
③ 洪成玉:《古今字》,第 41 頁。
④ “筐”字寫卷原誤作“篋”,今據其反切及撫本改正。

種六筐,士二種四筐,加魚腊焉。"(卷十三,第 13B—14A 頁)《釋
文》出"熬"字,音"五羔反"(第 794 頁)。"羔"、"高"《廣韻》皆
在平聲豪韻,是"五高"與"五羔"同音。高田忠周《古籀篇》云:
"《禮記·内則》'淳熬',古文唯當借敖字爲之。《荀子·富國
篇》'天下敖然,若燒若焦',可證矣。"①高田謂"古文唯當借敖字
爲之",其說與清人所謂"古文假借字"相同,實則古今字之别耳。

2. 寫卷爲今字,撫本爲古字

(1) 131 行　怠唐政　敎五到　慢武諫　忤梧　愀在由,慈糺②

《哀公問》有以下一段文字:

> 孔子曰:"今之君子好實無厭,淫德不倦,荒怠敖慢,固
> 民是盡,午其衆以伐有道,求得當欲不以其所。昔之用民者
> 由前,今之用民者由後,今之君子,莫爲禮也。"孔子侍坐於
> 哀公。哀公曰:"敢問人道誰爲大?"孔子愀然作色而對曰:
> "君之及此言也,百姓之德也,固臣敢無辭而對? 人道政爲
> 大。"(卷十三,第 4B 頁)

《大戴禮記·哀公問於孔子》:"忤其衆以伐有道,求得當欲
不以其所。"③《孔子家語·問禮》:"以忤其衆,以伐有道,求得當
欲不以其所。"④"午"字均作"忤",與寫卷同。《釋文》出"午其"
條(第 808 頁),則與撫本同,《唐石經》、八行本亦同。鄭注:"午
其衆,逆其族類也。"朱廷獻《禮記異文集證》云:"依鄭注,蓋讀
'午'爲'忤'矣。"⑤案午、忤古今字,非通假字,雷濬《說文外編》

---

① [日]高田忠周:《古籀篇》卷十三,大通書局 1982 年版,第 587 頁。
② "愀"字寫卷原誤作"揪",今據其反切及撫本改正。
③ 王聘珍:《大戴禮記解詁》卷一《哀公問於孔子第四十一》,第 13 頁。
④ 《孔子家語·問禮第六》,第 20 頁。
⑤ 朱廷獻:《禮記異文集證》,臺北"國科委"研究報告 1973 年版。

云:"《說文》無'忤'字,《大戴禮·哀公問篇》'忤其衆以伐有道',《小戴》作'午'。《說文》'午,牾也','牾,逆也'。'午'者'忤'之正字。"①

(2) 137行　閒故飯　悌徒礼　近相近之近

《孔子閒居》有以下一段文字:

> 孔子閒居,子夏侍。子夏曰:"敢問《詩》云'凱弟君子,民之父母',何如斯可謂民之父母矣?"孔子曰:"夫民之父母乎,必達於禮樂之原,以致五至而行三無,以橫於天下。四方有敗,必先知之,此之謂民之父母矣。"……子夏曰:"'五至'既得而聞之矣,敢問何謂'三無'?"孔子曰:"無聲之樂,無體之禮,無服之喪,此之謂三無。"子夏曰:"'三無'既得略而聞之矣,敢問何詩近之?"(卷十五,第12A—B頁)

案子夏所引《詩》見《大雅·泂酌》:"豈弟君子,民之父母。""豈"、"凱"古今字②。《孝經·廣至德章》(下冊,第2557頁)、《管子·輕重丁》、《史記·孝文本紀》引《詩》"弟"皆作"悌"③,與寫卷同。《釋文》出"弟"字,注云:"本又作悌,徒礼反。"(第810頁)則《釋文》所據本與撫本同,而其所見別本則與寫卷同。《說文》有"弟"無"悌",新附始有之,徐灝《說文解字注箋》云:"兄弟者,長幼之次弟也。'弟'有順遜義,故善事兄長爲弟,又增

① 雷濬:《說文外編》卷十二《俗字》,第351頁。
② 黃侃:《說文段注小箋》,見黃侃箋識,黃焯編次:《說文箋識四種》,第162頁。
③《孝經注疏》卷七《廣至德章第十三》,第47頁;(春秋)管仲著,馬非百詮釋:《管子輕重篇新詮》,中華書局1979年版,第659頁;《史記》卷十《孝文本紀第十》,第428頁。

作‘悌’。”①是弟、悌爲古今字。

（五）寫卷與撫本爲通假字的關係

段玉裁云：

> 凡治經，經典多用叚借字，其本字多見於《説文》，學者必於《爾雅》、傳注得經義，必於《説文》得字義。既讀經注，復求之《説文》，則可知若爲借字，若爲本字，此治經之法也。②

通假字就是兩個音同或音近而意義没有關係的字通用，但我們僅僅知道兩個字通假是遠遠不夠的，還得弄清楚何爲正字，何爲借字。而要做到這一點，就必須如段玉裁所説，求之於《説文》。

1. 寫卷爲借字，撫本爲正字

（1）58行　姿將墀　盛常正

此處《雜記下》有“某不敏，不能從而共粢盛，使某也敢告於侍者”句（卷十二，第23A頁），《釋文》出“粢盛”二字（第788頁），與撫本同，《唐石經》、八行本亦同。《説文・女部》：“姿，態也。”③《禾部》：“𪗉，稷也。𪗉或從次作。”④段注：“今經典‘粢’皆譌‘粢’，而‘𪗉’字且不見於經典矣。”⑤《玉篇・禾部》：“𪗉，黍

---

① 徐灝：《説文解字注箋》卷五下《弟部》，《續修四庫全書》第225册，第566頁。

② （清）段玉裁：《經韻樓集》卷二“聘禮辭曰非禮也敢對曰非禮也敢”條，上海古籍出版社2008年版，第30頁。

③ 《説文解字》十二篇下《女部》，第263頁。

④ 《説文解字》七篇上《禾部》，第144頁。

⑤ 《説文解字注》七篇上《禾部》，第322頁。

稯在器曰齋。亦作粢。”①“姿”、“粢”二字《廣韻》均在小韻即夷切下,二字同音,“姿”爲“粢”之借字。

（2）122 行　胞扶交②　狄唐歷　閣浮溫

此處《祭統》有“夫祭有畀煇、胞、翟、閣者,惠下之道也”句（卷十四,第 25B 頁）,《釋文》出“翟”字,云:“音狄,樂吏也。”（第 805 頁）《説文·犬部》:“狄,赤狄,本犬種。”③《羽部》:“翟,山雉尾長者。”④鄭注云:“翟,謂教羽舞者也。”乃引申義。“狄”、“翟”二字《廣韻》均在小韻徒歷切下,二字同音,“狄”爲“翟”之借字。

2. 寫卷爲正字,撫本爲借字

（1）98 行　障之羊　洪胡攻　極强力

此處《祭法》有“舜勤衆事而野死,鯀鄣鴻水而殛死”句（卷十四,第 4B 頁）,《釋文》出“鄣鴻”、“而殛”兩條（第 797 頁）,與撫本同,與《唐石經》、八行本亦同。《説文·鳥部》:“鴻,鴻鵠也。”⑤《水部》:“洪,洚水也。”⑥《國語·魯語上》:“舜勤民事而野死,鯀鄣洪水而殛死。”⑦《論衡·祭意》:“舜勤民事而野死,鯀勤洪水而殛死。”⑧皆作“洪水”。“鴻”、“洪”二字《廣韻》均在小韻户工切下,二字同音,“鴻”爲“洪”之借字。《説文·歺部》“殛,殊也”段注:“《堯典》‘殛鯀’,則爲‘極’之假借,非殊殺也。”⑨寫

---

①《宋本玉篇》卷十五《禾部》,第 287 頁。
②“胞”字寫卷原誤作“脆”,今據其反切及撫本改正。
③《説文解字》十篇上《犬部》,第 205 頁。
④《説文解字》四篇上《羽部》,第 75 頁。
⑤《説文解字》四篇上《鳥部》,第 80 頁。
⑥《説文解字》十一篇上《水部》,第 229 頁。
⑦《國語》卷十七《魯語上》“展禽論祭爰居非政之宜”章,第 166 頁。
⑧（漢）王充著,黄暉校釋:《論衡校釋》卷二十五《祭意篇》,中華書局 1990 年版,第 1065 頁。
⑨《説文解字注》四篇下《歺部》,第 162 頁。

卷作"極"，即用正字。

（2）127 行　環故閞①　珮房妹　瑲倉

此處《經解》"行步則有環佩之聲"鄭注引《玉藻》有"進則揖之，退則揚之，然後玉鏘鳴也"句（卷十五，第 2A 頁），"珮"爲"佩"之後起别體，不煩贅語。《釋文》出"玉鎗"，注云："七羊反，本又作鏘。"（第 807 頁）案《玉藻》云："進則揖之，退則揚之，然後玉鏘鳴也。"（卷九，第 9A 頁）《釋文》出"玉鏘"（第 747 頁），正與陸氏於《經解》篇所引之别本同。《説文・玉部》："瑲，玉聲也。"②《金部》："鎗，鐘聲也。"③無"鏘"字。段玉裁於"瑲"篆下注："《秦風》'佩玉將將'、《玉藻》'然後玉鏘鳴'皆當作此字。"④雷濬《説文外編》云："《玉藻》'然後玉鏘鳴也'，其正字當作'瑲'。"⑤段、雷二氏以"鏘"之本字爲"瑲"。然"鏘"從金旁，亦可謂"鎗"之替换聲旁的後起字，陳啟源《毛詩稽古編》云："'鏘'字《説文》無篆而'戕'字注有'鏗鏘'字，'鏘'從金亦當爲金聲。"⑥是寫卷作"瑲"爲正字，撫本及《釋文》作"鏘"、"鎗"，皆借字也。

3. 寫卷與撫本均爲借字

（1）69 行　袒徒旱⑦　脱湯活　髦毛　髺側瓜　髮方林

此處《喪大記》有"主人袒，説髦，括髮以麻。婦人髽，帶麻于房中"句（卷十三，第 3B 頁），寫卷"髺"、"髮"兩條倒置。《釋文》

---

① 切下字"閞"當是"閞"之形誤，"閞"爲"關"之俗字，"環"、"關"《廣韻》同在平聲删韻。

② 《説文解字》一篇上《玉部》，第 12 頁。

③ 《説文解字》十四篇上《金部》，第 297 頁。

④ 《説文解字注》一篇上《玉部》，第 16 頁。

⑤ 雷濬：《説文外編》卷四《經字・詩》，第 283 頁。

⑥ （清）陳啟源：《毛詩稽古編》，《清經解》第 1 册，上海書店 1988 年版，第 459 頁。

⑦ "袒"字寫卷原誤作"租"，今據其反切及撫本改正。

出"說髦"二字,注云:"本作稅,同,他活反,徐他外反。"(第
789—790 頁)孔穎達《禮記正義》曰:"髦,幼時翦髪爲之,至年長
則垂著兩邊,明人子事親,恒有孺子之義也。若父死說左髦,母死
說右髦,二親並死則並說之,親没不髦是也。今小斂竟,喪事已
成,故說之也。"①是此"說"字之義爲解散;《說文·言部》"說,說
釋也"段注:"說釋即悦懌。"②《肉部》"脱,消肉臞也"段注:"此義
少有用者,今俗用爲分散、遺失之義。分散之義當用'挩'。"③《手
部》:"挩,解挩也。"④則"脱"、"說"皆爲"挩"之借。《禾部》:
"稅,租也。"⑤則《釋文》所引一本之"稅"亦"挩"字之借。

(2) 154 行　譎古穴　汲急　遯徒豚⑥　拂佛　與豫

此處《中庸》云:"君子依乎中庸,遯世不見,知而不悔,唯聖
者能之。君子之道,費而隱。夫婦之愚,可以與知焉,及其至也,
雖聖人亦有所不知焉。"(卷十六,第 3A 頁)《釋文》出"費而"二
字,云:"本又作拂,同,扶弗反,猶佹也。徐音弗,注同。"(第 818
頁)其所引或本正與寫卷同。案鄭注云:"費猶佹也。道不費則
仕。"《詩·大雅·皇矣》"四方以無拂"鄭箋云:"拂猶佹也。"⑦
《釋文》:"佹,九委反,戾也。"(第 357 頁)則"費"、"拂"二字通
用。《說文·口部》:"咈,違也。"⑧桂馥認爲"四方以無拂"之
"拂"即"咈"之借字⑨。錢坫云:"凡《易》'拂經于邱',《詩》'四

① 《禮記正義》卷四十四《喪大記第二十二》,第 765 頁。
② 《說文解字注》三篇上《言部》,第 93 頁。
③ 《說文解字注》四篇下《肉部》,第 171 頁。
④ 《說文解字》十二篇上《手部》,第 254 頁。
⑤ 《說文解字》七篇上《禾部》,第 146 頁。
⑥ "遯"字寫卷原誤作"豚",今據其反切及撫本改正。
⑦ 《毛詩正義》卷十六之四《大雅·皇矣》,第 574 頁。
⑧ 《說文解字》二篇上《口部》,第 33 頁。
⑨ 桂馥:《說文解字義證》卷五《口部》,第 129 頁。

方以無拂’,《韓非子》‘大忠無所拂亂’,義皆當爲‘咈’。”①《史記·老子韓非列傳》“大忠無所拂悟”張守節《正義》云:“拂悟當爲‘咈忤’,古字假借耳。咈,違也。”②是“費”、“拂”皆“咈”之借字。

(六) 寫卷與撫本爲同義字

寫卷與撫本所用字不同,而其義則同,這是訓詁學上的同義替換現象。如:

(1) 24行 趙纏紹 姬居希 請七領 迎疑京 隗五海 衰楚危

此處《雜記上》“内子以鞠衣、褒衣,素沙。下大夫以襢衣,其餘如士”鄭注引《春秋傳》有“晉趙姬請逆叔隗於狄,趙衰以爲内子,而己下之”句(卷十二,第3B頁)。寫卷之“迎”字不見於撫本。案鄭玄所引《春秋傳》見《左傳·僖公二十四年》:“趙姬請逆盾與其母,子餘辭。……固請,許之。來,以盾爲才,固請于公,以爲嫡子,而使其三子下之,以叔隗爲内子而己下之。”③是《左傳》與《禮記》鄭注所引同,亦無“迎”字。

《史記·趙世家》:“趙衰既反晉,晉之妻固要迎翟妻,而以其子盾爲適嗣,晉妻三子皆下事之。”④《列女傳·賢明傳·晉趙衰妻》:“趙姬請迎盾與其母而納之,趙衰辭而不敢。……趙衰許諾,乃逆叔隗與盾來。姬以盾爲賢,請立爲嫡子,使三子下之。以

---

① (清)錢坫:《説文解字斠詮》,《續修四庫全書》第211册,上海古籍出版社1995年版,第480頁。
② 《史記》卷六十三《老子韓非列傳第三》,第2153頁。
③ 《春秋左傳正義》卷十五《僖公二十四年》,第254—255頁。
④ 《史記》卷四十三《趙世家第十三》,第1782頁。

叔隗爲内婦,姬親下之。"①《晉書·禮志中》:"今議此事,稱引趙
姬、叔隗者粗是也。然後狄與晉和,故姬氏得迎叔隗而下之。"②
諸書所言皆據《左傳》,而"逆"字均作"迎"。《爾雅·釋言》:
"逆,迎也。"③《説文·辵部》:"逆,迎也。从辵屰聲。關東曰逆,
關西曰迎。"④段玉裁注:"逆、迎雙聲,二字通用,如《禹貢》'逆
河',《今文尚書》作'迎河'是也。"⑤《方言》卷一:"逆,迎也。自
關而東曰逆,自關而西或曰迎。"⑥華學誠《揚雄方言校釋匯證》
云:"逆、迎疑母雙聲,鐸陽對轉,一詞也;其音稍異,關東西方音
之别也。"⑦寫卷作"迎",撫本作"逆",字異義同。《釋文》没有出
注,可知其所見諸本無"迎"、"逆"異文者。

(2) 114 行　頃丘并　跓丘蚌　徑古定⑧　舩神專　忿孚松⑨
　　此處《祭義》云:"故君子頃步而弗敢忘孝也。今予忘孝之
道,予是以有憂色也。頃當爲跬,聲之誤也。予,我也。壹舉足而不敢
忘父母,壹出言而不敢忘父母。壹舉足而不敢忘父母,是故道而
不徑,舟而不游,不敢以先父母之遺體行殆。壹出言而不敢忘父
母,是故惡言不出於口,忿言不反於身。不辱其身,不羞其親,可
謂孝矣。"(卷十四,第 15B 頁)寫卷之"舩"字不見於撫本。《大
戴禮記·曾子大孝》云:"故君子頃步之不敢忘也。今予忘夫孝

① (漢)劉向:《古列女傳》卷二《晉趙衰妻》,《叢書集成新編》第 101
册,新文豐出版公司 1985 年版,第 679—680 頁。
②《晉書》卷二十《禮志中》,第 638 頁。
③《爾雅注疏》卷三《釋言第二》,第 39 頁。
④《説文解字》二篇下《辵部》,第 40 頁。
⑤《説文解字注》二篇下《辵部》,第 71 頁。
⑥《方言箋疏》卷一,第 105 頁。
⑦ 華學誠:《揚雄方言校釋匯證》卷一,中華書局 2006 年版,第 89 頁。
⑧ "徑"字寫卷原誤作"侄",今據其反切及撫本改正。
⑨ "忿"字寫卷原誤作"忩",今據其反切及撫本改正。

之道矣，予是以有憂色。故君子一舉足不敢忘父母，一出言不敢忘父母。一舉足不敢忘父母，故道而不徑，舟而不游，不敢以先父母之遺體行殆也。一出言不敢忘父母，是故惡言不出於口，忿言不及於己。然後不辱其身，不憂其親，則可謂孝矣。"①與《祭義》同，亦無"舡"字。

"舡"爲"船"之別體②，"漢人書船字，往往作舡"③。《説文·舟部》："舟，船也。""船，舟也。"④是舟、船同義。是寫卷之"舡"相當撫本"舟而不游"之"舟"字。段玉裁云："古人言舟，漢人言船。"⑤管錫華云："舟早於船，船進入書面語在戰國初期，至遲不晚於中期。到《史記》，船代替舟。"⑥汪維輝云："'舟'和'船'從先秦起就是等義詞，但産生有先後。在先秦西漢，它們之間的關係變成文白之別。"⑦則《禮記》本當作"舟"，作"舡"者後人以同義詞替換也。《釋文》没有出注，可知其所見諸本無"舟"、"舡"異文者。

三、寫卷與撫本不同，而與《釋文》或《釋文》所引別本相同

寫卷所出詞目與撫本不同，而與《釋文》所出詞目或其所引

① 王聘珍：《大戴禮記解詁》卷四《曾子大孝第五十二》，第85頁。
② 《宋本廣韻》卷二《下平聲·二仙》，第121頁。
③ 陳直：《漢書新證》，天津人民出版社1959年版，第311頁。
④ 《説文解字》八篇下《舟部》，第176頁。
⑤ 《説文解字注》八篇下《舟部》，第403頁。
⑥ 管錫華：《從史記看上古幾組同義詞的發展演變》，《漢語史研究集刊》第1輯，巴蜀書社1998年版，第8頁。
⑦ 汪維輝：《東漢—隋常用詞演變研究》，南京大學出版社2000年版，第77頁。

別本相同,可據此印證《釋文》所據六朝時《禮記注》版本之異文。

1. 寫卷與撫本不同,而與《釋文》相同

(1) 51 行　徑古定　併薄鼎　覆孚又

《雜記下》"晏平仲祀其先人,豚肩不掩豆,賢大夫也,而難爲下也"鄭注:"言其偪士、庶人也。豚,俎實。豆徑尺。言并豚兩肩不能覆豆,喻小也。"(卷十二,第 19B 頁)

"徑"、"覆"二字均見於鄭注,而"併"字撫本作"并",八行本亦作"并",《釋文》出"言併",音"步頂反"(第 786 頁),是《釋文》與寫卷同。"并"、"併"古今字①。

(2) 161 行　墜許氣　稟力甚　稍霜僑

此處《中庸》有"既稟稱事,所以勸百工也"及鄭注"既讀爲餼,餼稟,稍食也"句(卷十六,第 9A 頁),撫本"稟"作"廩",《唐石經》、八行本亦作"廩"。《釋文》出"稟"字,注云:"彼錦反,一本又力錦反。既稟謂哨食也。"(第 821 頁)與寫卷同。《羣經音辨》"既饋食也"條引《禮記》云:"既稟稱事,所以勸百工也。"②亦與寫卷同,則北宋時賈昌朝所見尚作"稟"也。臧琳《經義雜記》卷三"既稟稱食"條云:"鄭注以'既稟'爲稍給之食,與《説文》'賜穀也'正合,則鄭本必作'稟'字。"③

2. 寫卷與撫本、《釋文》不同,而與《釋文》所引別本相同

(1) 51 行　僭子念　損蕰壘　踰容朱　封方容

此處《雜記下》云:"君子上不僭上,下不偪下。婦人非三年

────────

① 郭齊:《連詞"并"的産生和發展》,《漢語史研究集刊》第 3 輯,巴蜀書社 2000 年版,第 19 頁。

② 賈昌朝:《羣經音辨》卷二,《四部叢刊續編》,第 15A 頁。

③ 臧琳:《經義雜記》,《清經解》第 1 册,第 798 頁。陳鴻森先生認爲《經義雜記》乃臧琳後人臧庸所纂,實爲後出,説見陳鴻森《漢學師承記箋釋序》,漆永祥《漢學師承記箋釋》,上海古籍出版社 2006 年版,第 8 頁。

之喪,不踊封而弔。"(卷十二,第 19B 頁)《釋文》出"偪下"二字,注云:"音逼,本又作損。"(第 786 頁)寫卷作"損",正與《釋文》所引別本同。

(2)154 行 傃桑故 嚮向 譎古穴

《中庸》"素隱行怪,後世有述焉,吾弗爲之矣"鄭注:"素讀如'攻城攻其所傃'之傃。傃猶鄉也。言方鄉辟害隱身,而行詭譎以作後世名也。"(卷十六,第 3A 頁)

《釋文》出"猶鄉"二字,注云:"本又作嚮,許亮反。"(第 818 頁)寫卷作"嚮",正與《釋文》所引別本同。

四、寫卷有而撫本無者

王夢鷗《禮記選注·叙略》云:

> 鄭玄注本流傳至今已千有餘年,中間雖未聞有重大的變故發生,但若精察其本文或注語,仍可看出一些可疑的痕跡。不特本文有些脫落,即注語亦有竄亂。前者如他書明引《禮記》的文句,而此等文句,今則不見於此書;後者如同屬一事,而鄭注語却前後不同,甚或自相齟齬。凡此現象,可信其發生於雕版流行以前及以後諸時代皆有之:以前,讀者各憑手鈔,不免譌脫時有;以後,將義疏與注語相連綴,則更易混淆。①

寫卷中亦有所出詞目而不見於撫本者,如:

(1)9 行 分扶問 陝□冉 □□□ □伏 綴丁□ 夾古洽 振章刃

---

① 王夢鷗:《禮記選注》,正中書局 1976 年版,第 5 頁。

此處《樂記》云："四成而南國是疆,五成而分周公左、召公右,六成復綴以崇。天子夾振之而駟伐,盛威於中國也。"(卷十一,第22A頁)

撫本無"陝"字,《唐石經》、八行本亦無。山井鼎云:"古本'五成而分'下有'陝'字。"①阮元云:"孫志祖校云:'按《史記·樂書》本、《家語·辨樂解》皆有'陝'字。"②故王夢鷗《禮記校證》云:"是則《樂記》原有此字,今脫。"③然張敦仁《撫本禮記鄭注考異》却認爲不當有"陝"字:

> 山井鼎曰:"古本'分'下有'陝'字。"今案古本非也。鄭注云:"五奏,象周公、召公分職而治也。"然則鄭本此經固未嘗有"陝"字。《正義》云:"'五成而分周公左、召公右'者,從第二位對第三位,分爲左右,象周公居左,召公居右也。"解經絕不及"陝",是其本無"陝"字。《釋文》不爲"陝"字作音,以《曲禮注》"陝"有音,及《王制》、《玉藻》注無不有音相決,是其本亦無"陝"字。又唐石本亦無之,可見此經自來用鄭氏注者並無"陝"字也。《史記·樂書》則有"陝"字,詳彼之與此文句違互甚多,難以同諸鄭本。《集解》引王肅曰:"分陝東西而治。"或王所注禮記之語,而其本之經乃有此字也。故於私定《家語》中又特著之,其無與於鄭本亦明矣。作古本者未審乎此也。④

---

① [日]山井鼎輯,物觀補遺:《七經孟子考文並補遺》,《叢書集成初編》第8冊,商務印書館1936年版,第1098頁。

② 阮元:《禮記校勘記》,《清經解》第5冊,第739頁。

③ 王夢鷗:《禮記校證》,藝文印書館1976年版,第293頁。

④ (清)張敦仁:《撫本禮記鄭注考異》,《清經解》第6冊,上海書店1988年版,第288頁。

案寫卷有"陝"字,是其所據本鄭注《禮記》有"陝"也。若張氏見
此寫卷,不知將以何辭辯之? 又《詩經·召南·甘棠·序》"召伯
之教,明於南國"孔穎達《正義》:"食采文王時,爲伯武王時,故
《樂記》曰武王伐紂,'五成而分陝,周公左,召公右'是也。"(上
册,第287頁)孔穎達所引《樂記》亦有"陝"字,則《禮記正義》無
"陝"者,未嘗不可謂非後人據無"陝"之經文删之。

(2) 164 行　於嗚呼　純成遵　假瑕　峻思僞　極己力

此處《中庸》云:"《詩》曰:'惟天之命,於穆不已。'蓋曰天之
所以爲天也。'於乎不顯,文王之德之純。'蓋曰文王之所以爲文
也,純亦不已。大哉聖人之道,洋洋乎發育萬物,峻極於天。"(卷
十六,第12A頁)

撫本無"假"字(《唐石經》、八行本亦無),《中庸》篇引《詩》
有"奏假無言"句(卷十六,第15B頁),但寫卷第167行出"假"
字,音"賈",即爲"奏假無言"之"假"注音。此處之"假"必非音
"奏假無言"句,而《中庸》他處不再有"假"字。《中庸》所引"於
乎不顯,文王之德之純"句,出自《詩·周頌·維天之命》,此句下
《詩》尚有"假以溢我,我其收之"句[1],《釋文》出"假以"二字,注
云:"音暇,嘉也。"(第393頁)其音與寫卷之"瑕"音同,寫卷所據
《禮記》引《詩》"文王之德之純"下應有"假以溢我,我其收
之"句。

五、結　語

1. 此《禮記音》寫卷中的錯字基本上是形誤字,並非《禮記
音》原書所有,而是輾轉傳抄造成的訛誤,故必須進行詳細的校

---

[1]《毛詩正義》卷十九之一《周頌·維天之命》,第708頁。

勘,方能使用其中的材料。

2. 寫卷《禮記音》所據鄭玄《禮記注》底本,不僅與我們所見傳世本如《唐石經》、撫本、八行本等有很多文字差異,它與《經典釋文》所據《禮記注》底本也不同,而且從與《釋文》的文本對勘中可以看出,陸德明撰寫《禮記音義》時,並沒有看到過這個《禮記音》。

3. 雖然此寫卷稱不上抄寫精良的善本,但畢竟爲唐抄本,而且撰成於南北朝時期,其所據底本可謂六朝古本。其經注之文多有與傳本相異甚至傳本所無者,可藉以考知部分漢時鄭玄《禮記注》之經注原貌。

(原載《文史》2009 年第 4 辑〔總第 89 辑〕,收入許建平《讀卷校經:出土文獻與傳世典籍的二重互證》時略有修改。此據《讀卷校經:出土文獻與傳世典籍的二重互證》,浙江大學出版社 2014 年版)

BD09523《禮記音義》殘卷跋

2000 年 6 月,筆者借參加首都師範大學郝春文教授主持的 "紀念敦煌藏經洞發現一百周年國際學術研討會" 的機會,於會後赴國家圖書館善本特藏部,受到特藏部諸位特別是李際寧先生與黃霞女士的熱情接待與幫助,使得以閱覽館藏寫卷。BD09523 號寫卷即爲此時閱覽並獲允抄録的。

寫卷原千字文編號爲殷 44,今統一之北敦編號爲 BD09523。 "唐寫本,卷軸裝,首尾殘,長 52.5 釐米,高 28.9 釐米"①,起《檀弓上第三》 "玉從" 條注 "又如字" 之 "又",至《檀弓下第四》 "入見" 條,共 25 行,第一行僅存注文一字半。餘皆全。《中國國家圖書館藏敦煌遺書精品選》定名爲《禮記音義檀弓下第四》,乃據第 23 行之小題定名,其實本卷前 23 行爲《檀弓上第三》之内容, 《檀弓下第四》僅存 2 行。故我以爲據陸德明《經典釋文》原題定爲《禮記音義》較佳,如欲標出細目,則可定爲《禮記音義 · 檀弓》。第 22 行 "皆厭" 條之注作 "於葉","葉" 乃是唐高宗時爲避太宗李世民之諱而改②,則此爲唐寫本當無疑問。

1929 年,許國霖與胡鳴盛二先生從未編入陳援庵《敦煌劫餘録》的殘卷中選出 1192 種編輯了供閱覽使用的目録。許國霖先

---

① 中國國家圖書館善本特藏部、上海龍華古寺、《藏外佛教文獻》編輯部:《中國國家圖書館藏敦煌遺書精品選》,第 20 頁。

② 《舊唐書 · 高宗本紀上》: "十二月乙卯,還洛陽宫。庚午,改 '昬'、'葉' 字。"(中華書局 1975 年版,第 77 頁)

生另外又編成《敦煌石室寫經題記與敦煌雜録》一書,在該書下輯《敦煌雜録》中收録了編號爲殷 44 的殘卷,並擬題《禮記音義》。此書由商務印書館於 1937 年排印行世,因而世人才得以窺見此寫卷之内容。羅常培在《唐寫本經典釋文殘卷四種跋》及《唐寫本經典釋文殘卷五種跋》中考證了寫卷的有關内容①;陸志韋《古反切是怎樣構造的》一文中亦提到這個寫卷②;陳鐵凡《敦煌本禮記、左、榖考略》作了簡單的介紹③。黄焯《經典釋文彙校》也參校了此卷④。但他們所據者皆是許國霖的《敦煌雜録》本。筆者在《敦煌音義匯考》中收録此卷時⑤,因没有見到原卷,故而亦只能就許國霖本立論。

今以唐寫原卷,覈之許氏録文,知其録文多誤。現歸納其誤,主要有以下幾類:

第一,録文不全。殘卷之第 1 行殘存注文一字半("又"及"如"之左半"女"),録文中没有反映,則許氏録文較原卷少一行,只存 24 行内容。而且録文亦未按行款逐録。

第二,辨字不慎而誤録爲他字。如第 2 行"蚩"音"尺之",録作"人之"。第 5 行"問喪"條注"注及下皆同"、第 8 行"爲孟"條注"下及注爲人同"之"及"皆誤爲"反"。第 6 行"有爲"條注"于僞反",第 8 行"爲孟"條注"于僞反",第 12 行"爲小君"條注"于僞反","僞"均誤作"爲"。第 8 行"給衰"條注"七迴反",録"七"爲"大"。第 11 行"作坍"條注"北鄧",録"北"爲"比"。第 12 行

---

① 《唐寫本經典釋文殘卷四種跋》,《清華學報》第 13 卷第 2 期,1941年;《唐寫本經典釋文殘卷五種跋》,《國學季刊》第 7 卷第 2 期,1951 年。

② 陸志韋:《古反切是怎樣構造的》,《中國語文》1963 年第 5 期。

③ 《敦煌本禮記、左、榖考略》,《孔孟學報》第 21 期,1971 年 4 月。

④ 黄焯:《經典釋文彙校》,中華書局 1980 年版。

⑤ 張金泉、許建平:《敦煌音義匯考》,杭州大學出版社 1996 年版。

"反壤"錄作"反燺"，注"而兩"錄作"而雨"。第14行"又易"條注"以敓"，錄作"从敓"。第14行"椑"，錄作"裨"。第15行"綴足"條注"丁衛"，誤錄爲"丁衡"。第24行"長殤"注"丁丈反"，錄"丈"爲"文"。

第三，辨字不清而誤以爲殘缺。第2行"卜人師"注"本或無師字者非也"，錄"或"作"□"。第19行"衽"條注"小要也"，錄"也"爲"□"。

第四，迻錄不審而致誤。第8行"總裳"條注"布細而疏"錄作"布而細疏"，遂致不可讀。21行"以刺"條注"七亦反"，錄作"刺亦反"，涉正文而誤。

第五，不解寫本體例而誤錄。第16行"纁"注"七絹。淺赤色，今之紅"[1]，"之紅"二字原卷倒寫於雙行小注之第一行末[2]，這是有雙行小注的敦煌寫卷的一種書寫體例，目的是爲了使雙行能夠對齊。許氏不知此爲倒寫字，而依順寫字錄文，遂錄作"𤫩萬"，錄"之"爲"萬"，"紅"爲"𤫩"，使人不知所云。

第六，不識俗字而誤錄。第13行"旁殺"條注、第24行"降殺"條注"色戒反"，"色"爲"色"之俗寫，而許氏皆錄作"包"。也有因迻錄俗字而有形變，以致他人誤識者。如第4行"成味"條注"亡葛反"，寫卷"亡"作"ᴇ"，許氏錄作"ᴇ"，遂使羅常培誤以爲寫本作"己"[3]。

很多敦煌寫卷有一個通病，即抄寫粗疏，訛誤連篇。即使是

---

[1] "纁"，通志堂本《經典釋文》作"纋"。案此出《禮記》經文"練，練衣黃裏，纋緣"句。《儀禮·喪服》"公子爲其母，練冠、麻，麻衣纋緣"鄭注："《檀弓》曰：練，練衣黃裏，纋緣。"可知作"纁"者爲誤字。

[2] 《儀禮·既夕禮》"纋綼緆"鄭注："一染謂之纋，今紅也。"《爾雅·釋器》："一染謂之纋，今之紅也。"可知此處應是"之紅"二字。

[3] 《唐寫本經典釋文殘卷五種跋》，《國學季刊》第7卷第2期，1951年。

抄寫較爲認真的寫卷,訛奪衍乙之處亦難以避免。本卷已是一個轉輾傳抄的卷子,其脫漏或訛誤之處所在多有。統觀全卷,其錯誤可以概括爲以下幾類:

(一) 條目脫漏

以此寫卷與今流行之通志堂本《經典釋文》對勘①,發現通志堂本有而寫卷無者達 29 條之多②,可見刊落之多。這一點與敦煌寫卷的其他兩種《釋文》殘卷——S.5735+P.2617《周易釋文》與 P.3315《尚書釋文》——的情況相似。

(二) 正文或注文脫漏

1. 第 3 行"謂大"條注"一音他",通志堂本作"一音他佐反"。羅常培懷疑寫卷有訛奪③。

案:《集韻·過韻》小韻他佐切下收有"大"字,云:"太也。何休曰:'約誓大甚。'"《集韻》所引何休語見《公羊傳·隱公元年》"眜者何? 地期也"注:"爲其約誓大甚,朋黨深背之。"《釋文》出"大甚",云:"音泰,或勑賀反。""他"與"勑"爲透徹類隔,求之古音,同在透紐。"佐"與"賀"皆爲去聲箇韻字。是"他佐切"者即《釋文》所引之或音"勑賀反"也。統觀《釋文》爲讀作"太"之"大"所作及引用他人之反切,有吐賀反、勑賀反、他賀反、代賀反、勑佐反、他佐反、菟佐反、他餓反、菟餓反、唐餓反、徒餓反等,

① 《經典釋文》,清徐乾學通志堂刻本。本文所據者爲中華書局 1983 年影印本,下均簡稱"通志堂本"。

② 羅常培在其論文《唐寫本經典釋文殘卷五種跋》(《國學季刊》第 7 卷第 2 期,1951 年)中錄 27 條(第 195 頁),漏收兩條:"曩總,上七亂反,下音思";"上之,時掌反,下'以上'同"。

③ 《唐寫本經典釋文殘卷五種跋》,第 205 頁。

切下字均爲去聲箇韻。而"他"字《廣韻》託何切,在平聲歌韻。羅所疑是也。寫卷"他"下當有脱字。宋本《釋文》亦作"他佐反"①,當是。

2. 第3行"衾"條注"莫報",宋本、通志堂本出"衾冒"二字。

案:《周易·繫辭上》"冒天下之道",《尚書·泰誓上》"沈湎冒色","冒"字《釋文》皆音"莫報反",可證此處切語"莫報"乃爲"冒"作音,則寫卷脱去"冒"字。

3. 第6行"有爲"條注"下爲桓司馬、敬叔、則爲之,注爲民作、爲嫁母同",宋本、通志堂本"敬叔"前有"爲"字。

案:查《禮記》經文云:"喪之欲速貧,爲敬叔言之也。"則當有"爲"字。

4. 第8行"瑑"條注"依字",宋本、通志堂本"依字"下有"作瑱"二字。

案:《詩·邶風·旄丘》釋文:"瑑,依字作瑱,素果反。"《春秋經·成公十二年》釋文:"瑑,素果反,依字宜作瑱。"殘卷"依字"下抄脱"作瑱"二字無疑矣。

(三) 字訛

1. 第4行"成劉"條,宋本、通志堂本作"成斸"。

案:此經文"木不成斸"句中文,則作"斸"是也。

2. 第5行"虡"條注"直曰虡",宋本、通志堂本出"虡",注"植曰虡"。

案:此經文"有鍾磬而無簨虡"句中文。鄭玄注云:"横曰簨,植曰虡。""植曰虡"乃鄭注文,殘卷《釋文》下條"植曰"即是爲鄭

① 國家圖書館藏宋刻宋元遞修本《經典釋文》。本文所據者爲上海古籍出版社1985年影印本,下均簡稱"宋本"。

注作音。《通典》卷八十六《禮四十六·凶禮八》引《禮記》鄭注：
"橫曰簨，植曰簴。"亦作"植"。可知寫卷正文及注文皆訛。

3. 第 6 行"孫子"條，宋本、通志堂本作"孫于"。

案：此爲鄭玄注"魯昭公孫于齊，曰：喪人其何稱"句中文。
此語鄭玄引自《公羊傳·昭公二十五年》，文云："九月，己亥，公
孫于齊，次于楊州……"足證"子"爲"于"之形訛。又注文"音
孫"，宋本、通志堂本作"音遜"。羅常培云："依例同字不得爲音
切。"①案《內則》"博學無方，孫友視志"，《少儀》"不敢問其年"鄭
注"問年，則己恭孫之心不全"，《學記》"入學鼓篋，孫其業也"，
《緇衣》"則民有孫心"，《儒行》"孫接者，仁之能也"，諸"孫"字
《釋文》皆"音遜"。是知寫卷之正文與注文皆誤。

4. 第 17 行"無絇"條注"其俱反，履頭飾"，"履"字通志堂本
同，宋本作"屨"。盧文弨《經典釋文考證》改通志堂本之"履"爲
"屨"②。

案：《禮記·玉藻》"童子不裘不帛，不屨絇"鄭注："絇，屨頭
飾也。"《儀禮·士冠禮》"玄端黑屨，青絇繶純"鄭注："絇之言拘
也，以爲行戒，狀如刀衣鼻，在屨頭。"又《士喪禮》"乃屨，綦結于
跗，連絇"鄭注："絇，屨飾，如刀衣鼻，在屨頭上，以餘組連之，止
足坼也。"可證盧所改是，寫卷與通志堂本皆誤。

上面列舉了不少寫卷的錯誤，似乎它的缺陷很多。其實此乃
唐寫卷子，其時代遠遠早於我們現所見到的宋元遞修本《釋文》，
更毋庸説是通志堂本了。筆者略事考索，發現其勝處極夥，不僅
可藉以糾補後來刊刻版本的訛脱，甚至亦可補正通行本《禮記》

---

① 《唐寫本經典釋文殘卷五種跋》，《國學季刊》第 7 卷第 2 期。

② 《經典釋文考證》第 3 册，《叢書集成初編》本，商務印書館 1935 年
版，第 200 頁。

鄭玄注的脫漏。敦煌寫卷所可寶貴之處正在於此。兹列舉典型者數例如下：

（一）可補通行本《釋文》之脫漏

1. 第7行"公𣏂叔木"①條注"音戌，式樹反，又音朱，徐之樹反"。通志堂本無"戌"字，宋本"音"下空缺。

案：此出"公叔木有同母異父之昆弟死"句，鄭注云："木當爲朱，《春秋》作戌，衛公叔文子之子，定公十四年奔魯。"孔穎達《正義》云："《世本》'衛獻公生成子當，當生文子拔，拔生朱'，故知'木當爲朱'也。"《左傳·定公十三年》云："及文子卒，衛侯始惡於公叔戌，以其富也。""公叔戌"即《禮記》之"公叔木"，此乃《釋文》依鄭注以異文爲注。"音戌"者，"公叔木"或作"公叔戌"也；"又音朱"者，"公叔木"或作"公叔朱"也。"戌"字當有，否則下之"式樹反"無所從屬，易使人誤爲"木"有此音，清人雷浚即有此誤②。

2. 第8行"伯鞏"條注"蔡恭勇反"，宋本、通志堂本無"蔡"字。

案：《釋文·序録》云："蔡謨，字道明，濟陽考城人，晉司徒，文穆公，□□音□卷。"《隋書·經籍志》："《禮記音》二卷，宋中散大夫徐爰撰。梁有鄭玄、王肅、射慈、射貞、孫毓、繆炳音各一卷，蔡謨、東晉安北諮議參軍曹耽、國子助教尹毅、李軌、員外郎范宣

---

① 寫卷"𣏂"爲"叔"之俗寫，乃是衍文。

② 《經典釋文彙校》："雷浚云：木，式樹反，此音僅見《釋文》，不見於《廣韻》、《集韻》。焯案：《釋文》有以注音方式表異文或誤字者，不下數十百處，此蓋承漢人讀爲、當爲之例。如此條云：木音戌，式樹反。此謂'公叔木'即'公叔戌'，非謂'木'有戌音。雷氏不知，竟謂此音《廣韻》、《集韻》闕收，而爲《釋文》所獨有，非也。"（第125頁）

音各二卷,徐邈音三卷,劉昌宗音五卷,亡。"是《釋文》"□□音□卷"當是"《禮記音》二卷"之脱,盧文弨《經典釋文考證》即據《隋志》補足①。因此而知蔡謨曾撰《禮記音》。《隋志》雖云"亡",然德明作《釋文》時曾及見,並引用之。則蔡謨音蓋亡於隋末大亂時,至唐初撰《隋志》時,已不可見。《月令》"審斷、決獄"釋文:"斷,蔡徒管反。"此"蔡"當爲蔡謨之音也。《月令釋文》中屢言"蔡云",《隋志》云:"《月令章句》十二卷,漢左中郎將蔡邕撰。"《釋文》所言"蔡云"者,乃是蔡邕《月令章句》中文,如"掩骼埋胔"注:"才賜反。蔡云:露骨曰骼,有肉曰胔。""螻蟈鳴"注:"蔡云:螻,螻蛄;蟈,蛙也。"而蔡邕未有注音,《釋文·序録》未言,《隋志》亦無記載。則言音者,蔡謨之音也;言義者,蔡伯喈之文也。寫卷此條有"蔡"字,當是《釋文》原貌。

3. 第23行"以上"注"時掌",宋本、通志堂本均無此條。

案:此出"君於士有賜帟"鄭注"大夫以上,幕人職供焉"句,寫卷可補今通行本之缺。

(二) 可糾通行本《釋文》之訛誤

1. 第2行"蚩"條,此《檀弓上》"子游曰:知禮"鄭注"嗤之"中文,通志堂本作"嗤"。《彙校》:"宋本作'蚩'。段云,作蚩是也。下'蚩兄死者'音正無口傍。撫本作'嗤',非,今各本注亦誤。"②

案:《釋文》全書"蚩"出四次,"嗤"出二次。另一次"嗤"見於《左傳·文公二年》釋文,云:"嗤,尺之反。"《彙校》云:"宋本

---

① 《經典釋文考證》第1册,第16頁。
② 《經典釋文彙校》,第125頁。

及北宋本作'蚩'。阮云:杜氏所用古字也。"①是作"嚖"處皆有異文"蚩"。今此條寫卷與宋本同,亦作"蚩",可爲《釋文》原本作"蚩"之證。

2. 第7行"繆公"條注"音穆",宋本、通志堂本作"音木"。

案:《周禮·春官·女巫》"旱暵,則舞雩"鄭注引《禮記·檀弓下》"穆公召縣子而問焉"釋文:"繆公,音穆。"《禮記·檀弓下》"穆公召縣子而問然"鄭注"凡穆或作繆"釋文:"繆,音穆。"《禮記·坊記》"陽侯猶殺繆侯而竊其夫人"釋文:"音穆。"《公羊傳·隱公元年》"隱長又賢,何以不宜立"注"據賢繆公與大夫"釋文:"音穆。"《釋文》於諡號之"繆"多音以"穆",其實乃是以異文爲注。羅常培從音理上考察,認爲:"木,《廣韻》莫卜切;穆,《廣韻》莫六切,同屬明紐屋韻,但侈弇不同,繩以音例,則寫本爲是。"②《禮記·大傳》"序以昭繆"釋文:"音木。"當亦是"音穆"之誤。

3. 第11行"作塴"條,宋本、通志堂本出"作塴"。

案:此"縣棺而封"鄭注"《春秋傳》作塴"句中文。鄭氏所引出自《左傳·昭公十二年》,文云:"毀之,則朝而塴。"《周禮·地官·鄉師職》"及窆,執斧以涖匠師"鄭玄注:"鄭司農云:窆謂葬下棺也。《春秋傳》曰:'日中而塴。'"又《遂人職》"及窆,陳役"鄭玄注"鄭司農云:窆,謂下棺時。遂人主陳役也。《禮記》謂之封,《春秋》謂之塴,皆葬下棺也。"又《夏官·太僕職》"大喪,始崩,戒鼓,傳達于四方,窆亦如之"鄭玄注引鄭司農云:"《春秋傳》所謂日中而塴。"諸所引均作"塴"。《通典》卷八十六《禮四十六·凶禮八》引《左傳》亦作"塴"。阮元於《夏官·太僕職》下校

---

① 《經典釋文彙校》,第160頁。
② 《唐寫本經典釋文殘卷五種跋》,第189頁。

云:"岳本及葉鈔《釋文》'堋'作'佣',此本《疏》引《春秋傳》亦作
'日中而佣',閩、監、毛本改作'堋'。按《説文》有佣、堋字,無佣、
堋字,二字从山者,誤字也。《説文》'堋'下亦引《左傳》'朝而
堋',《釋文》作'佣'者古字假借,自是鄭注古本如此。"①孫詒讓
《周禮正義》云:"阮校是也。《遂人》、《太僕》注引《春秋傳》'堋'
字,宋本及葉本《釋文》亦並从人,蓋先鄭所據《左傳》本與許、杜
不同,後人依《左傳》改此注而又譌其體耳。"②孫氏因而將《周
禮》鄭注所引之"堋"均改爲"佣"。

案《説文·土部》"堋"篆下云:"喪葬下土也。從土朋聲。
《春秋傳》曰'朝而堋'。《禮》謂之封,《周官》謂之窆。"《集韻·
嶝韻》:"堋,或作堋。"則"堋"爲後起字。今寫卷作"堋",與《説
文》合。諸引作"堋"者,誤字也。作"佣"者,假借字也。孫詒讓
改作"佣",阮元謂《釋文》作"佣"乃是鄭注本《禮記》原字,均
未洽。

4. 第11行"汱哉"注"白矜大也"③,宋本、通志堂本出"汱
哉",注作"自矜大"。

《禮記·表記》"不矜而莊"釋文:"居陵反,自尊大也。"《彙
校》云:"鈔本作矜。案作'矜'從'令'是也。説詳段氏《説文注》
及嚴氏《唐石經校文》。"④

案:《彙校》所云是也。敦煌儒家經典寫卷中"矜"多寫作
"矜"。如《尚書·多士》"予惟率肆矜爾"、"天惟界矜爾",
P.2748《古文尚書亡逸、君奭、蔡仲之命》皆作"矜"。又《多方》
"天惟界矜爾",P.2630《尚書周書多方至立政第十》作"矜"。

---

① 《十三經注疏》,中華書局1980年版,第853頁。
② 《周禮正義》卷二十一《地官·鄉師》,第829頁。
③ 寫卷"汱"爲"汱"之誤,"白"爲"自"之訛。
④ 《經典釋文彙校》,第143頁。

《左傳・定公四年》"不侮矜寡"，P. 2523《定公四年至六年春秋左氏傳集解》作"矜"。《論語・衛靈公》"君子矜而不争"，S. 747《論語集解（衛靈公——季氏）》作"矜"。又《子張》"嘉善而矜不能"，P. 2628《論語集解子張第十九堯曰第二十》作"矜"。"矜"字本無，後人所改也。臧庸《拜經日記》於此考之甚詳①，可參看。

5. 第 14 行"廣袤"條注"下音茂，徐亡尤"。"亡尤"，宋本、通志堂本作"亡侯反"。

案：王力《南北朝詩人用韻考》云："關於尤侯幽三韻，全南北朝詩人是一致的；三韻完全没有分用的痕迹。"②依王先生之説，徐邈尤侯當亦通用。然蔣希文則不同於王力之説："從徐音所反映的情況來看，至少在晉宋時期漢語南部方音，侯韻系字和虞韻系字讀音比較接近，侯韻系字和尤、幽韻系字讀音相去較遠。"③在蔣書所列侯部字徐音中，有三例尤侯系互切。《禮記・曲禮》"車驅而騶，至于大門"釋文："仕救反，又七須反。徐仕遘反。"《禮記・射義》"天子以《騶虞》爲節"釋文："騶虞，側尤反，徐側侯反。"《周禮・天官・掌舍職》鄭注"柜，受居溜水涑橐者也"釋文："徐、劉色遘反，戚色冑反。"第一例蔣氏認爲"騶"爲"驟"之借，徐邈乃是讀作"驟"④。但另二例亦爲尤侯互切，而蔣氏並未作出任何解釋。黄焯云："前'廣袤'條'徐又亡侯反'，敦煌本作'徐又亡尤'，如'尤'字非誤，則當徐邈時尤侯不分。"⑤故尤侯幽三韻之關係，當以王力先生所云爲善。

---

① 臧庸：《拜經日記》，《清經解》第 6 册，第 728 頁。

② 王力：《南北朝詩人用韻考》，《王力文集》第 18 卷，山東教育出版社 1991 年版，第 31 頁。

③ 蔣希文：《徐邈音切研究》，貴州教育出版社 1999 年版，第 80 頁。

④ 蔣希文：《徐邈音切研究》，第 79 頁。

⑤ 《經典釋文彙校》，第 126 頁。

羅常培云:"《廣韻》'裒'莫候切,'尤'字殆誤。"①《廣韻》"裒"讀去聲,徐邈讀平聲,故羅先生懷疑"尤"字誤。其實徐邈之聲調並不與《廣韻》所反映的同,詳參蔣希文《徐邈音切研究》第197—207頁。

今此處"裒"字徐音"亡尤",與今本作"亡侯"不同。如此我們就不能不懷疑今本被改動的可能性。

6. 第14行"衣以"條注"於既",第22行"皆厭"條注"於萘"。宋本、通志堂本"於"皆作"于"。

案:吳承仕云:"毛居正並謂'于'應作'於'。承仕案:德明反語蓋與《切韻》大同,不應于、於同用。通校全書,若徐邈等所下反音,影喻諸紐閒有出入,至於德明,則不概見,且互譌者,僅有于、於二文,而伊、央、乙、烏、爲、羽、云、有諸文蓋無互用之處,可證作'于'者爲傳寫之譌。"②羅常培云:"'衣、於'屬影紐,'于'屬喻紐云類,作'於'爲是。"③吳、羅二氏是也。

7. 第15行"椑"條注"親尸棺","親",宋本此處殘泐,通志堂本作"櫬"。

《彙校》云:"敦煌本作'親',是也。"④

案:此處鄭注云:"椑謂杝棺親尸者。"又《曾子問》"君出疆,以三年之戒,以椑從"鄭注:"親身棺曰椑。"《彙校》説是也。

8. 第15行"水兕"條注"徐履",宋本、通志堂本"履"作"里"。

羅常培將此歸入"其下字雖殊,而韻類實無差別"例,並云:

---

① 《唐寫本經典釋文殘卷五種跋》,《國學季刊》第7卷第2期。

② 吳承仕:《經籍舊音辨證》,中華書局1986年版,第129頁。

③ 《唐寫本經典釋文殘卷五種跋》,《國學季刊》第7卷第2期。

④ 《經典釋文彙校》,第126頁。

"《廣韻》'里'在止韻,'履'在旨韻。"①《彙校》:"《廣韻》兕、履在五旨,里在六止。"②

案:《經典釋文》除此條外,"兕"共出現 16 次,其中 12 次徐履反,1 次詞履反,1 次徐里反,1 次徐子反,1 次引徐邈音辭姊反。"徐里反"者,在《左傳·宣公二年》釋文,《彙校》云:"里,宋本同。何校本、北宋本作'履',注疏本同。阮云:作履是也。"③則通志堂本《釋文》中兩次作"徐里反"者,皆有作"徐履反"之異文。雖然《釋文》支脂之不分,然此則當以作"徐履反"者爲善。

9. 第 17 行"衡"條注"依注作橫,華彭反"。宋本、通志堂本"注"作"字"。

《彙校》云:"敦煌本'字'作'注',是也。"④

案:此處鄭注云:"衡當爲橫,字之誤也。"《釋文》通例,凡據所宗注家的注文而改字者,均以"依注作×"表述,如《檀弓下》"詠斯猶"鄭注"猶當爲搖,聲之誤也",《釋文》:"依注作搖,音遥。"《周禮·考工記·梓人職》"梓人爲飲器,勺一升,爵一升,觚三升"鄭注"觚當爲觶",《釋文》:"依注作觶,之豉反。"《彙校》是也。

(三) 可補通行本《禮記》鄭注之脱

1. 第 4 行"縢也"條,宋本、通志堂本出"縢",無"也"字。

案:阮刻本《禮記》鄭注原文爲"竹不可善用,謂邊無縢","縢"下無"也"字。而《通典》卷八十六《禮四十六·凶禮八》引

---

① 《唐寫本經典釋文殘卷五種跋》,《國學季刊》第 7 卷第 2 期。
② 《經典釋文彙校》,第 126 頁。
③ 《經典釋文彙校》,第 162 頁。
④ 《經典釋文彙校》,第 126 頁。

此段則如此："是故竹不成用,瓦不成味,木不成斸,成猶善也。竹不可善用,謂邊無縢也。"則杜佑所見本有"也"字。孔穎達《正義》："竹不善用,謂竹器邊無縢緣也。"孔所見本蓋亦有"也"字。今此寫卷亦有"也"字,應非手民擅增所致,當是《釋文》原貌如此。

第15行"不令也"條,宋本、通志堂本出"不令",無"也"字。

案:阮刻本《禮記》鄭注作"虛之不合"。阮元校云:"閩、監本同,岳本、嘉靖本同;毛本'合'作'令',衛氏《集説》同,《考文》引古本同。《釋文》出'不令',云:'力政反,本又作合。'《正義》云:'虛之不令也。令,善也。一本爲虛之不合者,謂不以蓋合覆其上。'然則《正義》本當亦作'令',與《釋文》同。今作'合',注與疏不相謀,當由附合注疏時所據注本不同。毛本改從'令',是也。衛氏《集説》'令'下有'也'字,《考文》引古本同。案《正義》,則'也'字亦當有。"①寫卷《釋文》出"不令也",可爲阮氏添一證。

(原載《敦煌研究》2003年第2期,收入《敦煌文獻叢考》時依原稿發表。此據《敦煌文獻叢考》,中華書局2005年版)

---

① 《十三經注疏》,中華書局1980年版,第1297頁。

杏雨書屋藏《論語》殘片三種校録及研究

　　李盛鐸舊藏敦煌寫卷中的 432 件現收藏於日本杏雨書屋,這批寫卷的目録底本則藏在北京大學圖書館善本部,題"李木齋氏鑒藏燉煌殘片目録",其 14 號爲"論語三紙"①。2009 年 10 月,武田科學振興財團出版《敦煌秘笈》影片册一,收入了這些《論語》殘片,分別編號爲羽 014 ノ一、羽 014 ノ二、羽 014 ノ三,先分別校録於下。

　　録文格式一依原卷行款,每行前列序號並施加新式標點。上標方括號([ ])內爲校記之序號。爲方便排印,雙行小注改爲單行,正文小四號,注文小五號。殘片殘損或模糊之字用"☑"號表示,殘缺之字用"□"號表示,並據對校本擬補。殘缺嚴重而不能確定字數者,上缺者用 ▭ 號,中缺者用 ▭ 號,下缺者用 ▭ 號。重文符號直接改成相應之字,旁注字直接録入相應位置。

　　本文所據以對校及引用之何晏《論語集解》爲《天禄琳琅叢書》影印之元盱郡覆宋本《論語集解》,簡稱"覆宋本"。

　　參校本有:

　　《定州漢墓竹簡論語》,河北省文物研究所定州漢墓竹簡整理小組編,文物出版社 1997 年版。簡稱"漢簡本"。

　　《景刊唐開成石經》,中華書局 1997 年影印民國十五年皕忍

---

① 榮新江:《李盛鐸藏卷的真與僞》,《敦煌學輯刊》1997 年第 2 期。

堂刊本。簡稱“唐石經”。

皇侃《論語義疏》，日寬延三年（1750）根本遜志校正，此據嚴
靈峰《無求備齋論語集成》影印本，藝文印書館 1967 年版。簡稱
“皇本”。

羽 014 ノ一

起《雍也》“中人以上，可以語上”之“語”，至“堯、舜其猶病
諸”注“汝所言何▢▢▢▢▢之君”，共 15 上半行，末行上端殘泐。
民、治二字不諱，蓋高宗以前殘片。

《敦煌秘笈》定名“論語卷第六雍也篇”，並謂“撰者不明，雖
與包咸、孔安國的注有近似之處，但不管是和《集解》本還是《集
注》本都没有完全一致的地方”。

殘片之第 4 行“知者動，仁者静”注“如水之流行，如山之安
止”，何晏《集解》引孔安國注“無欲，故静”，與此不同。編號爲
64TAM27：25（a）的阿斯塔那 27 號墓出土《唐景龍二年殘片〈論
語〉鄭氏注〈雍也〉、〈述而〉、〈泰伯〉、〈子罕〉、〈鄉黨〉殘卷》“智
者動，仁者静”下注云：“如水之▢行，如山之安止。”[1]與殘片之注
相同。

殘片之第 6 行“觚不觚，觚哉！觚哉”注“觚，爵名，容二升。
孔▢▢▢▢哉！觚哉者！觚小器▢▢▢▢”，何晏《集解》在“觚不
觚”下引馬融曰：“觚，禮器。一升曰爵，二升曰觚。”在“觚哉！觚
哉”下注云：“觚哉！觚哉！言非觚也。以喻爲政不得其道則不
成。”與殘片之注不同。編號爲 64TAM27：36（b），37（b）的阿斯

---

[1] 中國文物研究所編：《吐魯番出土文書》第 4 册（圖録本），文物出版
社 1996 年版，第 154 頁。

塔那 27 號墓出土《唐殘片〈論語〉鄭氏注〈雍也〉、〈述而〉殘卷》在"觚不觚，觚哉！觚哉"下注云："觚，爵名，容二升。孔子削觚，若有所念，觚不時成，故曰觚哉！觚哉！歎觚小器心不專一，尚不時，況於大事乎？"①與殘片之注同。

　　殘片之第 13 行之雙行小注"庸，常也。中和可常行之德也。其至矣乎。☑□▭▭ 無有也。民寡能久行之者，唯聖人乃能▭▭▭▭"，其前經文爲"矣"字，前一行下半殘泐，據行款，"矣"前經文當是"中庸之爲德也，其至矣乎！民鮮久"，何晏《集解》云："庸，常也。中和可常行之德。世亂，先王之道廢，民鮮能行此道久矣，非適今。"其下半與殘片之注不同。編號爲 64TAM27：36（b），37（b）的阿斯塔那 27 號墓出土《唐殘片〈論語〉鄭氏注〈雍也〉、〈述而〉殘卷》在"中庸之爲德也，其至矣乎！人鮮久矣"下注云："庸，常也。中和可□行之德。其至矣乎。善其無有也。言人寡能久行之者，□□聖人乃能□也。"②與殘片之注同。

　　據以上三條，可知此殘片之内容乃鄭玄《論語注》也。

　　阿斯塔那 27 號墓出土《唐開元四年殘片〈論語〉鄭氏注〈雍也〉、〈述而〉、〈泰伯〉、〈子罕〉、〈鄉黨〉殘卷》，編號爲 64TAM27：18/3 的一片最後兩行如下：

```
▭▭▭▭▭▭▭子曰何▭▭▭
▭▭▭▭▭▭事猶▭▭▭
▭▭▭▭▭▭▭▭▭③
```

S.6121 鄭玄《論語注·雍也》的第一行：

---

① 《吐魯番出土文書》（圖錄本），第 4 册第 171 頁。
② 《吐魯番出土文書》（圖錄本），第 4 册第 171 頁。
③ 《吐魯番出土文書》（圖錄本），第 4 册第 165 頁。

其猶病諸_{人乃能然唐虞}

陳金木先生據此對鄭玄《論語注》作了復原：

〔子〕曰："何【事於仁，必也聖乎！堯舜】其猶病諸。
☐事猶☐人(民)乃能然，唐〔虞〕☐☐①

羽014ノ一之末行上部殘泐四個大字的位置，其下雙行小注
之右行有"事猶施也汝所言何"八字，"事猶"兩字正與64TAM27：
18/3 的"事猶"兩字同，據陳金木所復原，"事猶"乃"何事於仁，
必也聖乎！堯舜其猶病諸"句的鄭玄注文，S.6121 第一行上端恰
爲經文"其猶病諸"四字，其下之雙行小注的右行殘泐，雙行小注
的左行存"人乃能然唐虞"六字，而羽014ノ一之末行的雙行小注
左行"之君"二字上殘泐處正爲六個小字的位置。

S.6121 与 S.11910 爲一卷之裂②，其行款約大字二十五六
字，此羽014ノ一之行款亦大字二十五六字，據此三個殘片的字
形，"不"、"子"、"義"諸字的寫法完全一樣。羽014ノ一與 S.
6121 亦應是一卷之裂。羽014ノ一的末行與 S.6121 首行正好可
以綴合：

其猶病諸_{事猶施也汝所言何☐}
_{人乃能然唐虞之君……}

按拙著《敦煌經籍叙録》的命名格式，此鄭玄《論語注》殘片
可定名爲"論語注(雍也)"。

因鄭玄《論語注》早佚，無傳本可校。唐石經爲今存最早之

---

① 陳金木：《唐寫本論語鄭氏注研究——以考據、復原、詮釋爲中心的考
察》，文津出版社 1996 年版，第 816 頁。

② 榮新江：《〈唐寫本論語鄭氏注及其研究〉拾遺》，《文物》1993 年第 2 期。

單經本,惜有殘損,故經文部分以民國十五年(1926)陶湘涉園影印宋巾箱本單經《論語》對校(簡稱"八經本")①,參校以漢簡本、唐石經及吐魯番出土鄭玄《論語注》殘卷;注文部分則參校以吐魯番出土鄭玄《論語注》殘卷及舊籍引用之佚文。

録文(黑體字爲 S. 6121):

1. 可以語上[1];中人以下,不可以語☒(上)[2] ▭▭▭▭

2. 曰:"務民之義,敬鬼[3]而遠之,可☒(謂)[4] ▭▭▭▭

3. 謂仁矣。"曰仁者復問仁也[5]。獲,得也。仁者先自勤勞而後受禄。子曰:"☒(知)[6] ▭▭▭▭

4. 知[7]者動,仁者静。如水之流行,如山之安止。知者☒(樂)[8] ▭▭▭▭

5. 至於魯,魯一變至於道。"言齊魯☒(有)[9] ▭▭▭▭教雖衰,☒(若)[10] ▭▭▭▭

6. "觚不觚,觚哉!觚哉!"觚,爵名,容二升。孔☒(子)[11] ▭▭▭▭哉!觚哉!者[12]觚小器▭▭▭▭

7. 者,雖告之曰:'井有仁焉。'其從☒(之)[13] ▭▭▭▭

8. 憂樂之所至也[14]。"子曰:"何爲其然也? 君子可☒(逝)[15] ▭▭▭▭

9. 言乎? 告之以此,可使往窺[16]而視之,不可使自投井中,可欺以物類,不可誣冈以非其事也[17]。☒(子)[18] ▭▭▭▭

10. 弗畔矣夫!"弗畔,不違大道[19]。子見南子,子☒

---

① 此據嚴靈峰輯《無求備齋論語集成》(藝文印書館 1966 年版)。傅增湘謂此本云:"半葉二十行,行二十七字,細黑口,左右雙闌,爲巾箱本,密行細字,建本中刊刻最精者。袁克文君舊藏,現歸潘宗周,陶氏涉園已影印行世。"([清]莫友芝撰,傅增湘訂補:《藏園訂補邵亭知見傳本書目》第 1 册,中華書局 1993 年版,第 5 頁)

(路)[20] □□□□

11. 路以爲男女無交礼而非之也[21]。夫子矢之曰："予所☒(否)[22] □□□□

12. 所以見南子[23]不爲説靈公以治道[24]者，天厭煞我，天[25]厭煞我，再言之者，急解其誤[26]。子☒(曰)[27] □□□□

13. 矣。"庸，常也，中和可常行之德也[28]。其至矣乎，☒(善)□無有也[29]。民[30]寡能久行之者，唯聖人乃能□□□□[31]

14. 可謂仁乎?"濟，渡也。渡衆者謂拯民☒(於)[32] □□□□請☒☒博施於民☒□□□□

15. 其猶病諸! 事猶施也。汝所言何☒**人乃能然，唐虞之君**☒□□□□

校記：

[1] 語上　72TAM184:12/6(b)同①。八經本下有"也"字，漢簡本、唐石經亦均有"也"字。

[2] 上　殘片存上端殘筆，八經本作"上"。漢簡本、唐石經亦均作"上"。

[3] 鬼　漢簡本同，八經本、唐石經"鬼"下有"神"字。

[4] 謂　殘片右下角殘泐，八經本作"謂"，漢簡本、唐石經、72TAM184:12/6(b)均作"謂"。

[5] 也　64TAM27:25(a)無。

[6] 知　殘片存上半，八經本作"知"，唐石經同。64TAM27:25(a)作"智"。據後"知者動"句，知殘片乃"知"之殘。陳舜政《論語異文集釋》云："有許多本子'知'作'智'。……就文義看，當以作'智'爲佳。"②王輝《古文字通假釋例》云：

---

① 《吐魯番出土文書》第4册(圖錄本)，第139頁。

② 陳舜政:《論語異文集釋》，三人行出版社1974年版，第96頁。

"智、知義同,唯智字先有,讀爲知,知字《説文》始見,産生較晚,或是智之省。"①

[7] 知　八經本、唐石經同,64TAM27：25(a)作"智"。

[8] 樂　殘片存上端殘畫,八經本作"樂",64TAM27：25(a)、唐石經同。

[9] 有　殘片存上端殘畫,64TAM27：36(b),37(b)、64TAM27：25(a)兩吐魯番寫卷此處有"俱有"二字。案：從殘片殘存之筆畫看,當是"有"之殘,非"俱"之殘。何晏《集解》引包咸曰："言齊、魯有太公、周公之餘化。太公大賢,周公聖人,今其政教雖衰,若有明君興之,齊可使如魯,魯可使如大道行之時。"包咸之注與鄭玄同,無"俱"字,皇本所引包咸注亦無"俱"字,正與殘片同。

[10] 若　殘片存上端殘畫,64TAM27：25(a)作"若"。

[11] 子　殘片存上端殘畫,64TAM27：36(b),37(b)、64TAM27：25(a)兩吐魯番寫卷均作"子"。

[12] 者　64TAM27：36(b),37(b)、64TAM27：25(a)作"歟",64TAM27：25(a)存右邊"欠",是亦作"歟"也。殘片作"者",蓋有誤。

[13] 之　殘片下半殘泐,八經本作"之"。

[14] 憂樂之所至也　64TAM27：18/3"至"作"致",無"也"字。皇本所引孔注作"欲極觀仁人憂樂之所至也",是孔注與鄭注同。何晏《集解》引孔安國注作"欲極觀仁者憂樂之所至",少一"也"字。吐魯番本作"致"者,假借字也。

[15] 逝　殘片下半殘泐,八經本作"逝",64TAM27：18/3亦作"逝"。

---

① 王輝：《古文字通假釋例》,藝文印書館1993年版,第60頁。

[16] 窺,64TAM27:36(b),37(b)作"窺","窺"爲"窺"之後起换旁字。

[17] 誣罓以非其事也　64TAM27:36(b),37(b)"罓"作"往",4TAM27:36(b),37(b)與64TAM27:18/3均無"也"字。案:《説文·网部》:"网,庖犧所結繩以漁。从冂,下象网交文。凡网之屬皆从网。𦋐,网或从亡;𦉸,网或从糸。"①季旭昇《説文新證》云:"秦文字以後或加'亡'聲。今楷字加'糸'旁作'網'。"②是"网"爲本字,"罔"爲後起形聲字。"网"省文作"冈",《曹全碑》、《魏受禪表》皆作"冈"③,"冈"變體又作"罓"④。64TAM27:36(b),37(b)作"往"者,音誤也。《廣韻》"罔"音文兩切,微紐上聲養韻;"往"音于兩切,于紐上聲養韻,敦煌寫卷中微于兩紐有同用者⑤。

[18] 子　殘片存上端殘畫。案此"子曰君子博學於文"句中文,八經本及64TAM27:36(b),37(b)、64TAM27:18/3皆作"子"。

[19] 不違大道　64TAM27:36(b),37(b)同,64TAM27:18/3作"不違於道";《集解》引鄭玄注作"不違道",皇本所引則作"不違道也"。

[20] 路　殘片存右半之"各",八經本及64TAM27:36(b),37(b)、64TAM27:18/3皆作"路"。

[21] 也　64TAM27:36(b),37(b)、64TAM27:18/3皆無

---

① 《説文解字》七篇下《网部》,第157頁。

② 季旭昇:《説文新證》上册,第619頁。

③ (清)顧南原:《隸辨》卷三《養韻第三十六》,第437—438頁。

④ 張涌泉:《敦煌俗字研究》下編,第467頁。

⑤ 例參洪藝芳《唐五代西北方音研究——以敦煌通俗韻文爲主》,中國文化大學碩士論文,1995年,第18頁。

“也”字。

[22] 否　殘片下端殘泐，八經本及 64TAM27：36（b），37（b）、
64TAM27：18/3 皆作“否”。

[23] 南子　64TAM27：18/3 作“男子”。前“子見南子”句，
64TAM27：36（b），37（b）“南子”寫作“男子”。案敦煌吐魯
番寫卷南、男同音通用，如《詩·召南·摽有梅序》：“召南
之國，被文王之化，男女得以及時也。”[1]S. 789“召南”寫作
“召男”。男、南相通，不唯敦煌吐寫卷，馬王堆帛書已有此現
象，例詳《古文字通假釋例》、《秦文字通假集釋》[2]。

[24] 治道　64TAM27：18/3 作“理道”。案“治”作“理”者，避高
宗李治之諱也。

[25] 天　64TAM27：36（b），37（b）無，乃是脱漏重文符號所致。

[26] 急解其誤　64TAM27：36（b），37（b）作“急解 □□□ 誤
也”，“誤”字左邊“言”清晰，右邊模糊，《吐魯番出土文書》
（圖録本）第 4 册第 171 頁録作“急解□□□也”。案：殘片
“急解”與“誤”間唯一“其”字，圖録本却作“□□”，乃以此
處殘泐兩字。然審影本，“誤也”二字字體較大，間距較寬，
當是爲雙行對齊而作，則“誤”前殘泐處本亦僅一“其”也，
只是寫得長大而已。

[27] 曰　殘片下半殘泐。此“子曰中庸之爲德也”句中文，八經
本及 64TAM27：36（b），37（b）、64TAM27：18/3 皆作“曰”。

[28] 中和可常行之德也　64TAM27：36（b），37（b）、64TAM27：
18/3 無“也”字。《集解》云：“庸，常也。中和可常行之

---

① 《毛詩正義》卷一之五《召南·摽有梅》，第 62 頁。
② 王輝：《古文字通假釋例》，第 923 頁；袁仲一、劉鈺：《秦文字通假集
釋》，第 682 頁。

德。"亦無"也"字；皇本所據《集解》則與殘片同，有"也"字。不過，據此可知，《集解》文乃據鄭玄注。

[29] 善□無有也　殘片"善"字存上端殘畫，"善"下一字殘泐，64TAM27：36(b)，37(b)此句作"善其無有也"。

[30] 民　64TAM27：36(b)，37(b)作"人"，前有"言"字。案作"人"者，避太宗李世民之諱。

[31] "乃能"下殘片殘泐，64TAM27：36(b)，37(b)作"□□□也子貢曰如有☑施於"，《吐魯番出土文書》(圖録本)第 4 册第 171 頁録作"□也子貢曰如有 博 施於"。

[32] 於　殘片左下角殘泐，據殘存部分可知爲"於"。

羽014ノ二

起《子罕》"大宰知我"之"我"，至"瞻之在前，忽焉在後"之"前"，共 9 行，均存上半行，第一行殘存左半；第二、三行上端略殘，末行殘存中間小段"之在前"三字。殘片有 10 行，然第 10 行只存某字之殘畫，故不計入内。《敦煌秘笈》定名"論語集解卷第九子罕篇"，按拙著《敦煌經籍叙録》的命名格式，可定名爲"論語集解(子罕)"。

録文：

1. ☑(我)[1]！☑☑☑☑(吾少也賤)[2]，故多能鄙事[3]□□□□

2. □□□□(貧賤，常自)執事[4]，故多能爲鄙□□□(人之事)[5]君子固不當多能也[6]。"牢曰："子☑(云)[7]□□□

3. □□☑(子自云)[8]，我不見用，□□☑(故多技)藝也[9]。"子曰："吾有之乎哉？[10]□□□□

4. 有鄙夫來問於我[11],空空然[12]。我叩其[13] ▭▭▭

5. 來問於我,空如也[14],則發所之終始兩端以語之[15],不爲有愛之也[16]。"子曰:"鳳鳥不至[17] ▭▭▭

6. ☑(矣)夫[18]!"孔曰:"有聖人受命[19],則鳳鳥至,何出圖[20]。今天 □(無)此瑞[21]。'吾已矣夫'者,傷不得見之[22]。圖☑(河)[23] ▭▭▭

7. ☑(衣)裳者與瞽[24],包曰:"冕,☑(冠)▭▭▭之服[25]。瞽,☑(盲)[26] ▭▭▭

8. 趨[27]。包曰:"作,起[28];疾行也[29]。此夫子哀有喪,尊在謂[30],恤成人[31]。"顏☑(淵)[32] ▭▭▭

9. ▭▭▭☑(之)在前[33] ▭▭▭

校記:

[1] 我　殘片存左半,此處覆宋本、《唐石經》皆有"大宰知我乎"句,P.3783 單經《論語》同,唯"大"作"太"(大、太古今字);P.2510 鄭玄《論語注》、P.3305《論語集解》"乎"作"者"。案:《白虎通·聖人》引《論語》:"太宰問子貢曰:'夫子聖者歟?'孔子曰:'太宰知我乎?'"①案:從前後文看,"者"當作"乎",殘片無"乎",應是脫漏。

[2] 吾少也賤　殘片均殘存左半。

[3] 故多能鄙事　殘片"故多能鄙"四字殘存左半,"事"存上端殘畫。"事"下覆宋本作"君子多乎哉不多也包曰我少小"。

[4] 貧賤常自　殘片"貧賤常"三字殘泐,據行款估計本行行首殘泐此三字。殘片"自"殘存下半。

---

① (清)陳立撰,吳則虞點校:《白虎通疏證》卷七《聖人》,中華書局1994年版,第335頁。

［5］人之事　據行款估計本行行首殘泐此三字。

［6］多能也　覆宋本、P. 3305 無“也”字。

［7］云　殘片存上端殘畫。“云”下覆宋本作“吾不試故藝鄭曰牟
弟子子牟也試用也言孔”。

［8］子自云　殘片“子自”二字殘泐，“云”存下端殘畫。

［9］故多伎藝也　殘片“故多”二字殘泐。殘片“伎”字殘存下
半，據其殘存部分，知爲“亻”旁之“伎”，《釋文》出“多伎”二
字①。P. 3305《論語集解》此句作“故多伎藝也”，此乃何晏
引鄭玄注，P. 2510 鄭玄《論語注》作“故多伎藝也”，《史記·
孔子世家》裴駰《集解》引鄭玄曰：“言孔子自云，我不見用，
故多伎藝也。”②皆與此殘片同。皇本“多”下有“能”字；覆
宋本“伎”作“技”，無“也”字，《說文·手部》：“技，巧也。”③
《人部》：“伎，與也。”④則“技”爲正字，“伎”爲借字。殘片
“也”字原重複，下一“也”當爲雙行對齊而添，兹據 P. 3305
《論語集解》删。

［10］吾有之乎哉　覆宋本“之”作“知”，唐石經、P. 3305《論語
集解》、皇本亦作“知”。案：“之”爲“知”之音借字，唐五代
西北方音知照二紐通用。“哉”下覆宋本作“無知也知者知意
之知也知者言未必盡今我誠盡”。

［11］來　覆宋本、唐石經無此字；P. 3305《論語集解》及 P. 3783
單經《論語》則有，皇本亦有。陳舜政云：“《集解》引孔注
云：‘有鄙夫來問於我，其意空空然……’這樣看來，古本似

---

①《經典釋文》卷二十四《論語音義·子罕第九》“多伎”條，第 349 頁。

②《史記》卷四十七《孔子世家第十七》，第 1941 頁。

③《說文解字》十二篇上《手部》，第 256 頁。

④《說文解字》八篇上《人部》，第 166 頁。

是'問'上有'來'字。"①案:陳説未必然,漢簡本即無
"來"字。

[12] 空空然　覆宋本、唐石經作"空空如也",漢簡本存"空空
如"三字;P.3305《論語集解》作"空如也",皇本作"空空如
也"。P.3305 當是脱漏一重文符號。

[13] 我叩其　殘片"我"下原有重文符號,覆宋本、唐石經、
P.3305《論語集解》"我"下皆無"我"字,兹據以删。"其"
下覆宋本有"兩端而竭焉孔曰有鄙夫"。

[14] 空如也　覆宋本作"其意空空然",皇本同。

[15] 則發所之終始兩端以語之　覆宋本"則"前有"我"字,
P.3305《論語集解》、皇本同;覆宋本、P.3305《論語集解》、
皇本"所"作"事"。案:《廣韻》"所"音踈舉切,山紐上聲語
韻;"事"音鉏吏切,崇紐去聲志韻。山崇清、濁之異,語志
止、遇二攝之别,唐五代西北方音止、遇二攝不分,《孝經·
感應章》"光于四海,無所不通"②,Дх.838《孝經》"所"作
"事",是所、事通用之例。"語之"下覆宋本、皇本有"竭盡
所知"句,P.3305《論語集解》作"竭尽其所知"。

[16] 不爲有愛之也　覆宋本無"之也"二字,皇本無"之"字,
P.3305《論語集解》無"也"。案:"之也"二字應是爲雙行
對齊而添,P.3305之"也"亦爲雙行對齊而添。

[17] "鳳鳥不至"下覆宋本作"河不出圖,吾已"。

[18] 矣　殘片殘存下部"天"。

[19] 有聖人受命　覆宋本無"有"字,《史記·孔子世家》裴駰

---

①《論語異文集釋》,第 148 頁。

②《孝經注疏》卷八《感應章第十六》,第 47 頁

《集解》引孔安國注亦無①。案：皇本、P. 3305《論語集解》與殘片同，有"有"字，《七經孟子考文》謂古本、足利本亦有"有"字②。查 P. 2510 鄭玄《論語注》云："有聖人受命，則鳳鳥至，河出圖。今天無此瑞。'吾已矣'者，傷不得見用也。"與《集解》所引孔安國注几乎全同，鄭玄之注與孔注是有承襲關係的③，無"有"字之本，蓋傳抄者刪削之結果。

[20] 何　覆宋本作"河"，P. 3305《論語集解》亦作"河"。案：河、何同音，敦煌寫卷多混用，P. 2553《王昭君變文》："河慚尺壁(璧)，寧謝寸陰。""何"即寫作"河"。《詩·鄘風·君子偕老》："子之不淑，云如之何。"④S. 789《毛詩》"何"作"河"。何、河相通，不唯敦煌寫卷，傳世典籍亦多此例，例詳《讀書雜釋》、《古字通假會典》⑤。

[21] 今天□此瑞　"瑞"字殘片原作"瑞"，蓋爲"瑞"之添筆別體。殘片"無"字殘泐，茲據覆宋本擬補。

[22] 傷不得見之　覆宋本作"傷不得見也"，《史記·孔子世家》

---

① 《史記》卷四十七《孔子世家第十七》，第 1942 頁。

② [日]山井鼎輯、物觀補遺：《七經孟子考文並補遺》第 9 冊，《叢書集成初編》，商務印書館 1936 年版，第 1306 頁。

③ [日]金谷治：《〈論語〉孔安國注の問題——敦煌本鄭注との關係をめぐつて》，漢魏文化研究會《漢魏文化》第 2 號，1961 年 8 月；孔仲温：《從敦煌伯二五一〇號殘卷論論語鄭氏注的一些問題》，臺灣中山大學《中山人文學報》第 5 期，1997 年 1 月；陳金木：《唐寫本論語鄭氏注研究——以考據、復原、詮釋爲中心的考察》，第 131—140 頁。

④ 《毛詩正義》卷三之一《鄘風·君子偕老》，第 111 頁。

⑤ (清)徐鼒著，閻振益、鍾夏點校：《讀書雜釋》卷四"景員維何"條，中華書局 1997 年版，第 68 頁；高亨：《古字通假會典》，齊魯書社 1989 年版，第 665 頁。

裴駰《集解》引孔安國注同①；P.3305、皇本無“傷”字；皇本
“之”作“也”；P.2510鄭玄《論語注》作“傷不得見用也”。

[23] 圖河　殘片“河”字殘存右上角，覆宋本此處有“河圖八卦
是也”句。殘片“圖河”二字乃“河圖”之倒置，覆宋本此下
作“八卦是也子見齊衰者冕”。

[24] 衣裳者與瞽　殘片“衣”字殘去上面一點。覆宋本、唐石
經、P.3305“瞽”下均有“者”字，殘片應是誤脱。

[25] 冕冠　殘片“冠”殘存上半。覆宋本、皇本“冕”下有“者”字，
P.3305則無，與此殘片同。“冠”下覆宋本作“也大夫”。

[26] 瞽盲　殘片“盲”存上端殘畫。殘片“盲”後殘泐，覆宋本作
“也見之雖少必作過之必”，是覆宋本“盲”下有“也”字，然
P.3305《論語集解》無，《史記·孔子世家》裴駰《集解》引
包氏注亦無②。

[27] 趍　P.3305《論語集解》同，覆宋本、唐石經作“趨”。《説
文·走部》：“趍，趍趙，久也。”“趨，走也。”③商承祚認爲
“趍”是“趨”的本字④。

[28] 作起　覆宋本、P.3305《論語集解》、皇本“起”下有
“也”字。

[29] 疾行也　覆宋本、皇本前有“趨”（P.3305作“趍”），作
“趨，疾行也”，殘片應是誤脱。

[30] 尊在謂　覆宋本、P.3305《論語集解》、皇本“謂”作“位”。
案：《廣韻》“位”音于愧切，于紐去聲至韻；“謂”音于貴切，

---

① 《史記》卷四十七《孔子世家第十七》，第1942頁。
② 《史記》卷四十七《孔子世家第十七》，第1940頁。
③ 《説文解字》二篇上《走部》，第37、35頁。段玉裁《説文解字注》改
“久”爲“夂”，是也(上海古籍出版社1981年版，第65頁)。
④ 商承祚：《〈石刻篆文編〉字説》，《中山大學學報》1980第1期。

于紐去聲未韻。二字聲母相同,止攝各韻不分,在中古西
北方音中是同音字①。

［31］ 恤成人　覆宋本作“恤不成人”,P. 3305《論語集解》、皇本
作“恤不成人也”。案:包咸注“此夫子哀有喪,尊在位,恤
不成人”是解釋經文“子見齊衰者、冕衣裳者與瞽者”句,
“哀有喪”指“齊衰者”,“尊在位”指“冕衣裳者”,“恤不成
人”指“瞽者”,瞽者,盲人也,故謂之“不成人”,作“成人”,
則不倫矣。殘片當是脱“不”字。

［32］ 淵　殘片殘存上半。“淵”下殘片殘泐,自此至下行“之”前
覆宋本作“喟然嘆曰喟歎聲仰之彌高鑽之彌堅言不可窮盡瞻”。

［33］ 之　殘片殘泐上面一點。

羽014ノ三

　　起《衛靈公》篇題,至“女以予爲多學而識之者與”《集解》之
“謂多學而識之”之“謂”,共7行,均存上半行,末二行上端亦殘,
特別是末行,只存4個字的殘筆。《敦煌秘笈》定名“論語集解卷
第十五衛靈公篇”,按拙著《敦煌經籍叙錄》的命名格式,可定名
爲“論語集解(衛靈公)”。第6行“但”字缺筆,避唐睿宗李旦之
諱,則此殘片的抄寫不早於睿宗朝。

錄文:

1. 衛靈公第十五　　卷弟八[1]
2. 衛靈公問陣[2]於孔子。孔曰[3]:“軍陣行列之法。”孔子對

———————

① 龍晦:《唐五代西北方音與卜天壽〈論語〉殘片》,《考古》1972年第6
期。

曰^[4]□□□□□

3. 孔曰："俎豆，礼噐也^[5]。""軍旅之事，未之學也。"鄭曰："万二千五□（百）^[6]□□□□□軍旅末事，本末^[7]□□□□□

4. 遂行。在陳絶粮^[8]，從者病，莫能興。孔曰："從者，弟子。□（興）^[9]，□□□□□孔子在陳去衛□（如）^[10]□□□□□

5. 遭□（匡）人之難^[11]，□□□（又之陳）^[12]。會吳□□□□□□□（乏食）也^[13]。"子路慍見曰："君子亦有窮乎？"^[14]

6. □□□□□□（濫矣）^[15]。"濫，溢也。君子固亦有窮時，但不□□□□□（如小人窮則）濫溢爲非^[16]。

7. □□□□□□□□□（然，孔曰："然，謂）^[17]□□□□□

校記：

[1] 覆宋本"弟"作"第"，無"卷弟八"三字。黃侃《説文段注小箋》云："古止作弟，形誤作苐，苐復誤爲第。"①

[2] 陣　P.2496《論語集解》同，《釋文》出"問陣"二字②。覆宋本、唐石經作"陳"。《顏氏家訓集解・書證》云："太公《六韜》，有天陳、地陳、人陳、雲鳥之陳。《論語》曰：'衛靈公問陳於孔子。'《左傳》：'爲魚麗之陳。'俗本多作阜傍車乘之車。案諸陳隊，並作陳、鄭之陳。夫行陳之義，取於陳列耳，此六書爲假借也，《蒼》、《雅》及近世字書，皆無別字；唯王羲之《小學章》，獨阜傍作車，縱復俗行，不宜追改《六韜》、《論語》、《左傳》也。"③注中"陣"字同。

[3] 曰　殘片原作"田"，形誤字，兹據覆宋本、P.2496《論語集

---

① 黃侃：《説文段注小箋》，黃焯編：《説文箋識四種》，第161頁。

② 《經典釋文》卷二十四《論語音義・衛靈公第十五》"問陣"條，第353頁。

③ 王利器：《顏氏家訓集解》（增補本）卷六《書證第十七》，第432頁。

解》改正。

[4] “對曰”下覆宋本作“俎豆之事則嘗聞之矣”。

[5] 礼噐也　覆宋本“礼噐”作“禮器”，P.2496《論語集解》、覆宋本皆無“也”字，皇本則有“也”字。洪邁《容齋隨筆》云：“今人作字省文，以禮爲礼，以處爲处，以與爲与，凡章奏及程文書册之類不敢用，然其實皆《説文》本字也。”①《干禄字書·去聲》：“噐、器，上通下正。”②案漢碑已見“噐”字③，乃“器”之訛變，故《五經文字》謂之訛字④。

[6] 万二千五百　P.2496《論語集解》“万”字同，覆宋本作“萬”。蔡主賓云：“《説文》無万字，《玉篇》云：‘万，俗萬字。’《隸篇》卷一云：‘諸碑及古款識經典皆通用萬，無用万者。’殘片萬多作万，棄繁就簡，從六朝之俗也。”⑤案：西漢哀帝建平五年《建平郫縣碑》有“賈二万五千”句⑥，知此字西漢即已有。此字亦見於古璽文中⑦，《説文》未收者，遺漏也。殘片“百”殘存上端一横之左半，“百”下覆宋本作“人爲軍，五百人爲旅”。

[7] 殘片“本未”下殘泐，覆宋本作“立不可教以末事明日”。

[8] 粮　P.2496《論語集解》同，覆宋本、唐石經作“糧”。《説

---

①（宋）洪邁撰，上海師範大學古籍整理組校點：《容齋隨筆》卷五“字省文”條，上海古籍出版社1978年版，第70頁。

② 顔元孫：《干禄字書》去聲，第22頁。

③ 顧南原：《隸辨》卷四《至韻第六》，第497頁。

④ 張參：《五經文字》卷中《犬部》，第25B頁。

⑤ 蔡主賓：《敦煌寫卷儒家經籍異文考》，臺灣嘉新水泥公司文化基金會1969年版，第397頁。

⑥（宋）洪适：《隸續》卷三《建平郫縣碑》，中華書局1985年版，第305頁。

⑦ 羅福頤主編：《古璽文編》，文物出版社1981年版，第347頁。

文》有"糧"無"粮","粮"爲後起別體。

[9] 興　殘片殘存上半,殘片"興"下殘泐,覆宋本作"起也"。

[10] 在陳去衞如　覆宋本無"在陳"此二字,P. 2496《論語集解》、皇本亦無。案孔子周遊列國,正如下注文所言,"去衞,如曹,之宋,又之陳",此"在陳"二字乃涉經文而衍。殘片"如"字殘存上半,"如"下殘泐,覆宋本作"曹曹不容又之宋宋"。

[11] 匡　殘片左下角殘泐。

[12] 又之陳　殘片"又之"二字右半殘泐,"陳"右上角殘泐。

[13] 乏食也　殘片"乏"存右下角殘畫,"食"殘泐左上角。殘片"乏食"前殘泐,覆宋本作"伐陳,陳亂,故"。覆宋本、P. 2496《論語集解》無"也"字,皇本則有。

[14] "乎"下殘片殘泐,自此至下行"濫"前覆宋本作"子曰君子固窮小人窮斯"。

[15] 濫矣　殘片"濫"存右下角殘筆,"矣"殘存右邊小半。

[16] 但不□□□□　殘片"但"作此形,乃避睿宗李旦諱之缺筆字。"人窮"均存右下角殘畫,"則"之字畫暗淡,唯右邊"刂"尚依稀可辨。"非"下殘片殘泐,自此至下行"然"前覆宋本作"子曰賜也女以予爲多學而識之者與對曰"。

[17] 然孔曰然謂　殘片"然"存右下角殘畫,"孔曰然"存右邊小半,"謂"存右上角殘畫。

　　雖然杏雨書屋收藏的李盛鐸舊藏敦煌《論語》卷子中只有 3 個殘片,一共只有 31 行,而且都是殘行,但其價值仍有可説者,兹擇重要者述説一二。

　　1. 補輯鄭玄《論語注》之佚文

　　東漢經學大師鄭玄遍注群經,其中《論語注》約亡佚於五代宋初時期,自南宋王應麟到清代之袁鈞、王謨、黄奭、馬國翰等都作過輯佚,然皆殘枝碎葉,不及全書之什一。至 20 世紀初以來,敦煌、吐魯番文書中發現鄭玄《論語注》抄本,轟動學界。日本學者金谷治《唐抄本鄭氏注論語集成》(東京平凡社 1978 年版)收集了六種敦煌吐魯番鄭注寫卷,臺灣學者鄭静若因之彙集諸家輯佚本及諸寫卷,成《論語鄭氏注輯述》(學海出版社 1981 年版),爲鄭玄《論語注》輯佚之最全者。其後王素《唐寫本論語鄭氏注及其研究》(文物出版社 1991 年版)、陳金木《唐寫本論語鄭氏注研究——以考據、復原、詮釋爲中心的考察》(文津出版社 1996 年版)收集所能見到的近三十種敦煌吐魯番鄭注寫卷進行校勘及考釋。羽 014 ノ 一爲鄭注《論語注》殘片,雖所存不多,且與 64TAM27：25（a）、64TAM27：36（b）, 37（b）、64TAM27：18/3、2TAM184：12/6(b)四種吐魯番出土寫卷的内容重合,但仍有可補正吐魯番寫卷殘損訛誤者。若新作鄭注《論語注》輯本,此殘片亦極重要之資料也。

2. 可據以證前人所言之不當

(1)《雍也》:"仁者,雖告之曰:'井有仁焉。'其從之也?"黄懷信云:"寫鄭本經闕,注有'井中有人没溺',是鄭本經作'人'。"①案:64TAM27：36(b),37(b)作"井有仁焉",鄭注殘片經文並不缺,只是黄氏未見到而已。今羽 014 ノ 一亦作"井有仁焉",可爲 64TAM27：36(b),37(b)之佐證,兩鄭注本皆作"仁",並不作"人"。馮登府《論語異文考證》云:"劉聘君曰:'仁當乍人。'朱子从之。《論語解》本正乍'人'。案皇本、高麗本、足利本竝乍'井有仁焉',孔注:'宰我以仁者必濟人於患難,故問有仁人墮井,將自投下,從而出之否乎? 欲極觀仁人憂樂之所至也。'此

---

① 黄懷信:《論語彙校集釋》,上海古籍出版社 2008 年版,第 534 頁。

古論説本如是,義亦甚明,無煩改字。"①馮説是也,"仁"可釋爲仁人②,《論語》中多有其例,如《學而》:"汎愛衆而親仁。"《微子》:"微子去之,箕子爲之奴,比干諫而死。孔子曰:'殷有三仁焉。'"

(2)《雍也》:"子曰:'務民之義,敬鬼神而遠之,可謂知矣。'"漢簡本無"神"字,何永欽云:"《論語》常爲鬼神並稱,此章諸本無缺'神'字者,當爲抄者疏漏。"③黄懷信云:"有神字義胜。"④趙晶云:"《論語·述而》篇載:子不語'怪'、'力'、'亂'、'神'。孔子明明不説'怪'、'力'、'亂'、'神'四字,這裡却對樊遲講到'神',豈不矛盾?甚爲奇怪。另外,孔子對神也不是遠之的,《述而》篇亦記載孔子生病,子路要爲孔子向神明祈禱,孔子回答道'丘之禱久也',當然這裡孔子也没有直接提到'神'。故此處當依簡本省去'神'。"⑤

案:羽014ノ一亦無"神"字,正與漢簡本同。《論語》"鬼神"一詞三見,一爲此"敬鬼神而遠之"句,一在《泰伯》篇:"子曰:'禹,吾無間然矣。菲飲食而致孝乎鬼神,惡衣服而致美乎黻冕,卑宫室而盡力乎溝洫。禹,吾無間然矣。'"一在《先進》篇:"季路問事鬼神。子曰:'未能事人,焉能事鬼?'"《先進》篇乃子路所言,孔子避而不談"神"。《泰伯》篇之語,《史記·夏本紀》採入

---

① (清)馮登府:《論語異文考證》卷三,《續修四庫全書》第 155 册,上海古籍出版社 2005 年版,第 365 頁。

② 李運益主編:《論語詞典》,西南師範大學出版社 1993 年版,第 57 頁。

③ 何永欽:《定州漢墓竹簡〈論語〉研究》,臺灣大學 2007 年碩士論文,第 153 頁。

④ 黄懷信:《論語彙校集釋》,第 520 頁。

⑤ 趙晶:《淺析定州漢簡本〈論語〉的文獻價值》,《浙江社會科學》2005 年第 3 期。

之,曰:"薄衣食,致孝于鬼神。卑宫室,致費於溝洫。"①《説文·鬼部》:"鬼,人所歸爲鬼。"②《示部》:"神,天神,引出萬物者也。"③鬼者祖宗,神者天神。於祖宗言孝,於天神言敬不言孝,故戴望釋此句云:"子産曰:'天者神,王者父天,爲天之子。'故以孝言之。"④乃欲彌縫其説也。孔子不言怪力亂神,"菲飲食而致孝乎鬼神"句當非孔子原話,蓋後學編定者增之也,"神"字無義,在修辭上則謂之連類而及。"敬鬼神而遠之"句,漢簡本與敦煌本羽014ノ一號皆無"神"字,是《論語》本無"神"字也。

3. 可爲唐五代西北方音研究提供資料

自羅常培於 1933 年撰《唐五代西北方音》(科學出版社 1961年版)開研究西北方音之先河後,利用敦煌資料對唐五代時期的西北方音進行研究的論著不少,邵榮芬《敦煌俗文學中的別字異文和唐五代西北方音》(《中國語文》1963 年第 3 期)、高田時雄《敦煌資料にょる中國語史の研究》(創文社 1988 年版)及洪藝芳《唐五代西北方音研究——以敦煌通俗韻文爲主》(臺灣"中國文化大學"1995 年碩士論文)是其中比較重要的論著。

《子罕》"子曰:'吾有知乎哉?'"羽014ノ二"知"作"之",知照二紐同用也,以"之"代"知"之例敦煌寫卷多有,邵榮芬、洪藝芳收入多例。

《子罕》"我叩其兩端而竭焉"《集解》引孔安國曰:"我則發事之終始兩端以語之。"羽014ノ二"事"作"所"。案:《廣韻》"所"音疎舉切,山紐上聲語韻;"事"音鉏吏切,崇紐去聲志韻。

---

① 《史記》卷二《夏本紀第二》,第 51 頁。
② 《説文解字》九篇上《鬼部》,第 188 頁。
③ 《説文解字》一篇上《示部》,第 8 頁。
④ (清)戴望:《戴氏注論語》卷八,清同治十年刊本,第 3B 頁。

山崇清濁之異，語志止遇二攝之別。《子罕》"見之，雖少，必作；過之，必趨"《集解》引包咸曰："此夫子哀有喪，尊在位，恤不成人。"羽 014 ノ二 "位" 作 "謂"。案：《廣韻》"位" 音于愧切，于紐去聲至韻；"謂" 音于貴切，于紐去聲未韻。二字聲母相同，止攝各韻不分。以上兩例可補諸家之缺。

（原載劉玉才主編《從鈔本到刻本：中日〈論語〉文獻研究》，北京大學出版社 2013 年版；收入本書時略有修改）

評《敦煌〈論語集解〉校證》

　　《論語》一書,雖説列入經部時間較後,但自漢代起,即已與《孝經》一起成爲童蒙必讀之書。初學者必須先學習這兩本書,才能進而學習五經。因而漢代以後,即出現了很多對《論語》的注本。經統計,《隋書·經籍志》所載當時存世之作即有 26 種之多。這其中我們比較瞭解的則是鄭玄《論語注》及何晏《論語集解》。對鄭玄《論語注》的瞭解我們不能不歸功於王素先生,是他的《唐寫本論語鄭氏注及其研究》爲我們提供了研讀鄭注《論語》的最爲詳盡的資料①。何晏《集解》其書現存,且爲今所存最古的完整的《論語》注本,是研究《論語》之學者的必讀之書。但自《集解》成書至今,已有一千七百多年,古書流傳過程中容易産生的訛誤衍脱,《集解》自亦不能免。今所能見到的傳世版本均爲宋以後之本,其中異文紛呈,是非莫辨。這從翟灝《四書考異》、馮登府《論語異文疏證》、阮元《論語注疏校勘記》、葉德輝《天文本論語校勘記》、日人山井鼎《七經孟子考文並補遺》諸書可見一斑。學人們雖作了大量的校勘工作,但仍有許多問題没有得到解決。其中一個重要的原因則是因爲没有更古的善本可資佐證。因爲"校勘之學無處不靠善本,必須有善本互校方才可知謬誤,必須依據善本方才可以改正謬誤,必須有古本的依據方才可以證實所改的是非。凡没有古本的依據而僅僅推測某字與某字形似

---

　　① 王素:《唐寫本論語鄭氏注及其研究》,文物出版社 1991 年版。

而誤,某字涉上下文而誤的,都是不科學的校勘"①。所幸 20 世紀這個科學飛速發展的偉大的時代,也給我們提供了大批極其寶貴的新資料,可使我們利用這批新資料更爲深入地研究傳統文化。在敦煌吐魯番出土的大量唐人手抄何晏《論語集解》殘卷,不僅可藉以訂正傳本訛誤之處,而且還可補充不少在流傳過程中缺失的佚文。但關於《集解》殘卷的研究成果比起《論語》鄭注來説少得多。王重民先生在《敦煌古籍叙録》中認爲《論語集解》殘卷"概皆惡札,差訛百出"②,因而僅對書法較佳的 S. 800 號作了叙録。其後陳鐵凡先生著《敦煌論語異文彙考》③,對敦煌之《論語》殘卷作了校勘,而所收殘卷也有限,且並非專爲《集解》而作。其他單篇研究論文,更是寥若晨星。敦煌殘卷发现已有一個世紀,相對於經部其他諸經來説,對《集解》殘卷的研究顯得猶爲滯後。我們的經學研究工作者仍没能方便而有效地利用這批極有價值的《論語集解》殘卷,這對學人來説是一個很大的遺憾,而對於我們傳統文化的研究來説,則是巨大的損失。所幸在 20 世紀末,李方女士爲我們經學研究工作者送上的珍貴的世紀禮物——一部裝禎典雅的對《論語集解》殘卷進行系統整理彙集的著作——《敦煌〈論語集解〉校證》,現在正擺在我案頭。

本書按《論語》二十篇編排,加上何晏《論語序》,實共二十一篇,每篇分題解、正文、校記三部分。作者在題解中詳細介紹了該篇所收各殘卷的面貌,並考其抄寫時代。正文録所選定之底本,並一依其行款録文。全書條理清晰,且抄録工整,行字疏朗,讀來

① 胡適:《元典章校補釋例序》,陳垣:《校勘學釋例》,上海書店出版社 1997 年版。
② 王重民:《敦煌古籍叙録》,第 69 頁。
③ 陳鐵凡:《敦煌論語異文彙考》,《孔孟學報》第 1 期,1961 年 4 月。

不僅無損目之憂,且有賞心悅目之感。閱讀一過,我覺得本書有以下幾個方面的優點。

（一）卷子收集齊全

王重民在《敦煌古籍叙録》中説"敦煌所出《論語集解》,無慮六七十卷"①,然他僅爲 S. 800 作叙録。陳鐵凡先生悉心收羅,但由於當時條件所限,僅見到 26 種《論語》寫本,因而歷三年時間,撰成《敦煌論語異文彙考》一文,但所收《集解》殘卷僅 17 種。本書作者廣羅博收,共得《論語集解》的寫本 62 件,包括斯坦因編號 15 件、伯希和編號 40 件、俄藏 2 件及羅振玉藏 2 件、英國原印度事務部圖書館所藏 1 件、中國藏吐魯番文書 1 件、日本静嘉堂藏吐魯番文書 1 件。《論語》二十篇已備,其中惟《陽貨第十七》缺前半、《雍也第六》與《堯曰第二十》缺後半,其餘均爲全璧。

（二）底本選擇優良

本書按《論語》二十篇的次序編排,擇《集解》殘卷中最善者爲底本作正文。如《學而篇》以 P. 3193 最全,然此卷第 30 行至 33 行及 48 行以後略有缺損,而 P. 2618 起"人不知而不愠不亦君子乎"之"乎"字,且在"好犯上者鮮矣"前有殘損,後皆全。因而作者取 P. 3193 號"好犯上者鮮矣"前共 4 行半爲底本,後則以 P. 2618 爲底本。又如《八佾篇》,S. 7003A 前 4 行下截殘,21 行後下截又殘;而 P. 2676 前 10 行及 12、13 兩行下截均殘,後皆佳,因而作者在"夏禮吾能言之"之"夏禮"前以 S. 7003A 爲底本,此後以 P. 2676 爲底本。這樣雖然將殘卷分拆而不易瞭解其全貌,但如此安排脈絡清晰,對學人利用殘卷内容帶來了很大的便利。

① 王重民:《敦煌古籍叙録》,第 69 頁。

特別是對並不從事敦煌學研究的專家學人來說，顯得尤爲方便。敦煌殘卷大多是唐人手書，有些甚至是六朝真迹，但由於殘卷破碎較多，且卷號分散而内容又多重複，無意中給許多非敦煌專業之專家利用殘卷材料設置了許多障礙，這也是許多敦煌殘卷的寶貴材料没能得到很好利用的一個重要原因。李方女士對底本作這樣的安排方式應是考慮了這一個重要因素的。筆者以爲，這是普及敦煌學界研究成果的一種極佳的安排方式，對我們來説是有借鑒作用的，也是值得提倡的。

（三）對校本子衆多

本書將取爲底本以外的其他《集解》殘卷均作爲校本，又以敦煌吐魯番殘卷中的《論語》白文寫本 5 件、鄭注《論語》29 件、皇侃《論語義疏》1 件作爲參校本，從而將作者所能收集到的敦煌吐魯番殘卷中的《論語》本子全部納入校記。這是迄今爲止收集殘卷最全的對《論語》一書所作的校記。不僅如此，作者又廣蒐博採，舉凡傳統版本如石經本、邢疏本、皇疏本、十行本、閩本、監本、毛本；日藏之武内本、天文本、津藩本、正平本等；即使是古書所引之片言隻語亦在收採之列。手中掌握有如此衆多的材料，無怪乎作者在校記中勝義疊出，發明良夥。

（四）校記詳實

本書通過收集詳細的資料，對《論語集解》殘卷進行了詳盡的校勘。筆者以爲它做得比較好的有這樣幾個方面。

1. 異文記録詳實。

對所搜集到的本子的所有異文，均在校記中列出。對於異文之是非，能考者則考之，不能考者則闕之。可以説這是一個《論語集解》的異文資料庫。這極大地方便了以後學人對《論語集解》異文的研究。不僅有利於經學的研究,對訓詁學、校勘學甚至文字學的研究都是有較大作用的。

2. 據書寫體例以定衍文。

敦煌遺書中經部殘卷有一書寫體例,筆者未曾在其他殘卷中發現過此種類型的書寫方法。因經部書大多經文單行大字,注文雙行小字。書手在抄寫過程中,不容易正確地將注文平均地分成上下兩欄,因而產生了兩種情況,一是上欄的字數多於下欄,對這樣的情況抄手的處理辦法是在下欄空白之處將最後一個字寫上多遍或將這個字寫得很長。二是下欄的字數多於上欄,抄手常將下欄多出的字倒過來寫在上欄之末。對第一種情況,有些論著不解此種書寫特例而誤以爲原文如此。本書作者深知此種特例,因而在校語中作出了明確的判定。如《學而第一》第 26 行《集解》引孔安國注"孝子在喪哀慕之之"(15 頁),作者校云:"'之之',諸本均無,當係抄者妄增以求注文雙行對齊。"又如《里仁第四》第 27 行引包咸注"當微諫納善言於父母也"(134 頁),作者校云:"底本末原有二'也'字,當爲妄增,以便雙行對齊,今去其一。"

3. 多方引證,擇善而從。

本書不僅收錄了大量《論語》的敦煌吐魯番寫卷及傳統刻本,而且廣泛地吸納各有關材料以及前人的優秀成果。如阮元《論語注疏校勘記》、翟灝《四書考異》、葉德輝《天文本論語校勘記》、馬國翰《玉函山房輯佚書》、陳鐵凡《敦煌論語異文彙考》等的校勘及考證成果,均詳細考辨,擇善而從。如《學而第一》"未若貧而樂道",敦刻本、邢本、李善《文選注》引均無"道"字。作者在校記中據馬國翰、阮元、陳鐵凡之說認爲《論語集解》當有"道"字。《微子第十八》"楚狂接輿歌而過孔子",阮元據正平本認爲"孔子"後當有"之門"二字。作者通過分析敦煌本及其他衆多本子的情況,認爲中國版本均無"之門"二字,而日本版本却有此二字。斷定阮元所據之日本版本爲誤本,當以無"之門"二字者爲善。其説皆可信從。

白璧尚有瑕,明珠豈無纇。本書也存在一些不足之處,筆者就己所知,提出以下幾點,希望能爲本書的重版修改提供一些材料。

1. 尚有殘卷遺漏。

雖説本書已收入敦煌吐魯番之《論語》殘卷達 97 種之多,但尚有遺漏。

(1) P. 46862,《寶藏》誤爲《殘文書》(第 134 册,第 325 頁),此實爲《論語·學而》之殘片。該殘片共存 12 行,皆上下殘損,行殘存 1~9 字不等。此文内容相當於注疏本之 2458 頁中欄第 4 行至下欄第 8 行①。考其内容則爲《論語集解》文。其他敦煌本《論語集解》殘卷之書寫均經文大字單行,注文小字雙行。此殘卷則經文與注文字體同大連寫。據筆者所知,這種書寫方法在敦煌經部殘卷中絶無僅有。

(2) P. 3643 背(《寶藏》第 129 册,第 426 頁下欄)有一殘片,共一行 8 字,爲《論語·公冶長》文,原文爲"子曰始吾於人聽其"。

(3) P. 3705 背,此卷正面爲《論語集解卷第四(述而、泰伯)》,背爲《雜寫》。卷後面有"中和二年"字樣。《雜寫》中有 2 行爲《論語·公冶長》文(見《寶藏》第 130 册,第 85 頁上欄)。

以上三種爲本書遺漏而没有收入的。另據前言,本書寫成於 1993 年。其時《俄藏敦煌文獻》、《上海博物館藏敦煌吐魯番文獻》、《英藏敦煌文獻》等尚未出版。因而有些卷子在本書中亦未及收入。今略述於後,以供參考。

————————

① 注疏本,指中華書局 1980 年影印阮元刻《十三經注疏》。

（1）Дx 00953《論語子路第十三》，共 22 行，僅上半截。起《子路篇》題目，至"必世而後仁"注"必卅年"。"民"字缺筆。

（2）上博 24（24579）《論語鄭玄注》，33 行，存《子罕篇》。起"君子多乎哉不多也"注"不多也"，至"子曰是道也何足以臧"鄭注"太簡略故知"。此卷可與 P. 2510 對校。

（3）S. 11910《論語鄭氏注（述而第七）》，9 殘行。可與 S. 6121 綴合。

（4）阿斯塔那 360 號墓唐寫本鄭氏注《論語·公冶長》殘卷①，凡 27 行，起"欲人之加諸我"至"子曰十室之邑"之"子曰"，本卷可與阿斯塔那 67 號墓唐景龍四年卜天壽抄孔氏本鄭氏注《論語》對校。

2. 有些卷子沒有綴合。

（1）本書據 P. 3962 背面之咸通十二年四月十八日文書，定其爲唐懿宗時期寫本，而在 P. 2766 卷下沒有考定寫卷時代。其實 P. 2766《論語集解卷第一並序》跟 P. 3962《論語集解學而篇十三行》正前後相接，可以綴合。

（2）S. 3992，《寶藏》定名《論語集解（學而篇）》，英藏定名《論語集解（子罕篇第九）》，作者成書時，雖未見到《英藏》，然已糾《寶藏》之誤。P. 4643，《寶藏》定名《論語集解（學而篇十一行）》，本書已糾其誤，收入《子罕第九》下。然在題解中未言兩卷綴合，當爲疏漏所致。

（3）P. 3606《論語集解先進篇第十一》，羅振玉藏敦煌寫本存《顏淵篇》部分，此兩卷可以綴合，本書亦未言及。

（4）本書《學而第一》中收入英國圖書館藏敦煌刻本，編號

---

① 柳洪亮：《新出吐魯番文書及其研究》，新疆人民出版社 1997 年版，第 102—104 頁。

爲 Ch73CIOL. 103a. 103b. ，按此可與 P. 2601 綴合，而本書未言。且言"英國圖書館藏敦煌刻本"不確，此乃寫本，並非刻本，其所引編號亦有誤，應是 Ch. 73. viii（IOL. C. 103A 及 B）。影本見《英藏敦煌文獻》第 14 册第 269 頁。

3. 所用以參校之傳統版本未作介紹。

本書對收録之敦煌吐魯番《論語》寫卷不僅在題解中作了詳細介紹，而且又在書後附《寫本目録》。但對用以參校之傳統版本如唐本、古本、毛本等，皆用簡稱，未作任何介紹，使讀者不明所以，不知這些版本刻於何年，刊刻者爲誰。筆者估計，本書所云之古本、十行本、閩本、監本、毛本、唐石經、足利本等係轉引自阮元《十三經注疏校勘記》，武内本、正平本、天文本、津藩本等係轉引自陳鐵凡《敦煌論語異文彙考》。校勘時收羅異本乃是首要任務，也是最重要的一個環節。但所用異本最好是原本，若由於條件所限而不得已轉引他書，則應説明轉引自何書，否則就違反了校勘原則。

4. 具體的校勘中亦存在一些錯誤。

主要在古今字、俗字和唐五代西北方音方面。

如第 5 頁第 5 條"太、大經典通用"；第 55 頁第 23 條"或、惑義可通"；第 57 頁第 29 條"從、縱音義本相通"。以上"大"與"太"、"或"與"惑"、"從"與"縱"皆爲古今字，並非通假字，不能以"相通"、"通用"等詞語來描述。此爲不明古今字而誤者。

第 633 頁第 121 條，"自經於溝瀆而莫之知也"，他本"經"多作"経"。作者據《論語集解考異》認爲作"経"不誤。其實此"経"乃爲"經"之俗字，從"巠"之字俗或寫作"至"，《唐武懷亮墓誌》"涇"寫作"泾"[1];《唐王璬石浮圖銘》"輕"寫作"軽"[2]。此皆其例。第407頁第66條,"縝絺紘",校語云:"'紘',諸本作'綌'。'綌'與'紘'音義皆異,底本形近致誤。"按'紘'當爲"絺"之訛,"絺"乃是"綌"之俗寫。此爲不明俗字而誤。

第121頁第125條,"'然則管仲知禮乎',伯二九〇四號作'管仲之禮乎',有脱誤"。按此處實無脱誤。"之"與"知"在唐五代西北方音中是同音的,二字常常通假。第492頁152條,"'何必讀詩','詩',諸本作'書',底本誤"。按《廣韻》"詩"在平聲之韻,"書"在平聲魚韻,唐五代西北方音中止遇二攝字常常通用,此"詩"即是與"書"同音而造成的音訛字。在校記中應説明理由,簡單地以"誤"字作斷並非妥當。第60頁第50條"大"與"代"音誤,作者即明確指出了"底本音同致誤"。

但以上失誤與本書的成就相比,顯然是微不足道的。本書的出版,不僅填補了敦煌學經部文獻研究中的一項空白,而且對於整個經學的研究也是有比較大的作用的。它必定會引起經學研究工作者特别是研究《論語》及孔子思想的學人的極大興趣。

(原載季羨林、饒宗頤、周一良主編《敦煌吐魯番研究》第5卷,北京大學出版社2000年版)

① 秦公輯:《碑别字新編》,第129頁。
② 秦公輯:《碑别字新編》,第306頁。

圖書在版編目（CIP）數據

敦煌經學文獻論稿／許建平著. —杭州：浙江大
學出版社, 2016. 4(2022. 5 重印)
　（浙江學者絲路敦煌學術書系／柴劍虹、張涌泉、
劉進寶主編)
　ISBN 978-7-308-15710-0

　Ⅰ.①敦… Ⅱ.①許… Ⅲ.①敦煌學—經學—文獻—
研究　Ⅳ.①K870.6②Z126.27

中國版本圖書館 CIP 數據核字(2016)第 066719 號

敦煌經學文獻論稿

許建平　著

出 品 人	魯東明
總 編 輯	袁亞春
叢書策劃	黃寶忠　宋旭華
責任編輯	張小苹
責任校對	胡　畔
封面設計	項夢怡
出版發行	浙江大學出版社
	（杭州市天目山路 148 號　郵政編碼 310007）
	（網址:http://www. zjupress. com)
排　　版	杭州興邦電子印務有限公司
印　　刷	浙江新華數碼印務有限公司
開　　本	880mm×1230mm　1/32
印　　張	12. 25
字　　數	300 千
版 印 次	2016 年 4 月第 1 版　2022 年 5 月第 2 次印刷
書　　號	ISBN 978-7-308-15710-0
定　　價	45. 00 圓